한국의 차 문화 천년
5

한국의 차 문화 천년 5
조선 중기의 차 문화

송재소·조창록·이규필 옮김

2013년 4월 30일 초판 1쇄 발행

펴낸이 한철희 | 펴낸곳 돌베개 | 등록 1979년 8월 25일 제406-2003-000018호
주소 (413-756) 경기도 파주시 회동길 77-20 (문발동)
전화 (031) 955-5020 | 팩스 (031) 955-5050
홈페이지 www.dolbegae.com | 전자우편 book@dolbegae.co.kr

편집 이경아·이경민
표지디자인 민진기 | 본문디자인 이은정·박정영 | 마케팅 심찬식·고운성·조원형
제작·관리 윤국중·이수민 | 인쇄 한영문화사 | 제본 경일제책사

글 ⓒ 아모레퍼시픽 | 사진 ⓒ 아모레퍼시픽미술관

ISBN 978-89-7199-539-6 (94810)
ISBN 978-89-7199-340-8 (세트)

책값은 뒤표지에 있습니다.

이 도서의 국립중앙도서관 출판시도서목록(CIP)은 e-CIP 홈페이지
(http://www.nl.go.kr/cip.php)에서 이용하실 수 있습니다.(CIP제어번호: CIP2013003693)

조선 중기의 차 문화

송재소, 조창록, 이규필 옮김

한국의 차 문화 천년 5

돌베개

'한국의 차 문화 천년'을 펴내며

인간의 기호식품으로 차茶만큼 오랜 역사를 가진 것도 없을 것이다. 차의 원산지라 할 수 있는 중국에서는 수천 년 전부터 차를 마셔 왔으며, 이 중국 차가 세계 각국으로 전파되어 지금은 170여 개국에서 하루에 20억 잔의 차를 마신다고 한다.

『삼국사기』三國史記의 기록에 의하면 우리나라에서는 7세기 중반 신라 선덕여왕 때 이미 차를 마셨다. 흥덕왕 3년(828)에는 중국으로 사신 갔던 김대렴金大廉이 돌아오면서 차 종자를 가져왔는데 왕이 이를 지리산에 심게 해서 차가 널리 성행하게 되었다. 그러나 신라 시대에 차가 얼마나 대중화되었는지는 알 수 없다. 고려 시대에는 궁중과 귀족, 특히 승려 사이에 차가 크게 유행했으나 일반 서민의 기호식품으로까지 확대되지는 못한 것으로 보인다. 조선 시대에는 차 문화가 다소 위축되어 주로 궁중이나 민간의 의식용儀式用으로 차가 쓰였고, 사찰의 승려들이 그 맥을 잇다가 다산茶山, 초의草衣, 추사秋史 등 걸출한 다인茶人들이 차를 중흥시켰다. 그러나 역시 차는 서민이 즐겨 마시는 기호식품과는 거리가 있었다.

현대에 와서야 차가 대중화되었다고 말할 수 있다. 지금은 차가 이른바 '웰빙 식품'으로 널리 사랑받고 있고, 신체의 건강뿐만 아니라 정신 건강의 증진에도 기여한다고 인식되고 있다. 차는 이제 어디에서나 쉽게 구할 수 있고 누구나 마실 수 있는 대중의 기호식품으로 확고하게 자리 잡았다.

『한국의 차 문화 천년』은 일찍부터 차 문화의 보급과 차의 대중화를 선도해온 (주)아모레퍼시픽의 출연 재단인 아모레퍼시픽재단의 야심적인 기획이다. 우리 역사상 어느 때보다 차가 대중의 사랑을 받고 있는 이 시점에서, 우리의 유구한 차 문화 전통을 종합, 정리함으로써 이 땅의 차 문화를 한층 더 발전시키자는 의도에서 기획되었다.

이 기획물은 신라 시대에서부터 현대에 이르기까지 차에 관한 문헌 기록 자료의 집대성에 목표를 두고 있다. 다시茶詩를 포함한 개인 문집의 자료, 『조선왕조실록』朝鮮王朝實錄, 『고려사』高麗史, 『삼국사기』 등의 관찬 사료官撰史料와 『임원경제지』林園經濟志, 『성호사설』星湖僿說, 『음청사』陰晴史 등의 별집류別集類를 비롯하여 이전에 발굴되지 않은 자료까지 차에 관한 모든 문헌 자료를 망라하고자 한다.

이 작업은 결코 쉬운 일이 아니다. 산적한 한문 전적을 일일이 뒤져서 차에 관한 자료를 발췌하는 일도 어렵거니와 이렇게 뽑은 자료를 번역하는 일 또한 만만치 않다. 최선을 다하지만 여전히 누락된 자료가 있을 것이고 미숙한 번역이 있을 줄 안다. 이 점은 앞으로 계속해서 수정, 보완해 나갈 것이다. 아무쪼록 차를 사랑하는 다인들과 차를 연구하는 학자들의 자료로 활용될 수 있다면 다행이겠다.

물심양면으로 아낌없는 지원을 해준 (주)아모레퍼시픽의 서경배 회장님을 비롯하여 아모레퍼시픽재단의 관계자 여러분, 그리고 꼼꼼하게 원고를 손질해준 돌베개 출판사의 편집진들께 이 자리를 빌려 고마운 마음을 전한다.

송재소

'조선 중기의 차 문화'를 엮어 내며

이 책은 '한국의 차 문화 천년' 시리즈의 다섯 번째 책으로, 조선 중기 약 150년 동안의 차 문화 관련 기록들을 수집하여 번역한 것이다. 그 내용은 서경덕徐敬德의 「산거」山居에서부터 이만부李萬敷의 「이생의 물음에 답하다」(答李生問目)에 이르기까지 모두 138인의 시문詩文과 차와 관련된 『조선왕조실록』의 기사이다.

조선 중기는 면면히 이어 오던 조선의 차 문화가 사대부의 일상 속으로 들어오면서 그 저변이 확대되는 시기라고 할 수 있다. 이 시기에 차는 선비들의 한적한 생활 취미가 되기도 하고, 경치 좋은 곳에서 운치를 돋우거나 여행길에서 휴식을 취하는 동반자가 되기도 했다. 또 홀로 수심에 젖어 있을 때 술 대신 마음을 달래는 재료가 되기도 했다.

그 인물들의 면모를 보면 이황, 이이, 이순신, 허난설헌, 허균과 같이 너무나 잘 알려진 분들도 있지만, 지금까지 다인茶人으로는 거론된 적이 없었던 인물들이 주류를 이루고 있다. 또 조선 후기처럼 많은 작품을 남긴 경우는 거의 없고, 대부분이 3편 이하의 다시茶詩를 남기고 있다. 즉 차 문화사에서 비중 있게 다루어지거나 특별히 주목받은 적이 없는 인물과 자료가 많은 시기라고 할 수 있다. 이러한 특징은 이 책의 자료적 가치와 의미를 더해 준다.

책에 수록된 다인들 중에서 비교적 다수의 작품을 남긴 인물들을 소개해 보면, 정사룡鄭士龍, 최연崔演, 정유길鄭惟吉, 권호문權好文, 고경명高敬命, 이산해李山海, 최립崔岦, 임제林悌, 이수광李睟光, 이정귀李廷龜, 신흠申欽, 이경전李慶全, 양경우梁慶遇, 허균許筠, 권필權韠, 이안눌李安訥, 이응희李應禧, 이식李植, 장유張維, 오준吳竣, 신익성申翊聖, 이경석李景奭, 이명한李明漢, 황호黃㦿, 김득신金得臣, 남용익南龍翼, 임상원任相元, 김창흡金昌翕, 조태채趙泰采 등이 있다. 또 일반적인 시문 이외에 전문적인 저술로는 김육金堉의 『유원총보』類苑叢寶나 홍만선洪萬選의 『산림경제』 등을 들 수 있다.

이정李楨이 지은 「가을날의 차꽃」(秋日茶花)이라는 시를 보면,

　　푸른 가지 초록 잎에 옥 같은 꽃 붙었으니
　　옹기종기 열린 모양 별처럼 반짝이네.
　　옥천玉川의 몇 사발 차 무어 부러우랴?
　　차꽃 주위 맴도니 심신이 절로 맑아지네.

라고 하여 차꽃만 보아도 노동盧仝의 좋은 차가 전혀 부럽지 않을 정도로 심신이 맑아짐을 말하고 있다. 차꽃은 하얀 꽃잎에 노란 수술이 달리는데, 양력 11월 초에 절정을 이룬다고 한다. 이 시는 다시로는 드물게 차꽃을 읊은 경우이다.

1607년, 허균이 최천건崔天健에게 보낸 짤막한 편지엔 이런 구절

이 적혀 있다.

> 적막하고 추운 겨울밤에 눈 녹은 물을 부어 햇차를 끓이면 불이 이글이글 타고 물맛이 좋습니다. 이 맛은 제호醍醐나 술과 다름이 없습니다. 공께서는 이러한 맛을 아시는지요?

허균은 한겨울 밤 숯불에 눈을 녹여 찻물을 달이는 정취와 차 맛을 표현하였다. 참으로 차를 사랑했던 사람이 아니면 나타낼 수 없는 경지라고 하겠다.

이 밖에 차의 유통과 관련하여 눈에 띄는 대목들을 소개해 보면, 심수경沈守慶은「바둑 친구가 찾아와서」라는 시에서 "쌀을 탁발하러 오는 중은 없고 차를 팔러 오는 장사치가 있네"라고 하였고, 신민일申敏一은「우거즉사」寓居卽事에서 "개울 너머 때때로 차 파는 소리 들릴 뿐"이라고 하여 시골 마을에도 차를 팔러 다니는 장사치가 있었음을 알 수 있다. 또 강항姜沆의『간양록』이나 김세렴金世濂의『해사록』, 임상원의 다시 등에서는 일본의 다옥茶屋과 차茶에 대해 기록하고 있으며, 1541년 중국에서 온 양 대인은 남원에서 나는 작설차를 높이 평가하면서 차를 생산하여 판매할 것을 권하고 있다.

한편 허준의『동의보감』東醫寶鑑이나 홍만선의『산림경제』에서는 차의 효능과 부작용 등 약리적 특성에 대해 설명해 놓고 있다. 또 김장생金長生의「차솔」에서는 다례와 관련하여 '점다'點茶의 뜻에 대해 문헌을 들어 고찰했고, 이수광은『지봉유설』芝峯類說에서 우전차의 명칭에 대해 풀이했으며, 김육은『유원총보』에서 출처나 유래가 불분명했던 차와 관련된 고사나 용어들을 많이 밝혀 놓고 있다. 이러한 언급들을 보면, 차를 즐기는 인구가 많아지면서 차츰 차의 효능, 용어와 도구에 대해서도 학문적인 관심을 기울이기 시작했음을 알 수 있다.

이 밖에 이만부李萬敷의 「절다」浙茶 2에서는 "소정방이 백제를 치러 올 때 절강성의 차 종자를 지리산에 전파했는데, 이것이 지금까지 사라지지 않은 것이다"라고 하여 절강차가 우리나라에 들어오게 된 유래에 대해 설명하고 있다. 이 설은 삼국시대에 중국차가 조선에 전래한 또 하나의 경로를 보여 주는 자료라고 할 수 있다.

그리고 여기에 수록된 글들을 보면, 잎차인 작설차 혹은 우전차가 말차를 대신하여 한국 차의 대명사로 완전히 자리 잡았음을 알 수 있다. 또 최상의 찻물이 나는 샘으로 강원도 오대산의 우통수于筒水, 황해도 총수산의 옥류천玉溜泉, 경상도 울진군 기성면의 다천茶川, 강원도 강릉의 한송정寒松亭 등에 대해 언급하고 있다.

조선 중기는 상대적으로 한국의 차 문화사에서 연구가 미진한 시기라고 할 수 있는데, 이 책을 계기로 미처 알려지지 못했던 여러 다인들의 시와 글이 차를 애호하시는 여러 분들의 입에 오르내릴 수 있기를 기대한다.

2013년 4월
역자 일동

차 례

'한국의 차 문화 천년'을 펴내며 5
'조선 중기의 차 문화'를 엮어 내며 8
일러두기 24

서경덕 徐敬德, 1489~1546　산거 27

정사룡 鄭士龍, 1491~1570　김자통이 춘천으로 돌아가려 하며 그가 사는 곳을 시로 읊어 주기를 구하다 28 | 유점사에 묵으며 30 | 지는 꽃이 아쉬워 32 | 「수조가두」를 본떠서 송강에게 드리다 33

조성 趙晟, 1492~1555　시와 약을 요구하였으나 34

송순 宋純, 1493~1582　송강의 시에 차운하여 「유거」 다섯 수를 짓다 36

김의정 金義貞, 1495~1547　이어서 성헌에게 주다 37

주세붕 周世鵬, 1495~1554　손 교리의 시에 차운하여 자미에게 줌 39 | 여항산 의림사에 깃들어 살다 41

임억령 林億齡, 1496~1568　들에서 차를 마시며 42 | 시냇가 정자 43 | 기미년 가을 추성으로부터 집으로 돌아와 44

성운 成運, 1497~1579　새로운 거처 45

박란 朴蘭, 미상　장수로 부임하는 용문거사를 보내며 46

이황 李滉, 1501~1570　어제 농암 선생을 뵙고 물러나 느낀 바 있어 시를 짓다 48

최연 崔演, 1503~1549   아우들에게 부침 50 | 밤에 배고픔을 느껴 장난삼아 짓다 51 | 운암원에서 52 | 고요함 속에서 53 | 차를 마심 54 | 화로 55

임형수 林亨秀, 1514~1547   납청정에서 56 | 새벽에 58 | 안정관의 운을 차운하여 사상에게 응수하다 59

홍섬 洪暹, 1504~1585   꿈에 향림사를 보다 60 | 이양당 63

엄흔 嚴昕, 1508~1543   3월 3일에 신 선위의 운을 차운하다 64 | 대동강에 배를 띄우고 65

김인후 金麟厚, 1510~1560   석헌 선생의 시에 차운하여 신도 스님에게 주다 66

김주 金澍, 1512~1563   비를 괴로워하고 가난을 근심한 조강 어른의 시에 응수하다 68

오상 吳祥, 1512~1573   집으로 돌아와 느낀 바 있어 70

이정 李楨, 1512~1571   가을날의 차꽃 71 | 제천의 눌재 시에 차운하다 72 | 옥천의 시에 차운하다 73

유희춘 柳希春, 1513~1577   추석에 감회가 있어 74 | 육안차 76

노수신 盧守愼, 1515~1590   잠실에서 고기 잡으며 77 | 홍양 현관의 시를 차운하여 79 | 마시고 먹는 절도 80

정유길 鄭惟吉, 1515~1588   서울로 가는 길에 사인 한주에게 부치다 81 | 여러 선생께서 시를 읊는 자리에 올리다 83 | 한 정사의 「옥류천을 맛봄」에 차운하여 85 | 화장사 스님에게 87 | 감 스님의 책에 쓰다 88

송인 宋寅, 1517~1584   서울을 출발하는 날에 89 | 우연히 짓다 91 | 비에 막혀 수성에 머물다가 시를 짓다 93

심수경 沈守慶, 1516~1599   바둑 친구가 찾아와서 기쁜 마음에 회포를 읊다 94

황준량 黃俊良, 1517~1563   두류산을 유람한 기행시 96 | 희안 스님께 차운하여 드리다 98 | 또 우사에게 줌 99

노진 盧禛, 1518~1578   차를 삶다 101

권벽 權擘, 1520~1593   겨울밤에 차를 달이다 103 | 서울의 정월 대보름 105 | 여름날 일직 중에 106

구봉령 具鳳齡, 1526~1586   『다경』을 읽다 107

기대승 奇大升, 1527~1572   제공들의 '기' 자 운을 빌려 109

구사맹 具思孟, 1531~1604   『옥령시권』의 운을 빌려 110 | 강릉 작은 누각의 운을 빌려 사시사를 나누어 짓다 112

권호문 權好文, 1532~1587   새벽 창가에서 113 | 노 수재에게 주어 송별함 114 | 밤에 쓰다 115 | 즉흥시 116 | 개인 날 117 | 좌랑 김사순이 산사에 계시다는 것을 듣고 읊어 바치다 118

황정욱 黃廷彧, 1532~1607   의엄이 왕골자리를 준 것에 사례하여 119

고경명 高敬命, 1533~1592   즉흥시 120 | 병중에 강숙에게 121 | 앞의 운을 다시 써서 군망에게 적어 바치다 122 | 병이 나서 술을 끊고 서하 송강에게 보이다 124 | 성휘에게 주다 126 | 진사 우탁이 보내온 시에 삼가 차운함 127 | 벗에게 주다 129

송익필 宋翼弼, 1534~1599   새벽 130

성혼 成渾, 1535~1598   벗과 함께 운계사에서 노닐며 131

이이 李珥, 1536~1584   산중에서 132 | 석천에게 보내 드리다 133 | 수종사 134

백광훈 白光勳, 1537~1582   해림사에서 정인 스님에게 줌 135 | 고죽의 시에 차운하여 보운에게 줌 136 | 즉흥시 137

윤근수 尹根壽, 1537~1616　찬 스님의 시축에 쓰다 138 | 봉은사 스님의 시축에 쓰다 140

김성일 金誠一, 1538~1593　오산의 시 「경운사」에 차운하다 141

이산해 李山海, 1539~1609　덕장산인에게 주다 143 | 산중잡영 144 | 계절 145 | 서쪽 여울 146 | 선궁 147 | 녹음 148 | 봄날 백암사로 가는 도중에 149 | 다천기 151

최립 崔岦, 1539~1612　돌솥 152 | 망룡교에서 첩운하다 154 | 우가장 155 | 가랑눈이 내리는 날, 다시 소동파의 시에 차운하다 157 | 담란에게 남겨 주다 159

허준 許浚, 1539~1615　버섯 독 160 | 고다 161

이달 李達, 1539~1612　스님의 시축에 차운하여 163

김우옹 金宇顒, 1540~1603　꿈을 기록함 164

이정암 李廷馣, 1541~1600　눈 오는 밤, 추위 속에 읊조리다 165

유성룡 柳成龍, 1542~1607　우연히 읊조리다 166

양대박 梁大樸, 1544~1592　마하연 168 | 신륵사 170 | 「옥류천에서 차를 끓이며」 시에 차운하여 171

이순신 李舜臣, 1545~1598　이씨가 남긴 기록 173

성여신 成汝信, 1546~1632　산승이 한가로움을 다스리는 법 176 | 쌍계사 팔영루에서 옛일을 생각하며 177

심희수 沈喜壽, 1548~1622　『의림시권』의 계옹의 서액에 적다 178 | 사월 초파일 밤에 180

김장생 金長生, 1548~1631　차솥 181

| 유근 柳根, 1549~1627 | 고 홍양과 이별하며 183 ǀ 서재에서 우연히 읊다 184 ǀ 부사의 「옥류천」 시에 삼가 차운하다 185 |

| 임제 林悌, 1549~1587 | 서울로 가는 청계를 송별하며 187 ǀ 우 노장에게 189 ǀ 즉흥시 190 ǀ 계묵에게 줌 192 ǀ 광혜 대선사에게 차운하여 줌 193 |

| 허봉 許篈, 1551~1588 | 조천기 194 |

| 오억령 吳億齡, 1552~1618 | 개원사에 오르다 195 |

| 이호민 李好閔, 1553~1634 | 우연히 읊음 196 ǀ 허 종사에게 줌 197 ǀ 우전차 198 |

| 차천로 車天輅, 1556~1615 | 회곡이 준 시에 차운하여 199 ǀ 도 통관에게 주다 202 ǀ 주봉처사의 초당 204 |

| 이항복 李恒福, 1556~1618 | 중구일에 우연히 영국서원에서 205 |

| 김용 金涌, 1557~1620 | 달빛 비친 우물물을 긷다 207 |

| 유몽인 柳夢寅, 1559~1623 | 용만의 민 스님께 차운하여 드림 208 ǀ 자은사 시서에 붙이다 210 ǀ 서회사 212 |

| 성문준 成文濬, 1559~1626 | 또 어떤 사람의 운을 차운하여 214 |

| 이준 李埈, 1560~1635 | 낙고초당에 부쳐 쓰다 216 ǀ 눈 녹인 물로 차를 끓이며 219 |

| 김상용 金尙容, 1561~1637 | 동짓달 눈 녹인 물로 차를 끓이기 220 |

| 이덕형 李德馨, 1561~1613 | 이자상에게 221 |

| 이수광 李睟光, 1563~1628 | 병중에 222 ǀ 즉흥시 223 ǀ 병중 감회 224 ǀ 가을밤의 감회 225 ǀ 청화절에 226 ǀ 한가로이 살며 227 ǀ 즉흥시 228 ǀ 차를 마시다 229 ǀ 고한행 230 ǀ 이른 아침, 산해관으로 들

	어가 서쪽 성 밖 인가에 머물며 231 ｜ 우전차 232
이춘영 李春英, 1563~1606	납호당의 시를 차운하여 233 ｜ 달빛 비친 우물물을 긷다 234
허난설헌 許蘭雪軒, 1563~1589	궁사 235
이정귀 李廷龜, 1564~1635	밤중에 앉아 잠을 이루지 못하고 236 ｜ 각산사에 올라 벽에 적다 238 ｜ 옥하관에서 240 ｜ 상공 왕손번의 시에 차운하여 사례하다 242 ｜ 강촌에서 새벽에 일어나 244 ｜ 또 석주 권필의 학사에 있는 승려 석훈에게 주다 246
유숙 柳潚, 1564~1636	조맹부의 화첩에 248 ｜ 찻잎 따는 법 251 ｜ 법광사에서 매월당의 시에 차운하여 252
신흠 申欽, 1566~1628	동짓날 지봉에게 부치다 255 ｜ 벽 위에 쓰다 257 ｜ 눈 내린 뒤 258 ｜ 야언 259
강항 姜沆, 1567~1618	소나무 아래서 차를 달이며 260 ｜ 승정원에 나아가 임금께 올리는 글 261
이경전 李慶全, 1567~1644	김자징을 양양으로 보내며 263 ｜ 시월 보름밤, 인경궁의 제관으로 선발되어 265 ｜ 여드레 비 266 ｜ 시전촌에서 267
양경우 梁慶遇, 1568~1629년경	큰 눈이 내리다 268 ｜ 호상잡영 270 ｜ 비 오는 제호에서 271 ｜ 청원당에 적다 272
허균 許筠, 1569~1618	서흥의 인가에 묵다 273 ｜ 해양에서 감회를 기록하다 275 ｜ 햇차를 마시다 276 ｜ 일을 읊다 278 ｜ 한낮 창가에서 279 ｜ 감회를 쓰다 280 ｜ 손님을 물리치고 홀로 앉아 282 ｜ 누실명 284 ｜ 최분음에게 보냄 288 ｜ 이여인에게 보냄 290 ｜ 이여인에게 보냄 292 ｜ 차 294
권필 權韠, 1569~1612	네 벗을 그리며 295 ｜ 심엄의 유거에 적다 298 ｜ 벗의 「비

| | | 내리는 가운데 회포를 읊다」에 차운하여 300 | 병중에 밤비 소리를 듣고 초당이 생각나서 평생의 일을 서술하다 301 | 눈 온 뒤에 흥이 일어 303 |

정온 鄭蘊, 1569~1641   밤에 일어나 차를 마시며 304

이민성 李民宬, 1570~1629   하수오차 305 | 조천록 308

김상헌 金尙憲, 1570~1652   백사의 댁에서 해봉을 전별하며 310 | 유안세가 장성에 부임하는 데 주다 312 | 천마산인 종영에게 주다 314

이안눌 李安訥, 1571~1637   앞의 운을 써서, 인오 사문이 금강산의 옛 사찰로 돌아가는 것을 보내다 315 | 두봉 학사가 「부산관」 절구의 운을 써서 지은 사문에게 준 시에 차운하여 317 | 두봉이 윤 참의와 소 정랑의 시운을 다시 쓴 것에 화운하여 318 | 진일 스님에게 시를 지어 사례하다 319

김류 金瑬, 1571~1648   남교에서 321 | 화당에서의 낮잠 322 | 눈 온 뒤에 홀로 앉아 323

홍서봉 洪瑞鳳, 1572~1645   남원부사 채유후가 편지와 차 봉지를 보내온 것에 감사하며 324

홍명원 洪命元, 1573~1623   눈 녹인 물로 차를 달이다 325

목대흠 睦大欽, 1575~1638   창녕현에서 곽재우 장군의 정자에 적다 327 | 월정사 329

조희일 趙希逸, 1575~1638   눈 녹인 물로 차를 달이다 330 | 감회를 쓰다 1 332 | 감회를 쓰다 2 333

신민일 申敏一, 1576~1650   우거즉사 334 | 동림사 335

고용후 高用厚, 1577~1652   창굴에서 스님을 찾다 336

김령 金坽, 1577~1641   봄날 337

이응희 李應禧, 1579~1651   저물녘 산촌에 눈 내리고 338 | 유거 339 | 겨울밤 잠 못 이루고 읊다 340 | 차 341 | 우연히 짓다 343

김육 金堉, 1580~1658   차 344

정홍명 鄭弘溟, 1582~1650   눈 속에서 358 | 저녁눈 360 | 잠에서 깨어 361

이식 李植, 1584~1647   배를 타고 한양으로 내려오는 길에 362 | 대궐 관청에서 신화로 차를 끓이며 364 | 장성태수 한진명이 차와 죽순을 부쳐 준 것에 사례하여 366

최명길 崔鳴吉, 1586~1647   총수산 368 | 산장을 그리며 370

조경 趙絅, 1586~1669   중양절 372 | 어떤 사람이 차를 읊은 시에 차운하여 374

장유 張維, 1587~1638   비 오는 날 기암자에게 부친 시 376 | 유양 사또 최대용이 서쪽 개울에서 노닐며 지은 시에 차운하다 377 | 차운하여 조박에게 수답하다 378

오준 吳竣, 1587~1666   밤에 운을 불러 휘둘러 쓰다 380 | 차운하여 산승에게 주다 381 | 운을 불러 1 382 | 황해도관찰사 박서 공의 시에 차운하다 383 | 운을 불러 2 384 | 금강산 스님의 시에 차운하여 주다 385

김응조 金應祖, 1587~1667   유자직의 몽천정사에 적어 보내다 387

신익성 申翊聖, 1588~1644   촌거잡흥 389 | 산중에서 390 | 능에서 내려와 귀가하여 392 | 관해의 시에 차운하다 394 | 산에 살며 396 | 병이 들어 397 | 통 스님께 드리다 399 | 천장의 시에 차운하다 400 | 금강산 유람 소기 401

이민구 李敏求, 1589~1670   우통수를 길어 차를 달이다 402 | 곡우일에 비로소 비가 오다 403

윤순지 尹順之, 1591~1666　가야가 404 | 우연히 짓다 406

김세렴 金世濂, 1593~1646　차를 달이다 407 | 일본의 다옥 408

이명한 李明漢, 1595~1645　가을날 왕탄을 나오다 410 | 준 스님의 시축에 동회와 계곡의 시를 차운하여 411 | 밤에 술 마시며 중승 박서의 시에 차운하여 보이다 412 | 숙직하며 밤에 앉아 414 | 자겸 최명길과 지국 장유의 시에 차운하여 415 | 단오에 악군이 보내온 시에 차운하여 416 | 영광 사또 박안제에게 감사하며 417 | 순창 사또 임서와 작별하며 419 | 백록초당에 적다 420 | 조 학사의 시에 차운하여 편지 말미에 쓰다 421

이경석 李景奭, 1595~1671　옥류천에서 우연히 읊다 423 | 용문의 시에 차운하다 1 424 | 용문의 시에 차운하다 2 426 | 다시 앞의 운을 써서 조수이에게 창수하다 427 | 교장에서 선주에게 창수하다 429 | 분암 장로 추해께 드리다 431

하진 河溍, 1597~1658　벗을 기다려도 오지 않기에 432 | 차를 마시다 434 | 청곡사에서 성이진을 기다렸으나 오지 않다 435

이소한 李昭漢, 1598~1645　스님의 시축에 차운하여 436

정태화 鄭太和, 1602~1673　소식의 「전다」 시에 차운하여 437

강백년 姜栢年, 1603~1681　가난한 삶 439 | 더위를 피하려 누각에 오르다 440 | 금성 사또 김천석이 집으로 찾아오고, 또 양식과 차 등을 보내왔기에 441

황호 黃㦿, 1604~1656　차를 달이다 443 | 동명의 절구 10수 중 7수에 차운하여 444 | 왜가 물품을 보내온 것에 답하다 445 | 구련성 446 | 송광사를 지나며 447 | 동명의 관음사 시에 차운하여 448

김득신 金得臣, 1604~1684　보은사 승려 법심의 시축에 차운하여 449 | 신대오와 홍

원구에게 주다 450 | 청평사에서 박중구의 시에 차운하다 451 | 말 위에서 앞 시의 운을 따서 452 | 도정당 상량문 453

신익전 申翊全, 1605~1660　청백당 상량문 454

김익희 金益熙, 1610~1656　소식의 「전다」 시에 차운하여 455 | 윤지의 시에 차운하여 457 | 청호 사또가 차를 보내며 시를 붙여 왔기에 사례하며 운자를 써서 답한다 458

이일상 李一相, 1612~1666　원운 460

박장원 朴長遠, 1612~1671　청평사의 산승 문욱이 내방하다 461 | 청평산 유람기 462

이은상 李殷相, 1617~1678　다시 '간' 운을 써서 김구지에게 주어 정정을 구하다 464

홍위 洪葳, 1620~1660　추경과 낭연에게 보이다 465

이단하 李端夏, 1625~1689　차를 마시다 467 | 부친께서 불승의 시축에 적어 준 시에 삼가 차운하다 468 | 호곡이 또 남간의 절구를 차운하여 나에게 화운시를 청하기에 470

신정 申晸, 1628~1687　벗의 집에 쓰다 471 | 문을 닫고 472 | 새벽에 473

이단상 李端相, 1628~1669　입으로 읊어 회포를 달래다 474 | 남궁에서 배종한 뒤 당직을 서며 입으로 읊다 477

남용익 南龍翼, 1628~1692　다음 날 다시 연구에 차운하여 세 사백에게 올려 화답을 청하다 478 | 한풍루의 신선 노래 480 | 나고야의 다옥에서 481 | 다옥에서 찻사발을 들다 483 | 제야에 배를 띄워 이백 리를 가다가 484 | 음식 485

윤증 尹拯, 1629~1714　금강연 486

김만기 金萬基, 1633~1687　4월 그믐에 비를 보며 짓다 487

21

조성기 趙聖期, 1638~1689　백량에게 답하다 489

임상원 任相元, 1638~1697　일본차를 마시다 490 | 즉흥시 492 | 주경 최후상이 함평에 가는 것을 보내다 493 | 오후에 한벽루에 앉아 494 | 차를 달이며 즉석에서 읊다 495 | 풍설 496 | 차운 497 | 차를 달이며 498 | 눈 499 | 강진현감 김항을 보내며 500 | 담양부사 이광하를 보내다 502 | 삼짇날 504 | 저물녘에 차를 달이다 505

임방 任埅, 1640~1724　비를 보며 506 | 동년 채석주의 고별시에 차운하다 507

권상하 權尙夏, 1641~1721　육언시 508

홍만선 洪萬選, 1643~1715　소의 질병을 예방하는 법 509 | 차와 탕 510 | 두창 경험방 518

오도일 吳道一, 1645~1703　응청각에서 눈을 읊다 519 | 한벽루에서 당시를 차운하다 521 | 선화당에서 비 내리는 가운데 522

최석정 崔錫鼎, 1646~1715　첨수참에서 523 | 눈을 읊다 524 | 봉황성 525

김창협 金昌協, 1651~1708　윤3월 6일, 경물을 쓰다 526

서종태 徐宗泰, 1652~1719　중부께서 검양의 시골집에서 내려주신 시에 삼가 차운하다 528

김창흡 金昌翕, 1653~1722　병풍 그림을 읊다 529 | 또 「동교잡영」에 화운하다 530 | 스스로 가련해하다 533 | 오대산기 534 | 죽엽차 536 | 낙수암 538 | 두만강 539 | 제현들과 운사에 가서 모임을 열고 540

홍세태 洪世泰, 1653~1725　사우당의 모임에서 앞의 운을 따라 여러 공에게 화운하다 542 | 태평하게 누워 544

이현조 李玄祚, 1654~1710　「보덕굴」 시에 차운하다 545

최석항 崔錫恒, 1654~1724 눈을 읊다 547

이인엽 李寅燁, 1656~1710 밤에 서재에 앉아 548 | 구호에 살며 홍사길의 시에 차운하다 549

이재 李栽, 1657~1730 족질 여빈에게 답하다 550

김창업 金昌業, 1658~1721 다시 첩운하여 원심암에 보내다 551 | 백씨가 육유의「유거초하」의 운을 따서 지은 시에 차운하다 552

조태채 趙泰采, 1660~1722 차를 읊다 554 | 봄 농사를 읊다 558 | 늦봄에 회포를 쓰다 559 | 마음을 읊다 560

이관명 李觀命, 1661~1733 마음 가는 대로 읊다 561

이만부 李萬敷, 1664~1732 절다 1 562 | 절다 2 564 | 한송정의 다천 565 | 이생의 물음에 답하다 567

조선왕조실록 568

인명 사전 572
서명 사전 626
찾아보기 655

일러두기

1. 이 책은 조선 중기의 차 문화를 다룬 작품만을 정리한 것이다.
2. 각 작품의 수록 순서는 저자가 태어난 해를 기준으로 하였다.
3. 매 작품마다 출전을 표시하였고, 해설을 두어 작품 전체의 저술 배경과 내용 등을 요약·정리하였다.
4. 이 책에 나오는 인명과 서명 중 자세한 설명이 필요한 경우 인명 사전과 서명 사전 항목을 부록으로 두어 참고하도록 하였다.
5. 원주는 해당 단어 옆에 번호를 표시하고 번역문과 원문 다음에 수록하였다.
6. 본문의 단어 중 설명이 필요한 경우 해당 단어 옆에 *표시를 하고 해당 단어가 수록된 면의 하단에 각주를 달아 설명하였다.

조선 중기의 차 문화

서경덕 徐敬德, 1489~1546

산거 山居

구름과 바위에 집을 지은 건
실로 세상사에 게으른 천성 때문.
숲에 앉아 산새와 벗하고
시내 거닐며 물고기와 친하네.
한가롭게 꽃 핀 언덕을 쓸고
때로는 약초 밭의 김을 매지.
이 밖엔 아무런 할 일 없으니
차 마신 뒤 고서나 뒤적일 뿐.

雲巖我卜居 端爲性慵疏 林坐朋幽鳥 溪行伴戲魚
閒揮花塢箒 時荷藥畦鋤 自外渾無事 茶餘閱古書

출전: 『화담집』花潭集 권1

해설 전체 2수 중에서 첫 번째 시로, 저자가 거처하던 송도松都 화담花潭에서의 한가로운 삶을 읊은 것이다. 차가 은둔한 선비의 일상 속으로 들어온 것을 엿볼 수 있다.

정사룡 鄭士龍, 1491~1570

김자통이 춘천으로 돌아가려 하며
그가 사는 곳을 시로 읊어 주기를 구하다
金子通將還春川 求詠其居

청평의 산빛은 가을에 더욱 좋은데
여러 생의 숙원을 이루지 못해 괴롭네.
거사는 선禪에 속박되었다가 벗어던졌고
장인丈人은 세상을 도피하여 풍류를 이었다네.
차솥에는 밤에 베어 온 신선의 약초를 삶고
단약丹藥 아궁이는 새벽에 숯불로 단련하네.
온 집에 도인道人 풍미가 이토록 그득한 대감이여!
다음에는 솥을 핥으며* 진짜로 놀아 보세.

清平山色又宜秋 宿債多生苦未酬 居士縛禪曾脫略 丈人逃世繼風流
茶鐺夜斫仙葠煮 丹竈晨添活火修 道味全家如許掾 他時舐鼎亦眞游

출전:『호음잡고』湖陰雜稿 권1

해설　전체 2수 중 첫 번째 시이다. 정사룡이 청평산 기슭의 자기 집으로 돌아가는 김자통金子通에게 준 시로 거사居士는 정사룡을, 장인丈人은 김자통을 의미한다. 정사룡은 청평에 놀러 가고 싶었으나 아직 한 번도 가지 못하였으므로, 다음에는 반드시 신선처럼 살아가는 김자통의 집에 찾아가 참으로 신선처럼 노닐고 싶다고 하며 이별의 아쉬움을 달래고 있다.

• **솥을 핥으며**　단약을 정련한 솥을 핥아 먹고 신선이 되었다는 뜻. 중국 한漢나라 때 유안劉安이 선도仙道를 닦다가 신선이 되어 온 가족을 이끌고 승천하였다. 이때 그 집의 닭과 개도 솥에 남아 있던 단약을 핥아 먹고 하늘에 올라가서, 개는 천상에서 짖고 닭은 구름 속에서 울었다는 전설이 있다. 여기서는 차와 단약을 마시며 신선처럼 놀아 보자는 기약을 표현한 것이다.

정사룡 鄭士龍, 1491~1570

유점사에 묵으며 宿楡岾寺

회나무, 잣나무, 전나무, 박달나무에 잡목은 없고
푸른 구름 골짜기에 가득 차 평평한 누대를 감쌌네.
행랑은 굽어 있고 누각은 멀어 처음에 방향을 헤매었는데
북소리 진동하고 종소리 울리더니 점차 우레 치는 듯하네.
속념 가라앉고 정신이 갑자기 각성되니
스님의 차가 잠을 씻어 꿈 먼저 깨누나.
남은 생은 향산의 모임*을 맺어
서울에서 벼슬 쉬고 시나 읊고자 하네.

檜柏杉檀欠別材 蒼雲滿洞擁平臺 廊回閣逈初迷向 鼓動鐘鳴轉作雷
塵念攝齋* 神頓醒 僧茶洗睡夢先回 殘年擬結香山社 洛下休官便賦來

출전: 『호음잡고』 권3

- **향산香山의 모임** 중국 당나라 백거이白居易가 벼슬을 그만두고 향산의 승려 여만如滿과 더불어 모임을 결성하여 수행하였던 것을 말한다. 향산은 중국 하남성河南省 낙양시洛陽市 용문산龍門山 동쪽에 있는 산 이름이다.
- **섭재攝齋** 공경하는 예를 표하기 위해 당에 오를 때 옷자락을 가지런히 잡아 살짝 들어 올리는 것을 말한다. 여기서는 '가지런하다' 또는 '가다듬다'의 뜻으로 전용되어 세상의 시끄러운 생각이 진정된다는 의미로 사용되었다.

해설   전체 2수 중 두 번째 시이다. 정사룡이 1541년경 강원도 일원을 유람할 때 지은 『관동일록』關東日錄에 수록된 작품으로, 금강산 유점사에서 지은 것이다.

정사룡 鄭士龍, 1491~1570

지는 꽃이 아쉬워 惜花

모란꽃 다 지고 가지만이 휑하니!
오랑캐꽃 핀대도 또한 늦진 않으련만.
바람과 해를 빌릴 수 없어 괴롭고 한스러운데
늘그막에 감상할 만한 꽃이 없어 탄식만 하네.
꿈에서 깨니 고요하여 사람 말소리 없고
바람에 차 연기 날려 귀밑머리 감도네.
슬퍼라! 남은 꽃도 이제는 다시 없고
녹음 속에 열매만 부질없이 들쑥날쑥.

牧丹飛盡只空枝 遺續蠻花也未遲 苦恨不爲風日貸 老夫無賞足嗟咨
悄無人語夢醒時 風颭茶煙遶鬢絲 惆悵殘紅無復在 綠陰靑子護參差

출전: 『호음잡고』 권4

해설 예조판서로 봉직하며 지은 『남궁일록』南宮日錄에 수록된 것으로, 환갑을 전후한 1550년에서 1553년 사이에 지은 것이다. 늦봄의 고적한 정취가 차 연기로 인해 더욱 쓸쓸해지는 풍경이다.

정사룡 鄭士龍, 1491~1570

「수조가두」를 본떠서 송강에게 드리다
效水調歌頭 呈松岡

봄날은 이미 자취 없어
햇볕 어루만지며 탄식만 뱉네.
어이 견디랴, 바람 불고 비 오는 날
서글픈 달빛 아래 꽃마저 없음을.
곳곳마다 쏘다니며 취하고 싶지만
어이하랴,
마음 쇠하고 얼굴 늙어 다시는 호기 부릴 수 없으니!
날마다 새 차를 우리노니
술이 없어 차만 자꾸 늘 뿐.

春事已無迹 撫景但成嗟 豈堪風雨時節 憂月更無花
欲逐千場拚醉 其柰心衰面改不復逞豪誇 日日瀹新茗 無酒任多茶

출전: 『호음잡고』 권5

해설 「수조가두」水調歌頭는 사詞의 하나로 원래 전단과 후단으로 구성되어 있으나 여기서는 그 전단만을 수록하였다. 송강松岡은 『호음잡고』에 자주 등장하는 인물인 조사수趙士秀의 호이다. 늙어서 더 이상 술 마시며 봄 정취를 호탕하게 즐기지 못하게 되자 술 대신에 차를 마시며 고즈넉한 봄을 즐기고 있다.

조성 趙晟, 1492~1555

시와 약을 요구하였으나 求詩與藥 ……

게으르고 졸렬해 절로 일이 없으니
창 아래에 차 달이는 연기만 푸르네.
뜰의 매화는 홀로 일찍 피어
선업善業 닦지 못한 나를 비웃는구나.
옛 친구 또한 벌써 멀어져
작은 발걸음도 갈수록 끊기네.
머리털도 매화처럼 하얗게 되려 하니
맑은 추위가 늙은 객을 속이나 보다.

懶拙自無事 窓下茶煙碧 庭梅能獨早 笑我業未白

故人亦已疏 寸步逾迥隔 髮欲花相竝 淸寒欺老客

출전: 『양심당집』養心堂集

원제 시와 약을 요구하였으나 답신을 얻지 못해, 다시 열 수를 지어 받들어 올리며 여러분을 웃기고자 한다 求詩與藥 不獲答惠 復作十首奉呈 博笑

해설 전체 10수 중 두 번째 시이다. 매우 친한 벗에게 보낸 시이나, 받는 이가 누구인지는 미상이다.

조선 중기의 차 문화　　　　　　　　　　　　　　　　35

송순 宋純, 1493~1582

송강의 시에 차운하여 「유거」 다섯 수를 짓다
次松岡賦幽居五首

무수한 소나무 그림자 온 집에 맑은데
한가롭게 명아주 지팡이 짚고 구름 병풍에 의지했네.
꽃을 감상할 땐 이웃과 함께하고
차 마신 뒤엔 바위 가에 홀로 눕네.

無數松陰滿院淸 閑携藜杖倚雲屛 看花時與隣人共 茶罷嚴邊有臥甁

출전: 『면앙집』俛仰集 권2

해설 전체 5수 중 세 번째 시다. 여기에서 송강은 앞서 정사룡의 시에 등장한 조사 수이다.

김의정 金義貞, 1495~1547

이어서 성헌에게 주다 續呈省軒

욕심도 구함도 없고 번거로움도 끊으니
객창客窓의 겨울볕이 봄볕처럼 따뜻하다.
차 연기는 하늘하늘 앞문에서 피고
나뭇잎은 우수수 뒤뜰에 떨어지네.
금빛 휘장 아니지만 나직이 노래하기에 좋고*
율격 잃은 시이지만 사또께선 용서하리.
무산* 열두 봉우리 밤 꿈이 달콤하단들
한밤중 가지 끝에 매달린 원숭이만 하랴.[1]

無意無求又絶煩 客囱冬日等春暄 茶煙細細生前閣 樹葉蕭蕭點後園

帳縱不金低唱穩 詩雖失律使君原 巫山十二甘宵夢 誰似枝頭夜掛猿

[1] 보내온 시의 말구에 기롱하는 뜻이 있어 답장한 것이다(來詩末句 含譏語 故復之).

출전: 『잠암일고』潛庵逸稿

해설   성헌省軒은 권기權祺라는 인물이다. 그가 "외로운 배에 초나라 원숭이를 벗한 것보단 낫구려"(猶勝孤舟友楚猿)라는 답시를 써 보내자, 김의정이 다시 화답하여 보낸 시이다. 권기의 시는 중국 송나라의 육유陸游가 "내가 늦봄에 남빈에 유람할 때, 촉나라 배에 일찍이 가지에서 놀던 원숭이 태웠네"(我游南賓春暮時, 蜀船曾系掛猿枝)라고 읊은 것을 인용하여, '훌륭한 벗과 함께 타니 참으로 영광스러워, 원숭이를 태웠던 육유보다 오히려 훌륭하다'는 의미가 담겨 있다. 그러나 이 말은 '원숭이 태운 것보다는 자네를 태운 것이 그나마 낫다'는 말로, 허물없는 친구 사이의 장난 섞인 표현이다. 이 때문에 김의정이 말미에 '아름다운 미녀와 달콤한 사랑을 나누는 것도 원숭이 같은 벗과 함께 뱃놀이하는 것만 못하다'는 의미로 답장을 써 보낸 것이다.

- **금빛 휘장 ~ 노래하기에 좋고**   중국 송나라 때 한림학사 도곡陶穀 관련 고사. 눈 내리는 날 황금빛 휘장 안에서 술을 데우며 나직이 노래를 불렀던 고사를 인용한 표현이다. 자세한 내용은 신흠의 시 「눈 내린 뒤」 해설 참조(이 책 258쪽).
- **무산巫山**   중국 초나라 양왕襄王이 꿈속에서 무산의 여신과 밀회하였다는 전설이 있다.

주세붕 周世鵬, 1495~1554

손 교리의 시에 차운하여 자미에게 줌
次孫校理韻 贈子美

아득히 십 년 전에 이별을 한 뒤
이날 다시 만나니 어찌 우연이랴.
사방의 눈 덮인 봉우리는 멀리 옥이 쌓인 듯하고
찻주전자는 세 번 끓어 희미하게 김이 오르네.
눈에 비친 좋은 경치는 궁궐과 같고
취중의 풍정은 적선謫仙*을 압도하네.
그대는 만 리 청운의 길에 뜻을 두었겠지만
늘그막의 나는 농사나 지으며 늙으려 하네.

* **적선謫仙**   인간 세상에 귀양 온 신선이란 뜻으로, 중국 당나라의 대시인 이백李白을 가리킨다. 하지장賀知章이 이백의 글을 보고 감탄하며 "그대는 인간 세상에 귀양 온 신선이오"라고 하였던 데서 유래한 호칭이다.

悠悠作別十年前 此日重逢豈偶然 雪岫四環遙積玉 茶鐺三沸暗浮煙

眼中佳景同王屋 醉裏風情壓謫仙 萬里雲程君有意 衰遲我欲老耕田

출전: 『무릉잡고』武陵雜稿 권4

해설   손 교리孫校理와 자미子美는 누구인지 알 수 없다. 이때는 주세붕이 곤양군수로 남해에 내려와 있던 시점으로 보인다. 우연히 옛 벗 자미를 만나 차를 달여 먹으며, 은둔하고 싶은 속내를 말하고 있다.

주세붕 周世鵬, 1495~1554

여항산 의림사에 깃들어 살다 棲餘航山義林寺

고사리 꺾는 손 언저리엔 새벽안개가 푸르고
미나리 캐는 칼끝엔 바위 틈 샘물이 빛나네.
돌아와 소나무 창 아래에서 차 마시고 나니
밝은 달이 온 뜰을 비추고 산새 소리 들리네.

采蕨手邊晨靄綠 翦芹刀末石泉明 歸來茶罷松窓下 明月一庭山鳥聲

출전: 『무릉잡고』 별집 권2

해설 주세붕은 경남 합천에서 태어나 함안군 무릉리에서 살았다. 여항산은 함안의 진산이고, 이곳에 있던 의림사에 머물며 지은 시이다. 이른 봄의 알싸한 정취와 차의 따뜻함이 잘 어우러진 시이다.

임억령 林億齡, 1496~1568

들에서 차를 마시며 野酌

산에선 꽃에 앉아 꽃을 미인으로 삼고
들에선 풀에 앉아 풀을 담요로 삼네.
골짜기 머니 서늘한 바람 들어오고
구름 사라지니 따뜻한 해 아름답네.
숲 속의 새소리엔 시로 답하고
어린 중을 시켜 차를 달이네.
악기 소리 없다고 말하지 말게나,
바람의 거문고가 태고의 음악을 들려주네.

山筵花作妓 野坐草爲氍 谷逈涼風進 雲消暖日妍
詩從幽鳥答 茶使小僧煎 莫道無絲竹 風琴弄古絃

출전: 『석천시집』石川詩集 권3

해설 새소리에 화답하여 시를 쓰고, 동자승과 함께 차를 달이는 산중 정취가 그윽하다. 바람의 거문고가 태고의 음악을 들려준다는 말에서 차와 사람과 자연이 혼연히 하나가 된 경지를 느낄 수 있다.

임억령 林億齡, 1496~1568

시냇가 정자 溪亭

가을 들어 시냇물 맑아져
어지러운 물 사이로 잔잔히 흐르네.
길어 봤자 딴 데 쓸 곳 없어
동자가 용단차*를 끓이네.

溪水秋來潔 潺潺亂水間 汲之無別用 童子煮龍團

출전: 『석천시집』 권4

해설 전체 3수 중에서 첫 번째 시이다. 가을날 깨끗한 시냇물을 길어 용단차를 끓이는 정경을 읊은 시이다.

* **용단차龍團茶** 중국 송나라 때 궁중에 바치던 떡차를 단차團茶라고 한다. 용 무늬를 새기면 용차龍茶 혹은 용단차라 하고, 봉황 무늬를 새기면 봉차鳳茶 혹은 봉단차라고 부른다. 둘을 합쳐서 용봉차 혹은 용봉단차라고 부른다.

조선 중기의 차 문화

임억령 林億齡, 1496~1568

기미년 가을 추성으로부터 집으로 돌아와
己未秋 自秋城歸家 ……

바닷가 구름 너머 자리한 초가집.
대숲에서 차 달이니 학은 연기 피하네.
평생의 스승이자 벗인 도陶 처사와
주사朱砂로 시 비평하여 주고받노라.*

茅廬寄在海雲邊 竹裏烹茶鶴避煙 師友平生陶處士 研朱點檢去來篇

출전: 『석천시집』 권7

원제 기미년 가을 추성으로부터 집으로 돌아와 달밤에 마을 사람들과 술자리를 열다 己未秋 自秋城歸家 月夜 與鄕人開酌

해설 전체 10수 중에서 아홉 번째 시이다. 기미년은 1559년이며, 추성秋城은 전라남도 담양을 가리킨다. 임억령은 해남이 고향인데 1557년에 담양부사로 부임하였다.

• **주사朱砂로~주고받노라** 글을 평가하고 교열할 때 주사를 갈아 붉게 점을 찍거나 비평을 쓰는 것을 말한다.

성운 成運, 1497~1579

새로운 거처 新居

새 거처에 일은 줄어 더욱 할 것 없으니
밤에 자고 새벽에 일어남이 성정에 맞네.
길을 쓸다 꽃 밟으니 붉은 이슬에 젖고
차 달이고 대 태우니 푸른 연기 가볍네.
연못은 들판의 물과 이어져 오리 새끼 모여들고
뜨락은 산 구름과 이어져 사슴 새끼 걸어 다니네.
천지 속에서 만물의 변화 관찰하니
천기天機가 유동하여 절로 생성되네.

新居省事轉無營 夜臥晨興適性情 掃逕踏花紅露濕 烹茶燒竹翠煙輕
池連野水鳧雛集 庭入山雲鹿子行 俯仰乾坤觀物化 天機流動自生成

출전: 『대곡집』大谷集 권상

해설　성운은 1545년 속리산 기슭에 대곡서실大谷書室을 짓고 은거하였는데, 이 시는 아마도 이때 지은 것이 아닌가 추측된다.

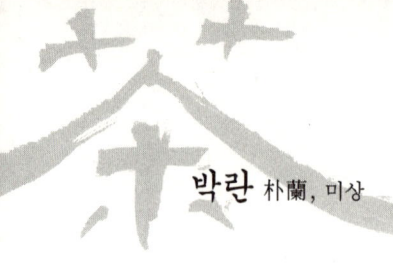

박란 朴蘭, 미상

장수로 부임하는 용문거사를 보내며
奉送龍門居士赴長水

용문에 은거했던 즐거움 잊기 어려운데
현감 되어 산수 좋은 고을을 받으셨네.
상쾌한 공기와 맑은 시내, 옛날 노닐던 그대로이고
창과 깃발, 새로 돋은 향기로운 찻잎 채취하시리라.
선성에서 밀랍 나막신*으로 일신에 거리낌 없고,
발해의 송아지와 칼*은 정사政史가 뛰어나리.
잔설이 쌓인 봄날, 갈 길은 먼데
이별의 근심이 늘어진 푸른 버들을 휘감네.

---

* **밀랍 나막신** 중국 남조南朝 송나라 때 사령운謝靈運이 선성태수宣城太守가 되어 산에 오를 때마다 젖는 것을 방지하기 위해 밀랍을 칠한 나막신을 신은 데서 유래한 말.
* **발해渤海의 송아지와 칼** 중국 한나라 때의 훌륭한 지방관 공수龔遂가 발해태수渤海太守가 되어 농사를 권장하였다. 그는 백성 중에 칼을 차고 있는 자가 있으면 그 칼을 팔아 송아지를 사서 키우게 하여 고을을 풍요롭게 하였다.

龍門隱樂念難忘 竹史能分山水鄕 爽氣淸流如舊玩 槍茶旗茗採新香

宣城蠟屐身無累 渤海刀牛政最良 殘雪春前征路遠 離愁縈柳綠絲長

출전: 『용문집』龍門集 권6 부록

해설 조욱趙昱의 『용문집』 부록에 수록된 시이다. 조욱은 1547년 봄에 경기도 양평 용문사 인근에 은거하였고, 1554년에 전라북도 장수현감으로 부임하였다. 이 시는 당시에 박란이 조욱을 보내며 지은 시인데, 아마도 박란과는 용문에서 서로 왕래하던 사이였던 것으로 짐작된다. 본문 2행의 '史'(사)는 '使'(사)가 되어야 옳다. '竹使'(죽사)는 지방관에게 내리는 부절이다.

이황 李滉, 1501~1570

어제 농암 선생을 뵙고 물러나 느낀 바 있어 시를 짓다 昨拜聾巖先生 退而有感作詩

숲 속의 높은 누각은 배처럼 자그마한데
저녁나절 평대에 올라 푸른 강물 굽어보네.
잎이 지고 나니 소나무 꼿꼿한 줄 알겠고
서릿발 매서울수록 국화 향기 짙어라.
산골 아이는 찻물 끓는 것을 분별할 줄 알고
거문고 타는 여종은 「수조두」水調頭*를 노래하네.
부끄러워라, 속된 마음 완전히 끊지 못한 채
상암*의 선경에서 선생 모시고 노닐었네.

- **「수조두」**水調頭 정사룡의 시 「「수조가두」를 본떠서 송강에게 드리다」의 해설 참조(이 책 33쪽).
- **상암**商巖 지명인 듯하나, 미상이다.

林間高閣小如舟 晚上平臺俯碧流 木落始知松節勁 霜寒更覺菊香稠

山童解辨茶湯眼 琴婢能歌水調頭 自媿塵心渾未斷 商巖仙境得陪遊

출전: 『퇴계집』退溪集 속집 권2

해설　전체 2수 중 첫 번째 시이다. 농암聾巖 이현보李賢輔를 모시고 누각에 올라 차를 마시고 거문고 소리를 들은 감상을 읊은 시이다.

최연 崔演, 1503~1549

아우들에게 부침 寄諸弟

주州와 현縣의 관아에는 들어가지 말지니
그대들은 부지런히 살림 꾸리시길 바라네.
연못에 많이 방생하면 애오라지 세금 보탤 수 있고
농지를 깊이 갈면 족히 가족들을 부양할 수 있네.
아들 손자 교육할 땐 반드시 의리를 가르치고
뽕나무와 산뽕 심으면 꽃 키우기보다 낫다네.
덧없는 시비는 일절 입 밖에 내지 말고
목마르면 단샘 마시고 피곤하면 차 마시게.

莫入州衙與縣衙 勸君勤理作生涯 池塘多放聊添稅 田地深耕足養家
教子教孫須教義 栽桑栽柘勝栽花 閒非閒是徒休發 渴飲清泉困飲茶

출전: 『간재집』艮齋集 권3

해설   최연은 여섯 형제 중 둘째였는데, 아래로 최담崔潭, 최옥崔沃, 최호崔浩, 최순崔洵이 있었다. 이 시는 동생들에게 벼슬길에 나아가지 말 것을 당부한 작품이다.

최연 崔演, 1503~1549

밤에 배고픔을 느껴 장난삼아 짓다
夜來 稍覺飢腸 戲作

천 수의 시가 한 푼어치도 아니 되니
행낭 속엔 속절없이 찬옥법餐玉法*만 전하네.
밤 되자 창자의 우레 소리 참을 수 없어
일어나 햇차 찾아 손수 달이네.

千首詩無直一錢 囊中飧玉法空傳 夜來不禁腸雷吼 起索新茶手自煎

출전: 『간재집』 권7

해설 전체 5수 중 두 번째 시이다.

• **찬옥법餐玉法** 도가에서 전하는 신선술의 일종으로. 옥을 먹어 기운을 맑게 하고 수명을 연장시키는 방법이다. 중국 당나라 시인 두보杜甫의 시 「거의행」去矣行에 "행낭 속의 찬옥법을 시험해 보지도 못하고, 내일 아침엔 장차 남전산에 들어간다네"(未試囊中餐玉法, 明朝且入藍田山)라고 하였다. 여기서는 배불리는 데 아무런 소용도 없는 서적이나 시 원고를 뜻한다.

최연 崔演, 1503~1549

운암원에서 雲巖院卽事

조그만 원院이 숲 속 기슭에 기대어
처마와 기둥이 땅 가까이에 드리웠네.
뜰에는 서리 맞은 나뭇잎 흩날리고
마을에는 낮닭 울음소리 들리네.
술에 시달려 차 마시기 재촉하고
시 지으려고 시구와 제목을 더듬네.
어찌하면 돌아가는 말고삐 돌려
다시 원院에 머무르길 허락받을까.

小院依林麓 簷楹近地低 庭飄霜後葉 邨唱午時鷄
嬭酒催茶飮 尋詩索句題 何當回去轡 重與許攀躋

출전: 『간재집』 권9

해설 1548년 중국 사행 길에 지은 시를 모은 『서정록』西征錄에 수록된 것으로, 운암원은 평안도 안주목安州牧에 있던 역원驛院이다. 마지막 구에서 "어찌하면 돌아가는 말고삐 돌려 다시 원院에 머무르길 허락받을까"라고 한 것으로 보아, 길 떠나는 것을 무척 꺼렸던 것으로 짐작된다. 실제로 사행에서 돌아오는 길에 막내아우 최순이 사망하자, 상심한 최연도 세상을 뜬다.

최연 崔演, 1503~1549

고요함 속에서 靜中

고요하여 한가로운 맛을 알겠으니
누구와 더불어 좋은 회포를 펼쳐 볼꼬.
정갈한 방에는 화로 향기 하늘하늘.
밝은 창에는 해그림자 어른어른.
차를 끓이느라 불기운을 조절하고
술을 마시느라 술잔을 어루만지네.
잠자고 먹는 것 외에 다른 일 없으니
꽃 같은 마음은 이미 재가 되었네.

靜知閒有味 誰與好懷開 室淨爐香裊 窓明日影來
烹茶文武火 斟酒聖賢杯 眠食無餘事 芳心已作灰

출전: 『간재집』 권10

해설 역시 『서정록』에 수록된 시이다.

최연 崔演, 1503~1549

차를 마심 飮茶

한 사발 찻잔에 거품이 가볍고 둥글게 뜨니
육우*의 샘물에 숯불로 차를 끓여야 하리.
처음에는 맷돌에 찻잎 갈리는 것 기뻐하다가
곧이어 게눈* 일어나 찻물 끓는 소리 들었네.
장을 적시는 효과 신속하니 세 잔을 들이키고
위를 데우는 공이 깊어 만금의 값어치가 있네.
어느새 두 겨드랑이 사이에 맑은 바람 일어나니*
봉래산의 날아다니는 신선에게 달려갈 만하네.

一甌花乳汎輕圓 活火應烹陸羽泉 初喜龍牙隨屑碾 俄聞蟹眼試湯煎
搜腸效速傾三椀 暖胃功深直萬錢 乍覺淸風生兩腋 蓬萊從可趁飛仙

출전: 『간재집』 권10

해설 역시 『서정록』에 수록된 시이다.

- **육우陸羽** 중국 당나라 때 은사로 『다경』茶經의 저자이며 다성茶聖으로 추앙받는 인물.
- **게눈** 찻물이 막 끓기 시작할 때 게의 눈처럼 작게 일어나는 기포를 말한다. 차가 처음 끓을 때의 작은 거품을 게눈〔蟹眼〕이라 하고, 이보다 커지면 물고기눈〔魚眼〕이라 한다.
- **두 겨드랑이 ~ 일어나니** 중국 당나라 시인 노동盧仝이 「다가」茶歌에서 "첫째 잔은 목과 입술을 적셔 주고…… 일곱째 잔은 다 마시기도 전에 또한 양 겨드랑이에 솔솔 맑은 바람 이는 걸 깨닫겠네"(一椀喉吻潤 …… 七椀喫不得, 也唯覺兩腋習習淸風生)라고 한 데서 온 말이다.

최연 崔演, 1503~1549

화로 爐

화로 모양이야 볼품없지만
이글이글 숯으로 불을 피우네.
추위는 입김을 따라 흩어지고
봄기운은 온기 따라 돌아오네.
차를 끓이며 때때로 솜옷 여미고
시구 얻으면 재 위에다 써 보네.
앉아서 불 쬐어 온몸 데우느라
탁주 잔을 새삼스레 멈추네.

瓦爐形甚陋 熾炭火爲媒 寒逐吹噓散 春從漏洩回
烹茶時束縕 得句更書灰 坐取渾身熱 新停濁酒杯

출전: 『간재집』 권10

해설 전체 2수 중 두 번째 시로, 역시 『서정록』에 수록된 시이다.

임형수 林亨秀, 1514~1547

납청정*에서 納淸亭有感

가마하* 부근 조그만 정자가 맑은데
늘 푸른 산 마주하여 나그네 맞이하네.
만 리 먼 길을 와서 이제 수레 멈추나니
십 년 동안 멀리서 그 명성 익히 들었지.
봄 차 한 사발 마시니 속세의 흉금 시원해지고
들판의 눈빛 응시하니 병든 눈이 밝아지네.
이날 천애의 명승지에 돌아오니
소요하며 고향 향한 정을 위로할 만하네.

加麻河帶小亭淸 長對靑山傍客程 萬里遠來今稅駕 十年遙望久聞名

春茶甌試塵襟爽 野雪光凝病眼明 此日天涯還勝地 逍遙聊可慰鄕情

출전:『금호유고』錦湖遺稿

- **납청정**納淸亭 평안북도 정주定州에 있던 정자 이름.
- **가마하**加麻河 정주 인근의 강 이름. 일명 가마천加麻川이라고 한다.

해설　이 시는 1539년 원접사遠接使의 종사관從事官으로 중국 사신을 맞이하러 갔을 때 지은 작품이다. 멀리 하늘 끝에 있는 납청정에서 여수를 달래며 지은 시로, 아직 눈이 채 녹지 않는 이른 봄에 햇차를 마시며 마음의 번민을 씻고 있다.

임형수 林亨秀, 1514~1547

새벽에 曉吟 ……

봄꽃 피고 날 따뜻하니 눈이 흐릿해지고
뭉게뭉게 맑은 구름은 멀리 공중에 비치네.
변방 바깥 누대는 해와 달을 가리고
하늘 끝 앵무와 제비는 주렴에 함께 나네.
아리따운 여인의 타래 머리는 구름보다 푸르고
멀리서 온 나그네의 얼굴은 술기운에 붉구나.
낮이 되자 안석에 기대어 토막잠을 자고
수마 쫓는 한 사발 차로 공능을 시험하네.

春花氣暖眼矇矓 靄靄晴雲遠映空 塞外樓臺淹日月 天涯鶯燕共簾櫳
佳人鬢髮雲欺綠 遠客容顏酒借紅 憑几午來成小睡 驅魔一椀試茶功

출전: 『금호유고』

원제 새벽에 읊음―사상이 급사給事 진가유陳嘉猷*의 운을 쓴 것을 차운하다 曉吟 次使相用陳給事韻(嘉猷)

해설 앞의 시 「납청정에서」와 같은 시기에 지어진 시이다. 원제에 나오는 사상使相은 원접사의 수장을 말하는데, 여기서는 접반사接伴使 소세양蘇世讓을 가리킨다.

• **급사 진가유** 중국에서 조선으로 온 사신 중 한 명을 가리키나 자세한 것은 미상이다.

임형수 林亨秀, 1514~1547

안정관*의 운을 차운하여 사상에게 응수하다 次安定館韻 酬使相

수양버들 드리운 옛길엔 저녁 까마귀 울고
석양 드는 거리에는 아전과 백성의 집 있네.
노란 꾀꼬리는 바람 앞에 지저귀고
붉은 작약은 비 온 뒤에 꽃 피우네.
만리타향의 수심은 고향 땅이 아득하고
삼경三更의 돌아가는 꿈은 관아로 달려가네.
말을 달리니 목마름을 참을 수 없어
맑은 샘물을 길어다 찻잎을 달이네.

古道垂楊欲暮鴉 夕陽村巷吏民家 黃鸝囀送風前語 紅藥開添雨後花
萬里愁懷迷故國 三更歸夢趁朝衙 馳驅不禁喉生渴 爲汲淸泉煮茗芽

출전: 『금호유고』

해설 앞의 두 시와 마찬가지로, 역시 1539년 원접사의 종사관으로 중국 사신을 맞이하러 갔을 때 지은 시이다.

• **안정관**安定館 평안남도 순안順安에 있던 객사.

홍섬 洪暹, 1504~1585

꿈에 향림사를 보다 夢香林寺

산세가 삼각산과 이어지니
지어진 지 몇백 년이더뇨.
봄 오면 두견새가 울고
비 지나면 폭포 걸렸지.
바위 따라 산나물을 캐고
눈발 속에 단차˚를 끓였지.
기둥에 글을 쓰던˚ 그곳을
십 년 동안 꿈에서 그렸노라.

• **단차團茶** 틀에 압축하여 굳힌 차.
• **기둥에 글을 쓰던** 중국 전한 때 사마상여司馬相如가 촉군을 떠나 장안長安으로 가는 길에 승선교昇仙橋에 이르러 그 다리 기둥에 "네 마리 말이 끄는 으리으리한 수레를 타지 않고서는 다시 이 다리를 건너지 않겠다"(不乘駟馬高車 不復過此橋)라고 써서 기필코 공명을 이루겠다는 포부를 밝혔는데, 뒤에 뛰어난 문장 실력을 한나라 무제武帝에게 인정받고 출세한 일화가 전한다.

山勢連三角 經營幾百年 春來啼杜宇 雨過掛飛泉

嫩茶緣巖摘 團茶帶雪煎 當時題柱處 十載夢朧禪

출전: 『인재집』忍齋集 권1

해설　향림사香林寺는 삼각산 초입에 있던 유서 깊은 고찰로, 홍섬이 젊은 날 과거 공부를 했던 곳이다. 과거에 합격하여 떠나온 뒤로 늘 한번 찾고 싶었으나 찾아가지 못하고 마음으로만 그리워하다가 이 무렵 꿈을 꾸어 시로 읊었다. 향림사에 머물 당시 차를 자주 끓여 먹었는데 이날 꿈에서도 차를 달여 먹었던 것이다.

사진_ 〈분청사기철화초문고족배〉, 조선 15~16세기 | 높이 7.5cm | 입지름 15.4cm

홍섬 洪暹, 1504~1585

이양당 怡養堂

공명을 쫓는 무리 홀로 우스우니
내겐 즐거운 임천林泉이 있다네.
짧은 삶의 부침浮沈은 결함이 많고
청운의 꿈은 기울어질까 두렵네.
육우가 달이던 차솥에 강물 부으니
장창이 그린 눈썹*처럼 산이 펼쳐졌네.
햇살 삼키고 노을 먹어도 누가 되리니
어찌 수양하여 신기神奇를 얻음만 하리.

名途獨立笑群馳 自有林泉可悅怡 短世升沈多缺陷 靑雲騰踏怕傾欹

江添陸羽煎茶鼎 山展張君畫嫵眉 嚥日飱霞猶有累 豈如修養得神奇

출전: 『인재집』 권1

해설　임천의 즐거움 속에서 정신을 함양한다는 뜻에서 '즐거울 이怡'와 '함양할 양養'을 가지고 당호를 지었다. 그 뜻을 수련首聯과 미련尾聯에 함축적으로 갈무리하여 시를 지었는데, 이양당에서 차를 마시면서 길게 이어지는 산세를 보고 즐기려는 여유로운 마음이 담겨 있다.

• **장창張敞이 그린 눈썹**　중국 한나라 때 장창張敞이 부인을 위해 눈썹을 그려 준 고사를 인용하여 멀리 펼쳐진 산이 눈썹과 닮았음을 비유한 것이다.

엄흔 嚴昕, 1508~1543

3월 3일에 신 선위의 운을 차운하다 (이름은 광한이다) 三月三日 次申宣慰韻(名光漢)

하늘가 멀리서 3월 3일 좋은 절기 만나
고향의 꽃잎 날리는 봄 물결을 생각하네.
눈앞의 즐거움은 어느새 전부 사라지고
나그네의 정회는 오래 견딜 수 없어라.
덩그러니 빈 찻사발에 잠은 자주 깨고
술이 있다 한들 수심을 이기지는 못하네.
긴 모래톱 꽃다운 풀빛을 가없이 바라보니
춘심春心이 강의 북쪽과 남쪽에 가득 찼구나.

天邊佳節三月三 忽憶故園花水酣 眼中歡樂已全少 客裏情懷寧久堪
空餘茶椀睡頻破 縱有酒兵愁未戡 極目長洲芳草色 春心江北與江南

출전: 『십성당집』十省堂集 하권

해설　전체 2수 중 첫 번째 시이다. 이 시는 앞에 나온 임형수의 시와 마찬가지로 1539년 원접사의 종사관으로 중국 사신을 맞이하러 갔을 때 지은 것이다. 잠을 자주 깬다는 말에서 차를 매우 많이 마셨다는 것을 알 수 있다.

엄흔 嚴昕, 1508~1543

대동강에 배를 띄우고(앞의 운을 다시 차운하다)
大同江舟中 (復次前韻)

절기는 청명에 가깝지만 집을 떠나 있으니
고향 집의 꽃들은 몇 송이나 피고 졌을까?
나그네 수심은 어둑어둑 강가 풀잎에 이어졌고
병든 눈은 흐릿흐릿 들꽃을 보기 겁이 나네.
시인의 보루엔 얼마나 많이 묵은 빚 찾았는가?
한가할 땐 차솥에 새로 난 찻잎을 시음하네.
나그네로 떠돌던 중에 어느 곳의 봄이 가장 좋던가.
오직 세월의 무게가 귀밑머리에만 유난히 빠르네.

節近淸明不在家 幾株開落故園花 羈愁黯黯連江草 病眼矇矇怯野葩
詩壘幾多尋舊債 茶鐺閑却試新芽 客中何處春深好 唯覺年華上鬢華

출전: 『십성당집』 하권

해설 전체 2수 중 두 번째 시로, 중국 사신을 맞아 대동강에서 뱃놀이를 즐기며 지은 것이다. 묵은 빚을 찾았다는 것은 벗들이 시를 써 달라고 청탁하여 생긴 시 빚을 갚기 위해 좋은 시구를 찾는다는 뜻이다. 시를 지으려고 고심하면서 많은 종이를 소비하는 동안, 무료하면 문득 햇차를 달여 마시며 시를 구상하던 모습을 그리고 있다.

김인후 金麟厚, 1510~1560

석헌 선생*의 시에 차운하여 신도 스님에게 주다
次石軒先生韻 贈信道上人

산중에 '적막' 하나를 실어 와서
골짜기 밖 온갖 번잡함을 다 물리쳤네.
순경봉脣慶峯* 푸른 산 아래
강천천剛泉川* 푸른 물가에서
바람을 타던 열자列子를 사모하고
해를 쫓던 과보夸父*를 가엾게 여기네.
나 또한 세상 생각을 씻으려 하니
차나 몇 잔 나누어 주시게.

- **석헌 선생** 유옥柳沃을 가리킴. 자가 계언啓彦, 호가 석헌石軒이다.
- **순경봉脣慶峯** 미상.
- **강천천剛泉川** 전라남도 담양 북쪽에 있는 강천산 앞을 흐르는 내 이름.
- **과보夸父** 해(日)와 경주를 하다가 도중에 목이 마르고 지쳐서 쓰러져 죽었다는 중국 신화 속의 인물.

山中輸一寂 谷外謝千譁 唇慶靑峯下 剛泉綠水涯

御風聞慕列 逐日苦憐夸 世慮吾要滌 分渠數椀茶

出전: 『하서전집』河西全集 권9

해설　신도 스님은 신선풍의 인물로 세월의 흐름에도 아랑곳없이 불법을 지키는 산승이다. 적막 하나를 실어 와서 세상의 모든 번잡함을 물리쳤다는 표현에서 그의 구도 자세가 어떠하였는지 짐작할 수 있다. 그를 좋아한 김인후가 "차나 몇 잔 나누어 주시게" 한 것이 마치 선가의 선문답처럼 묘한 울림을 지닌다.

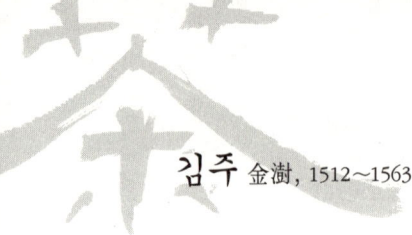

김주 金澍, 1512~1563

비를 괴로워하고 가난을 근심한 조강* 어른의 시에 응수하다
奉酬祖江丈老苦雨憫窮之作

집은 물이 새어 늘 벽으로 스며들고
논은 비에 잠겨 벼이삭이 상할 지경.
어지러운 구름발을 근심스레 바라보고
빗겨 치는 빗줄기를 시름겹게 마주하네.
그저 좋은 일이라곤 객을 붙잡는 것이요,
더욱 좋은 일은 함께 차 마시는 일.
맑은 시 적어 졸음을 깨우는데
살펴보니 글자가 까마귀 같네.*

• **조강**祖江   한강과 임진강이 합류되는 지점으로부터 통진을 거쳐 서해로 흘러드는 강을 말한다. 조강 어른은 그 강가에 사는 인물로 짐작된다.
• **글자가 까마귀 같네**   시를 쓴 종이가 오랜 장마의 습기에 축축해진 탓에 글씨가 번져 어지럽게 되었다는 뜻이다. 중국 송나라 소식蘇軾의 시에 "누런 종이에 쓴 조서가 새로 젖어, 글자가 마치 까마귀 같네"(詔黃新濕字如鴉)라고 한 것을 인용한 표현이다.

漏屋長侵壁 傷田欲損禾 悶看雲脚亂 愁對雨絲斜

秪好仍留客 還宜與試茶 清詩來破睡 把翫字如鵶

출전: 『우암유집』寓庵遺集 권3

해설　전체 3수 중 첫 번째 시이다. 지나치게 오래 내리는 가을장마를 근심스럽게 바라보며 지은 시이다. 근심 속에서도 떠나는 손님을 비 때문에 잡을 수 있으니 기쁘고, 여기에 비 소리를 배경 삼아 함께 차를 마시니 더욱 기쁜 일이라고 하였다.

오상 吳祥, 1512~1573

집으로 돌아와 느낀 바 있어 還家有感

시렁 위 거문고는 줄 끊어져 타기 어렵고
차를 끓이던 솥은 차갑게 식은 지 오래.
바람 따라 낙엽은 빈 침상 위로 날아다니는데
창에 뜬 달은 사람을 엿보고 반딧불은 차갑네.

絃絶難調架上琴 灰寒久澁烹茶鼎 隨風落葉走空床 窓月窺人螢火冷

출전: 『부훤당유고』負喧堂遺稿 보유

해설 전체 2수 중 두 번째 시이다. 앞에 나오는 시의 내용으로 보아 북쪽의 먼 곳에서 집으로 돌아와 지은 시이나 자세한 것은 미상이다. 차를 달여 먹던 솥에 재가 싸느랗게 식었다고 한 것에서 작자가 오랫동안 집을 비운 사실을 알 수 있다. 부엌이 싸늘하다고 하지 않고 굳이 차솥을 지적한 것으로 보아 평소 오상의 차 애호 수준이 심상하지 않음을 짐작할 수 있다.

이정 李楨, 1512~1571

가을날의 차꽃 秋日茶花

푸른 가지 초록 잎에 옥 같은 꽃 붙었으니
옹기종기 열린 모양 별처럼 반짝이네.
옥천*의 몇 사발 차 무어 부러우랴?
차꽃 주위 맴도니 심신이 절로 맑아지네.

靑枝綠葉着瓊英 簇簇開來粲列星 何羨玉川數三椀 繞花心骨自輕淸

출전: 『구암집』龜巖集 속집 권1

해설　다시로는 드물게 차꽃을 읊은 시이다. 차꽃은 하얀 꽃잎에 노란 수술이 달리는데, 양력 11월 초에 절정을 이룬다. 차꽃만 보아도 노동의 좋은 차가 전혀 부럽지 않을 정도로 심신이 맑아짐을 느끼고 있다.

• **옥천**玉川　중국 당나라 때의 시인 노동盧仝의 호.

조선 중기의 차 문화

이정 李楨, 1512~1571
제천의 눌재 시에 차운하다 次堤川訥齋韻

나그네 꿈 막 깨어나자 달빛 나직이 들어오는데
봄추위가 나그네 속여서 외로운 거처에 스며드네.
시정詩情이 삭막하니 사령운謝靈運이 생각나고
차 맛은 청랭하여 건계차建溪茶* 보다 낫네.
산골엔 백성들 가난해 곡식 팔 길 막힐까 근심하고
위태로운 길엔 사람들 다니며 진흙탕 만날까 겁내네.
진휼賑恤에 좋은 방책 없음이 스스로 부끄러워
역마를 타고 동으로 서로 부질없이 허둥대네.

旅夢初回月欲低 春寒欺客透孤棲 詩情索寞思靈運 茶味淸泠勝建溪
深峽民貧愁遏糶 畏塗人過怯衝泥 自慙賑活無長策 馹騎空馳東復西

출전: 『구암집』 속집 권1

해설 추운 봄날 진흙 길에 고생할 백성들을 걱정하며 지은 시이다. 내용으로 보아 지방 수령으로 재임할 때 지은 것으로 보인다. 눌재訥齋가 누구인지는 미상이다.

• **건계차**建溪茶 중국 복건성福建省 건구현建甌縣 무이산武夷山에서 생산되는 유명한 차.

이정 李楨, 1512~1571

옥천의 시에 차운하다 次沃川韻

한가로운 창 아래 잠에서 깨니 혀가 마르는데
선과仙菓와 햇차가 손님 쟁반에 가득하네.
한 조각을 입에 넣자 마음이 절로 상쾌해지고
반 사발을 마시자마자 뼈가 먼저 시리네.
담박한 산야 정취 오롯이 누리려 했건만
쓰고 신 세상 맛 누가 실컷 맛보게 했나.
백발 다 되도록 고향으로 돌아가지 못하고
다시 역마를 채찍질하여 가파른 산을 넘노라.

開窓睡罷舌方乾 仙菓新茶滿客盤 一片初嘗心自爽 半盂纔啜骨先寒
野情曾許專恬泊 世味誰敎飽苦酸 白首未能歸舊隱 更鞭郵馬跨巑岏

출전: 『구암집』 권1 속집

해설   당시 옥천현의 현감을 지내던 인물의 시에 차운한 것으로 보이는데, 누구인지는 미상이다. 낮잠에서 깬 뒤 마른 입에 마시는 차의 맛을 시로 노래하였다.

유희춘 柳希春, 1513~1577

추석에 감회가 있어 秋夕有感

연정*에서 육안차* 마시고 있지만
선도仙桃*로 고개 돌리니 그리움 많아지네.
일찍이 『소학』小學의 무궁한 의미 논할 적에
구구하게 좁은 식견을 토로하지 않았다네.*

- **연정**蓮亭   원래 의정부에 있던 정자 이름인데, 조선 시대 최고의 행정기관인 의정부를 가리킨다.
- **육안차**陸安茶   중국 안휘성 육안현에서 생산되는 맛이 좋기로 유명한 발효차.
- **선도**仙桃   일반적으로 복숭아는 신선 세계를 의미한다. 여기서는 속세를 벗어난 자연을 뜻한다.
- **일찍이 ~ 않았다네**   중국 북송의 학자 여희철呂希哲이 차 가게〔茶肆〕에 들어가지 않았다는 내용이 『소학』小學 「선행」善行에 나온다. 육안차는 귀한 차이고, 또 차는 명절 제례에도 쓰이는 것이다. 그런데 '차 가게에 들어가지 않았다'는 말로 보아, 이때의 '차 가게'란 그다지 좋은 장소가 아님을 뜻한다. 여기에 대해 자신의 견해를 굳이 장황하게 말하지 않았다는 뜻으로 짐작된다.

蓮亭雖飮陸安茶 回首仙桃意味多 曾論小學無窮義 未吐區區蠡測河

출전: 『미암집』眉巖集 권2

해설 지금은 조정에서 생활하고 있지만 추석이 되니 고향 생각이 더욱 간절하다는 마음을 시로 표현하였다. 귀한 차가 사대부의 고급한 취미 생활을 상징하는 물품으로 인용되고 있음을 알 수 있다. 이어지는 『미암일기』와 함께 보면 좋을 듯하다.

유희춘 柳希春, 1513~1577

육안차 陸安茶

식후에 의정부로 출근을 했다. 사인청으로 들어가서 약 창고로 올라가 당약唐藥과 향약鄕藥을 검열하고 평생에 맛보지 못했던 것들을 보았다. 육안차를 마셨는데, 이 역시 평생에 마셔 본 적이 없던 것이다.

食後 仕進于府 入舍人廳 升藥庫閱唐鄕藥 見平生之所未嘗 飮陸安茶 亦平生之所未嘗也

출전: 『미암일기』 眉岩日記

해설 『미암일기』 1568년 8월 9일 자 기록이다. 약 창고를 검열하고 육안차를 마셨다는 내용을 보면, 차가 약으로 취급되고 있었음을 알 수 있다.

노수신 盧守愼, 1515~1590

잠실에서 고기 잡으며 漁于蚕室 ……

식견과 지조는 따질 것 없으니
한 사람의 지음知音만 있으면 되네.
명성은 서악徐樂*보다 늦고
시율은 노륜盧綸*보다 낮다네.
일곱 사발의 차가 막 끓어오르고
세 마리 오리 있으니 가난하지 않다네.
누가 상객上客이 되어
날 아껴 땔나무 옮기기* 권할까.

- **서악徐樂** 중국 한나라 무제 때의 명신. 시를 받는 상대의 성이 서씨徐氏이기 때문에 인용한 것이다.
- **노륜盧綸** 중국 중당中唐 때의 유명한 시인. 소재 자신과 같은 노씨盧氏이기 때문에 인용한 것이다. 즉 소재 자신의 명성은 서 교수만 못하고, 자신의 시는 노씨 성의 옛 시인들보다 못하다는 의미이다.

通介何須問 知音在一人 聲名晚徐樂 詩律降盧綸

七椀茶初沸 三枚鴨未貧 誰爲上客者 相愛勸移薪

출전: 『소재집』穌齋集 권2

원제 잠실에서 고기 잡으며 ―함께 노니는 사람들에게 보이고, 따로 한 수를 지어서 교수에게 받들어 올린다. 때는 10월이다 漁于蠶室 示同遊 別作一首 奉徐敎授 十月

해설 전체 2수 중 두 번째 시로, 원제에 나오는 서 교수徐敎授에게 준 시이다.

• **땔나무 옮기기** 중국 전국 시대 제나라 순우곤淳于髡이 땔나무 더미 옆으로 옆집의 굴뚝이 나 있는 것을 보고 화재의 위험이 있으니 땔나무를 옮기라고 충고하였는데, 과연 그 집에 불이 나자 옆집 사람이 달려와 불 끄는 것을 도와주었다. 그런데 그 집 주인은 순우곤에게는 한마디 감사의 말도 없고, 불 끄는 것을 도와준 사람을 상객上客으로 대접하였다. 이 고사를 인용하여 자신에게 완전히 벼슬을 그만두고 한강에 은둔하기를 권할 이가 누구인가 서 교수에게 말하고 있다.

노수신 盧守愼, 1515~1590

홍양 현판의 시를 차운하여
次洪陽板上曺太虛公韻……

술에 흠뻑 취해 한밤에 차를 마시려니
돌아가고픈 마음은 친구의 관아를 그리워하네.
사업 경륜에 전원의 흥취 잇지 못하고
침상 머리맡의 촛불 두 대만 다 태웠네.

中酒三更啜少茶 歸心戀戀故人衙 經綸不屬田園興 燒盡牀頭二燭花

출전: 『소재집』 권5

원제 홍양 현판의 조태허공의 시를 차운하여, 목백인 충경 신담에게 받들어 보이다 次洪陽板上曺太虛公韻 奉示牧伯沖卿(申湛)

해설 전체 2수 중 첫 번째 시이다. 홍양洪陽은 지금의 충청북도 홍성 지역으로 보통 홍주洪州라고 불렸다. 그곳의 현판에 쓰여 있는 조태허공, 즉 조위曺偉의 시를 차운하여 목사牧使인 신담申湛에게 준 시이다.

노수신 盧守愼, 1515~1590
마시고 먹는 절도 飮膳之節

차를 꼭 마실 필요는 없다. (음식을 소화시키고 기를 내리게 할 경우 반드시 뜨거워야 하고 적게 마셔야 하며, 마시지 않는 것이 더욱 좋다. 배가 고프면 오히려 역효과가 있으므로 오직 배부른 뒤의 한두 잔이 무방하다. 밥을 먹은 뒤 입을 씻어 내는 경우는 반드시 따뜻해야 한다. 옛사람이 이르기를 "체한 것을 풀고 막힌 것을 흩어지게 하기 때문에 하루의 이로움은 잠시 좋지만, 기氣를 여위게 하고 정精을 침해하니 평생의 누累가 됨은 매우 크다"라고 하였다.)

茶不必啜(消食下氣 宜熱宜少 不飮尤佳 飢則功忌 惟飽後一二盞不妨 食後漱口 宜溫 古人云 釋滯散壅 一日之利蹔佳 瘠氣侵精 終身之累甚大)

출전: 『소재집』 내집內集

해설 『소재집』의 「치심양위보신지요」治心養胃保腎之要(마음을 다스리고 위를 기르며 신장을 보호하는 요령)에 나오는 내용이다. 차가 소화를 돕고 기를 내리는 데는 도움이 되지만 정기를 앗아 가니 마실 필요가 없다고 하였다.

정유길 鄭惟吉, 1515~1588

서울로 가는 길에 사인 한주韓澍에게 부치다
赴京道上 寄韓舍人澍

돈 없는 행낭이 문득 가벼워
오늘 아침 말에 올라 또 언덕에 오르네.
노안에 꽃이 보이니* 진정 눈에 안개가 낀 듯하고
시인의 창자가 차를 만나니 절로 서늘함 생기네.
몸은 천리마 꼬리에 붙은 파리 신세이고
마음은 남으로 가는 기러기 떼 쫓아가네.
양 갖옷을 가져다가 낚시터에 보내 주고 싶지만*
마을 사람들 혹시 엄광으로 여기지는 않을지![1]

• **노안에 꽃이 보이니** 노안으로 눈이 흐려져 어른어른하는 것이 마치 허공에 꽃이 피는 것처럼 보이는 현상을 말한다. 이를 안화眼花라고도 한다.
• **양 갖옷을 ~ 싶지만** 중국 후한後漢 때의 엄광嚴光이 광무제光武帝의 부름에 응하지 않고 은거하면서 갖옷을 입고 낚시질로 세월을 보낸 일을 빗대어 한 말.

無金行槖俶輕裝 跋馬今朝又陟岡 老眼看花眞隔霧 詩膓遇茗自生凉

身如附驥蠅千里 思逐隨陽雁一行 欲取羊裘供釣澤 鄕人無乃作嚴光

[1] 보내온 편지에서 양가죽 옷을 구하였기 때문에 농담을 한 것이다(來書 求羊皮衣 故戲之).

출전: 『임당유고』林塘遺稿 권상

해설 전체 2수 중 두 번째 시로, 『수창록』酬唱錄에 수록된 것이다. 벼슬 때문에 서울로 가는 자신의 몸은 천리마 꼬리에 붙어 이름을 남기는 신세이나, 자신의 마음은 고향으로 돌아가고 싶다는 마음을 담았다. 늙어 갈수록 노안은 심해지지만, 차 때문에 시인의 가슴만은 점점 시원해진다고 하여 차에 대한 애호를 드러내었다.

정유길 鄭惟吉, 1515~1588

여러 선생께서 시를 읊는 자리에 올리다
奉諸先生吟几

천지를 농락하고 강호를 석권하다가
칼날을 거두어들이고 홀로 다리에 기댔네.
거북의 등은 긁어도 터럭을 찾기 어려우니*
한 병 술로 속마음 토로하길 원하노라.*
북쪽으로 가는 기러기, 변방의 찬바람에 놀라고
남방 음악을 연주하려 하니 달빛이 창에 가득 찼네.
맑은 차를 마시며 밤잠을 쫓아내니
한 잔의 풍미가 천 개의 술 항아리보다 낫네.

牢籠天地捲湖江 斂盡鋒鋩獨倚杠 難覓毫毛刮龜背 願將壺酒綴羊腔
聞回北雁風驚塞 欲操南音月滿窓 啜得淸茶夜驅睡 一甌風味勝千缸

출전: 『임당유고』 권상

- **거북의 등은 ~ 어려우니** 거북의 등은 아무리 긁어 보았자 터럭을 얻을 수 없다는 뜻으로, 수고만 할 뿐 보람을 얻지 못하는 것을 의미한다.
- **한 병 술로 ~ 원하노라** 중국 당나라의 문인 한유韓愈가 시 「병중증장십팔」病中贈張十八에서 "이 소리는 진정을 토로한 것이니, 한 병의 술로 양의 창자 이으리"(此聲吐款要 酒壺綴羊腔)라고 한 구절을 인용한 표현이다.

해설　『동사록』東槎錄에 수록된 시로, 중국 사신을 영접하러 나가 지은 것으로 보인다. 봄이 되어 북쪽으로 돌아가는 기러기에 역시 사신이 되어 북쪽으로 가는 자신의 심정을 의탁했다. 차 한 잔의 풍미가 천 항아리의 술보다 좋다고 하였다.

정유길 鄭惟吉, 1515~1588

한 정사의 「옥류천*을 맛봄」에 차운하여
次韓正使嘗玉溜泉韻

차를 시음하려고 해도 감천甘泉을 뜰 데가 없었는데
설두*가 맛보고 나서 더욱더 담박해졌네.
신령한 샘은 장강長江으로만 들어간다 말들 하니
참된 맛이 조선에 있을 줄을 어찌 알았으랴?
처음엔 곡식 알갱이가 푸른 안개에 뜨는 것 보이더니
점차 솔바람 소리가 푸른 하늘에서 거세게 들리네.*
양 겨드랑이에서 맑은 바람 이는 것*을 징험할 수 있으니
옥천의 시구는 정말로 전할 만하네.

• **옥류천**玉溜泉   황해도 평산平山 총수산蔥秀山에 있는 샘인데, 물맛이 맑고 시원하기로 유명하다. 암벽에는 중국 명나라 사신 주지번朱之蕃이 쓴 '玉溜泉'(옥류천) 세 글자가 새겨져 있다고 한다.
• **설두**雪竇   일반적으로 중국 송나라 때의 고승인 중현重顯을 가리키나, 여기서는 정사 한세응을 가리킨 것이다.
• **처음엔 ~ 들리네**   처음엔 쌀알 만한 거품이 수증기 너머 조금씩 보이다가, 점차 찻물이 세게 끓어 솔바람같이 쏴아쏴아 소리를 낸다는 뜻이다.
• **양 겨드랑이에서 맑은 바람 이는 것**   중국 당나라 때 시인 노동(호가 옥천)이 「다가」에서 "양 겨드랑이에 솔솔 맑은 바람 이는 걸 깨닫겠네."(也唯覺兩腋習習淸風生)라고 한 것을 두고 한 말이다.

試茶無地酌甘泉 雪竇嘗來更澹然 共道靈源入楊子 豈知眞味在朝鮮

初看粟粒浮蒼靄 漸聽松聲鬧碧天 兩腋淸風聊可驗 玉川詩句政堪傳

출전: 『임당유고』 권하

해설 한 정사韓正使는 1572년 중국에서 온 사신 한세능韓世能를 가리킨다. 이 시는 정유길이 원접사가 되어 한세능 일행을 맞이하며 지은 것으로, 『빈접록』儐接錄에 수록되어 있다.

정유길 鄭惟吉, 1515~1588

화장사華藏寺 스님에게 贈華藏僧

굶주린 백성 눈에 가득하고 문서는 쌓였으니
흰머리 늙은이가 한 해 정사政事를 그르쳤네.
차를 마시고 향을 사르며 절 주인에게 사례하니
잠시 한적하게 지낸 것 또한 인연이라네.

飢氓滿眼牒盈前 白首棠陰誤一年 茶罷焚香謝寮主 暫時閑適亦夤緣

출전: 『임당유고』 권하

해설   화장사華藏寺는 개성 인근의 성거산聖居山에 있는 절이다. 문집에 실린 「연보」를 보면 이 시는 1570년 경기 관찰사로 재직할 때 지은 시로, 화장사에서 며칠 휴식을 취한 뒤에 떠나면서 지은 것으로 보인다. 스님들과 교유하며 지은 시를 모은 『방외록』方外錄에 수록되어 있다.

정유길 鄭惟吉, 1515~1588

감 스님의 책에 쓰다 題鑑上人卷

느긋하게 밥을 먹고 격자창에 기대어
햇 용봉차를 막 길어 온 물로 끓이네.
스님들 오고 감이 한바탕 꿈 같은데
학이 노니는 곳, 봄 하늘에 노을이 비치네.

委蛇退食倚窓眼 龍鳳新茶活水煎 僧到僧歸一場夢 鶴邊斜日下春天

출전: 『임당유고』 권하

해설 역시 『방외록』에 수록된 시이다.

송인 宋寅, 1517~1584

서울을 출발하는 날에
發京日記興······

3월의 왕성王城에 살구꽃이 피려 하니
남쪽 가는 나의 발길, 흥취를 주체 못해라.
작은 배가 물결을 치니 맑은 강이 확 트이고
먼 길에 채찍을 휘두르니 옛 역이 멀어지네.
잠시 객사를 빌려 토막잠을 자고
향기로운 사발 달라 하여 햇차 마시네.
저물녘 수성관에 다시 이르러
석양까지 누각에 쓰인 글 두루 보았네.

三月王城杏欲花 我行南指興難遮 扁舟擊汰淸江闊 長路揮鞭古驛賖

暫假客軒成小睡 且呼香椀啜新茶 晩來更抵隋城館 看遍樓題到日斜

출전: 『이암유고』頤庵遺稿 권5 속집1

원제 서울을 출발하는 날에 흥취를 기록하다(당시 부친께서 홍주목사로 계셨기 때문에 내가 찾아뵈러 갔었다) 發京日記興(時家君作牧洪州 余有歸寧之行)

해설 홍주洪州는 충청남도 홍성 지역의 옛 이름이며, 수성관隋城館은 지금의 경기도 수원에 있던 객사를 지칭한다.

송인 宋寅, 1517~1584

우연히 짓다 偶然有作

숯불로 차 끓이니 손이 절로 춤추는데
사립문은 오랫동안 닫혀 있어 갈거미가 걸려 있네.
돌아가는 기러기는 가물가물 하늘 끝을 향하고
이지러진 달은 고운 자태 대나무 끝에 걸렸네.
뜨락 울타리에 봄빛이 돌아왔음을 깨달으니
강가의 안개 속 버드나무 날릴 줄을 알겠네.
어찌하면 유쾌하게 그대를 따라 떠나서
너른 들판 굽이 도는 강물을 실컷 볼 수 있을까?

活火烹茶手自敲 華門長掩掛蟷蛸 歸鴻滅沒向天末 缺月嬋娟生竹梢
乍覺春光回院落 定知煙柳颺江郊 何當快意隨公去 縱看平蕪亂水交

출전: 『이암유고』 권5 속집1

해설 전체 2수 중 두 번째 시이다. '둔암과 북창에게 화답하다'(和鈍庵北窓)라는 부제를 보면, 둔암鈍庵과 북창北窓이 이 시에 차운하여 시를 지었고, 송인이 다시 그들의 시에 화답한 시임을 알 수 있다. 차를 달이노라니 흥겨워 손이 절로 춤을 추며 박자를 맞춘다고 한 데에서 작자의 차 사랑을 느낄 수 있다. 둔암과 북창이 누구인지는 미상이다.

사진_ 〈백자상감당초문주자〉, 조선 15세기 | 높이 7.3cm

송인 宋寅, 1517~1584

비에 막혀 수성에 머물다가 시를 짓다
阻雨留隋城 有作

비바람에 여정 지체되었으나 걸릴 것 없으니
연꽃 핀 못가 객사에서 서늘한 미풍을 쐬네.
긴 낮에 잠을 푹 잔 뒤 할 일이 없어
한 주발 차 마시고 향불 하나 피우네.

風雨淹程未苦妨 芙蓉池館納微凉 晝長睡足渾無事 一椀茶餘一炷香

출전: 『이암유고』 권6 속집2

해설 수성隋城은 지금의 경기도 수원을 지칭한다. 앞에 나온 「서울을 출발하는 날에」(이 책 89쪽)와 동일한 시기에 지은 시가 아닌가 생각된다.

심수경 沈守慶, 1516~1599

바둑 친구가 찾아와서 기쁜 마음에 회포를 읊다
碁朋見訪 喜而吟懷

열흘 넘도록 산길에 인적 없다가
정오 무렵에야 사립문이 열렸네.
쌀을 탁발하러 오는 중은 없고
차를 팔러 오는 장사치가 있네.
흥 돋우어 시구 읊조리지만
술잔 잡을 마음 생기지 않네.
바둑 친구와 심심풀이하면서
서로 마주하여 기쁨을 금치 못해라.

石逕經旬廢 柴扉傍午開 僧無乞米送 商有賣茶來
遣興吟詩句 無心把酒杯 碁朋堪破寂 相對喜難裁

출전: 『청천당시집』聽天堂詩集

해설　열흘 넘도록 왕래하는 이 없던 산재에 벗이 찾아와 아연 생기가 돈다. 대접거리가 없어 무안하던 차에 마침 차를 팔러 다니는 장사치가 온다. 시를 지을 때는 술도 제격이지만, 이날은 술보다 차 한잔이 맞춤이다.

황준량 黃俊良, 1517~1563

두류산을 유람한 기행시 遊頭流山紀行篇

봄에 난 복숭아와 나물을 식탁에 올리고자
늙고 병든 몸 부지하며 호미 끌고 약초를 캐네.
차 달이던 육우가 흰 구름을 깨뜨리고*
연잎으로 만든 코끼리 코 벽통주碧筩酒를 기울이네.*
도잠陶潛은 바람 부는 창에서 오동 거문고를 어루만졌고
백낙천白樂天은 술 취해 휘두른 붓으로 시통詩筒*을 전하였네.
길흉화복은 오직 새마옹塞馬翁에게 맡기고
이해득실은 모두 초인궁楚人弓*에 부쳐 버리네.

- **차 달이던~깨뜨리고** 구름은 끓는 찻물에서 올라온 수증기이다. 흰 구름을 깨뜨렸다는 것은 물을 끓여 오르는 김 사이로 손을 저어 차를 달여 마신다는 뜻이다.
- **연잎으로~기울이네** 중국 삼국 시대 위魏나라의 정각鄭慤이 손님들과 피서하면서 줄기 달린 연잎에 술을 담고 비녀로 잎과 줄기가 통하게 구멍을 뚫은 다음, 그 줄기를 코끼리의 코처럼 잡아 올리고 돌려 마시며 '벽통주'라고 불렀다는 일화가 있다.
- **시통詩筒** 시를 적어 주고받을 때 담아서 전하는 통.
- **초인궁楚人弓** 흔히 손해 봤다고 생각되는 것도 크게 보면 손해될 것이 없다는 뜻. 초나라 사람이 활을 잃어버리고 안달하였는데, 옆에 있던 사람이 초나라에서 잃어버린 활을 초나라 사람이 주웠을 것이니 손해될 것이 무엇이냐고 충고한 데서 온 말.

乘春桃茱當列鼎 携钁勵藥扶衰癃 茶烹陸羽破白雲 荷折象鼻傾碧筒

元亮風窓撫短桐 樂天醉筆傳詩筒 禍福唯任塞翁馬 得亡都付楚人弓

출전: 『금계집』錦溪集 권1 외집外集

해설　이 시는 원래 황준량이 1545년 4월 두류산(지리산)을 유람할 때 쓴 장편 고시인데, 그 일부만을 수록한 것이다. 두류산을 유람하면서 벗들과 차를 마시고 술을 기울이며 시를 짓던 장면을 추억하며 시에 담았다.

황준량 黃俊良, 1517~1563

희안 스님께 차운하여 드리다 次贈希安上人

고상한 분이 밤 무렵 소나무 암자에 깃드니
맑은 새벽 차 연기가 비를 띠고 촉촉하네.
서로 마주하여 크게 웃고서* 이끼 낀 길 밟으니
푸른 담쟁이 그림자 흔들리고 산수는 푸르네.

高人夜傍松菴棲 淸曉茶煙帶雨濕 相看三笑破蒼苔 碧蘿影搖山水綠

출전: 『금계집』 권1 외집

해설　전체 2수 중 첫 번째 시이다. 희안 스님과 비 오는 새벽에 고요히 차를 마시고 정담을 나누다가 비 그친 아침에 함께 산길을 거닐었다. 푸른 산빛 속에 푸른 담쟁이가 흔들리는 맑은 새벽 기운이 차의 향기처럼 맑다.

• **크게 웃고서**　서로 마음을 나누며 의기투합하는 경지를 말한다. 중국 진晉나라 고승 혜원慧遠이 동림사東林寺에 있을 때 손님을 전송하면서 호계虎溪를 건넌 적이 없었는데, 도잠과 육수정陸修靜이 방문했을 때는 호계를 지난 줄도 모르고 마음을 나누다가 세 사람이 크게 웃고 헤어졌다는 일화가 있다.

황준량 黃俊良, 1517~1563

또 우사에게 줌(우사는 개암이라는 사람이다)
又贈牛師(開菴者也)

경치 빼어난 삼청三淸*의 경계
그윽한 곳에 오솔길 하나 깊네.
구름 속 암자는 북두성에 닿아 있고
떨어지는 폭포는 동쪽 숲 적시네.
이슬 젖은 외로운 소나무에는 학이 울고
그늘진 산 중턱에선 차 연기 피어나네.
고승은 세상 명리를 식은 재로 여기고
한 벌 납의로 추위 버티며 시 읊조리네.

闡勝三淸界 尋幽一逕深 雲菴摩北斗 飛潤漱東林
鶴唳孤松露 茶煙牛嶺陰 高僧灰世念 一衲擁寒吟

출전: 『금계집』 권2 외집

- **삼청**三淸 선경仙境을 말한다. 산승에게 주는 시이므로 이렇게 표현한 것이다. 산승은 법명이 신우信牛, 법호가 개암開菴이다.

해설   시 속의 정경을 보면 산속 굽이굽이 오솔길이 이어지고 폭포가 떨어져 동쪽 숲으로 흐르며, 산 중턱엔 구름이 걸려 있다. 화면에 산사는 보이지 않는데, 깊이 주름진 산자락 중턱에서 차 연기가 피어오른다고 한 것으로 보아 그 아래 어디쯤 산사가 있다는 것을 알 수 있다. 신우 선사가 깊은 산속에서 차를 달이며 추위를 녹이고 있는 것이다.

노진 盧禛, 1518~1578

차를 삶다 瀹茶

금빛 햇차의 싹을 따
향기로운 부들 잎으로 얼른 감쌌네.
새로 길은 샘물과 활활 타는 숯불로
맑은 낮 풍치 있는 풍로에 삶네.
물고기눈°은 빛에 반사되어 오그라들고
솔바람 소리°는 서늘하게 귀에 들어오네.
한 주전자에 팔팔 끓은° 뒤
그윽한 그 느낌은 무궁하여 헤아리기 어렵네.

• **물고기눈** 찻물이 한창 끓을 때에 물고기 눈알만큼 크게 일어나는 거품을 말한다. 최연의 시 「차를 마심」의 주 참조(이 책 54쪽).
• **솔바람 소리** 찻물이 끓을 때 나는 소리를 소나무 숲에 불어오는 바람 소리에 빗대어 표현한 것으로, 자주 쓰이는 비유이다.
• **팔팔 끓은** 원문은 三沸(삼비). 찻물이 끓는 단계이다. 일비一沸는 작은 기포가 생기며 김이 오르는 단계이고, 이비二沸는 게눈 같은 거품이 생기며 솔바람 소리가 들리는 단계이고, 삼비三沸는 팔팔 끓는 단계이다.

試摘金芽嫩 旋包蒻葉香 新泉兼活火 淸晝煮風鐺
魚眼浮光蹙 松聲入耳涼 一甌三沸後 幽思浩難量

출전: 『옥계집』玉溪集 권1

해설 월과月課, 즉 매월 과제로 지은 시이다. 햇차를 막 따서 차를 달여 먹는 느낌을 시로 읊었다.

권벽 權擘, 1520~1593

겨울밤에 차를 달이다 冬夜煎茶

좋은 차를 눈 녹인 물로 달이니
옛사람은 이를 경국지색傾國之色에 비겼지.
마른 창자는 황금빛 싹의 맛을 본디 좋아하고
끓는 물은 돌솥에서 반가운 소리 울리네.
화로 속의 불기운이 모두 타 버리니
성 위의 짧고 긴 종소리 하나둘씩 사라지네.•
오늘에야 노동의 말•을 비로소 믿겠으니
두 겨드랑이에 맑은 바람이 차례대로 생겨나네.¹

佳茗聊將雪水烹 昔人持此比傾城 枯腸自嗜金芽味 駭浪方酣石鼎聲
燒盡爐中文武火 數殘城上短長更 如今始信盧仝語 兩腋淸風取次生

- **성 위의 ~ 사라지네** 겨울밤이라 밤의 종소리를 자주 듣는다는 의미이다.
- **노동盧仝의 말** 중국 당나라의 시인 노동이 「다가」에서 한 말을 가리킴. 최연의 시 「차를 마심」의 주 참조(이 책 54쪽).

¹ 소동파의 시에 "예부터 아름다운 차는 아름다운 사람과 흡사하네"라는 구절이 있다(東坡詩 從來佳茗似佳人).

출전: 『습재집』習齋集 권1

해설　노동의 「다가」를 떠올리며, 겨울밤 눈 녹인 물로 차를 끓여 마시는 정취를 읊은 시이다. 긴 겨울밤에 시간을 알리는 종소리가 끝나자 차를 달이는 숯불이 다 타 가는데, 눈을 녹여 밤이 이슥하도록 차를 마시며 그 맛의 아름다움을 미인에 비유했다.

권벽 權擘, 1520~1593

서울의 정월 대보름 京師上元

정월 초이레 짙은 음기가 대보름까지 이어져
봄추위에 눈까지 내려 날이 저물어 가네.
관등의 행락은 옛날의 풍류가 되었지만
달을 보며 한 해를 점치는 풍속은 남아 있네.
지금 서울에서 적막하다 말하지 마오.
옛날 도로에서 분주하던 때보다는 낫다오.
아늑한 서재는 좋은 차를 달이기에 알맞으니
솥 안에 흰 거품 이는 것을 넋 놓고 바라보네.

人日濃陰連上元 春寒和雪赴黃昏 觀燈行樂風流遠 望月占年習俗存

莫謂京華今寂寞 猶勝道路昔趨奔 幽齋正好煎佳茗 鼎面貪看素浪翻

출전: 『습재집』 권1

해설 정월 보름날 조용히 찻물을 끓이는 정경을 읊은 시이다. 중국에는 정월대보름에 관등놀이를 하는데 우리나라에서는 다리밟기를 하고 달구경을 하니 상대적으로 적막한 편이다. 그러나 분주히 다니며 노상에서 명절 맞는 것보다 좋다고 하며, 고요히 서재에서 차를 달이고 있다.

권벽 權擘, 1520~1593

여름날 일직 중에 夏日寓直

여름 나무는 짙은 그늘 드리우고
공당公堂의 낮은 항상 고요하네.
향을 사르며 마음을 맑게 하고
차를 마시며 긴 해를 보내네.
가랑비는 서쪽 숲에 뿌리고
뭉게구름 남쪽 봉우리에 이네.
마치 은자의 거처에 있는 듯
한가롭게 누워 세상일 물리치네.

夏木布繁陰 公堂晝恒靜 焚香覺心淸 啜茗消日永

微雨灑西林 疊雲吐南嶺 還如在衡門 偃息塵事屛

출전: 『습재집』 권3

해설 공당公堂이란 관리가 근무하는 집무실을 가리킨다. 그곳에서 일직을 서며 차를 마시던 한가로운 여름날을 읊은 시이다.

구봉령 具鳳齡, 1526~1586

『다경』을 읽다 讀茶經

내가 다시 茶詩를 읽으려 하니
안개와 노을이 입안에 상쾌하지만,
『다경』*을 읽을 때
폐부肺腑에 얼음과 눈이 서림만은 못하니.
다시로 피부를 묘사하고
『다경』으로 혈맥을 찾아보네.
육우는 참으로 뛰어난 선비라서
뼈만 살피고 털색은 빼 버렸다네.
한 번 읽고는 신령에 통하였고
두 번 읽고는 정백精魄을 단련했네.
이어서 다시 옥빛 우유차를 마시니
솔솔 바람이 겨드랑이에서 생기네.
그 옛날 육우처럼 신선이 되어
옥황상제가 있는 달의 궁궐로 날아오르네.

• **『다경』** 茶經   다신茶神으로 추앙받는 중국 당나라 때 은사인 육우가 지은 책.

조선 중기의 차 문화

我欲詠茶詩 煙霞爽牙頰 不如讀茶經 氷雪生肺膈

茶詩狀皮膚 茶經搜血脈 鴻漸信奇士 相骨遺毛色

一讀通神靈 再讀鍊精魄 因復啜玉乳 習習風生腋

依然駕我仙 飛上淸都月

출전:『백담집』栢潭集

해설 육우의『다경』을 읽은 뒤 차를 마시고는 그 감상을 쓴 시이다. 차 색깔을 두고 옥빛 우유차라고 한 것으로 보아, 아마 이때 마신 차는 말차라고 짐작된다.

기대승 奇大升, 1527~1572

제공들의 '기'期 자 운을 빌려 次諸公期韻

홀로 호숫가로 와 좋은 기약을 기다리며
의자 쓸고 소요하며 날마다 하는 일 있네.
바람은 버들가지 흔들어 휘늘어뜨리고
눈은 매화에 소복하여 흩날리지 않네.
차 연기는 올올이 처마에 닿아 흩어지고
달그림자는 으슬으슬 창문으로 들어오네.
베개 높이 배고 차가운 물시계 소리 들으며
아침 해가 발에 오르도록 꿈을 꾸었네.

獨來湖上佇佳期 掃榻逍遙日有爲 風撚柳條纔欲嚲 雪封梅萼不曾陂
茶煙縷縷當簷散 月影微微入戶隨 高枕細聽寒漏永 夢回晴旭上簾時

출전:『고봉집』高峯集 권1

해설 매화엔 아직 눈이 남아 있고 버들가지에 물이 막 오르기 시작하는 이른 봄이다. 처마에 닿아 흩어지는 가느다란 차 연기가 청초한 봄과 잘 어울리는 시이다.

구사맹 具思孟, 1531~1604

『옥령시권』*의 운을 빌려 次玉玲詩卷韻

삼십 년 전 옛날에 노닐던 일 기억나는데
백발이 되어 다시 찾으니 어찌 인연이 없다 하리오.
바위 골짝 정신없이 바라보다 자주 발걸음 옮기고
구름 인 봉우리 하나씩 가리키다 다시 채찍을 드네.
밤이 들자 종소리에 새삼 경계함이 있는 듯
숲 속의 꾀꼬리 지저귐은 서로를 걱정하는 듯.
노승께선 객을 위해 햇차를 끓이려고
산 앞의 바위 구멍 샘물을 손수 길어 오시네.

憶得舊遊三十年 白頭重訪豈無緣 耽看岩壑頻移屣 歷指雲峯屢擧鞭
入夜鍾聲偏有警 隔林鶯語似相憐 老僧爲客烹新茗 自汲山前石竇泉

출전: 『팔곡집』八谷集 권1

• 『옥령시권』玉玲詩卷 '구슬 같은 시를 모은 책'이라는 뜻인데, 누구의 시집인지는 미상이다.

해설　30년 전 함께 노닐었던 스님을 찾아가서, 차를 대접받은 일을 읊은 시이다.

구사맹 具思孟, 1531~1604

강릉 작은 누각의 운을 빌려 사시사를 나누어 짓다 次江陵小樓韻分作四時詞

금빛 오리 향로엔 향 연기 하늘하늘 푸른 실처럼 오르는데
차를 받든 계집종은 연기 매워 미간을 찡그리고 있네.
창밖 오동나무 잎은 바람을 맞아 울리는데
얼굴을 감싸고 울면서 깊은 수심을 하소연하는 듯하네.

金鴨香煙裊碧絲 丫鬟捧茗斂顰眉 隔窓梧葉風前響 似訴幽愁掩泣時

출전: 『팔곡집』 권2

해설 전체 4수 중 세 번째 시이다. 사시사四時詞란 봄·여름·가을·겨울 계절별로 지은 시를 말한다. 향을 피우고 차를 마시던 당시 사대부의 취미 생활이 짧은 시에 잘 드러나 있다.

권호문 權好文, 1532~1587

새벽 창가에서 曉窓卽事

은하수는 낮아지고 북두성은 기울어 가니
한기 느껴지는 작은 창에 서리꽃이 만발하였네.
붓을 놀려 시를 짓느라 두 어깨가 솟구치고
옥돌 다투며 바둑 두느라 두 손이 오가네.
만 그루 나무에는 북쪽 땅으로부터 모진 바람이 불고
외로운 객점客店엔 새벽달이 서쪽으로 갔네.
밤새도록 이불을 안고 수심을 가누지 못해
신령한 여섯 사발 차를 다 마셔 버렸네.

河漢初低北斗斜 小窓寒覺滿霜花 詩毫欲動雙肩聳 碁玉相爭兩手遮
萬樹獰風從北陸 孤店殘月在西家 擁衾畢夜愁難禁 飮盡通靈六碗茶

출전: 『송암집』松巖集 권1

해설　1557년에 지은 시로, 권호문이 26세의 나이로 과거 준비를 하던 때로 짐작된다. 수심이 일 때마다 차를 마셔 가슴을 시원하게 하였다고 한 것으로 보아, 과거 공부를 하며 심신이 지칠 때마다 차로 달래었던 것으로 보인다.

권호문 權好文, 1532~1587

노 수재에게 주어 송별함 贈盧秀才送別

눈 내린 산재山齋의 서안에서 문장을 논해 보고
백 번 듣는 것이 한 번 보는 것만 못함을 알았네.
차를 마시고 난 한낮엔 연기가 하늘하늘 오르고
이야기 무르익는 한밤엔 달빛이 분분하게 비치네.
정이 깊어지는 이날에 천 리 먼 곳으로 이별하니
흥이 가득한 새봄에는 그리운 마음 십분 더하리.˙
새 울고 꽃이 웃는 아름다운 계절 다가오는데
어느 곳에서 다시 그대 만나 술잔을 기울일까?

雪明山榻得論文 一見方知勝百聞 煮罷午茶煙細細 談闌夜戶月紛紛
情深此日別千里 興足新春添十分 鳥泣花嚬佳節近 綠樽何處更逢君

출전: 『송암집』 권1

해설 수재秀才란 재주가 빼어난 인물에게 붙이는 말인데, 일반적으로 관직이 없는 친구나 후진에게 허물없이 붙일 수 있는 칭호이다. 노 수재가 누구인지는 미상이다. 그와 함께 차를 마시며 문장에 대한 담론을 나누다가 정이 들어, 이별을 안타까워하는 마음을 그린 시이다.

• 정이 ~ 더하리 정이 깊이 든 오늘 노 수재를 남겨두고 떠나므로, 내년 봄 춘흥이 한창일 땐 더욱 그리워지겠다는 의미이다.

권호문 權好文, 1532~1587

밤에 쓰다 夜記

산중의 공부가 어찌 신체 닦는 것이랴.
속세의 생각들을 환히 각성시켜야 하네.
달빛이 정갈한 책상에 드니 방이 환하고
바람이 성긴 발 걷으니 산 빛이 푸르네.
스님은 시냇물 소리 떠다가 차를 달이고
객은 등불 빛에 누워서 경전을 보네.
가련하여라! 서쪽 창문 밖의 두견새는
한밤에 깊은 원한 하소연하길 마쳤네.

修業山中豈煉形 要將俗慮豁然醒 月侵淨几室生白 風捲疏簾山獻靑
僧掬澗聲歸煮茗 客分燈影臥看經 最憐杜宇西窓外 訴罷幽冤夜丙丁

출전: 『송암집』 권1

해설 전체 2수 중 두 번째 시이다. 이 시를 지을 무렵 권호문은 산사에서 공부를 하고 있었던 듯하다. 소쩍새 우는 봄밤에 자신은 밤낮으로 경전을 읽고 산승은 차를 달인다. 시냇물 소리를 떠 와서 차를 달인다는 표현에 눈이 간다.

권호문 權好文, 1532~1587

즉흥시(을유년) 謾興(乙酉)

끊임없이 봄을 보내는 이곳에는
꽃잎은 지고 풀빛이 한창 짙어라.
새벽에는 환기* 소리에 놀라 깨고
꽃나무 사이에서 최귀* 소리 듣네.
차 달이는 솥에는 향기로운 바람이 끓고
회 치는 칼에는 눈발이 어지럽게 날리네.
즐거운 놀이에 시골 노인 청하여
반나절 동안 사립문 열어 놓았네.

脈脈送春處 紅殘綠正肥 曉窓驚喚起 芳樹聽催歸

茶鼎香風沸 鱠刀亂雪飛 淸懽要野老 半日啓柴扉

출전: 『송암집』 권3

해설 을유년은 1585년으로 이 시는 저자가 세상을 뜨기 2년 전에 지은 것이다.

- **환기**喚起 지빠귀과에 속하는 봄 새로 오경(3시~5시)부터 날이 샐 때까지 운다고 한다. 환기는 '불러 깨운다'는 의미이다.
- **최귀**催歸 소쩍새의 다른 이름으로 '최귀'란 '돌아가기를 재촉한다'는 의미이다.

권호문 權好文, 1532~1587

개인 날 賞晴

강호에서 졸렬함 기르니 몸이 편안하고
그윽한 경치는 모두 다 그림을 보는 듯.
돌길에 구름이 깊으니 맑은 날에도 축축하고
산골 집에는 바람이 가득하니 여름에도 춥네.
통발 말리는 햇살 아래 갈매기 마음 고요하고
차솥에 차를 달일 때 객의 꿈도 쇠잔해지네.
시야엔 희고 흰 물결만 있고 속된 물건 없으니
종일토록 난간에 기대어 하염없이 강물을 보네.

江皐養拙此身安 幽賞都將畫裏看 石逕雲深晴亦濕 山堂風滿夏猶寒
漁簾晒處鷗心靜 茶鼎煎時客夢殘 畾畾眼前無俗物 倚欄終日任觀瀾

출전: 『송암집』 속집 권3

해설 전체 2수 중 두 번째 시이다. 아무런 인위 없이 물고기 잡고 차 마시는 강호의 은둔 생활을 읊은 것이다.

권호문 權好文, 1532~1587

좌랑 김사순金士純이 산사에 계시다는 것을 듣고 읊어 바치다 聞金佐郞士純寓山寺 吟呈

벗이 그리워도 찾아갈 수 없고
저문 봄날 꾀꼬리 소리만 명랑하다.
산 구름은 소나무에 가사袈裟가 걸린 듯
계곡의 눈은 버들에 솜이 날리는 듯.
객이 차를 달이려고 하면
산승이 샘물 길어 오라 재촉하리라.
숲이 깊어 저절로 속세와 단절되니
해질녘 흥취가 거나하겠지.

懷友未能訪 殘春鶯語圓 山雲松掛袈 溪雪柳飄綿
客子欲煎茗 胡僧催汲泉 林深塵自斷 畢景興陶然

출전: 『송암집』 속집 권4

해설 제목에 나오는 사순士純은 학봉鶴峯 김성일金誠一의 자인데, 권호문과는 절친한 사이였다. 자신은 속세에 있으면서 산사에 있는 학봉 김성일이 아마 지금 이렇게 지내겠지 하고 상상하여 보낸 시이다. 권호문의 상상 속에 벗 김성일이 산승과 차를 달여 먹는 모습이 선하게 그려져 있다.

황정욱 黃廷彧, 1532~1607

의엄이 왕골자리를 준 것에 사례하여
謝義嚴惠白花席

한 장의 왕골자리를 짜서
늙은이에게 가져다주니 앉고 눕기 알맞네.
한자리에 어울리는 벗들을 담뿍 얻었으니
향로에 차솥과 늘 함께 다닌다네.

織成一段白花席 來贈衰翁坐臥宜 贏得床敷同臭味 香爐茶鼎也相隨

출전: 『지천집』芝川集 권1

해설　의엄義嚴은 승려일 것으로 추측되나, 자세한 것은 미상이다. 참고로 서산 대사의 제자로 임진왜란 때 황해도에서 활약한 의엄이라는 승려가 있다. 왕골자리와 향로와 차솥은 서로 분위기가 잘 어울리는 벗이라 할 수 있으니, 함께 가지고 다니기엔 더없이 좋은 구성이다. 본격적인 다시茶詩라고는 할 수 없겠으나, 왕골자리를 깔고 향을 피우고 차를 마시는 분위기를 느낄 수 있는 시이다.

고경명 高敬命, 1533~1592

즉흥시 漫興

대자리에 한기 일어 추워서 잠 못 이루니
한 사발 차 마시는 것 외엔 다른 일 없네.
남쪽 텃밭에 가랑비 내려 오이 밭에 김을 매고
유종원柳宗元의 산수기를 자세히 읽었노라.

竹簟生寒淸未睡 茶甌一啜無餘事 南園小雨鋤瓜回 細讀柳文山水記

출전: 『제봉집』霽峯集 권1

해설 마지막 구의 유종원은 중국 당송팔대가唐宋八大家의 한 사람인데, 특히 유기 遊記에 뛰어났기 때문에 이렇게 말한 것이다.

고경명 高敬命, 1533~1592

병중에 강숙에게 病中 示剛叔 ……

술 때문에 병이 났다는 의원의 말을 듣고
얼른 술잔을 물리쳤으나 후회막급이로다.
솔바람 아래 자리 깔고 낮잠을 자니
찻사발에 눈발 날리고 장막에 물결 일어나네.

病因傷酒聞醫說 催屛尊罍我悔多 一枕松風成午夢 茗甌浮雪幕生波

출전: 『제봉집』 권2

원제 병중에 강숙에게—당시에 창랑에서 놀기로 기약했으나 병 때문에 실행하지 못하였다. 病中 示剛叔 時約遊滄浪 以病未果

해설 전체 2수 중 두 번째 시이다. 강숙剛叔은 김성원金成遠의 자이다. 그가 장인 임억령을 위해 전남 담양군 지곡리에 식영정息影亭을 지었는데, 당시에 임억령, 고경명, 정철鄭澈 등과 함께 '식영정 사선四仙'이라 불리었다. 솔바람은 찻물 끓이는 소리를 은근히 암시하는 중의적 표현이다. 눈발이나 물결은 모두 거품이 이는 것을 뜻한다.

고경명 高敬命, 1533~1592

앞의 운을 다시 써서 군망에게 적어 바치다
再疊前韻 錄奉君望

청낭*의 약을 먹고 쇠한 몸 억지로 부지하며
편안히 정신을 가라앉히고 홀로 유순함 지키네.
항아리에 밤 구름 일으켜 개체*에 물을 대고
눈 녹인 물을 끓여 새로 돋은 찻잎 맛보네.
빠지고 남은 머리털은 몇 가닥이나 될는지?
막 읊은 새로 지은 시는 누구를 향해 부칠까?
멀리서 생각하니 금관*의 신 안사는
붉은 소매*에 둘러싸여 오사란*에 시를 적고 있겠지.

- **청낭**靑囊 신선의 약이 든 주머니를 뜻한다. 중국 진晉나라 곽박郭璞이 이인異人으로부터 푸른 주머니에 든 『청낭중서』靑囊中書 9권을 받아서 오행·천문·점복 등에 통달하였다는 일화가 있다.
- **개체**芥蔕 기분이 상쾌하지 않거나 마음속에 응어리가 생기는 것을 비유하는 말. 중국 송나라 소식의 시에 "가슴속의 응어리를 씻어 버린다"(洗芥蔕胸)는 표현이 있다. 질그릇 찻주전자에 물을 끓여 차를 마셔서 가슴을 후련히 씻어 낸다는 의미이다.
- **금관**錦官 금성錦城과 같은 말로 전라남도 나주의 옛 이름이다.
- **붉은 소매** 기녀妓女 혹은 아리따운 여인을 지칭하는 말.
- **오사란**烏絲欄 검은 괘선을 넣어서 짠 견지繭紙를 말하는데, 여기에다 주로 시 같은 것을 썼다.

青囊服餌强扶衰 恬泊棲神獨守雌 甕撥夜雲澆芥蔕 茶煎雪水試槍旗

鑷殘短髮餘能幾 吟罷新詩寄向誰 遙想錦官辛按使 正圍紅袖寫烏絲

출전: 『제봉집』 권3

해설　전체 4수 중 두 번째 시이다. 군망君望은 고경명의 벗인 신응시辛應時의 자이다. 본문에 나오는 신 안사辛按使라는 호칭은 그가 안렴사를 지냈기 때문인데, 관련 기록을 보면, 신응시는 1572년에 어사가 되어 호남을 순무하였다.

고경명 高敬命, 1533~1592

병이 나서 술을 끊고 서하 송강에게 보이다 病後斷酒 示棲霞松江

온통 정신 잃도록 술을 쓸어 마셨으니
누가 원앙袁盎에게 술이나 마시라 권계했던가?•
도연명이 옛날 술 끊은 것이 어찌 생각 없었겠으랴?
두보가 새롭게 술잔 멈춘 것은 대단한 일이라네.
병든 뒤엔 소심해져 후회하고 두려워하니
예전의 호기롭던 흥취가 순식간에 없어지네.
주막의 술벗이여, 나무라지 말게나!
차솥에서 보글보글 게눈 거품 일어난다오.

一託昏冥卷白波• 袁絲誰戒飮無苛 陶公昔止寧非算 杜老新停有足多
病後小心方悔懼 舊時豪興頓消磨 黃壚醉伴休相問 茶鼎騷騷蟹眼過

출전: 『제봉집』 권3

- **누가 ~ 권계했던가?** 원앙袁盎은 중국 한나라 문제文帝 때 직간直諫하기로 유명한 인물이다. 그가 오나라 정승으로 나갈 때, 그의 조카가 오왕이 교만하게 행동해 온 지 오래이고 나라에 간사한 자가 많으니, 너무 엄정하고 가혹하게 다스리려 하지 말고 날마다 술이나 마시며 지낼 것을 권고한 일화를 가리킨다. 원문의 '絲(사)는 원앙의 자이다.
- **권백파卷白波** 백파白波는 벌주罰酒이고, 권백파卷白波는 벌주로 내려진 술을 모조리 마신다는 뜻이다. 여기서는 술자리의 술을 자신이 모두 호쾌하게 쓸어 마셨다는 뜻으로 썼다.

해설   전체 2수 중 첫 번째 시이다. 서하棲霞와 송깅松江은 모두 정철의 호이다. 병이 든 고경명이 술친구였던 정철에게 자신의 금주 사실을 알리고, 이제 차나 끓여 마시겠다는 의지를 말한 내용이다.

고경명 高敬命, 1533~1592

성휘에게 주다(당시에 백운산으로부터 왔다)
贈性輝(時來自白雲山)

옛날 사마천이 남쪽으로 우혈 찾았던 일* 생각하며
시 읊으며 지팡이 짚고 백운암에 이르렀네.
비 내린 숲 속에는 금색 불단이 깨끗하고
돌구멍으로 샘물 나누어지니 찻물이 달콤하네.
외로운 발걸음 속세의 그물에 걸린 것이 우습나니
부질없이 깊은 꿈속에서 안개 낀 산골짝 찾아가네.
스님 만나면 산중의 일 이야기해 볼까나!
언제쯤 한자리에서 향불 사를 수 있을지.

憶昔南遊禹穴探 吟筇拄到白雲庵 林抄雨送金壇淨 石竇泉分茗椀甘

自笑孤蹤罦世網 漫勞幽夢逐煙嵐 逢僧却話山中事 香火何時共一龕

출전: 『제봉집』 권5

해설 성휘性輝는 고경명과 교유한 스님인데, 의병으로도 활약하였다. 백운산은 그가 거처했던 전라남도 광양의 산이름이다.

• **옛날 ~ 찾았던 일** 『사기』史記의 저자인 사마천司馬遷이 젊은 시절 천하의 장관을 찾아 우혈禹穴을 유람한 사실을 말한다. 우혈은 중국 절강성 회계산會稽山에 있는 우 임금의 유적지이다.

고경명 高敬命, 1533~1592

진사 우탁禹鐸이 보내온 시에 삼가 차운함
奉次禹進士鐸寄贈韻

찻사발 새로 끓자 구름 속 용이 솟구치는 듯
가랑비 내리는 남쪽 창 아래 잠에서 깨어나네.
그대 시 곱씹어 보니 여운이 있어
낙타 등살 진미도 비할 바 아니네.

茶甌新瀹矞雲龍 睡起南窓小雨中 咀嚼君詩有餘味 珍烹不數紫駝峯

출전: 『제봉집』 권5

해설 전체 2수 중 두 번째 시이다.

사진_ **〈분청사기귀얄문대접〉**, 조선 15~16세기 | 높이 6.5cm | 입지름 17.5cm

고경명 高敬命, 1533~1592

벗에게 주다 贈友生

어젯밤 경칩 우레가 은자의 두건에 들려오니
들 빛과 시내 모습 맑고도 참되네.
소갈병 걸린 사마상여*는 무슨 일을 할까나?
평상에 향불 피워 다신茶神에게 제사 지내네.[1]

蟄雷*前夜破山巾 野色川容淑且眞 消渴長卿何事業 一床香火祭茶神

[1] 당시에 내가 소갈을 앓아서 차를 마셨기에 이렇게 말한 것이다(時余病渴飮茶故及之).

출전: 『재봉집』「유집」遺集

해설 소갈은 오늘날 당뇨에 해당하는 병증이다. 갈증을 풀기 위해 자주 차를 마시는 자신을 중국의 사마상여에 비유하고 있다.

• **소갈병에 걸린 사마상여** 중국 한나라 무제武帝 때 유명한 문장가인 사마상여는 소갈병을 앓아 차를 많이 마신 것으로 알려져 있다. 장경長卿은 그의 자이다. 여기서는 자신을 사마상여에 빗댄 것이다.

• **칩뢰蟄雷** 경칩에 치는 우레이다. 봄을 알리는 징후인데, 모든 동물들이 이 우레 소리를 듣고 겨울잠에서 깨어나 봄 활동을 한다고 한다. 여기서는 그냥 경칩, 곧 봄이 왔다는 뜻으로 쓴 말이다.

송익필 宋翼弼, 1534~1599

새벽 曉

동자가 숲길 뚫고 얇은 얼음을 깨어
차를 달여 은근히 돌아가려는 스님을 붙잡는데
창 아래 주인은 봄잠에 빠져
산 너머 아침 해가 뜬 줄 모르네.

童子穿林叩薄氷 慇懃烹茗留歸僧 主人窓下足春睡 山外不知朝日昇

출전: 『구봉집』龜峯集 권1

해설   은자의 집에 산승이 찾아와 묵었다. 산승은 본래 매인 것이 없는 몸이라 새벽에 일어나 인사도 없이 떠나려 하였다. 그러자 동자가 숲 속 옹달샘의 얼음을 깨어 차를 달여 다정하게 산승을 잡는다. 세상모르는 주인은 동자와 산승 간의 은근한 교감도 아랑곳없이 아침 해가 다 뜨도록 달콤한 봄잠에 빠져 있다.

성혼 成渾, 1535~1598

벗과 함께 운계사에서 노닐며
(절은 감악산 청학동에 있다)
與友人遊雲溪寺(寺在紺嶽山青鶴洞)

우거진 나무 덩굴이 구름 골짝 뒤덮었는데
찬 바위에 가부좌하고 해 지도록 앉았노라.
차 마시고 다시 방장*을 찾아 유숙하니
석림엔 소나무에 달 뜨고 밤은 쓸쓸하네.

深深蘿薜掩雲蹊 趺坐寒巖到日西 茶罷更尋方丈宿 石林松月夜凄凄

출전: 『우계집』牛溪集 권1

해설　전체 2수 중 두 번째 시이다. 감악산은 경기도 파주시와 양주시, 연천군에 걸쳐 있는 산 이름이며, 운계사는 그곳에 있던 절 이름이다.

• **방장**方丈　국사國師나 화상和尙 등의 고승이 머무는 곳으로 사찰을 가리킨다. 이 말은 유마거사維摩居士의 거실居室이 사방 1장丈인 데에서 유래하였다.

이이 李珥, 1536~1584

산중에서 山中

약초 캐다 문득 길을 잃었으니
온 산엔 가을 낙엽이 덮여 있네.
산승이 물을 길어 돌아가더니
숲 끝으로 한 줄기 차 달이는 연기.

採藥忽迷路 千峯秋葉裏 山僧汲水歸 林末茶煙起

출전: 『율곡전서』栗谷全書 권1

해설 한 폭의 그림 같은 시이다. 한 줄기 차 달이는 연기가 가을 산의 정취를 한결 그윽하게 해 주고 있다.

이이 李珥, 1536~1584

석천에게 보내 드리다 寄呈石川

선생께선 용퇴하여 아늑한 거처에 누웠으니
한가히 지내심에 즐거운 일 많으실 테지요.
차솥에 불이 식으니 솔바람 소리 잦아들고
가마 행차 평온하니 귤나무 숲이 그윽하네.
구름은 둔악*에서 선경 찾는 걸음 따라오고
달은 어천*에서 객을 방문하는 배를 보내네.
자연에서 회포를 읊은 시가 몇 수 있으시거든
멀리 저에게 한 편 보내 주실 수 있을는지요?

先生勇退臥菟裘 算得閒居樂事優 茶鼎火殘松籟靜 竹輿行穩橘林幽
雲隨苞嶽尋眞*屐 月送魚川訪客舟 丘水遣懷多少作 一篇能寄遠人不

출전: 『율곡전서』 권1

해설 석천石川은 앞서 나온 임억령의 호이다. 이이가 고향인 해남에 은거해 있던 임억령을 그리며 보낸 것으로, 『석천집』石川集 권6에도 수록되어 있다.

- **둔악**苞嶽 전라남도 해남의 대둔산을 가리킨다.
- **어천**魚川 전라남도 해남의 어성천魚城川을 가리킨다.
- **심진**尋眞 진원眞源을 찾는다는 뜻이다. 진원은 신선이 사는 골짝, 이상향, 선경 등을 가리킨다. 또는 신선 세계나 신선술을 의미하기도 한다.

조선 중기의 차 문화

이이 李珥, 1536~1584

수종사 水鐘寺

처음에는 발 붙일 곳 없어 놀랐지만
조금 지나자 탁 트인 경치에 기뻤네.
기분이 상쾌하니 하늘 가까운 줄 알겠고
산 평평하니 땅에서 멀어진 줄 느끼겠네.
맑은 강물은 넓은 들을 휘감아 돌고
기우는 해는 긴 모래밭으로 숨네.
문원의 소갈병*을 한 번 씻고자 하니
여러 스님들이 늦은 차를 올려 주네.

初驚足難著 稍喜眼無遮 氣爽知天近 山平覺地賖

晴川回曠野 斜日隱長沙 一洗文園渴 多僧進晚茶

출전: 『율곡전서』 권1

해설 수종사水鐘寺는 경기도 남양주시 조안면 운길산에 있는 절로, 북한강과 남한강을 내려다보는 빼어난 전망으로 이름난 곳이다. 이 시는 그곳에 올라 차를 대접받으며 지은 것으로 보인다.

• **문원文園의 소갈병** 효문원령孝文園令을 지낸 사마상여가 소갈병을 앓았던 일을 가리킨다. 고경명의 시 「벗에게 주다」의 주 참조(이 책 129쪽).

백광훈 白光勳, 1537~1582

해림사에서 정인 스님에게 줌
海臨寺 贈正仁師

강남의 사찰, 꽃 지는 시절에
십 년 노닐던 자취 아득하여라.
차솥에선 연기 오르고 향 피운 방 따뜻한데
온 산에 비바람 칠 제 창을 닫고 잠을 자네.

江南蕭寺* 落花天 十載遊蹤思渺然 茶鼎午煙香室暖 一山風雨閉窓眠

출전: 『옥봉시집』玉峯詩集 권상

해설   해림사海臨寺는 황해도 장연長淵에 있던 절로 추정되나, 정인正仁은 미상이다.

• **소사**蕭寺   중국 양梁나라 무제武帝가 사원을 짓고 자기 성을 따 '소사'라 부른 데서 유래한 말로, 일반적으로 사원을 소사라고 한다.

백광훈 白光勳, 1537~1582

고죽의 시에 차운하여 보운에게 줌
次孤竹 贈寶雲

서울에서 객으로 떠돌다 또 새해를 맞았는데
고향 스님을 만나니 정신이 멍해지네.
돌아갈 기약했던 남악의 동료가
흰 구름 깊은 곳에서 차 미치광이 되었다 말해 주네.

客遊京國又新年 逢著鄕僧意惘然 爲報歸期南嶽伴 白雲深處作茶顚●

출전: 『옥봉시집』 권상

해설   고죽孤竹은 삼당시인三唐詩人으로 이름이 높았던 최경창崔慶昌의 호이다. 보운寶雲은 백광훈과 최경창 모두 교유가 있었던 스님이나 자세한 것은 미상이다.

● 다전茶顚   차에 푹 빠져 차 미치광이가 되었다는 뜻이다. 중국 당나라 육우의 별호 역시 다전이었다.

백광훈 白光勳, 1537~1582

즉흥시 漫興

앉아 있을 땐 푸른 산 가까운 것이 사랑스럽고
길을 다닐 때는 오솔길 평평한 것이 어여쁘네.
솔숲 안개는 문에 어리어 어둡고
대숲에 내리는 비는 처마 적시며 우노라.
차를 맛보느라 새로이 불을 지피고
스님을 만류함은 오랜 정분 때문이라네.
깊은 곳에 은거하여 다툴 일 없으니
병은 많아도 몸은 오히려 가볍다네.

坐愛靑山近 行憐小逕平 松嵐吹戶暗 竹雨濕簷鳴
試茗新敲火 留僧舊識情 深居無物競 多病也身輕

출전: 『옥봉시집』 권중

해설 안개가 끼고 비가 속살속살 내리는 날, 오랜 정이 든 스님을 붙잡고서 새로이 불을 피워 차를 달여 마시는 정경이 따스하다.

윤근수 尹根壽, 1537~1616

찬 스님의 시축에 쓰다 題贊上人軸

두 공부의 시에도 나오듯이
찬공의 명성은 시단을 휘저었지.•
그 후신인 스님께서 석장錫杖을 떨치니
선탑禪榻에 내리는 비, 문까지 스며드네.
선정禪定이 끝나자 차 연기 가늘어지고
봄이 돌아오자 들판엔 초목이 향기롭네.
어떡하면 돌계단 붙잡고 올라
스님의 방에서 하룻밤 묵을 수 있을까?

• **두 공부杜工部의 ~ 휘저었지** 두 공부杜工部는 중국의 대시인 두보를 가리키는 말로, 그가 공부원외랑工部員外郎을 역임하였기 때문에 이렇게 부른다. 찬공贊公은 두보와 어울렸던 대운사大雲寺 주지의 이름이다. 시에 능하고 두보와 친하여 자주 두보의 시에 등장한다.

工部詩中見 贊公名擅場 後身師振錫 禪榻雨侵墻

定罷茶煙細 春還野卉香 何緣攀石磴 一宿上人房

출전: 『월정집』月汀集 권1

해설　찬 스님이 대시인인 두보가 칭찬했던 찬 상인贊上人과 이름이 같다는 데 착안하여 그를 찬 상인의 후신이라 칭송하고, 스님의 방에서 하루 묵기를 은근히 청한 내용이다.

윤근수 尹根壽, 1537~1616

봉은사 스님의 시축에 쓰다(아계의 시를 차운함)
題奉恩寺僧軸(次鵝溪韻)

녹지 않은 얼음 속에 찬 매화는 두루 피고
그 옛날 들렀던 사찰은 산릉*에 가깝네.
이제 마침 바위의 꽃이 떨어지는 때를 만나
선탑의 차 연기 속에 늙은 스님 마주하네.

開遍寒梅未泮氷 昔尋蕭寺近山陵 今來正值巖花落 禪榻茶煙對老僧

출전: 『월정집』 권2

해설　봉은사는 지금의 서울 삼성동에 있는 절 이름이고, 아계鵝溪는 바로 뒤에 나오는 이산해李山海의 호이다. 매화가 한창일 때 봉은사를 찾아 차 연기 속에 스님을 마주한 정경을 읊은 시이다.

• **산릉**山陵　봉은사 인근의 선릉宣陵을 지칭한 것으로 추측된다.

김성일 金誠一, 1538~1593

오산의 시 「경운사」에 차운하다
次五山慶雲寺

꽃비가 십이천*에 향기를 날릴 제
혜산의 샘물*로 용차龍茶를 끓이네.
도인이 면벽해서 마음공부 하는 곳에
한 점 마니주*가 절로 둥그렇네.

- **십이천十二天** 불교에서 말하는 12천신天神인 지천地天, 수천水天, 화천火天, 풍천風天, 이사나천伊舍那天, 제석천帝釋天, 염마천焰摩天, 범천梵天, 비사문천毘沙門天, 나찰천羅刹天, 일천日天, 월천月天을 말한다.
- **혜산惠山의 샘물** 중국 강소성江蘇省 무석현無錫縣 서쪽 혜산에 있는 샘물. 여기서 나는 샘물로 차를 달이면 그 맛이 일품이라고 한다. 일찍이 육우가 이곳의 물맛을 천하에서 두 번째라고 하였다.
- **마니주摩尼珠** 불교 용어로 여의주를 가리킨다. 본래 용왕의 뇌에서 나온 것이라 하는데, 이것을 몸에 지니면 모든 일이 뜻대로 된다고 한다. 일반적으로 마니주는 마음이나 도道에 비유된다.

花雨飄香十二天 龍茶潑乳惠山泉 道人面壁觀心處 一點摩尼自在圓

출전: 『학봉집』鶴峯集 권2

해설 전체 4수 중 두 번째 시로, 오산五山은 뒤에 나오는 차천로車天輅의 호이다. 김성일은 1589년 통신사의 부사로 일본을 방문하였는데, 이때 차천로도 함께 갔다. 이 시는 당시의 사행 기록인 『해사록』海槎錄에도 수록되어 있다.

이산해 李山海, 1539~1609

덕장산인德莊山人에게 주다 贈山人德莊

발걸음 소리만 들어도 반갑다는 걸 아시고서*
먼 곳을 찾아 주신 정중한 뜻에 감사드리네.
대숲 가에 마주하여 차솥 달이느라
앞산에 땅거미가 지는 줄도 몰랐네.

解道逃空喜足音 感渠珍重遠來尋 竹邊相對茶鳴鼎 不覺前山下夕陰

출전: 『아계유고』鵝溪遺藁 권1

해설 전체 3수 중 세 번째 시로, 1592년에서 1594년 사이 울진군 평해에 귀양 가 있던 시절의 시를 모은 『기성록』箕城錄에 수록되어 있다. 기성箕城은 평해의 딴 이름이다.

• 발걸음 소리만 ~ 아시고서 인적이 없는 곳에 도망쳐 혼자 사는 사람은 사람 발자국 소리만 들어도 기쁘다는 뜻.『장자』莊子「서무귀」徐無鬼에 나오는 말이다. 홀로 있는 이산해가 지금 이러한 심정이란 것을 덕장산인이 잘 알아주었다는 뜻이다.

이산해 李山海, 1539~1609

산중잡영 山中雜咏

간밤에 광풍이 꽃가지를 뒤흔들더니
동구 밖엔 시내 가득 붉은 물굽이 넘치네.
산승은 시드는 봄빛이 아깝지도 않은 듯
차 마시고 덩그런 마루에 진종일 잠만 자네.

昨夜狂風拂樹顚 滿溪紅漲洞門邊 山僧不惜春光老 茶罷空廊盡日眠

출전: 『아계유고』 권1

해설 전체 6수 중 다섯 번째 시로, 역시 『기성록』에 수록되어 있다.

이산해 李山海, 1539~1609

계절 節序

계절은 덧없이 흘러 잠시도 멈추지 않아
신록이 짙은 숲 속에 꾀꼬리가 노래하네.
꿈에 본 고향은 천 리 멀리 아득하니
봄 지난 나그네의 귀밑털은 몇 가닥이나 남았는가?
푸릇한 방초는 넓은 들판에 이어지고
떨어진 꽃잎에 작은 시냇물이 붉게 물들었네.
인생 백 년 분수 따라 먹고 마시면 그만이니
찻사발과 시통만으로도 이 생애 족하다네.

節序駸駸不暫停 樹陰新漲囀流鶯 家山入夢杳千里 客鬢經春餘幾莖
芳草碧連平野闊 落花紅襯小溪明 百年飮啄唯隨分 茶椀詩筒足此生

출전:『아계유고』권1

해설 마찬가지로『기성록』에 수록된 시이다.

조선 중기의 차 문화

이산해 李山海, 1539~1609

서쪽 여울 西澗

소나무 뿌리 아래 가늘고 차가운 물
대숲 서쪽을 콸콸 소리 내며 흐르네.
도인이 이 물로 신령한 차를 끓이니
산속의 달이 찾아와 함께 벗이 되네.

松根細泠泠 竹西鳴瀧瀧 道人煮靈茶 山月來相逐

출전: 『아계유고』 권1

해설 「곽씨장십육영」郭氏莊十六詠 중 마지막 시이다.

이산해 李山海, 1539~1609

선궁 禪宮

선궁은 단청이 고색창연하고
불전은 푸른 산과 이어져 있네.
밥이 익자 중이 경쇠를 울리고
차는 맑아 나그네 졸음 깨우네.
지는 해는 바위 벼랑을 비추고
떨어진 잎은 시냇가 배에 가득하네.
흥을 따라 노닐다 늦게사 돌아오니
산 구름이 말머리를 에워싸네.

禪宮丹雘古 佛殿翠微連 飯熟僧鳴磬 茶淸客破眠
殘陽下石壁 落葉滿溪船 乘興歸來晚 山雲遶馬前

출전: 『아계유고』 권2

해설   선궁禪宮, 즉 절을 찾아가 밥을 먹고 차를 마시며 노닐다가 저물녘 말을 타고 돌아오는 정경을 읊은 시이다.

이산해 李山海, 1539~1609

녹음 綠陰

돌솥에는 차가 막 끓고
유인*은 선잠에 들었는데,
녹음 드리운 작은 난간에서
꾀꼬리 꾀꼴꾀꼴 노래하네.

石鼎茶初熟 幽人睡未闌 綠陰低小檻 黃鳥語間關

출전: 『아계유고』 권2

해설 「초당잡영」草堂雜咏 10수 중 두 번째 시이다.

―――――
* 유인幽人 번잡한 곳을 벗어나 조용히 사는 사람을 뜻하는 말로, 여기서는 작자 자신을 가리킨다.

이산해 李山海, 1539~1609

봄날 백암사白巖寺*로 가는 도중에 春日白巖道中

봄 들어 매일같이 맑은 놀이 즐기나니
나귀 등에 가벼운 차림 다구茶具뿐이네.
삼성산 앞을 거닐며 시구도 지어 읊고
팔선암 가에 앉아 물결을 굽어보노라.
복사꽃 가랑비에 젖는 외딴 마을 길,
방초에 석양 비낄 제 시름겨운 나그네.
오늘 밤은 밝은 달 아래 어디에서 묵을꼬.
산 위엔 사찰이요 물 서쪽엔 누각이 있네.

春來無日不淸遊 驢背輕裝只茗甌 三聖山前行覓句 八仙巖畔坐臨流

桃花小雨孤村路 芳草斜陽遠客愁 今夜月明何處宿 上方臺殿水西樓

출전: 『아계유고』 권2

해설 이산해가 귀양 가 있던 평해 인근을 유람하며 지은 시이다.

• **백암사**白巖寺 경북 울진군 백암산에 있는 절 이름.

사진_ 〈분청사기인화국화문통형잔〉, 조선 15세기 ㅣ 높이 7.3cm
〈분청사기인화국화문주자〉, 조선 15세기 ㅣ 높이 8.5cm ㅣ 몸통지름 15cm

이산해 李山海, 1539~1609

다천기 茶川記

황보촌黃保村에서 북쪽으로 가면 길이 점차 높아져 산 중턱을 지나 산 꼭대기에 이르는데, 이 6~7리가량 되는 산행길에 소나무 숲과 개울, 골짜기의 빼어난 경관이 있다. 다시 잿마루에서 내려오면 그윽하고 깊으며 넓고 아늑한 동네가 나오는데, 이곳이 다천茶川이다. 어떤 이는 차가 생산되는 곳이므로 이렇게 명명하였다고 하고, 또 어떤 이는 물이 맑고 깨끗하여 차를 끓이기에 알맞기 때문에 이렇게 명명한 것이라고도 한다.

自黃保而北 路漸高 由山腹至頂 山行可六七里 有松林澗谷之勝 自嶺而下 窈而深 廓而容 爲一洞府 是爲茶川 或曰茶之所出故名 或曰水澄潔 宜於煎茶故名其川

출전: 『아계유고』 권3

해설 황보촌은 이산해가 귀양을 살던 평해의 마을 이름이다. 이 글을 보면, 황보촌의 북쪽에 다천이라는 마을이 있는데 이곳이 차의 산지였거나 혹은 차를 끓이기에 적합한 냇물이 흘렀음을 알 수 있다. 다천은 지금의 경상북도 울진군 기성면 다천리이다.

최립 崔岦, 1539~1612

돌솥 石鼎

용두龍頭˙는 쭈글쭈글, 배는 부풀어 한껏 불룩.
누가 산의 뼈˙를 깎아서 이 돌솥을 만들었나?
차를 끓이기고 하고, 약을 달여 먹기도 하니
떫은 쇠솥이나 비린 구리 솥에 비할쏜가.˙
이끼 무늬 마른 곳은 전서篆書를 잘못 쓴 듯
물이 끓어 넘칠 때는 생황笙簧 소리 요란한 듯.
오늘날 연구聯句 지을 훌륭한 분들 계시나니
국 끓여 간 맞추는 멋진 일 보여 주시리라.˙

• **용두龍頭** 솥의 다리 부분이 용의 머리 형상으로 조각되어 있는 것을 말한다.
• **산의 뼈** 바윗돌을 가리킨다.
• **떫은 ~ 비할쏜가** 중국 송나라 때의 시인 소식의 시「석요」石銚에 "구리는 비린내 나고 쇠는 떫어 물 끓이기에 안 좋은데, 고색창연한 이 돌솥은 깊고 넉넉하여 좋다네"(銅腥鐵澁不宜泉 愛此蒼然深且寬)라는 구절이 나온다.
• **오늘날 ~ 주시리라** 중국 당나라의 문장가 한유의「석정」石鼎이라는 시가 여러 사람에 의해 연구聯句의 형태로 지어진 것처럼, 실력이 뛰어난 신하들이 임금을 도와 성대한 정치를 펼쳐 보일 것이라는 말이다.『서경』상서商書「열명 하」說命下에, 무정武丁이 재상인 부열傅說에게 "여러 가지 양념을 넣고 국을 끓일 때면, 그대가 간을 맞출 소금과 매실이 되어 주오"(若作和羹 爾惟鹽梅)라고 부탁하는 내용이 실려 있다.

頭容菌惷腹膨脝 山骨誰將钃得成 也爲烹茶兼煮藥 應嫌鐵濕與銅腥
蘚文乾處似訛篆 泉響沸時如亂笙 此日聯詩賢輩在 調羹終要道施行

출전:『간이집』簡易集 권6

해설　「은대십이영」銀臺二十詠 중 11번째 시로, 1559년 봄에 임금께 지어 올린 것이다.

최립 崔岦, 1539~1612

망룡교에서 첩운하다 蟒龍橋疊韻 ……

오 년 사이의 흥망도 비애를 느끼기엔 충분하니
망룡교 북쪽의 시골 절간이 폐허로 변해 있네.
차를 보시하던 장로의 뜻을 이제야 알겠으니
지나가는 길손들 차갑고 뜨거운 바람* 면하게 하려 함이네.

五載存亡亦足悲 蟒龍橋北一村祠 方知長老施茶意 免使征夫冷火吹

출전:『간이집』권6

원제 망룡교에서 첩운하다—옛날 이 다리를 건너갈 적에는 다리 북쪽에 절이 하나 있었다. 노승이 머물면서 차를 보시하곤 하였는데, 이제 와서 보니 폐허로 변해 있었다 蟒龍橋疊韻 昔過此橋 橋北有一祠屋 老僧主之 以施茶爲事 今已爲墟矣

해설 『신사행록』辛巳行錄에 수록된 시로, 1581년 중국 사행 길에 지은 시이다. 최립은 여러 차례 중국을 방문하였는데, 첫 구에서 "오 년 사이의 흥망"이라고 한 것은 1577년 사행 길에 망룡교를 지난 적이 있음을 뜻한다. 고단하던 사행 길에 차를 보시해 주던 스님을 추억하며 지은 시이다.

• **차갑고 뜨거운 바람** 인간의 마음속에 이는 희로애락의 번뇌를 뜻한다.『장자』「재유」在宥 편에, 사람의 마음이 "뜨거워지면 불처럼 타올라 모든 것을 태워 버리고, 차가워지면 얼음장처럼 모든 것을 꽁꽁 얼어붙게 만든다"(其熱焦火 其寒凝冰)라는 표현이 나온다.

최립 崔岦, 1539~1612
우가장 牛家莊 ……

눈 녹인 물로 차를 대신하니 차 끓일 필요 없고
우물물은 혼탁하여 아교로도 맑게 할 수 없네.*
지나치게 깨끗함은 요리에 적합지 않음을 알고는 있었지만*
물병 가득 채우려고 했던 일 부끄러운 줄을 언뜻 깨달았네.*
심한 갈증에 생각만 해도 목젖이 촉촉한데
너무 차가워서 배 속에서 탈이 날까 두렵네.
우가장의 금주 원칙을 괴이하게 생각지 마오.
술 깨어 물 달라고 하인들 들볶을까 해서라오.

• **아교로도 ~ 없네** 아교는 물을 맑게 하는 것으로 갖풀이라고 한다. 『포박자』抱朴子 「가둔」嘉遯에 "조금의 아교로는 황하의 혼탁함을 다스릴 수 없다"(寸膠 不能治黃河之濁)는 표현이 나온다.

• **지나치게 ~ 있었지만** 사람이 너무 깨끗하면 요리할 때 간을 맞추듯 국사를 조정하는 재상이 될 자격이 없다는 말로, 흐린 우물물을 해학적으로 비유한 표현이다.

• **물병 ~ 깨달았네** 병에 가득 넘치게 눈 녹인 물을 담으려 했던 것이 부끄럽다는 뜻이다. 『주역』「겸괘」謙卦 단사象辭에 "하늘의 도는 가득 차면 허물어뜨리고 겸허하면 더해 주며, 땅의 도는 가득 차면 변화시키고 겸허하면 계속 흘러가게 하며, 귀신은 가득 차면 재앙을 내리고 겸허하면 복을 주며, 사람의 도는 가득 차면 싫어하고 겸허하면 좋아한다"(天道虧盈而益謙 地道變盈而流謙 鬼神害盈而福謙 人道惡盈而好謙)라는 표현이 있다.

雪水當茶未要烹 井渾無賴寸膠淸 早知太潔非調鼎 俄覺難盈愧挈缾

渴甚思令喉得潤 寒多怕入腹爲聲 牛庄止酒應休怪 醒醉常煩僕屢更

출전: 『간이집』 권7

원제　우가장(샘물이 너무 나빠서 마실 수가 없기에, 눈을 가져다 갈증을 달래려 하면서 소동파의 「급강전다」에 차운한 것이다) 牛家庄(泉水甚惡不可飮 取雪救渴 次東坡汲江煎茶韻)

해설　『갑오행록』甲午行錄에 수록된 것으로, 최립이 1594년 주청사奏請使로 중국에 갔을 때 지은 시이다.

최립 崔岦, 1539~1612

가랑눈이 내리는 날, 다시 소동파의 시에 차운하다 微雪 復次坡詩韻

비가 봄을 만나 곱게 내리려 했으나
바람이 맵지 못해 가랑눈을 만들었네.
곡식밭은 정녕 무종無終의 옥玉˙으로 변하였고
휘감은 물은 진정 홀길忽吉의 소금˙을 이루었네.
계수나무는 따뜻해서 잔에다 감로수를 받을 만하고
배꽃은 가벼워 모자 차양이 꺾이는 것을 면할 수 있네.˙
도씨陶氏 집 차 끓이는 풍류 따라하기 어려우니˙
썰렁한 방에 들어앉아 붓이나 잡아 보네.

˙ **무종無終의 옥玉** 중국 춘추 시대 양백옹楊伯雍이 무종산無終山에서 선인에게 물을 먹여 준 보답으로 돌 씨를 얻어 뿌렸더니, 온통 백옥白玉이 생산되는 옥전玉田으로 변했다는 전설을 원용한 표현이다. 즉 논밭이 온통 옥빛으로 변했다는 뜻이다.

˙ **홀길忽吉의 소금** 홀길국忽吉國은 물에 소금 기운이 많아서 나무에 소금이 엉겨 돋아 나왔다는 전설을 원용한 표현이다. 휘감아도는 시내가 소금을 뿌린 듯 하얗다는 뜻이다.

˙ **배꽃은 ~ 있네** 싸라기눈이기 때문에 모자가 무거워져서 차양이 꺾이지는 않으리라는 말이다. 중국 후한 때 곽태郭泰의 모자가 비에 흠씬 젖어서 한쪽 차양이 꺾였는데, 사람들이 그 모습을 멋지게 생각하고는 일부러 한쪽 차양을 꺾어서 썼다는 일화가 있다.

˙ **도씨陶氏 ~ 어려우니** 눈을 녹여 차를 끓여 마실 정도로 눈이 쌓이지도 않았다는 뜻. 도씨는 도곡을 가리키는데, 도곡 관련 고사는 신흠의 시 「눈 내린 뒤」 해설 참조(이 책 258쪽).

雨巧逢春故欲纖 風欺作雪未全嚴 糝田定化無終玉 環水眞成忽吉鹽

桂樹暖容杯接露 梨花輕免帽摧簷 陶家茶事猶難辦 坐覺餘寒着兔尖

출전: 『간이집』 권7

해설   전체 4수 중 첫 번째 시로, 『동파시집』東坡詩集 권12의 「설후서북대벽」雪後書北臺壁을 차운한 것이다. 마찬가지로 『갑오행록』에 수록되어 있다.

최립 崔岦, 1539~1612

담란에게 남겨 주다 留贈曇蘭

처마 사이 빈틈으로 산 달이 들어오고
방은 마냥 고요한데 불등 하나 대롱대롱.
지팡이 짚고 몇 번이나 나섰던고.
뜨거운 차 마시면서 잠도 잊었다네.
미타전의 옛일을 혹 추억한다면*
선정禪定에 든 담란 스님 모습이 잊히리까.

簷虛山月入 室靜佛燈懸 杖屨與頻起 茶湯供少眠 倘憶彌陀殿 能忘蘭入禪

출전: 『간이집』 권8

해설 『서도록』西都錄에 수록된 시로, 최립이 평양 인근을 여행할 때 담란 스님이 거처하던 절에 들러 지은 것으로 보인다.

• **미타전**彌陀殿**의 ~ 추억한다면** 미타전이란 아미타불을 모시는 극락전을 가리킨다. 그곳에서 담란 스님과의 추억이 있었을 것으로 추측되지만, 자세한 것은 미상이다.

허준 許浚, 1539~1615

버섯 독 菌蕈毒

버섯에 중독되어 토사가 그치지 않을 때는 세다아[1]를 가루로 만들어 새로 길어 온 물에 타 먹이면 신통한 효험이 있다. 또 연잎을 짓찧어 물에 타서 먹는다. 『본초강목』本草綱目

中蕈毒 吐瀉不止 細茶芽[1]爲末 新汲水調服 神效 又荷葉搗爛 和水服 綱目

[1] 작설차이다(卽雀舌茶).

출전: 『동의보감』東醫寶鑑 「잡병편」雜病篇 권9 「해독」解毒

해설 버섯 독에 중독된 사람에게 작설차 가루를 타서 먹이면 효험을 본다는 내용이다.

허준 許浚, 1539~1615

고다 苦茶

작설차. 성질은 약간 차다(혹은 냉하다고도 한다). 맛은 달고 쓰며 독이 없다. 기를 내리고 오래 묵은 식체를 삭인다. 머리와 눈을 맑게 하고 오줌을 잘 나오게 한다. 소갈증을 낫게 하고 잠을 적게 한다. 또 굽거나 볶아서 먹고 생긴 독을 풀어 준다. 나무는 작아서 치자나무만 한데 겨울에 잎이 난다. 일찍 딴 것이 차茶이고 늦게 딴 것은 명茗이다.

이름이 5가지가 있는데, 차茶·가檟·설蔎·명茗·천荈이다. 옛사람들은 차의 싹을 작설 혹은 맥과라고 하였다. 이는 아주 어린 잎을 지칭하는 것으로 12월에 딴 납차가 곧 그것이다. 어린 잎을 따서 찧어 떡을 만드는데, 어느 것이나 불 조절을 잘해야 한다. 명茗은 천荈이라고도 하는데, 잎이 센 것을 말한다. 『본초강목』

손과 발의 궐음경˙에 들어간다. 뜨겁게 해서 마시는 것이 좋다. 차가우면 담이 몰리고, 오랫동안 복용하면 지방이 빠져서 야위게 된다. 『의학입문』醫學入門

몽산차는 성질이 따뜻하므로 병을 치료하는 데 가장 좋다. 의흥차·육안차·동백산차·신화산차·용정차·민랍차·촉고차·보경차·여산운무차 등이 있는데, 모두 맛이 좋기로 이름이 있다. 어떤 사람이 구

˙ **손과 발의 궐음경**厥陰經 경락經絡의 이름 가운데 하나이다. 손과 발에는 궐음경을 비롯하여 태음경太陰經, 양명경陽明經, 소양경少陽經, 소음경少陰經, 태양경太陽經 등 6개의 경락이 있다. 이곳을 다스려 온몸의 병을 치료한다.

운 거위 고기를 좋아해서 식사 때마다 거르지 않고 먹었다. 의사가 "반드시 내장에 종기가 생길 것이다"라고 경고하였는데, 끝내 그 병이 생기지 않았다. 그 사람을 찾아가서 알아보니, 매일 밤 반드시 식힌 차 한 사발을 마셨다고 하였는데, 이것으로 해독을 하였던 것이다.

『식물본초』食物本草

작설차 性微寒(一云冷) 味甘苦 無毒 下氣 消宿食 淸頭目 利小便 止消渴 令人少睡 又解灸炒毒 樹小似梔子 冬生葉 早採爲茶 晚採爲茗 其名有五 一日茶 二日檟 三日蔎 四日茗 五日荈 古人 謂其芽 爲雀舌麥顆 言其至嫩 卽臘茶是也 採嫩芽 搗作餠 幷得火良 茗或曰荈 葉老者也(本草) 入手足厥陰經 飮之宜熱 冷則聚痰 久服去人脂 令人瘦(入門) 蒙山茶 性溫 治病最好 宜興茶 陸安茶 東白山茶 神華山茶 龍井茶 閩臘茶 蜀苦茶 寶慶茶 廬山雲霧茶 俱以味佳得名 一人 好食燒鵝不輟 醫者謂其必生內癰 後卒不病 訪知此人 每夜必啜凉茶一椀 此其解毒(食物)

출전: 『동의보감』「탕액편」湯液篇 권3

해설 중국 의서들을 인용하여 작설차의 의학적 효능과 부작용 등에 대해 설명한 것이다.

이달 李達, 1539~1612

스님의 시축에 차운하여 次僧軸韻

동자가 물병 가지고 정화수 길어 와서
석산의 샘물 맛 사람들에게 자랑하네.
잠시 뒤 손수 화로에 불을 지펴
향등 마주하고 앉아 홀로 차를 달이네.

童子持瓶汲井華 石山泉味向人誇 須臾手撥爐中火 坐對香燈獨煮茶

출전: 『손곡시집』蓀谷詩集 권6

해설 산사의 돌샘의 물맛이 무척 좋아 동자승이 새벽에 이 물을 길어다가 물맛을 자랑한다. 이 말을 들은 작자는 그 물로 끓인 차 맛이 궁금하여 손수 화로에 불 지펴서 차를 달인다. 좋은 물만 보면 차를 달여 먹어 보고 싶을 만큼 차를 즐겼음을 알 수 있다.

조선 중기의 차 문화

김우옹 金宇顒, 1540~1603

꿈을 기록함 記夢

객이 물었다 "아이 낳으면 무얼 가르쳐야 합니까?"
동강東岡 영감이 대답했다 "나는 모르오.
산골 사람의 아들이 무슨 일을 할까?
그저 소 치고 차 달이는 법만 배우면 그뿐이지."

客問生兒敎以何 岡翁對曰不知他 山人之子行何事 只學飼牛與煮茶

출전: 『동강집』東岡集 권1

해설 꿈을 빌려 자신의 속마음을 읊은 시이다. 산야에 은거하여 사는 시골 늙은이이므로, 자신은 물론이고 자식들 역시 전원의 생활에 만족하며 차나 즐길 뿐이라는 것이다.

이정암 李廷馣, 1541~1600

눈 오는 밤, 추위 속에 읊조리다 雪夜凍吟

지게문 닫고 나니 겨울밤이 긴데
고생스레 술집을 찾아갈 것 없네.
가인佳人이 나의 마음 알아채고
눈을 녹여 차를 끓이기 때문이지.

閉戶寒宵永 無勞問酒家 佳人知我意 雪水起煎茶

출전: 『사류재집』四留齋集 권1

해설　일찍 어둠이 내린 겨울밤은 길고, 눈이 내려 문을 닫아 건 선비는 할 일 없어 무료하다. 그렇지만 굳이 고생스레 술집을 찾을 필요가 없다. 어여쁜 미인이 눈을 녹여 차를 달이니, 그 담담한 운치가 술보다 못하지 않기 때문이다.

유성룡 柳成龍, 1542~1607

우연히 읊조리다 偶吟

천 가닥 백발이 어깨에 드리우니
올해의 기력이 작년보다 못하네.
뜬구름 같은 세상일 강물처럼 흘려보내고
한평생을 차솥과 약로와 함께하네.
새로 낸 작은 지게문은 대숲으로 이어지고
만년에 어리석음 경계하여 척박한 밭 일구네.
점차 고요함이 좋아 일 자꾸 덜어 내니
한숨 짓다가도 때때로 한 번씩 웃음 짓네.

千莖白髮已垂肩 氣力今年減去年 世事浮雲流水外 生涯茶鼎藥爐邊
新開小戶連脩竹 晩戒癡奴事薄田 漸向靜中知損益 喟然時復一欣然

출전: 『서애집』西厓集 권2

해설 젊은 시절엔 세상을 경영하겠다는 포부가 많았으나, 나이가 들수록 무엇이 내 분수인 줄을 알아 점차 쓸데없이 번잡한 것들은 덜어 낸다. 이 때문에 젊은 날의 어리석음을 반성하고 산야에서 채마밭을 일구며, 약초를 재배하고 차를 달이면서 만년을 즐기려 하고 있다.

양대박 梁大樸, 1544~1592

마하연 摩訶衍

한번 천상의 묘화妙花 세계 들어가니
별안간 방장실方丈室이 맑아지네.
뜰 앞에는 계수나무가 늙어 가고
창밖에는 돌샘에서 물소리 들리네.
태사는 공空의 설법 마치고서
객을 보고서 햇차 끓여 대접하네.
산 빛은 저물녘이라 더욱 좋아서
기우는 달빛이 앞 기둥을 비추네.

- **마하연摩訶衍** 강원도 회양군 내금강면에 있는 절 이름이다.
- **천상의 묘화妙花 세계** 『법화경』法華經 「서품」序品에 "부처가 설법할 때 하늘에서 연꽃 모양의 각종 만다라화曼陀羅花가 비처럼 쏟아졌다"고 한 것을 인용한 표현이다. 여기서는 불세계佛世界 또는 산사의 경내를 말한다.

一入天花界 翛然丈室清 庭前桂樹老 窓外石泉鳴

太士談空罷 新茶見客烹 山光晩尤好 斜月倚前楹

출전: 『청계집』青溪集 권1

해설 양대박은 1572년 여름 부친을 모시고 금강산을 유람하였는데, 이 시는 아마 이때 지은 것으로 보인다. 『청계집』 권4 『금강산기행록』金剛山紀行錄 참조.

양대박 梁大樸, 1544~1592
신륵사 神勒寺

구름처럼 떠돌며 봉미산 북쪽 지나다가
잠시 산사에서 범어梵語를 듣노라.
누대 아래 긴 강은 거울을 닦은 듯 맑고
하늘가 늘어선 봉우리는 비녀 세워 놓은 듯 어지럽네.
넝쿨 드리운 창과 살구꽃 핀 누각에서 산승과 담소하고
부들자리 소나무 평상에서 객의 마음을 정갈하게 하네.
찻사발 잡고서 다시 한참을 감상하노라니
흰 갈매기 나는 곳에 저녁노을이 짙어가네.

雲遊將過鳳山陰 暫向空門聽梵音 樓下長江淸拭鏡 天邊列岫亂抽簪
蘿窓杏閣逢僧話 蒲薦松牀淨客心 試把茶甌更延賞 白鷗飛處暮烟深

출전: 『청계집』 권1

해설 여주 신륵사에 들러 저녁노을을 바라보며 차를 마시는 정경을 읊은 시이다. 바로 앞을 가로지르는 남한강의 저녁노을과 차 한 잔이 잘 어울리는 시이다.

• **신륵사**神勒寺 경기도 여주군 여주읍 천송리 봉미산에 있는 사찰.

양대박 梁大樸, 1544~1592

「옥류천*에서 차를 끓이며」 시에 차운하여
次玉溜泉煮茶韻

눈구덩이 돌샘 물을 새로이 시음하노라니

육우의 풍치와 멋은 진정 그윽하여라.

용단차 끓는 솥에서는 향기 막 피어오르고

옥유玉乳* 그득한 사발에선 맛 더욱 산뜻하네.

모자 쓰고 차 마실 제 바람 타고 날아갈 듯하고

걸상에 앉아 시 읊조릴 제 하늘로 오를 듯하네.*

이날 중국의 사신들이 품평을 남겼으니

그 명성이 중령中冷*과 똑같이 전해지리.

- **옥류천** 황해도 평산 북쪽 총수산蔥秀山에 있던 샘물. 정유길의 시 「한 정사의 「옥류천을 맛봄」에 차운하여」의 주 참조(이 책 85쪽).
- **옥유玉乳** 옥 같은 돌 틈에서 솟아나는 샘물을 비유한 말이다. 옥류천 암벽에는 중국 사신 유홍훈劉鴻訓이 쓴 '玉乳靈泉'(옥유영천)이라는 네 자가 새겨져 있다고 한다.
- **모자 쓰고 ~ 오를 듯하네** 중국 당나라 시인 노동이 「다가」에서 차를 마시는 기분을 "비단 모자 쓰고 차를 마시니 신선이 되어 하늘로 날아오를 듯하다"고 하였는데, 이를 원용한 표현이다.
- **중령中冷** 중국 강소성 진강현鎭江縣 서북쪽 양자강 가운데 있는 샘. 이 샘물은 강물과 함께 흐르면서도 찬 맛을 그대로 지녀 차를 끓이기에 천하제일이라는 명성이 있다.

新試山中雪寶泉 陸郞風韻政悠然 龍團沸鼎香初動 玉乳盈甌味更鮮
籠帽啜時將馭氣 據梧吟處欲登天 皇華此日留題品 名與中泠一樣傳

출전: 『청계집』 권2

해설 옥류천의 물맛은 중국의 중령에 버금간다고 하여 유명해져서, 뒤에 1606년 무렵 주지번이 조선에 왔을 때 친필로 '玉溜泉'(옥류천)이라 써서 남겼을 정도이다. 차의 맛이 워낙 좋아 바람을 타고 날아오르고, 마치 하늘에 오를 듯이 환상적이었다고 술회하고 있다.

이순신 李舜臣, 1545~1598

이씨가 남긴 기록 李氏遺錄

내유격이 증정한 것은 청운견 한 단端, 남운견 한 단, 비단 버선 한 쌍, 구름 문양을 넣은 신발 한 쌍, 향기 한 벌, 향패 한 부副, 절명 두 근, 향계 두 근, 사청다구 열 개, 생닭 네 마리이다. 강천총 인약이 증정한 것은 춘명 한 봉, 화합 한 개, 등나무 부채 한 자루, 복리 한 쌍이다. 주천총 수겸이 증정한 것은 술잔 여섯 개, 주전 두 장, 소합 한 개, 찻잎 한 봉, 신선로 하나, 사애 둘이다. 정천총 문린이 증정한 것은 여름 버선 한 쌍, 영견 한 장, 양차 한 봉, 후추 한 봉이다. 진파총 자수가 증정한 것은 수보 한 벌, 시선 한 자루, 향선 열 지枝이다. 육경이 증정한 것은 화세 한 장이다. 허파총이 증정한 것은 청포와 홍포 각 한 단, 금선 두 자루, 화세 한 장이다. 복유격 일승이 증정한 것은 청포 한 단, 남포 한 단, 금선 네 자루, 항저 두 속, 생닭 두 마리, 함양 한 주肘이다. 왕유격 원주가 증정한 것은 금대 한 양鑲, 감도서갑 하나, 향합 하나, 경가 하나, 금선 두 자루, 사선 한 봉, 다호 하나, 소소 두 사事이다. 오천총 유림이 증정한 것은 양대 한 사, 배첩 스물 장이다. 진파총 국경이 증정한 것은 화차 한 봉, 화주배 한 쌍, 동다시 두 벌, 세다시 한 벌, 홍례첩 한 개, 전간첩 다섯 장, 서간첩 열 장, 고절

간 여덟 장, 주홍저 열 쌍이다. 계영천이 증정한 것은 진금선 한 자루, 한건 한 장, 포선 한 자루, 조세 두 장이다. 왕기패 명明이 증정한 것은 남포 한 단, 침두화 한 벌, 청견선 한 봉이다. 공파총 진璡이 증정한 것은 홍지 한 벌, 절다 한 봉, 다시 여섯 사, 소침 한 포이다. 왕중군 계여가 증정한 것은 남대 한 사, 소대세 두 사이다. 이것들은 바로 명나라 구원군의 장관들이 충무공에게 증정한 것들이다.

來遊擊所贈靑雲絹一端 藍雲絹一端 綾襪一雙 雲履一雙 香棋一副 香牌一副 浙茗二斤 香桂二斤 四靑茶甌十箇 生雞四隻 江千摠鱗躍所贈春茗一封 花盒一箇 藤扇一把 服履一雙 朱千摠守謙所贈酒盞六箇 硃箋二張 小盒一箇 茶葉一封 神仙爐一 寫埃二 丁千摠文麟所贈暑襪一雙 領絹一方 兩茶一封 胡椒一封 陳把摠子秀所贈繡補一副 詩扇一把 香線十枝 陸卿所贈花帨一條 許把摠所贈靑布紅布各一端 金扇二把 花帨一條 福遊擊日升所贈靑布一端 藍布一端 金扇四把 枕節二束 生雞二首 醃羊一肘 王遊擊元周所贈金帶一鑲 嵌圖書匣一 香盒一 鏡架一 金扇二把 絲線一封 茶壺一 蘇梳二事 吳千摠惟林所贈鑲帶一事 拜帖二十張 陳把摠國敬所贈花茶一封 花酒盃一對 銅茶匙二副 細茶匙一副 紅禮帖一箇 全束帖五張 書束帖十張 古折束八張 硃紅節十雙 季永荐所贈眞金扇一把 汗巾一方 蒲扇一把 粗帨二條 王旗牌明所贈藍布一端 枕頭花一副 靑絹線一封 龔把摠璡所贈紅紙一副 浙茶一封 茶匙六事 蘇針一包 王中軍啓予所贈藍帶一事 梳大細二事 此卽皇明東援將官 贈遺忠武公者

출전: 『이충무공전서』李忠武公全書 권14 「부록」

해설 이는 『이충무공전서』 부록에 수록된 내용으로 명나라 구원군으로 온 장수들이 이순신 장군에게 증정한 물품 목록이다. 차와 관련된 품목으로 사청다구 四靑茶

甌·춘명春茗·찻잎·양차兩茶·다호茶壺·화차花茶·절다浙茶 등을 볼 수 있다. 그 내용을 미루어 짐작해 보면 충무공 역시 차를 애호하였음을 알 수 있다. 한편 『충무공행장기』忠武公行狀記라는 책에 이순신의 다시茶詩가 있다고 전해지나, 그 출전을 확인할 수 없어 여기서는 싣지 않았다.

성여신 成汝信, 1546~1632

산승이 한가로움을 다스리는 법 山僧管閒

세상에는 평지에도 풍파가 일어나서
기뻐하다 슬퍼하고 곡하다가 노래하네.
노승은 한가한 마음 넉넉하여
흰 구름 이는 곳에 누워 차를 달이네.

世間平地起風波 喜喜悲悲哭又歌 爭似老僧閒意足 白雲生處臥煎茶

출전: 『부사집』浮査集 권1

해설 「청곡사에서 노닐며」(遊靑谷寺)의 4수 중 네 번째 시이다. 청곡사는 경상남도 진주시 금산면 갈전리에 있는 신라 고찰로, 진주 태생인 성여신은 청곡사를 자주 찾았다. 첫 구에서 말한 '세상의 평지풍파'란 두 차례에 걸친 왜란을 가리키는 것이 아닐까 짐작된다.

성여신 成汝信, 1546~1632

쌍계사 팔영루에서 옛일을 생각하며(병진년)
雙溪寺八詠樓 感舊吟(丙辰)

밝은 달 뜬 쌍계에 새로 지은 절집
팔영八詠의 옛 선루仙樓에 맑은 바람 감도네.
흥망이 백 번 반복해도 구름은 남쪽으로 가고
세대가 천 번을 돌아도 물은 북쪽으로 흐르네.
고요한 낮 단풍 숲 속엔 나막신 신은 두 사람
깊은 밤 소나무 서안 위엔 찻사발 하나.
누가 알았으랴? 십 년을 여산*에서 살던 객이
머리에 눈 가득할 제 다시 악양*에 올 줄을.

明月雙磎新梵宇 淸風八詠舊仙樓 興亡百轉雲南下 世代千回水北流
晝靜楓林雙蠟屐 夜闌松榻一茶甌 誰知十載廬山客 重到岳陽雪滿頭

출전: 『부사집』 권2

해설 시제에 나오는 병진년은 1616년이다. 성여신은 이해 가을에 벗들과 지리산을 유람하였다. 이 시는 이때 쌍계사에 들러 지은 것으로 보인다.

• **여산**廬山 진주 인근의 지명으로 생각되나, 자세한 것은 미상이다.
• **악양**岳陽 쌍계사가 있는 하동군 악양면을 가리킨다.

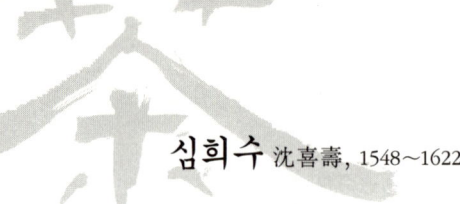

심희수 沈喜壽, 1548~1622

『의림시권』의 계옹의 서액에 적다
題義林詩卷溪翁書額

계옹이 붓을 대자
의림의 스님들 그 명성 아네.
늙어 가니 시 짓는 재주 다하고
한가하니 속세 생각도 줄어드네.
이끼 낀 사립문엔 가을비 지나가고
대나무 언덕엔 저녁 기운이 감도네.
자다 일어나 남은 흥 없으니
맑은 차 한 잔을 새로 마시네.

溪翁纔下筆 林釋便知名 老去詩才盡 閑來世念輕
苔扉秋雨過 竹塢晚凉生 睡起無餘興 新茶一椀淸

출전:『일송집』一松集 권1

해설　벗들과 모여 시권을 완성한 다음 그 정경을 읊은 것이다. 낮잠을 자고 저녁 무렵에 일어나 정신이 얼떨떨하고 무료할 때 새로 달인 맑은 차 한 사발로 기분을 시원히 전환한 느낌을 시로 표현하였다.

심희수 沈喜壽, 1548~1622

사월 초파일 밤에 燈夕詠懷

다시 초파일 만나 세월을 느끼노라니
타향도 아니요, 고향 집도 아니라네.
제비는 벌써 돌아왔건만 꾀꼬리는 오지 않았고
꽃은 모두 지고 버들은 한창 물이 올랐네.
어지러운 세상길엔 누런 먼지 일어나고
외로운 인생에는 흰 백발만 성성하네.
쓸쓸히 산창에 앉았으니 주흥酒興이 없어
한밤중에 아이 불러 차 달이기 재촉하네.

又逢燈夕感年華 不是他鄕不是家 燕已重來鶯未至 花雖盡落柳堪誇

紛紛世路黃塵起 子子人生白髮斜 悄坐山窓無酒興 呼兒半夜促煎茶

출전: 『일송집』 권4

해설 4월 초파일 밤에 홀로 있는 쓸쓸함을 술 대신 차로 달래고 있다.

김장생 金長生, 1548~1631

차솔 茶筅

『가례』家禮의 본문 주석을 살펴보면, "주부主婦가 차솔〔茶筅〕을 잡고 점다點茶한다"고 하였다. 대개 먼저 잔과 받침을 놓아두었다가 이때 잔에 물을 붓고, 차솔을 사용하여 점다하는 것이다. 옛사람들은 차를 마실 때 분말을 사용하였으니, 이른바 '점다'라는 것이다. 먼저 차의 분말을 그릇에 넣어 놓은 다음, 끓인 물을 붓고 차가운 물을 조금씩 떨어뜨리면서 차솔로 젓는 것을 말한다. 차솔의 제도는 다른 문헌에는 나오지 않고, 오직 원나라 사종가謝宗可의 「차솔」이란 시에서 "대나무 마디가 옥처럼 티 없으니, 밤마다 솔바람 소리 들리면 옥가루로 양치하네. 만 가닥 안개는 바람을 이끌고 게눈*으로 돌아가고, 반쯤 찬 병 속에 눈꽃이 피어 용아龍牙를 일으키네"*라고 하였으니, 그 모습을 눈앞에서 보는 듯하다. 요즘 사람들은 찻잎을 달여서 마시는데도 오히려 '점다'라고 하니, 옛 관습적 표현을 보존한 것이다. 어떤 사

---

* **게눈** 최연의 시 「차를 마심」의 주 참조(이 책 54쪽).
* **눈꽃이 피어 용아龍牙를 일으키네** 눈꽃이 핀다는 것은 말차를 저으면 그 분말이 일어나는 것이 마치 눈이 날리는 모습과 비슷하다는 것이다. 용아龍牙는 말차에 잣을 띄워 마시는데, 잣의 모양이 용의 어금니처럼 생겼기 때문에 이렇게 표현하는 것이다.

람은 "차솔은 바로 채양蔡襄의 『다록』에서 말한 '다시'茶匙라고 하는 것이다"라고 하는데, 그렇지 않다. 퇴계는 "차솔은 대나무로 만든다" 하였다.

按本註 主婦執茶筅 點茶 蓋先設盞托 至是乃注湯于盞 用茶筅點之 古人飲茶用末 所謂點茶者 先置末茶於器中 然後投以滾湯 點以冷水 而用茶筅謂之 筅之制不見於書傳 惟元謝宗可茶筅詩 此君一節瑩無瑕 夜聽松風°漱玉華 萬縷引風歸蟹眼 半瓶飛雪起龍牙 其形狀彷彿見矣 今人煎茶葉 而此猶云點茶者 存舊也 或謂茶筅 卽蔡氏茶錄所謂茶匙 非是 退溪曰筅以竹爲之

출전: 『사계전서』沙溪全書 권25 『가례집람』家禮輯覽 「통례」通禮

해설 주자朱子가 찬술한 『가례』에서 '점다' 點茶의 뜻을 부연 설명한 것이다. 그 내용을 보면, '점다'란 원래 뜨거운 물에 차의 분말을 푼 다음 차가운 물을 떨어뜨려 온도를 조절하는 것으로, 말차를 마시는 동작을 표현한 용어이다. 그런데 잎차가 보편화된 조선 중기 당시까지도 이 말을 그대로 쓰고 있는 것은 오랜 관습적 표현을 존중해서라고 하였다.

• **송풍**松風 「다선」 시 원문에는 '松聲'(송성)으로 되어 있다.

유근 柳根, 1549~1627

고 홍양과 이별하며 別高興陽

이제 이별하면 천 리 멀어질 터
다시 만날 날은 또 언제일런가?
맥문동과 작설차를
멀리 부쳐 그리움 위로하네.

一別今千里 重逢又幾時 門冬與雀舌 遠寄慰相思

출전: 『서경집』西坰集 권1

해설 고 홍양이 누구인지는 미상이지만, 당시 홍양군수가 되었기 때문에 관아로 부임하기 위해 떠나는 길인 듯하다. 맥문동은 진해거담제로 쓰이는 약재로, 이별의 선물로 흔히 약과 차가 쓰였음을 알 수 있다.

유근 柳根, 1549~1627
서재에서 우연히 읊다 書齋偶吟

대문 닫고 다섯 수레 책 읽으리라 늘 바랐더니
장년에는 병 잦았고 이제는 늙었으니 어이할까?
맥문동은 폐를 자양해 주니 서늘해도 도움 되고
작설차는 목을 맑게 해 주니 화기火氣 절로 사라지네.
석결명으로는 흐린 눈을 치료할 수 있고
오매자는 또한 허한 간을 진정시킨다네.
백발이 되어 위편삼절韋編三絶 홀로 사모하여
손에 아첨*을 잡고서 책벌레로 전락했다오.

閉戶常思讀五車 壯年多病老何如 門冬滋肺涼猶補 雀舌淸喉火自除
石決明能治目翳 烏梅子亦鎭肝虛 獨憐皓首韋編絶 手把牙籤落蠹魚

출전: 『서경집』 권3

해설 노년에도 스스로 몸을 조리하며 독서에 몰두하겠다는 의지를 표현한 시이다. 작설차는 특히 목구멍의 화기를 없애 준다고 하여, 기호품일 뿐 아니라 양생 식품으로서도 선비들에게 중요한 역할을 하였다.

• **아첨牙籤** 상아로 만든 첨대로, 책 속에 끼워서 표지標識로 사용한다.

유근 柳根, 1549~1627

부사의 「옥류천*」 시에 삼가 차운하다
敬次副使玉溜泉韻

설두와 조계* 중 누가 더 나은가.
영릉과 무석*이 한곳에 모였네.
삼생에 연하의 벽癖이 있었더니
한 잔 옥로수를 오늘 처음으로 맛보았네.
방장산과 봉래산이 여기 어디쯤인 듯
하늘 위 생학笙鶴*은 어느 곳에 있을까?
『다보』의 기록 따라 물맛 품평하다 보니
겨드랑이에 맑은 바람 일어 신선이 된 듯하네.

- **옥류천**   황해도 평산 북쪽 총수산에 있던 샘물. 정유길의 시 「한 정사의 「옥류천을 맛봄」에 차운하여」의 주 참조(이 책 85쪽).
- **설두雪竇와 조계曹溪**   설두는 중국 송나라 때의 선승 중현重顯을 가리키고, 조계는 당나라 때 조계종을 창시한 육조六祖 혜능惠能을 가리킨다.
- **영릉零陵과 무석無錫**   영릉은 중국 호남성湖南省 영주永州의 지명으로 국가에 공물로 바쳤던 석종유石鐘乳가 유명하고, 무석은 강소성 무석현의 서쪽에 있는 혜산천이 유명하다.
- **생학笙鶴**   신선이 타고 다니는 학의 이름. 중국 주나라 때 왕자 교喬가 학을 타고 젓대를 불며 하늘로 올라가 신선이 되었다고 전한다.

雪竇曹溪孰後先 零陵無錫入珠聯 三生自有烟霞癖 一勺初嘗玉露涓

方丈蓬萊疑此境 層霄笙鶴在何邊 細評水味歸茶譜 兩腋淸風便覺仙

출전:『서경집』권4

해설 1606년 3월 유근은 원접사가 되어 종사관 허균을 데리고, 중국 황태손 탄생 조서를 반포하러 온 주지번·양유년梁有年 등을 영접하였다. 여기에서 말하는 부사副使는 조선 측 원접사의 부사가 아니고, 중국 측의 부사 양유년을 가리킨다. 주지번과 양유년은 가는 곳마다 시를 남겼고, 유근은 두 사람의 시에 하나하나 차운하였다.

임제 林悌, 1549~1587

서울로 가는 청계를 송별하며
別靑溪之京(梁大樸)

이 봄날에 그대를 떠나보내니
그윽한 회포를 뉘와 함께 풀까나.
좋은 시절은 도리어 흥취가 있건만
이 몸은 우스워라 대장부 아니로다.
쪽배엔 다구茶具가 갖추어졌고
청계와 백호는 가깝다네.*
복사꽃 피고 봄물 넘실거릴 때
달빛 타고 날 찾아와 주겠는가?

• **청계靑溪와 백호白湖는 가깝다네** 청계靑溪는 앞서 나온 양대박의 호로 전라북도 남원에 있으며, 백호白湖는 임제의 호로 전라남도 곡성에 있다. 두 곳은 도는 다르지만 서로 인접하여 있다.

春日送君去 幽懷誰與娛 淸時還有味 此物笑非夫

野艇兼茶竈 靑溪近白湖 桃花煙水闊 乘月訪吾無

출전: 『임백호집』林白湖集 권1

해설 이하 임제 시의 번역과 해설은 『역주 백호전집』(신호열·임형택 공역, 창작과비평사, 1997)과 『백호시선』(임형택·이현일 편역, 창작과비평사, 2011)을 참조하여 일부분 수정하였다.

임제 林悌, 1549~1587

우 노장에게 贈瑀老丈

우거진 오솔길 찾아오는 이 없어
해가 지도록 사립문 열지 않았네.
꿈결에 숲과 달 찾아간 지 오래.
고향의 산에서 스님이 찾아오셨네.
장삼은 낡았어도 낯익은 얼굴
시골 차나 그저 한 잔 드렸네.
돌아가는 지팡이에 저녁 햇살 비치니
이별의 한 더욱 아득하구려!

蓬逕無人到 柴扉晚不開 夢尋蘿月久 僧自故山來
古貌猶殘衲 村茶只一杯 歸筇帶落日 離恨更悠哉

출전: 『임백호집』 권1

해설 산속 초당에 고향의 스님이 찾아왔다. 시골 차를 대접한다는 말로 겸손하게 표현했지만 귀한 차를 대접하는 깊은 정이 은근히 담겼다.

임제 林悌, 1549~1587
즉흥시 卽事

조계* 골짝에서 하루 묵으니
푸른 노을이 옷에 스며 차갑네.
두견새 울어 시름 돋우고
목련꽃 져 봄도 다 갔네.
고요한 좌선은 청정清淨의 빚*이니
선문에 어찌 대가大家 있으랴!
사미승은 할 일도 많아서
물을 길어다 햇차를 달이네.

一宿曹溪洞 芝裳冷碧霞 愁邊杜宇鳥 春後木蓮花

靜坐元淸債 禪門豈大家 沙彌亦多事 汲水煮新茶

출전: 『임백호집』 권1

- **조계曹溪** 전라남도 승주군에 있는 산. 이 산의 계곡에 송광사와 선암사가 있다.
- **청정清淨의 빚** 산에 사는 사람은 아무런 값도 치르지 않고 자연으로부터 청정함을 누리며 산다. 이것이 인간이 자연에게 진 청정의 빚이다. 이 빚을 갚을 길은 고요한 참선이 제격이란 뜻이다. 중국 송나라 소식의 시 「여호사부유법화산」與胡祠部游法華山에 "이 유람 길 멋진 시 짓지 못하면, 산중의 청정의 빚을 저버리게 될까 두렵네"(不將新句紀玆游, 恐負山中淸淨債)라는 표현이 있다.

해설   소식은 좋은 시를 지어야 비로소 자연에게 진 빚을 갚을 수 있다고 했는데, 이 구절을 변용하여 임백호는 산사에는 시의 대가가 없으므로 참선으로 대신하여 빚을 갚는다는 의미로 바꾼 것이다. 빚을 갚기 위한 참선을 더욱 잘하도록 도와주는 것이 어린 사미승이 물 길어다 달여 주는 햇차임은 말할 것도 없다. 그렇다면 햇차에 진 빚은 무엇으로 갚을 것인가? 바로 백호의 이 시이다!

임제 林悌, 1549~1587

계묵에게 줌 贈戒默

예나 지금이나 청산은 말 없으니
선승이 알고서 침묵을 지키네.
차도 끝나고 향도 꺼져 사위는 고요한데
가랑비 내리는 숲 속에 새소리만 들리네.

青山不語古猶今 體得禪僧戒默心 茶罷香殘坐寂寂 一林微雨聽幽禽

출전: 『임백호집』 권2

해설 선승의 이름인 '계묵'戒默에다 임제가 장난스레 의미를 부여하여, 말없는 저 청산의 깊은 마음을 체득해 침묵을 지키고자 하는 뜻으로 풀었다. 가랑비 소리와 새소리만 나지막이 들릴 뿐 일절 인위의 소리는 없다.

임제 林悌, 1549~1587

광혜 대선사에게 차운하여 줌 次贈廣慧大禪

머리털 희게 쇠고 아랫배 불룩하신데
머무는 일 드물고 먼 유람은 많군요.
산바람과 바다의 달 속에 쌓인 회포 풀어내고
차 달이고 선禪 이야기하며 묵은 병 떨치시네.
길에서 보낸 대사의 반평생이 물처럼 맑으신데
저는 벼슬살이 삼 년에 인정이 비단보다 얇답니다.
한가로움에 빠져 시 짓기 그만둔 지 오래지만
이별의 정이 아득하여 다시 한 번 읊어 봅니다.

鬢髮滄浪腰腹皤 在家時少遠游多 山風海月開幽抱 煮茗談禪祛宿痾
行李半生淸似水 宦情三載薄於羅 耽閑久廢新詩句 離思茫茫又一哦

출전: 『임백호집』 권3

해설 혼탁한 벼슬살이는 인정을 야박하게 하지만 차 달이고 참선하는 산가의 생활은 사람을 물처럼 맑게 해 준다고 하여, 속세의 고단함을 토로하고 고즈넉한 산승의 삶을 부러워하고 있다.

허봉 許篈, 1551~1588

조천기 朝天記

28일 경자, 맑음. 아침에 안정란을 남겨 두어 아직 도착하지 못한 수레들을 독촉하게 하고서 영사당과 십리포를 지났는데, 길가에 있는 승려 두세 명이 차를 끓여 주었다. 이날은 날씨가 매우 더웠으므로 말 위에서 수박 두세 조각을 먹었으나 가슴은 오히려 번거롭고 답답하였는데, 이 차를 마시고 나서 그 괴로움을 문득 잊게 되었다. 차가 갈증을 잘 풀어 준다는 것은 정말이다.

十八日庚子 晴 朝留安廷蘭 催車輛未至者 過永思堂 十里鋪 路傍有僧數三人烹茗而遺 是日熱甚 馬上食西瓜數三片 而胸膈猶覺煩懣 及啜此 頓忘其苦 信乎茶茗之能解渴也

출전: 『하곡집』荷谷集

해설 허봉은 1574년 5월 성절사聖節使의 서장관으로 중국을 갔다. 이 글은 7월 28일 자 기사 중 일부이다.

오억령 吳億齡, 1552~1618

개원사에 오르다 登開元寺

높고 가파른 돌계단 몇 층이나 되는가?
몸은 나는 새를 따라 가장 먼저 올랐네.
시상詩想을 떠올려 보아도 참신한 구절은 없고
찻사발 가져오라 부르는 늙은 스님만 계시네.
9월이라 바람 높아서 누런 잎이 어지럽고
쌍하에 물 빠지니 자줏빛 안개 깔리네.
후회스러워라! 나랏일로 급하게 서두르느라
등불 아래 하룻밤 선담禪談을 나누지 못한 것이.

石磴崔嵬問幾層 身隨飛鳥最先登 詩腸搜得無新句 茗椀呼來有老僧
九月風高黃葉亂 雙河水落紫煙凝 却憨王事驅馳急 孤負禪談一夜燈

출전: 『만취집』晚翠集 『조천록』朝天錄

해설 오억령은 1608년 선조 임금의 부고를 알리는 고부사告訃使의 부사로 중국에 갔는데, 이 시는 이때 지은 것이다. 사행 일정에 맞추느라 개원사에서 하룻밤 묵지 못한 것을 아쉬워한 내용이다.

이호민 李好閔, 1553~1634

우연히 읊음 偶吟

오래 누워 있으니 새가 창문을 엿보고
차 끓이니 사발에서 생황 소리 울리네.
과일 나무에 한바탕 비가 내리니
놀라 일어나 앉아 머리를 긁적이네.

久臥鳥窺牖 烹茶笙響甌 樝梨一陣雨 驚起坐搔頭

출전: 『오봉집』五峯集 권1

해설　차 달이는 소리를 솔바람 소리나 댓잎 소리 또는 비 오는 소리에 비유하는 것은 흔한 일인데, 이호민은 생황 부는 소리에 비유하고 있다.

이호민 李好閔, 1553~1634

허 종사에게 줌(눈을 읊음)
贈許從事(詠雪)

물 받아 차 달이자 흰 거품 이니
냉담한 서생도 마음 무척 설래네.
새벽부터 줄을 골라 낭중곡* 타며
고운 아이 불러다 나직한 노래 재촉하네.

取水煎茶結素花 書生冷淡覺還多 曉來新度郎中曲 促喚佳兒淺淺歌

출전: 『오봉집』 권2

해설 전체 2수 중 첫 번째 시이다. 다른 일엔 그저 무심한 서생도 차를 달이자 반가운 운치에 마음이 설렌다. 그래서 새벽부터 「낭중곡」을 타며, 도곡의 고사에 나오는 당 태위처럼 어여쁜 기녀에게 나직이 노래 불러 보라 재촉한다.

• **낭중곡**郎中曲 당시에 유행하던 악곡인 듯하나 미상이다.

조선 중기의 차 문화

이호민 李好閔, 1553~1634
우전차 穀雨前茶

곡우 전에 새로 싹 튼 찻잎은
첫 잠 잔 누에*를 채취하는 듯.
구리 맷돌로 가니 구름처럼 기름기가 흐르고
항아리에 담자 여린 잎이 좁쌀처럼 선명하네.
동자가 느긋이 달이니 냄비에서 생황 우는 듯,
늙은이가 졸다가 깨니 목구멍에 불이 이는 듯.
한 사발 가져오게 하여 마시고는 시를 지으니
땀구멍마다 봄이 넘쳐 꽃밭에 앉은 듯 향긋해.

茶葉新萌穀雨前 吳蠶採似正初眠 銅磨碾綠雲腴膩 瓷甖收青嫩粟鮮
童子烹遲笙響銚 詩翁睡久火生咽 烏甌喚啜搜文字 毛孔春泱坐草玄

출전: 『오봉집』 권5

해설 「순천부사 유순 영공께 부치다」(寄順天府使柳詢之令公)의 3수 중 첫 번째 시이다.

• **첫 잠 잔 누에** 누에는 고치를 만들기까지 보통 4번에 걸쳐 잠을 자는데, 첫 번째 잠을 자고 난 상태를 말한다. 원문 두 번째 구에 나오는 '吳蠶'(오잠)은 중국 오吳 땅에서 양잠이 성행하여 좋은 누에가 많이 났기 때문에 이후로 '좋은 누에'를 지칭하는 말이 되었다.

차천로 車天輅, 1556~1615

회곡이 준 시에 차운하여 次灰谷見贈韻

『황정경』黃庭經을 손에 쥐고 만 번을 송독하니
묵은 병 낫듯이 마음이 상쾌해지네.
예전부터 선골仙骨 단련은 단약을 썼으니
정신 수양에 꼭 맞아 도가에서 나왔다네.
이슬로 주묵朱墨 갈아 『주역』周易에 권점圈點 찍고
푸른 샘물 길어 와 손수 차를 달이네.
애써 시를 짓는 유운*께서 나를 알아주시니
몰래 던져 주신 명월주明月珠*가 목하*에 필적하네.

- **유운**柳惲 원래 중국 양나라 때 시를 잘 지은 인물인데, 여기서는 시 벗인 회곡灰谷을 가리킨다.
- **몰래 던져 주신 명월주**明月珠 남에게 빼앗길까 두려워하며 서로 가지려 하는 귀한 물건이라는 뜻. 밤에 길 가는 행인의 앞에다 명월주나 야광주를 몰래 던져 주면 모두 칼에 손을 대면서 좌우를 두리번거릴 것이라는 '명주암투'明珠暗投라는 고사를 원용한 표현이다.
- **목하**鶩霞 세상에 회자되는 뛰어난 문장. 중국 당나라 시인 왕발王勃의 「등왕각서」滕王閣序에서 "저녁놀은 외로운 따오기와 가지런히 날고 가을 강물은 끝없는 하늘과 한 빛을 이루었네"(落霞與孤鶩齊飛 秋水共長天一色)라는 구절이 세상에 크게 회자된 데서 유래한 말.

고마워라! 벗들 떠나와 발길 끊겼을 때
이 몸은 고질병에 시달리며 끙끙댔네.
난세에 떠도는 객이 되어 상심하였더니
부생이 머문 곳에 가정 꾸려 즐거웠지.
거미줄 친 용수석 진작에 말아 놓고*
게눈 거품 작설차만 부질없이 끓였네.
흩뿌리는 비를 보다 좋은 시를 받아 보니
속에 담긴 빼어난 뜻 노을처럼 아름다웠네.*

手把黃庭誦萬過 爽然如覺去沈痾 久聞鍊骨須丹鼎 剛被頤神出道家
滴露研朱閒點易 汲泉分碧自煎茶 苦吟柳惲猶知我 投暗明珠敵鷔霞

感君離索斷經過 老我沈綿抱舊痾 亂世隨緣傷作客 浮生著處樂爲家
蟲絲已捲龍鬚席 蟹眼空烹雀舌茶 辱贈好詩看雨暎 聖知奇意蔚靑霞

출전:『오산집』五山集 권2

• 거미줄 ~ 말아 놓고   상대방이 오기를 기다린 지 오래되었다는 의미. 중국 당나라의 시인 이백의「백두음」白頭吟에 "용수석을 걷지 마오. 여기에서 거미줄이 생기리라"(莫捲龍鬚席 從他生網絲)라는 표현이 있는데, 이는 희자喜子라는 거미가 오면 반가운 사람이 온다는 속설을 근거로 거미줄이 생겨 벗이 올 수 있도록 용수석을 걷지 말라는 의미이다. 용수석이란 용수풀로 만든 자리를 말한다.
• 속에 ~ 아름다웠네   고상하고 빼어난 생각을 말한다. 중국 남조 시대의 문인 강엄江淹이「한부」恨賦에서 "성대한 푸른 노을의 빼어난 뜻"(鬱靑霞之奇意)이라고 한 구절을 변형하여 쓴 것이다.

해설　회곡灰谷이 지어 보낸 시를 받고, 지난 세월 자신의 삶을 반추해 가며 그에 대한 그리움과 감사함을 애틋하게 표현하였다. 회곡이 누구인지는 미상이다.

차천로 車天輅, 1556~1615

도 통판*에게 주다 贈陶通判

장사공* 이후로 현인들은 많았지만
특출한 그 인품 지선地仙처럼 느껴졌지.
정원에 부는 솔바람에는 띠끌 하나 없고
차솥에 끓는 설수에는 달빛이 곱네.
대를 이은 절조는「유림전」*에 전하고
나라 위한 충정은「보검편」*에 기록되리.
하늘 밖의 봉황이 군막으로 날아드니
그 전공, 웅필로 연연산燕然山에 새기겠지.*

- **도 통판**陶通判 중국 명나라 영평부永平府 통판通判 도양성陶良性을 가리킨다.
- **장사공**長沙公 중국 진晉나라 때 도간陶侃의 봉호인데, 도 통판이 그의 후손이므로 이렇게 말한 것이다.
- **「유림전」**儒林傳 뛰어난 학행을 남긴 인물들을 별도로 모아 역사서에 기록하는 형식으로, 『사기』史記와 『한서』漢書의「유림전」이 대표적인 경우이다.
- **「보검편」**寶劍篇 중국 당나라 때 명장이자 재상이었던 곽진郭震이 지은 글. 측천무후가 그를 문책하려고 불렀다가,「보검편」을 읽어 보고는 크게 칭찬을 하였다고 한다. 여기서는 무장들의 공훈을 모아 편찬한 책을 뜻한다.
- **그 전공 ~ 새기겠지** 전공이 역사에 길이 남으리라는 말. 중국 후한의 거기장군車騎將軍 두헌竇憲이 흉노를 크게 격파한 다음, 유명한 문사文士인 반고班固로 하여금「연연산명」燕然山銘을 짓게 하고 돌에 새겨 기념하였다는 고사가 있다.

長沙公後世多賢 最覺英靈作地仙 庭愛松風塵不染 茶煎雪水月相鮮

承家節操儒林傳 許國心肝寶劍篇 天外鳳凰來玉帳 好將雄筆勒燕然

출전: 『오산집』 속집 권2

해설 전체 5수 중 첫 번째 시이다. 도 통판은 임진왜란 이후 왜적 토벌을 위해 여러 차례 조선을 왕래하였는데, 차천로가 그의 인품과 가문을 칭송하고 전공이 길이 남을 것을 기원한 내용이다.

차천로 車天輅, 1556~1615

주봉처사의 초당 酒峯處士草堂

언덕 너머 바닷물 소리 베갯머리에 들리고
산기운 발에 스며 거문고와 술동이에 어리네.
과수원과 남새밭을 이슬 맞고 거닐다가
앉아서 햇볕 쬐며 약 달이고 차 마시지.
산새들은 뜰에 앉아 바둑판을 엿보고
시골 사람들 자리 다퉈 사립문 에워쌌지.
세상 밖에 노니는 취미도 이미 버렸으니
속세의 부귀일랑 아랑곳하지 않네.

隔岸海潮生枕席 入簾山翠在琴罇 果坊菜圃行侵露 藥椀茶甌坐負暄
山鳥下庭窺玉局 野人爭席擁柴門 已拚象外逍遙趣 不受塵中貴富呑

출전: 『오산집』 속집 권2

해설 원래 7언배율의 장편시인데, 여기서는 그 일부만을 수록하였다. 주봉처사酒峯處士는 이안인李安仁의 호로, 그가 선영이 있던 충청남도 당진의 백주봉白酒峯 아래 은거하였으므로 붙여진 이름이다.

이항복 李恒福, 1556~1618

중구일重九日•에 우연히 영국서원에서
重九 偶遊寧國書院 …

우스워라! 높은 산 오르는 날에
도리어 깊은 계곡으로 들어왔네.
어찌하면 차 한 주발을
술 석 잔과 바꾸어 마실거나!

笑殺登高日 飜成入硐來 那將茶一椀 換得酒三杯

출전: 『백사집』白沙集 권1

원제 중구일重九日에 우연히 영국서원에서 노니는데, 술도 없고 친구도 없고 행낭 속엔 오직 말린 밤과 건차•만이 있으므로, 밤을 씹어 먹고 차를 달여 마시며 주림을 달래노라니 매우 쓸쓸하였다 重九 偶遊寧國書院 無酒無朋 行囊 唯乾栗建茶 嚼栗煮茶以慰飢 甚是寥落

• **중구일重九日** 천지에 양기陽氣가 최고조에 이르는 음력 9월 9일을 가리킨다. 중국에서 유래한 세시명절로, 높은 언덕이나 산에 올라 단풍을 즐기며 먹고 마시는 풍습이 있다.
• **건차建茶** 중국 복건성 건안建安 일대에서 생산되는 명차로, 흔히 '건안차'라고 부른다.

조선 중기의 차 문화

해설　영국서원寧國書院은 서울의 북쪽 도봉산 아래 계곡에 있던 서원으로, 인근의 경관이 빼어나기로 유명한 곳이다. 원래 중구절은 높은 곳에 올라 단풍을 즐기는 날인데, 도리어 산 아래 깊은 골짜기로 들어왔음을 희화적으로 말하였다.

김용 金涌, 1557~1620

달빛 비친 우물물을 긷다 汲月井

사립문이 새벽 우물길과 통했으니
달빛 아래 시린 정화수 길어 올리네.
은빛 눈°이 항아리 속에 찰랑이니
문원°의 차를 한번 달여 보네.

柴門通曉井 帶月汲寒華 銀雪歸瓶活 文園試煎茶

출전: 『운천집』雲川集 권1

해설　「성오당팔영」省吾堂八詠 중 다섯 번째 시이다. '성오당'은 임진왜란 때 의병장으로 활약했던 이개립李介立의 당호로 지금의 경상북도 영주시 갈산리에 있다. 이개립과 김용은 모두 퇴계의 제자이다.

- **은빛 눈**　우물에서 막 길어 올린 맑은 물인 데다, 항아리에 달빛이 비쳐 눈처럼 희기 때문에 이렇게 표현한 것이다.
- **문원**文園　효문원령孝文園令을 지낸 사마상여를 가리킨다.

유몽인 柳夢寅, 1559~1623

용만*의 민 스님께 차운하여 드림
次贈龍灣敏上人

맑은 창가에서 차 마신 후 단꿈에 젖어 있는데
푸른 눈의 유마힐維摩詰*이 문득 작별을 고하네.
변방의 해는 비단을 펼친 듯 봄 강을 붉게 물들이고
요동의 산은 쪽을 푼 듯 이 난간을 푸르게 비추네.
구름 따라 지혜를 한가로이 전파하고
꽃 밖의 불법을 멀리서 지고 왔지.
편안히 참선하던 의주義州의 절로 잘 돌아가시어
불경 읽으며 내가 그리우면 편지나 열어 보소서.

- **용만龍灣** 지금의 평안북도 의주義州로, 조선과 중국의 사절들이 오가던 관문이 있던 곳이다.
- **유마힐維摩詰** 석가모니 당시에 학덕이 높았던 거사의 이름이나, 여기서는 민 스님을 가리킨다.

晴窓茶罷夢初酣 碧眼維摩忽告參 塞日春江紅爛錦 遼山當檻翠接藍
雲移波若開來植 花外尼斯遠自擔 好去安禪灣上寺 金經遲我啓琅函

출전: 『어우집』於于集 권2

해설　『조천록』朝天錄에 수록된 시로, 중국에 사신으로 가는 길에 의주에서 민 스님을 만나 지은 작품이다. 함께 차를 마시며 정이 들었기에, 본사本寺로 돌아가 내가 그리우면 내 시가 적힌 편지를 보며 마음을 달래라고 하고 있다.

유몽인 柳夢寅, 1559~1623

자은사 시서에 붙이다 慈恩寺詩序

천 층의 보전에서 성문을 굽어보니
거대한 부처가 백억 부처의 도력을 겸하겠네.
오획*가 무지개 들보 짊어졌으니 그 힘이 놀랍고
용이 비단 탑자에 서렸으니 구불구불 뒤틀렸네.
등나무 평상에서 일곱 사발*을 마시니 명차가 차고
회칠한 벽이 천 년이나 되니 옛 그림이 새롭네.
한 가닥 정오의 향불*만으로도 삶이 넉넉하니
동국의 홀을 잡은 신하에게 실어 보내 주려나?

千層寶殿俯城闉 巨佛應兼百億身 獲負虹樑驚鳳晶 龍蟠繡榻看輪囷
藤床七碗名茶冷 粉壁千年古畫新 一炷午香生計足 肯輸東國執珪臣

출전: 『어우집』 권4

- **오획** 중국 하나라 때의 역사力士로 육지에서 배를 끌고 다닐 정도로 힘이 셌다고 한다.
- **일곱 사발** 중국 당나라 때 노동의 「다가」에 나오는 구절로, 첫 번째 잔부터 일곱 번째 잔까지 일곱 사발 차를 마시는 경지를 말한다. 최연의 시 「차를 마심」의 주 참조(이 책 54쪽).
- **정오의 향불** 원래 원문에는 '우향牛香'으로 되어 있으나, 내용을 참작하여 오향午香으로 수정하고 번역하였다.

해설   자은사慈恩寺를 둘러본 소감을 읊은 글에 붙인 2수의 시 중에서 첫 번째 것이다. 글의 내용을 참조해 보면 자은사는 중국 요령성遼寧省 광녕廣寧에 있는 고찰로, 앞의 시와 마찬가지로 중국 사행 길에 지은 것이다.

유몽인 柳夢寅, 1559~1623

서회사 西會寺

사신의 일로 중국에 들어와
훌륭한 경관을 많이 구경하였네.
요동 땅에서는 말 고삐 정돈했고
서회에선 말 안장 정제했네.
사통의 큰길은 저자로 이어지고
화려한 사찰은 불단이 엄숙하네.
넓다란 마당에는 잡초가 우거졌고
높다란 불당에는 단청이 찬란하네.
고승高僧의 갈포는 정갈하고
선탑禪榻의 대자리는 서늘하네.
오리 향로에는 우두향* 사르고
은빛 사발에는 용단차龍團茶 달이네.
먼 여행길의 고달픔을 위로하려
풋풋한 들나물 밥상에 올려 주네.
발돋움하여 황도皇都를 바라보니
어느 때야 고국으로 돌아갈까?

• **우두향**牛頭香 냄새를 맡으면 죽은 사람도 살아난다는 전설상의 향이다. 『다라니경』陀羅尼經이나 『법원주림』法苑珠林 등에 나온다.

늙어 감에 지음知音은 적어지고
갈림길 많아 인생길은 어려워라.
장차 조그만 절이나 마련하여
남은 생을 산속에서 마칠까?
우리나라에도 불승 많으니
그런대로 함께 살아갈 만하네.

裾役入上國　所歷多韙觀　東遼頓征轡　西會肅遊鞍
通衢經闤闠　華刹儼叱壇　庭曠蔭雜翠　堂崇輝流丹
高僧葛袍淨　匡榻夏簟寒　寶鴨爇牛頭　銀甌煎龍團
勞我遠征苦　野蔌供客餐　跂予望皇邑　曷月旋東韓
抵老知音少　多歧行路難　將營小伽藍　畢世依林巒
吾鄕多爾曹　聊可與盤桓

출전: 『어우집』 후집後集 권1

해설　서회사西會寺가 어느 곳의 절인지는 미상이나, 앞의 시와 마찬가지로 중국 사행 길에 지은 것이다. 여행길의 고달픔과 함께 남은 생에 대한 작자의 고뇌를 읊었다.

성문준 成文濬, 1559~1626

또 어떤 사람의 운을 차운하여 又次人韻 ……

두 분이 앞서 가는 것은 어쩔 수 없으나
구슬 신발*을 남에게 자랑하지는 마오.
백이숙제의 옛 땅엔 유풍이 아직 남은 듯
산해山海의 웅장한 관문은 북두성에 닿을 듯.
연나라 시장에서 진짜 천리마의 뼈를 만날 수 있을까.*
절강성의 수레에서 때로 소룡차*를 살수 있을까.
두루 유람한 뒤엔 돌아와 이야기하리니
8월의 강가에서 뗏목 돌아오기만을 기다리노라.

• **구슬 신발**   구슬로 꾸민 신을 신은 빈객, 즉 상등의 빈객을 뜻하는 말. 여기서는 정사 민백춘과 부사 성즉행에게 높은 관직을 맡고 있음을 자랑하지는 말라는 의미이다.
• **연나라 ~ 있을까**   중국 연나라 소왕昭王이 곽외郭隗를 시켜 천리마를 구해 오도록 하였는데 오백금이나 되는 거금으로 죽은 말뼈를 사 왔다는 고사를 원용한 표현이다.
• **소룡차**小龍茶   중국 북송 때 황제에게 진상하던 명차로, 떡차의 한 종류. 찻잎을 월병 모양으로 만들고, 차 위에 용과 봉황 그림을 장식한 용봉단차龍鳳團茶의 일종이다. 소룡단의 품질이 가장 우수하고 진귀하였다고 한다.

二妙先鞭不奈何 莫將珠履向人誇 夷齊故國風如在 山海雄關斗可摩

燕市倘逢眞馬骨 浙車時買小龍茶 壯遊歷歷歸應說 只待槎回八月河

출전: 『창랑시집』滄浪詩集 권1

원제 또 어떤 사람의 운을 차운하여, 인백仁伯 민백춘閔伯春과 성즉행成則行에게 드리다(당시 백춘은 정사正使였고, 즉행은 부사副使였다) 又次人韻 兼呈閔伯春仁伯成則行(時伯春爲使 則行爲介)

해설 이 시는 성문준이 중국으로 사행을 가는 민인백閔仁伯과 성진선成晉善을 보내며 지은 것으로 짐작된다. 두 사람이 중국의 문물들을 두루 구경하고 돌아올 때쯤 자신은 8월 강가에서 이들의 귀국을 학수고대하고 있겠다는 내용이다.

이준 李埈, 1560~1635

낙고초당에 부쳐 쓰다 寄題洛皐草堂

물가 북쪽의 천 길 누대를
노쇠한 몸으로 더디게도 올랐네.
두 강이 만나는 곳에 아늑한 거처를 정하니
빼어난 경치를 칠택*의 기이함에 비할손가?
낚시 드리울 땐 언제나 갈매기와 함께 노닐고
차를 딸 땐 번번이 신선과 만나기를 기약하네.
어떡하면 외로운 정자 아래에 함께 배 띄우고
빈 강에 가랑비 내릴 때까지 잠을 잘꼬?

千仞臺臨水北涯 衰年不合此樓遲 幽居更卜雙江會 勝槪寧論七澤奇
垂釣每侵鷗鳥界 採茶頻赴羽人期 何緣共泛孤亭下 睡到空溟細雨時

출전: 『창석집』蒼石集 권1

* 칠택七澤 강물과 호수를 배경으로 뛰어난 경치를 자랑하는 정자를 가리키는 말. 원래 칠택은 중국 초나라의 일곱 연못을 말하는데, 보통 악양岳陽의 삼강三江과 운몽택雲夢澤을 가리킨다.

해설　낙고洛皋란 '낙동강 가의 언덕'이라는 뜻으로, 지금의 경상북도 안동시 풍산읍 청성산 언저리를 가리킨다. 아마도 원래 있던 누대를 옮겨 지은 듯, 이준이 여기에 축하의 뜻을 시로 쓴 것이다. 특히 "차를 딸 땐……"이라고 한 대목을 보면, 이곳에서도 차가 났음을 알 수 있다.

사진_ 〈분청사기상감모란문발〉, 조선 15세기 | 높이 7.5cm | 입지름 15.4cm

이준 李埈, 1560~1635

눈 녹인 물로 차를 끓이며(중동에)
雪水煎茶(仲冬)

풍로에 눈 녹인 물 끓이니 푸른 연기 일어나고
한 사발 제호˙ 마시니 환골하여 신선이 될 듯.
지난날 육우의 품평은 잘못되었나니
맑고 단 샘물이 어찌 혜산천˙뿐이랴!

連風爐雪水颺靑煙 一椀醍醐骨欲仙 陸羽向來題品誤 淸甘但說惠山泉

출전: 『창석집』 권3

해설   청풍계淸風溪의 12달을 계절에 따라 읊은 「청풍계」 12수 중에서 11번째 시이다. 참고로 청풍계는 서울 인왕산 동쪽 기슭의 북쪽에 해당하는 종로구 청운동 52번지 일대 골짜기를 가리킨다.

- **제호醍醐**   우유나 마유馬乳에 갈분葛粉을 타서 쑨 죽인데, 음료수로 쓰기도 한다. 워낙 맛이 좋아 진미의 대명사로 쓰인다.
- **혜산천慧山泉**   김성일의 시 「오산의 시 「경운사」에 차운하다」의 주 참조(이 책 141쪽).

조선 중기의 차 문화

김상용 金尙容, 1561~1637

동짓달 눈 녹인 물로 차를 끓이기
至月雪水煎茶

산골 아이가 눈 맞으며 새로 샘물을 길어 와
돌솥에 세찬 불로 용단차를 끓이네.
솔바람 소리 가늘게 새어 나오고 뜰에 향기 가득하니
한 사발 차의 운치가 신선이 되어 오를 듯 상쾌하네.

山童帶雪汲新泉 石鼎龍團活火煎 細瀉松聲香滿院 一甌風致爽登仙

출전: 『선원유고』仙源遺稿 권상

해설 산촌에 사는 은근한 즐거움을 12개월마다 적은 「산속 생활에서 느끼는 매달의 그윽한 정취」(山居逐月幽興) 12수 중에서 11번째 시이다.

이덕형 李德馨, 1561~1613

이자상에게 與李子常書

가뭄의 열기가 점점 깊어져 긴 해를 멍하게 허송하고 있네. 늘 편지를 올려 울적함을 깨뜨리고 싶었으나 인편이 없음에야 어쩔꼬? 곡우 전에 딴 햇차를 일전에 호남에서 구하기는 했으나 충분히 얻지 못하여 조금만 나누어 올리네. 맛이나 보시게. 다품을 논한다면 샘물의 맛과 달이는 법이 먼저이겠는데, 대감께선 어떻게 생각하시는지? 이만 줄이네.

旱熱漸深 長日昏昏粗遣 常擬一奉以破阻鬱 而柰無便何 雨前新茶 曾求之湖南 得之不敷 少許分上 幸試之 若論茶品 須先泉味煎法 台以爲如何 餘不備禮

출전: 『한음문고』漢陰文稿 권11

해설 자상子常은 이항복李恒福의 자로, 이덕형과 함께 조선 중기를 대표하는 명신이다. 두 사람은 '오성鰲城과 한음漢陰'으로 널리 알려져 있듯이 막역한 친구 사이인데, 이 글은 이덕형이 그에게 햇차를 보내며 차에 대해 논한 짤막한 편지이다.

이수광 李睟光, 1563~1628

병중에 病中卽事

목마르면 차 마시고 곤하면 잠자다가
그러고도 일 없으면 단전호흡을 한다.
종일토록 부들자리 깔고 발을 드리우고 앉았으니
시詩 공부가 점점 선禪의 경지로 들어감을 깨닫겠네.[1]

渴卽呼茶倦卽眠　更無餘事到丹田　團蒲永日垂簾坐　頓悟詩功漸入禪

[1] 도가에서는 눈을 감는 것을 '발을 드리운다'고 한다(道家謂閉眼爲垂簾).

출전: 『지봉집』芝峯集 권2

해설　병으로 몸을 도섭하면서 차를 마시고 단전호흡을 한다. 이런 생활 속에서 차와 시와 선이 하나로 되어 감을 느끼고 있다.

이수광 李睟光, 1563~1628

즉흥시 | 卽事

마음속에서 명리名利의 관문을 꿰뚫고 나니
만사를 잊어버린 채 세상 맛이 한가롭네.
손이 와 차 마시는 중에 말 한마디 없이
발을 걷고 하루 종일 푸른 산만 쳐다보네.

此心初透利名關 萬事忘來世味閑 客至點茶無一語 拳簾終日對靑山

출전: 『지봉집』권2

해설 명리를 모두 버리니 말도 굳이 필요없다. 차를 놓고 푸른 산만 바라보아도 마음은 서로 통한다. 끽다거喫茶去란 이런 것이 아니겠는가.

조선 중기의 차 문화   223

이수광 李睟光, 1563~1628

병중 감회 病中遣懷

병이 들어 차와 약으로만 하루를 보내니
늘그막에 또 한 해가 감을 어이 견디랴.
시드는 봄날에도 아무 느낌 없더니
작은 창에 달빛 들자 배꽃을 꿈꾸노라.

病來茶藥作生涯 遲暮那堪歲又華 寥落一春無意緖 小窓和月夢梨花

출전: 『지봉집』 권2

해설 병으로 고단한 몸과 마음엔 차가 그만이다. 잠시도 차가 떨어지지 않는 모습에서 이수광의 차 사랑이 느껴진다.

이수광 李睟光, 1563~1628

가을밤의 감회 秋夜有懷

하늘가 기러기 비껴 나는 소리에 꿈에서 깨니
병 뒤에 스미는 서늘한 기운 세월을 느끼게 하네.
가을바람은 오동잎으로 소식을 전하고
이슬은 소리 없이 계수나무 꽃을 적시네.
사람은 만 리 가을 물과 구름 너머로 이별해 있고
달은 한밤중 일천 집의 다듬이 소리 속에 걸렸네.
이 속의 운치가 유난히도 쓸쓸하여
부질없이 창밖 바라보며 차만 달이네.

夢破天涯一雁斜 病餘涼氣感年華 金風有信飛桐葉 玉露無聲濕桂花
人隔水雲秋萬里 月懸砧杵夜千家 此間意味偏蕭索 漫向窓前自煮茶

출전: 『지봉집』 권4

해설 다듬이 소리가 들려오면 한 해가 저물어간다. 더없이 쓸쓸한 세모의 정회를 차로 달래어 본다.

이수광 李睟光, 1563~1628

청화절*에 淸和卽事

온종일 문에는 찾아오는 손 없으니
조용한 거처가 흡사 산승의 암자 같네.
시 읊조리다 술 내어 오라 하여 수심을 쫓아내고
병중에 차 가져오라 하여 수마睡魔를 물리치네.
속삭이는 봄비에 기왓장이 울리고
살랑대는 새벽바람에 꽃이 떨어지네.
틈 내어 벗을 찾아 함께 노닐려고 해도
늦추위가 아직 가시지 않았으니 어이할꼬?

鎭日關門少客過 幽居渾似野僧家 吟邊命酒奔愁陣 病裏呼茶却睡魔
春雨有聲鳴屋瓦 曉風無力破山花 偸閑擬逐尋芳侶 其奈餘寒尙未和

출전: 『지봉집』 권4

해설 늦봄인데도 쌀쌀한 추위가 심술을 부린다. 으슬으슬한 몸엔 따스한 차 한잔이 그만이다. 허리가 펴지고 눈이 뜨인다.

• **청화절**淸和節 음력 4월을 가리키는 말로, 날씨가 청명하고 화창하여 붙인 이름이다.

이수광 李睟光, 1563~1628

한가로이 살며 閑居

늘그막에 전원에다 남은 생을 붙이니
시골 성품이 단출하여 출가한 듯하네.
한가로이 사슴과 더불어 골짜기 거닐고
우연히 갈매기 쫓아 시냇가에서 노니네.
산속의 부귀는 산나물이 금은이요,
길가의 풍류는 고운 꽃이 기생일세.
흥 다하면 숲에 노을이 질 때 돌아와
아이 불러 물 길어다 햇차를 맛보네.

暮年田圃寄生涯 野性蕭然似出家 閑與鹿麛行澗谷 偶從鷗鷺戲溪沙
山中富貴金銀草 路畔風流女妓花 興罷歸來林影夕 呼童汲水試新茶

출전: 『지봉집』 권4

해설 사슴과 놀고 갈매기와 친하게 지내는 천생 야인이다. 산나물이 많으니 살림이 넉넉하고 꽃이 흐드러졌으니 미인이 아쉽지 않다. 여기에 햇차 있으니 더없는 운치이다.

이수광 李睟光, 1563~1628

즉흥시 卽事

나그네로 떠돌다 계절의 변화에 놀라니
이로 인해 근심과 병이 잇따르네.
약초 캘 때는 산의 늙은이에 의지하고
차를 달일 때는 들의 스님께 청하네.
풀숲에는 벌레가 이슬 속에서 울고
창가에는 쥐가 등불 그림자 엿보네.
신산하고 쓸쓸한 홍취가
가을 들자 배로 더해지네.

旅遊驚節序 愁病坐相仍 採藥憑山叟 煎茶倩野僧
草間蟲泣露 窓下鼠窺燈 多少酸寒味 秋來一倍增

출전: 『지봉집』 권12

해설 객지에서 약초를 캐고 차를 마시는 일상과 그곳에서 가을을 맞은 쓸쓸한 정취를 읊었다.

이수광 李睟光, 1563~1628

차를 마시다 飮茶

세지도 약하지도 않게 불 조절하니*
현악도 관악도 아닌 솔바람 소리.
노동의 일곱 잔을 마시고 나니
훌쩍 몸이 하늘로 오르는 듯하네.*

不武不文火候 非絲非竹松聲 啜罷盧仝七椀 飄然身上太淸

출전: 『지봉집』 권13

해설　6언시이다. 찻물 끓이는 소리를 현악이나 관악보다 아름다운 솔바람소리에 비유했다.

• **세지도 ~ 조절하니**　불에는 문화文火와 무화武火가 있는데, 문화는 불을 천천히 약하게 때는 것이고, 무화는 불을 급하게 세게 때는 것이다. 또 문무화文武火는 시간과 농도 등을 맞추기 위해 화력을 높였다 낮췄다 하는 것을 말한다.
• **노동盧仝의 ~ 오르는 듯하네**　최연의 시 「차를 마심」의 주 참조(이 책 54쪽 참조).

조선 중기의 차 문화　　229

이수광 李睟光, 1563~1628

고한행 苦寒行

겹겹 문은 낮부터 걸어 잠갔고
뉘엿뉘엿 해는 서쪽으로 지네.
추위에 언 참새는 빈 숲에 의지하고
겨울잠 자던 용은 깊은 골짝에서 우네.
돌솥에 차 달여 마시려고
홀로 얼어붙은 샘을 깨네.

重門晝鎖合 慘慘日西落 凍雀依空林 蟄龍泣幽壑 石鼎試煎茶 獨敲氷井涸

출전: 『지봉집』 권16

해설 전체 4수 중 네 번째 시이다. 원래 '고한행'苦寒行이란 길을 가다가 혹한을 만나 지은, 악곡이 있는 노래의 제목인데, 일반적으로 '매서운 추위'를 읊은 시를 의미한다.

이수광 李睟光, 1563~1628

이른 아침, 산해관으로 들어가 서쪽 성 밖 인가에 머물며 早入山海關 止西城外人家

관문 밖에서 맞은 아침 서리가 갓에 가득한데
주인이 우리에게 소룡단小龍團을 대접하네.
객지에서 호사롭다 자랑할 만하니
쇠화로에 석탄 때어 자리도 따스하네.

關外朝霜正滿冠 主人嘗我小龍團 客中耐可誇豪侈 石炭金爐座不寒

출전: 『지봉집』 권16 『속조천록』續朝天錄

해설 1611년 주청사의 부사로 중국에 다녀왔을 때 지은 시이다.

이수광 李睟光, 1563~1628

우전차 雨前茶

옛사람이 말하는 우전차는 대개 3월 중 곡우 전에 잎을 따서 만든 차이다. 처음 나온 어린 잎을 따서 만드는 것이 가장 좋다. 어떤 이는 정월 중 우수 전이라고도 한다. 이제현의 시에, "향기 맑으니 한식 전에 딴 '화전춘'인가"라고 하였으니, 여기서 '화전'이란 한식날 불을 금하기 전에 따서 만든다는 뜻이다. 신라 흥덕왕 때 사신이 당나라에서 돌아오면서 차의 종자를 얻어 왔는데, 지리산에 심도록 명하였다. 지금 남쪽 지방 여러 고을에서 나는 차가 곧 이때에 심은 것이라고 한다.

古人所謂雨前茶 蓋以三月中穀雨前茶 初生嫩葉爲佳 或言正月中雨水前也 李齊賢詩 香淸曾摘火前春 按火前者 採造於寒食禁火前也 新羅興德王時 使臣自唐還得茶子來 命植智異山 今南方諸郡産茶 乃其時所種云

출전: 『지봉유설』芝峯類說 권19 「식물부」食物部 '약'藥

해설 이 글을 보면, 우전차를 따는 시기에 몇 가지 설이 있었음을 알 수 있다. 양력으로 환산해 보면, 곡우는 4월 20일경, 우수는 2월 19일경, 한식은 4월 5일경이 된다.

이춘영 李春英, 1563~1606

납호당의 시를 차운하여 次納灝堂韻

낮잠에서 깨어 따뜻한 화롯가에서 차 한잔
상쾌하여 참으로 은자의 거처에 제격일세.
속세에서의 십 년은 꿈속에서도 고단했지만
이곳에 오자 세상 인심과 멀어짐을 더욱 느끼네.

薰爐茶椀午眠餘 瀟洒眞宜靜者居 塵土十年勞夢想 此來尤覺世情疏

출전: 『체소집』體素集 권상

해설 전체 4수 중 세 번째 시이다. 납호당納灝堂은 권진權縉의 당호로, 강원도 양양군 태평루 근처에 있는 정자의 이름이다.

이춘영 李春英, 1563~1606

달빛 비친 우물물을 긷다 汲月井

차갑고 깊은 우물 바닥까지 맑으니
밤 깊어 밝은 달빛이 그 속에 담겼네.
어린 동자가 익숙하게 두레박으로 물을 길어
갈증 뒤에 차를 달여 숙취를 풀어 주네.

冽井泓然徹底淸 夜深涵泳月華明 小童慣習提缾水 渴後烹茶解宿酲

출전: 『체소집』 권상

해설 「이산음의 절구 8수에 써서 부치다」(題寄李山陰八絶) 중 여섯 번째 시이다. 산음은 이개립의 자로 추측되는데, 앞서 나온 김용의 「달빛 비친 우물물을 긷다」와 동일한 제목의 시이다.

허난설헌 許蘭雪軒, 1563~1589

궁사 宮詞

붉은 비단 보자기에 싼 건계차를
시녀가 봉함하고 꽃을 다는구나.
'칙'勅 자 쓰인 붉은 조서 비스듬히 꽂아
내관 시켜 대신의 집에 나누어 보내네.

紅羅袱裏建溪茶 侍女封緘結出花 斜押紫泥書勅字 內官分送大臣家

출전: 『난설헌시집』蘭雪軒詩集

해설 전체 20수 중 세 번째 시이다. 궁사宮詞란 궁녀의 노래라는 뜻으로, 여성 화자의 입장에서 궁중의 모습을 노래한 것이다. 허난설헌의 섬세한 여성적 감성이 표현되기에 꼭 맞은 양식이다. 내용을 보면, 건계차가 귀한 물품으로 인식되어 궁중에서 대신들에게 선물했음을 알 수 있다. 참고로『해동역사』海東繹史 제49권『예문지』에는 "시녀가 봉함하고 오색꽃 다는구나"(侍女封緘結采花)라고 되어 있다.

이정귀 李廷龜, 1564~1635

밤중에 앉아 잠을 이루지 못하고 夜坐不寐

서리 치는 밤, 달은 창에 더디 비치고
밤 시각 알리는 촌락의 북은 기약이 있는 듯.
한 사발 차를 마시고 그대로 잠에 들어
꿈속에서 '여윈 말이 삼태기 씹는다'는 구절에 화답하네.*

一輪霜月下窓遲 村鼓傳更似有期 茶罷一甌仍就枕 夢和羸馬吃枯箕

출전: 『월사집』 권5 『갑진조천록』 甲辰朝天錄

해설   이정귀는 여러 차례 중국을 왕래하였는데, 1604년(갑진) 조선에서 광해군을 세자에 책봉하려 하였으나 명나라 예부에서 허락하지 않았다. 이것을 다시 청하기

• 여윈 말이 ~ 화답하네   여물을 얻어먹지 못해 여윈 말이 마른 삼태기를 씹는 비참한 상황을 묘사한 표현. 중국 북송의 시인 황정견黃庭堅의 「육월십칠일주침」六月十七日晝寢이라는 시에 "말이 마른 삼태기 씹는 소리에 낮잠에서 깨니"(馬齕枯萁䆼午枕)라는 표현이 나온다. 여기서는 여윈 말처럼 고단한 자신의 여정을 비유한 것으로 이해된다.

위해 이정귀가 주청사로서 북경에 갈 때 지은 것이 『갑진조천록』이다. 시국에 대한 근심으로 이역만리에서 잠을 이루지 못하다가, 차를 마시고 마음의 안정을 얻어 잠을 이룬 모습이 그려져 있다.

이정귀 李廷龜, 1564~1635

각산사에 올라 벽에 적다 登角山寺題壁上

날아갈 듯한 누각은 허공에 치솟고
구름 속으로 돌길은 아스라이 잠겼네.
빈 단상엔 푸른 바다의 달빛,
늙은 잣나무엔 설산의 바람.
성가퀴에선 진秦나라의 노역을 보고*
강하江河에서는 우 임금의 공을 상상하네.*
한 잔 차 마시고 꿈에서 깨니
영주나 봉래에 당도한 듯.

飛閣凌天半 緣雲石路窮 空壇滄海月 古柏雪山風
城堞看秦役 江河想禹功 一甌茶夢罷 彷彿到瀛蓬

출전: 『월사집』 권5 『갑진조천록』

• 성가퀴에선 ~ 보고 중국 진 시황 때 만리장성을 쌓았기 때문에, 이 성곽을 보며 진나라의 대역사를 떠올린다고 말한 것이다.
• 강하江河에서는 ~ 상상하네 중국 전설상의 인물인 우 임금이 구주九州의 산천과 하수를 다스렸으므로 이렇게 말한 것이다.

해설　전체 2수 중 첫 번째 시이다. 역시 중국 사행 길에 쓴 시로, 각산사角山寺는 산해관 인근에 있는 절이다. 잠에서 깬 뒤 차를 마시고 몽롱한 정신을 깨우니, 마치 신선 세계에 온 듯 상쾌하다고 하였다.

이정귀 李廷龜, 1564~1635

옥하관에서 玉河館……

용단이라 좋은 차는 송라를 치니
봄비에 벽옥 싹을 막 틔웠구나.
문원에게 주어 목마른 꿈 깨게 해 주니*
어안*의 작은 물결 이는 걸 누워서 보네.

강남의 봄빛에 향기로운 작은 술통
적안*의 자욱한 안개와 이슬로 빚은 술일세.
고마워라, 비통郫筒*으로 먼 길손 위로해 주니
한 잔에 취하여 고향으로 돌아가네.

• **문원에게 ~ 해 주니**　문원文園은 효문원령을 지냈던 중국 한漢나라 사마상여司馬相如의 관직명인데, 그가 소갈증을 앓았기 때문에 이렇게 말한 것이다. 여기서는 이정귀 자신을 뜻하는 말로 쓰였다.
• **어안**魚眼　물을 끓일 때 거품이 물고기의 눈 모양으로 올라오는 것을 형용한 말이다. 최연의 시 「차를 마심」의 주 참조(이 책 54쪽 참조).
• **적안**赤岸　중국 강소성 육합현六合縣 동남쪽 양자강 어귀에 있는 산 이름이다. 노을이 비치면 붉게 보이므로 적안이라고 하였다. 원제에 나오는 남주南酒를 이 지방에서 만들었기 때문에 이렇게 읊은 것이다.

龍團佳品說松蘿 春雨新抽碧玉芽 乞與文園醒渴夢 臥看魚眼細生波

江南春色小槽香 赤岸霞蒸玉露漿 多荷郵筒慰遠客 一杯聊復醉爲鄕

출전: 『월사집』 권6 『병진조천록』丙辰朝天錄

원제 옥하관에서 부사 소시우가 송라차와 남주 및 향을 보내왔기에 시를 지어 사례하다 玉河館 副使蘇時雨送松蘿茶南酒及香 詩以謝之

해설 1616년의 중국 사행 기록인 『병진조천록』에 실려 있다. 옥하관玉河館은 조선의 사신이 묵던 숙소의 이름이다. 그곳에서 부사가 보낸 송라차와 남주를 선물받고 지은 시이다.

• **비통**郵筒 대나무를 잘라 만든 술통이다. 중국 진晉나라 산도山濤가 비현郫縣의 현령으로 있을 때 그곳에 나는 큰 대나무를 잘라 만든 통에 술을 빚어 봉했다. 수십 일이 지난 뒤에 뚜껑을 열자 술 향기가 백 보 밖까지 미쳤다고 한다. 이 술을 비통주郵筒酒라고 하기도 한다. 여기서는 원제에 나오는 남주를 가리킨다.

이정귀 李廷龜, 1564~1635

상공相公 왕손번王孫蕃의 시에 차운하여 사례하다
王相公孫蕃 ……

용단이라 좋은 차 푸른 싹 고와라.

장군이 문 두드려 옥천자玉川子*를 일으키누나.

작은 솥에 솔바람이 저녁 잠을 깨우니

새로 길은 샘물로 한 사발 봄빛을 마시네.*

마른 창자 씻어 번민 떨치기 좋고

폐의 갈증이 해소되니 수명이 늘겠네.

향기 맑은 시詩 부채를 선물로 주시더니

두 분이 몸소 찾아 주시니 몹시 고맙구려.

龍團佳茗碧芽鮮 軍將敲門起玉川 小鼎松風驚晚睡 一甌春色試新泉

枯腸滌盡聊排悶 渴肺蘇來可引年 詩篋淸香兼勝覬 雙珠*多荷倐聯翩

출전: 『월사집』 권7 『경신조천록』庚申朝天錄

- **옥천자**玉川子 중국 당나라 시인 노동盧仝의 호이다. 여기서는 차를 좋아하는 월사 자신을 가리킨다.
- **작은 ~ 마시네** 솔바람 소리는 찻물을 달이는 소리를 비유한 말이고, 봄빛은 햇차가 은은히 우러나와 푸른빛이 감도는 것을 표현한 말이다.
- **쌍주**雙珠 풍채와 재능이 매우 뛰어난 두 사람을 옥구슬에 비유한 말로, 월사를 찾아온 왕손번과 그의 숙부 왕몽조를 가리킨다.

원제　왕손번王孫蕃은 보정 지방의 거인으로, 황제의 외손을 가르치기 위해 북경에 와 있었다. 숙부 왕몽조와 함께 특별히 나를 찾아와서 만나기를 청하면서, 시를 적은 부채와 햇차를 보내왔다. 이에 그의 시에 차운하여 사례하였다 王相公孫蕃 保定擧人也 以敎訓皇外孫 來寓京師 與其叔王夢祖委來求見 仍送詩扇及新茶 次其韻以謝之

해설　1620년의 사행 기록인 『경신조천록』에 실려 있다. 왕손번과 왕조몽이 월사의 문명文名을 듣고 존경하여, 시를 쓴 부채를 보내오고 또 직접 만나러 왔다. 그리고 월사가 차를 좋아한다는 소리를 듣고 햇차를 선물로 마련했다. 스스로 자신을 중국의 유명한 다인茶人 노동에 비긴 것으로 보아, 차를 무척이나 애호하였음을 짐작할 수 있다.

이정귀 李廷龜, 1564~1635

강촌에서 새벽에 일어나 江村曉起

새벽에 일어나니 먼동이 트려 하여
지게문을 열어 보니 마을이 훤하구나.
닭들은 횃대에서 막 내려오고
참새들은 지붕을 돌며 지저귀네.

외밭에는 새로 뻗은 넝쿨에
방울방울 이슬이 흠뻑 내렸네.
맑은 바람이 숲 안개 걷어 가니
나무 빛이 단장한 듯 산뜻하네.

어린 여종이 맑은 샘물을 길어 왔기에
차를 달이고 또 세수도 하였네.
책상에 펼쳐진 『남화경』을
의관 가다듬고 한 번 읽노라.

睡起天欲曙 開戶村墟白 群鷄初下塒 鳥雀鳴繞屋
瓜疇長新蔓 團團夜露足 光風捲林靄 樹色如膏沐
小婢汲淸泉 烹茶仍仍濯 案上南華經 整冠聊一讀

출전: 『월사집』 권14

해설　이정귀가 1613년 계축옥사에 무고당하여 관직에서 물러나 있을 때 지은 시로, 강촌의 새벽 풍경이 산뜻하게 묘사되어 있다. 첫새벽에 길어온 맑은 물로 차를 달여 먹고 조용하게 하루를 시작하는 산촌 생활이 잘 담겨 있다.

이정귀 李廷龜, 1564~1635

또 석주石洲 권필權韠의 학사에 있는 승려 석훈에게 주다 又贈學舍僧釋訓

들자하니 그 옛날 혜원 법사*는
강락*과 함께 결사를 맺었다지.
그대들도 그들의 높은 풍류 계승하여
석주石洲의 학사에서 함께 지내는구나.
발우를 씻으러 시냇가에 임하고
차를 달이려 동산의 나무 꺾겠지.
맑은 새벽에 그윽한 마루를 쓸고
향을 사르면 속세와는 멀어진 곳.
우연히 호계*를 나와서

---

* **혜원 법사**慧遠法師 중국 동진東晉 때의 고승이다. 정토종淨土宗의 초조初祖로, 402년 68세의 나이로 여산廬山에서 사령운, 유유민劉遺民, 뇌차종雷次宗, 주속지周續之, 종병宗炳, 서림 각적 대사西林覺寂大師, 동림 보제 대사東林普濟大師 등 18명의 현자들을 중심으로 백련사白蓮社를 창시했다.
* **강락**康樂 중국 동진의 명사 사령운의 자이다. 혜원 법사가 백련사를 결성할 때 참여했다. 여기서 혜원은 승려 석훈을, 강락은 당시 문장으로 이름을 날렸던 권필을 가리킨다.
* **호계**虎溪 호계는 중국의 강서성江西省 구강현九江縣 여산 동림사東林寺 앞에 있는 시내이다. 혜원 법사가 여기에서 지내면서 손님을 배웅할 때도 이 시내를 건너가지 않았는데, 이 시내를 건너가기만 하면 문득 호랑이가 울었다. 하루는 도잠·육수정과 함께 이야기를 하다가 그만 호계를 넘어 버렸다. 그러자 호랑이가 우니 세 사람은 크게 웃고 헤어졌다. 여기서는 상대방이 승려이고, 권필과 이정귀 자신이 모두 친하였으므로 이 고사를 인용한 것이다.

술 싣고 찾아가던 손*을 만났구려.

昔聞遠法師 結社同康樂 爾亦繼高風 於焉共棲息
洗鉢臨澗水 烹茶折園木 淸曉掃幽軒 爐香與世隔
偶然出虎溪 相逢載酒客

출전: 『월사집』 권17

해설 승려와 선비가 사상과 종교의 경계를 초월하여 함께 사귀고 더불어 공부하는 즐거움을 읊었다. 함께 냇가에서 발우를 씻고, 동산의 삭정이를 꺾어 차를 달이는 소박한 학사學舍의 생활이 그려진 다시茶詩이다.

• **술 싣고 찾아가던 손** 중국 전한의 양웅揚雄이 기이한 옛 글자를 많이 알아 후파侯芭 등 사람들이 술을 가지고 와서 그에게 글을 배웠다는 데서 유래한 말이다. 여기서는 권필이 문장에 능하고 해박하여 술을 싣고 자주 찾아간 이정귀 자신을 가리킨다.

유숙 柳潚, 1564~1636

조맹부*의 화첩에 趙孟頫畵帖

공자는 어디에서 왔는지.
차를 달임은 갈증을 풀기 위해서이리.
고승은 또한 그의 글씨 사랑하여
화축에다 삼절의 솜씨 받으려 하네.[1]

公子自何來 烹茶爲解渴 高僧亦愛才 把軸求三絶

[1] 조맹부의 자는 자앙이고 호는 송설이다. 이 화첩에는 다음과 같은 장면이 그려져 있다. 노승은 선탑禪榻에 앉아 있고 동자승은 차를 달인다. 길손이 찾아와 마주 앉아 있으며, 노승의 손에는 옥으로 굴대를 만든 화축이 들려 있다(趙孟頫字子昂 號松雪 此帖畫老僧坐榻 童子烹茶 客來對座 僧手中有玉軸).

출전: 『취흘집』醉吃集 권1

• **조맹부**趙孟頫 중국 원나라 때의 유명한 화가이자 서예가.

해설 「옛 화첩에 붙이다」(題古畫帖) 중 하나로, 조맹부의 그림이 그려진 화첩에 붙인 시이다. 그림 속에서 노승이 길손에게 제화시를 구했던 것처럼, 누군가 지은이에게 조맹부의 그림에 제화시를 써 달라고 청하였으므로 이같이 써 준 것이다.

유숙 柳潚, 1564~1636

찻잎 따는 법 詠采茶之法

바닷가엔 장기瘴氣*에 걸린 사람 많으니
요란한 진수성찬도 자랑할 게 못 되지.
술 취한 뒤 갈증을 씻으려거든
산 가득한 찻잎을 곡우 전에 따야지.

海天腥瘴中人多 狼藉珍羞不足誇 欲到醉鄉醒渴夢 雨前須采滿山茶

출전: 『취흘집』 권2

해설 「김서촌 이경이 관산에 갈 때에 주어 이별하다」(贈別金西村而敬之冠山) 10수 중 아홉 번째 시이다. 김서촌金西村은 유숙의 벗인 김정목金庭睦이며, 관산冠山은 전라남도 장흥에 있는 산이다. 유숙은 1600년 2월 37세의 나이로 장흥판관이 되었는데, 지금 있는 곳이 장기가 독한 바닷가 고장이므로 산촌으로 가는 것을 서운해할 것이 없다고 하였다. 또 관산에 가득한 찻잎으로 우전차를 만들어 숙취를 해소할 때 쓰면 좋을 것이라고 권하였다.

• 장기瘴氣 바닷가 고장에서 습기와 비린내로 인해 걸리는 풍토병의 일종.

유숙 柳潚, 1564~1636
법광사*에서 매월당의 시에 차운하여
法廣寺 次梅月堂韻

적요한 천 년 고찰.
산길은 잡목이 우거졌네.
금불상엔 먼지 앉아 꺼멓고
돌 기단엔 솔 그늘 드리웠어라.
그곳에 사는 노승 하나
길손의 시를 잘도 외워 전하니
앞머리 매월당의 시구를
듣고 나자 마음 더욱 맑아지네.
전설에 신라 진평왕이
이 가람 세우는 데 힘을 써
깊은 연못엔 산사가 되비치고
화려한 전각은 층층 그늘 맺혔다지.
망한 나라는 떠나 버린 기러기 같고*
텅 빈 산엔 새소리만 남았구나.

• **법광사**法廣寺   경북 포항시 신광면 법광리에 있는 사찰이다. 신라 진평왕이 창건하였다.
• **떠나 버린 기러기 같고**   오랜 역사 속에 묻혀 지금은 찾을 길이 없다는 말이다. 중국 송나라 소식의 시 구절 "인생길 이르는 곳 무엇과 비슷하다 할까, 눈밭의 기러기 발자국과 같다 하리. 우연히 발톱 자국 남겨 놓았을 뿐, 날아가면 어찌 다시 동쪽 서쪽 헤아리리"(人生到處知何似 應似飛鴻踏雪泥 泥上偶然留指爪 鴻飛那復計東西)에서 비롯된 것이다.

부처를 섬기는 곳 없어졌으니
덧없는 세상사에 마음 더욱 슬퍼라.
옛 전각 우뚝히 남아
대웅전에 저녁노을 깊어라.
눈이 개니 평야가 드넓고
구름 지나니 봉우리들 어두워라.
우연히 혜원의 결사°에 들어와
도리어 신보信父의 노래° 읊는구나.
향을 피우니 선방이 고요하고
백발 되어서야 치기를 깨닫노라.
도연명의 두건° 쓰고 먼 산사 찾았고
사령운의 신발° 신고 깊은 산속 들어왔어라.
이웃 나그네는 차밭을 따라 나오고
시골 노승은 한음°을 이야기하네.
청산은 옛 성곽을 둘러 있고
백설은 즐거운 노래 부르게 하네.

- **혜원慧遠의 결사結社** 이정귀의 시 「또 석주 권필의 학사에 있는 승려 석훈에게 주다」의 주 참조(이 책 246쪽).
- **신보信父의 노래** 미상.
- **도연명의 두건** 중국 동진의 도잠은 술을 워낙 좋아하여, 술 거르는 보자기로 두건을 만들어 쓰고 다니다가 술 생각이 나면 그 자리에서 펼쳐 술을 걸러 마셨다고 한다.
- **사령운의 신발** 사령운이 명산을 유람할 적에 산을 오를 때에는 나막신의 앞 굽을 떼어 버리고 산을 내려올 때에는 뒷굽을 떼어 걷기에 편리하도록 했다는 고사가 있다. 흔히 사공 극사公屐이라고 한다.

드넓은 천지간에
세모의 정이 유난히 슬퍼라.

寥落千年寺　荊榛一逕深　塵埋金佛暗　松覆石壇陰
只有居僧老　能傳過客吟　上頭梅月句　聽罷更淸心
聞道眞平主　祇園用力深　龍淵開寶地　蜃閣結層陰
亡國如鴻去　空山有鳥吟　佛身無所托　人事益傷心
古殿嵬然在　罘罳落照深　雪晴平野闊　雲度亂峯陰
偶托遠公社　還爲信父吟　燒香方丈靜　頭白悔癡心
陶巾尋寺遠　謝屐入雲深　隣客從茶圃　鄕僧話漢陰
靑山圍古郭　白雪動高吟　牢落乾坤內　偏傷歲暮心

출전: 『취흘집』 권3

해설　진평왕이 창건하여 영화를 구가하던 천 년 고찰은 불교를 외면하는 조선에 접어들어 산속의 빈 절집으로 퇴락하고 말았다. 하지만 여기에 사는 노승은 순수한 마음으로 이웃 사람들과 차밭을 경영하며 노년을 보내고 있다. 여기에 찾아온 유숙은 그에게서 매월당 김시습의 시를 전해 듣고, 그 시에 차운하여 산사의 깊은 정취를 읊었다.

• **한음漢陰**　공자孔子의 제자 자공子貢이 한음 지방을 지나가다가 항아리에 물을 담아 밭에 뿌리고 있는 노인을 보고, 두레박을 만들어 이용하면 적은 노력으로 많은 성과를 거둘 수 있다고 권하였다. 그러자 그 노인이 "기계機械를 쓰는 자는 반드시 기사機事가 있고, 기사가 있는 자는 반드시 기심機心이 있으며, 기심이 가슴속에 있으면 순수하지 못하다. …… 내가 두레박을 쓸 줄 몰라 쓰지 않는 것이 아니고 부끄러워서 쓰지 않는 것이다"라고 하였다. 『장자』莊子 「천지」天地 참조.

신흠 申欽, 1566~1628

동짓날 지봉에게 부치다 至日寄芝峯

처마 끝에 똑똑 물소리 드물어지고
초겨울 날씨는 아직 춥지 않노라.
오리 모양 향로엔 용연*향 연기 맴돌고
화로에는 찻물 끓어 게눈처럼 보글보글.
세상사에 이 삶이 끌려다니지 말아야지.
덧없는 세상에 맑은 기쁨 적은 게 시름겨워라.
남쪽으로 난 매화 가지에 꽃 소식이 있을 텐데
세밑에 어느 누가 나와 함께 구경할꼬.

簷溜冷冷響欲殘 小春天氣未全寒 香添睡鴨*龍涎逗 茗潑風爐蟹眼團
休遣此生牽俗累 每愁浮世少淸歡 南枝定有花消息 歲暮何人共我看

출전: 『상촌고』象村稿 권13

• 용연龍涎 향유고래 분비물의 일종이다. 다른 향료와 배합하면 향의 농도가 진해져 시간이 오래 지나도 없어지지 않으므로 진귀한 향료로 취급된다.

해설 전체 2수 중 첫 번째 시이다. 밤이 계속 길어지다가 동지를 기점으로 낮이 길어지기 때문에 예로부터 동지는 작은설로 불리며 길일吉日로 여겨졌다. 한 해가 시작되고 봄이 돌아오는 상징이기 때문이다. 새봄을 맞는 기쁨에 화로에 찻물을 보글보글 끓이며, 벗 이수광에게 매화꽃 감상을 함께하자는 제안을 시로 적어 보냈다.

• **수압睡鴨** 조는 오리 모양의 향로로, 속이 비어 있어 그 안에 향을 피우면 연기가 입으로 피어 나온다. 청한清閑을 즐기는 사람의 애용물이다.

신흠 申欽, 1566~1628

벽 위에 쓰다 題壁上

주렴 꼭대기까지 향 연기 하늘하늘.
풍로에는 찻물이 게눈처럼 보글보글.
문 앞엔 눈이 석 자나 쌓였는데
늙은 원안*이 한낮까지 누웠어라.

簾額香煙細 風爐蟹眼團 門前三尺雪 長臥老袁安

출전: 『상촌고』 권17

해설 전체 2수 중 첫 번째 시이다. 밖에는 처마에 닿을 만큼 큰 눈이 내렸다. 이런 날 신흠은 느긋하게 여유를 즐기며 방 안에서 향을 피우고 차를 달인다. 그리고 이 한가로운 정취를 바람벽에 시로 남겼다.

• **원안**袁安 중국 후한 화제和帝 때의 고사高士이다. 그는 일찍이 낙양에 살았는데, 마침 큰 눈이 내려서 한 자가량이나 쌓였다. 낙양의 수령이 시찰하면서 살펴보니, 다른 사람들의 집에서는 모두 눈을 쓸고 나와서 먹을 것을 구하러 돌아다니는데, 원안이 사는 집의 문 앞에 이르니 사람이 다닌 흔적이 없었다. 이에 원안이 이미 죽은 것이라 여기고 사람들을 시켜서 눈을 치우고 안으로 들어가 보니, 원안이 번듯이 누워 있었다. 어째서 나와서 먹을 것을 구하지 않느냐고 묻자, 원안이 "큰 눈이 와서 사람들이 모두 굶주리고 있으니 다른 사람에게 먹을 것을 구하는 것은 착하지 않은 것이다" 하였다. 그러자 낙양 수령이 원안을 어진 사람이라고 여겨 효렴孝廉으로 선발하여 벼슬길에 나가게 하였다. 여기서는 상촌 자신을 원안에 비유한 것이다.

신흠 申欽, 1566~1628

눈 내린 뒤 雪後

시야 가득 산길은 온통 흰 세상.
주점 위로 푸른 깃발 단 장대 몇 개.
우스워라, 도곡陶穀의 집은 정말로 썰렁하니
차만 달이는 그 풍류 쌀쌀도 하여라.

望中山逕白漫漫 店外青帘幾處竿 却笑陶家太寥落 煎茶風味不勝寒

출전: 『상촌고』 권18

해설　이 시는 중국 송나라 한림학사 도곡陶穀의 고사를 비틀어 인용하였다. 도곡이 당 태위黨太尉의 집에 있었던 기생을 첩으로 얻었는데, 눈 녹인 물로 차를 끓이면서 "당 태위 집에는 이러한 풍류를 모르겠지?" 하였다. 그러자 기생이 "그는 거친 무인武人이니, 어찌 이러한 풍류가 있겠습니까. 다만 따뜻한 소금장 안에서 잔에 얕게 술을 따라 마시고 가기歌妓의 나직한 노래를 들으며 양고주羊羔酒를 마실 줄 알 뿐입니다." 하니, 도곡이 부끄러워했다고 한다. 이 시에서 도곡은 신흠 자신을 비유한 것인데, 술을 데워 먹으며 몸을 훈훈하게 하지 않고 차만 달여 마시므로 썰렁하고 쌀쌀하다 한 것이다. 고담한 선비의 한적하고 청한한 차 풍류를 잘 드러내었다.

신흠 申欽, 1566~1628

야언 野言

차가 끓어 향이 맑을 때는 손님이 찾아오는 것이 기쁘다. 새가 울고 꽃이 질 때는 찾아오는 이 없어도 그대로 그윽하다. 진원眞源은 맛이 없고, 진수眞水는 향이 없는 법.

茶熟香淸 有客到門可喜 鳥啼花落 無人亦自悠然 眞源無味 眞水無香

출전: 『상촌고』 권48

해설 「야언」野言은 광해군 말엽 정계에서 물러나 전원에 은거할 때 쓴 글로 일상의 모습과 스쳐 가는 생각을 담담하게 기록한 일종의 메모요 수상록隨想錄이다. 복잡한 정계를 떠나 시골에서 차를 즐기며 계절 따라 변해 가는 자연에 동화되어 살아가는 작자의 모습을 볼 수 있다.

강항 姜沆, 1567~1618

소나무 아래서 차를 달이며 松下煎茶

솔 그늘 아래서 솔방울로 차 달이며
솔뿌리에 걸터앉아 솔바람 소리 듣노라.
솔바람 소리가 본래 솔가지에서 나더니
홀연 선생의 돌솥 속으로 들어가네.

松子煎茶松影裏 松根盤礡聽松風 松風本在松枝上 忽入先生石鼎中

출전: 『수은집』睡隱集 권1

해설 「수월정삼십영」水月亭三十詠 중 29번째 시로 수월정水月亭은 정섭鄭渫의 정자이다. 찻물 끓는 소리를 흔히 솔바람 소리에 비유하는 것을 절묘하게 이용한 시로, 솔숲에서 나는 솔바람 소리가 차솥 속으로 들어갔다는 표현에서 시인의 차 풍류가 그대로 읽힌다.

강항 姜沆, 1567~1618

승정원에 나아가 임금께 올리는 글
詣承政院啓辭

왜의 풍속은 백공百工의 모든 일에 반드시 한 사람을 내세워서 천하제일을 삼는다. 한번 천하제일의 손만 거쳤다면 몹시 추악하고 아주 미미한 물건일지라도 반드시 금은의 높은 값으로 보상하며, 천하제일의 손을 거치지 아니한 것이면 아무리 기묘한 것이라 할지라도 축에 끼지 못한다. …… 궁실은 극히 높고 상쾌하고 밝고 화려하게 만들려고 노력한다. 그런데 재목은 다 뾰족하고 가늘어서, 이동하기에는 편리하지만 견고함과 치밀함은 우리나라 누대나 정자의 백 분의 일에도 미치지 못한다. 이유를 물어보았더니, "병화兵火가 자주 일어나서 아침저녁을 장담하지 못하기 때문에 단지 높고 밝게 만드는 것에만 힘쓰고 견고하고 치밀한 것은 신경 쓰지 않는다"라고 대답하였다.

궁실의 후원에는 송죽松竹과 기화奇花, 요초瑤草를 줄줄이 심었는데, 아무리 먼 곳에 있는 식물이라 할지라도 모두 가져다 놓았다. 그 속에 다실茶室을 만든다. 다실의 크기는 배(舟)만 하다. 띠풀로 지붕을 엮어 덮고, 황토로 벽을 바른다. 문에는 대나무 부채를 가로로 건다. 극도로 검소하게 꾸민 다음, 작은 구멍을 내어 겨우 드나들 수 있게만 한다. 상객上客이 오면 구멍을 열고 맞아들여 그 안에서 차를 마신다. 대개 그들의 저의는 사람들에게 질박하고 검소한 것을 보여 주려는 것만 아니라, 차를 마시며 담소하는 사이 갑자기 알력이 발생할 수 있기 때문에 휘하 무리들을 멀리 격리시켜 뜻밖의 변을 방지하자는 것이라고 한다.

倭俗每事百工 必表一人爲天下一 一經天下一之手 則雖甚麤惡 雖甚微物 必以金銀重償之 不經天下一之手 則雖甚夭妙 不數焉 …… 其宮室務極高爽明麗而材木皆尖細 轉動爲便 堅緻則百不及我國臺榭 問之則曰 兵火數起 不保朝夕 故只務高明 不務堅緻云 其後園皆列植松竹奇花異草 無遠不致 作茶室其中 其大如舟 覆以苫茅 塗以黃土 橫門竹扇 務極儉約 闢小穴僅容出入 上客至則開穴延入 飮茶其中 蓋其本心 非但欲以樸素示人 而銜杯立談 釁隙突起 故屛絶群從 以防不虞云矣

출전: 『간양록』看羊錄

해설 강항이 정유재란 당시 일본에 끌려갔다가 본 일본의 문화와 풍습을 사실적으로 묘사한 글이다. 후반부에서 일본 궁중의 다실을 소개하고 있는데, 당시 일본은 궁실에 검소한 다실을 하나씩 가지고 있는 것이 보편화되었음을 알 수 있다. 그런데 이 다실은 고요히 차를 즐기는 공간일 뿐 아니라 은밀한 정치적 밀약이 오고간 장소이기도 하였음을 보여 준다.

이경전 李慶全, 1567~1644

김자징을 양양으로 보내며
送金子徵襄陽

민정을 살피기보다 산사 찾기 좋아하니
곳곳의 명승지를 먼저 오르겠지.
『다경』과 약서藥書를 다니는 곳마다 지니고
나막신과 가마는 아픈 몸으로도 타겠지.
현산峴山의 경치는 가을이면 비단 같고
낙산의 누대에는 달빛이 등잔 같으리.
맑은 날 동남쪽으로 잘 본다면
한 점 푸른 섬 울릉도가 보이리라.

不喜臨民喜訪僧 名區處處幾先登 茶經藥卷行猶把 蠟屐藍輿病亦能
峴首風煙秋似錦 洛山樓觀月如燈 天晴試向東南望 一點螺鬟是蔚陵

출전: 『석루유고』石樓遺稿 권1

해설 전체 2수 중 두 번째 시이다. 김시헌金時獻(자가 자징)은 산수 유람의 벽癖을 가진 인물이다. 이런 벗이 강원도 양양의 수령으로 부임하니, 곳곳의 명승지를 갈 수 있으리라고 축하한 내용이다. 이런 유람에 잊지 않고 꼭 챙기는 것이 『다경』茶經이라고 하니, 김자징이 차를 얼마나 애호했는지 짐작할 수 있다.

이경전 李慶全, 1567~1644

시월 보름밤, 인경궁의 제관祭官으로 선발되어
十月望夜 差祭仁慶宮

굳게 잠긴 대궐문에 서리 같은 달빛.
높이 솟은 전각들 사이로 옥루 소리 길구나.
운모 유리창 너머로 들려오는 물 끓는 소리.
하사받은 향기로운 차를 화로에 끓이네.

金門深鎖月如霜 殿閣參差玉漏長 雲母隔窓聞轆轤 仙爐催煮賜茶香

출전: 『석루유고』 권1

해설   전체 2수 중 첫 번째 시로, 인경궁의 제관으로 선발되어 그곳에서 숙직을 하며 지은 것이다. 깊은 밤, 임금이 내린 차를 달이며 운모 유리창 너머로 찻물 끓는 소리를 듣고 있다.

이경전 李慶全, 1567~1644

여드레 비 八日雨

깊은 가을, 잎 진 나무에 가을비 추적추적
초가집에 책을 펴고 적막하게 앉았노라.
긴 대나무는 창밖에서 어지러이 빗방울 맞고
흐르는 샘물은 침상 가의 물통에 졸졸 흐르네.
등불 켜고 장막 드리운 채 괴롭게 시 읊으며
도롱이 쓰고 낚시 드리운 채 고상하게 생각하네.
잠 못 이루는 선계 같은 아름다운 밤에
흰머리로 차 달이며 옥당 학사들을 대하는 것과 어떠하뇨.

深秋落木雨蕭蕭 白屋靑編坐寂寥 瘦竹亂敲窓外玉 流泉細滴枕邊槽
侵燈洒幕吟哦苦 垂釣披蓑意思高 何似不眠方丈夜 鬢絲茶鼎對仙曹

출전: 『석루유고』 권2

해설 가을비가 부슬부슬 내리는 날, 어둑어둑한 주막에서 시를 짓거나 낚시를 드리우며 사색에 잠기는 것도 좋지만, 그것보다 잠 오지 않는 밤 옥당에서 동료들과 차를 달여 마시는 것이 더 좋다고 한 내용이다.

이경전 李慶全, 1567~1644

시전촌에서 枾田村居

한가로운 곳이면 어디든 태고의 세상이니
세월 보내며 설핏 잠이 들었네.
차 달이고 약 달이니 새로 힘이 솟고
작은 연못엔 꽃잎 지고 고운 풀이 돋네.
새는 꽃나무 찾아 늘 날아들고
벌은 관아가 겁나 언제나 바삐 날아가네.
아무렇게나 책들을 그냥 던져두고
봄바람 봄볕이라 평상에서 뒹굴뒹굴.

寬閑何地是羲皇 消遣年光半睡鄉 茶鼎藥爐新活計 落花芳草小池塘
鳥尋佳樹常來慣 蜂怯嚴衙每去忙 抛却亂書渾不整 暖風晴日自翻床

출전: 『석루유고』 권3

해설 전체 3수 중 두 번째 시이다. 관아에서 공무의 여가에 봄날의 정취를 한껏 누리는 작자의 모습을 그린 시다. 차를 마시면서 봄날의 나른함을 잊는 모습이 전원에서의 선비의 정취를 잘 보여 준다.

양경우 梁慶遇, 1568~1629년경

큰 눈이 내리다 大雪詩

십 년을 오랑캐 땅에 볼모로 가서
중랑장中郞將 소무蘇武*처럼 고생하였지.
나귀 타고 패교 지나며 어깨를 움츠린 채
맹호연*처럼 청빈하게 시를 읊었지.
산음에서 흥이 시들해져 배를 돌리던
왕자유*처럼 풍류 넉넉하였고

• 소무蘇武 중국 한나라 무제武帝 때의 장군으로 흉노 땅에 억류된 동안 절개를 지키다가 돌아온 인물.
• 맹호연孟浩然 중국 당나라의 대시인. 그는 패교灞橋를 건너 낙양으로 가던 도중에, 눈이 펑펑 내리는 속에서도 당나귀 위에서 시 짓는 데 골똘하였다. 이를 두고 중국 송나라의 시인 소식은 "또 보지 못하는가, 눈 오는 날 당나귀 탄 맹호연의 그 모습을. 시 읊느라 찌푸린 눈썹, 산처럼 옹그린 그의 어깨"(又不見雪中騎驢孟浩然 皺眉吟詩肩聳山)라고 하였다.
• 왕자유王子猷 자유子猷는 중국 진晉나라 왕휘지王徽之의 자. 그는 산음에 있을 때 구름이 걷히고 사방이 눈으로 덮여 달빛이 청량한 밤 혼자 술을 마시며 좌사左思의 「초은시」招隱詩를 읊던 도중 갑자기 대규戴逵가 생각나 작은 배를 타고 밤새 그 집에 갔던 적이 있다. 그러나 문 앞에서 들어가지 않고 도로 돌아왔다. 그 까닭을 물으니 "흥이 나서 왔다가 흥이 다해 갈 뿐"(乘興而來 興盡而反)이라고 했다 한다.

뜨락에서 눈을 걷어 차를 달이던
도 학사*처럼 고아하였지.
그 누가 빈집에 번듯이 누워 있을 수 있나.
우스워라, 원안袁安*은 나처럼 청한淸寒하였어라.

看羊十年吮氈毛 苦如中郎武 灞橋驢背聳吟肩 淸如孟浩然
山陰興盡却廻舟 閑如王子猷 煎茶庭下拾爲水 雅如陶學士
誰能無事臥空廬 笑殺袁生寒似余

출전: 『제호집』霽湖集 권2

해설 원래는 장편고시이나 그 일부만을 수록한 것으로 1599년 저자 나이 32세에 지은 시이다. 양경우는 주지번, 양유년 등 명나라 사신이 올 때마다 차천로, 권필 등과 함께 많은 시를 수창하였다. 이 시에서는 자신의 삶에서 특징적 국면을 고사를 빌려 묘사하고 있는데, 술보다 차를 좋아하는 자신의 기호를 당나라 학사 도곡에 견주었다.

• **도 학사**陶學士 도곡陶穀을 가리킨다. 자세한 내용은 신흠의 시 「눈 내린 뒤」 해설 참조(이 책 258쪽).
• **원안**袁安 신흠의 시 「벽 위에 쓰다」의 주 참조(이 책 257쪽).

양경우 梁慶遇, 1568~1629년경

호상잡영 湖上雜詠

스무 해 전에 손수 심은 소나무
지금은 지붕처럼 마루를 가리네.
솔방울은 동자가 주워 햇차를 달이고
가지는 객이 꺾어 푸른 강에 드리우네.

二十年前手種松 如今偃蓋蔽窓軒 敎童拾子烹新茗 見客刊枝對碧江

출전: 『제호집』 권4

해설 전체 5수 중 다섯 번째 시로, 전라남도 영암의 제호霽湖 가에 머물며 지내는 은거의 정취를 담았다. 저자가 20년 전에 심은 소나무는 이제 큰 나무가 되어 솔잎이 창과 마루를 가리고, 저자는 그 아래에서 솔방울로 햇차를 달여 마시며 낚싯대를 만들어 낚시를 즐기는 전원생활이 그려져 있다.

양경우 梁慶遇, 1568~1629년경

비 오는 제호霽湖에서 湖上値雨

어둑어둑 먹구름 끼어
동풍 따라 온 강에 비가 뿌리더니
저녁 추위가 먼 골짝에서 밀려와
산재山齋의 높은 창으로 불어대네.
놀란 새는 무수히 날고
빈 배는 쌍쌍히 출렁출렁.
찻물로는 냉기를 씻기 어려우니
누가 술단지 빌려 줄 건지.

漠漠雲陰重 東風雨滿江 暮寒生遠壑 餘吹入高窓
驚鳥飛無數 虛舟盪作雙 茶甌難謝冷 誰借酒盈缸

출전: 『제호집』 권5

해설 폭우를 만나 냉기가 밀려오자, 차를 마셔 보지만 차로는 추위를 막을 수 없다. 평소에 아무리 차를 즐기는 사람도 이때는 몸을 데우는 따뜻한 술 한잔이 그리운 법이다.

양경우 梁慶遇, 1568~1629년경

청원당에 적다 題淸遠堂

대 병풍 솔 담장 두른 시골 노인의 집.
외진 곳이라 기꺼이 세상과 멀어졌네.
산승 붙잡고 고요히 차솥을 마주하고
나그네와 나무 재배하는 책을 논하네.
술집에는 석양이라 새가 깃들고
연못에는 겨울이라 물안개 가셨네.
산가에서 느긋하게 거니노라니
세상살이 높은 관직보다 절경이구려.

竹障松關野老居 地偏甘與世相疏 留僧靜對煎茶竈 見客常論種樹書
村店日斜禽鳥集 陂塘歲晚水煙虛 山庭緩步移斑杖 絶勝人間馴馬車

출전: 『제호집』 권8

해설 대나무를 심어 병풍처럼 두르고, 소나무를 심어 담장과 문을 만든 것이 바로 자신의 산속 서재 청원당淸遠堂이다. 여기서 저자는 차를 달여 마시고 임원을 경영하며 산다. 이 생활이 세상에 나가 벼슬살이 하는 것보다 절경이라고 하였다.

허균 許筠, 1569~1618

서홍의 인가에 묵다 宿瑞興人家

사발 가득 잘게 저민 죽순을 올리고
목마르면 용단차 다시 따르네.
날씨 차니 바람이 장막을 걷고
밤 깊으니 달빛이 처마를 비추네.
산은 탁문군卓文君*의 비단 치마마냥 주름지고
향은 가씨녀賈氏女*의 주렴처럼 하늘하늘 피어오르네.
봉산이 어디메뇨, 천 리 밖이라.
새벽마다 꿈은 실컷 돌아가누나.

• **탁문군**卓文君　중국 한나라의 대부호 탁왕손卓王孫의 딸. 미모가 출중하여 소문이 났는데, 당대의 문장가 사마상여가 거문고 연주로 유혹하여, 함께 야반도주하였다는 전설이 있다.
• **가씨녀**賈氏女　중국 진晉나라 가충賈充의 휘하 하급 관리 가운데 한수韓壽라는 사람이 있었는데, 인물이 매우 좋은 미남자였다. 가충의 딸이 발 너머로 훔쳐보고 짝사랑을 하다가 마침내 둘이 사랑을 하게 되었다. 딸이 특이한 향수를 한수에게 주었는데, 가충은 이 향수 냄새를 맡자 둘의 사정을 눈치 채고 이윽고 시집보내었다.

甌筍捧纖纖 龍團渴更添 天寒風捲幕 夜久月窺簷
山蹙文君錦 香熏賈氏簾 蓬山一千里 歸夢曉懕懕

출전: 『성소부부고』惺所覆瓿稿 권1

해설 허균은 36세에 외직을 청하여, 황해도 요산군수가 되었다. 이 시는 요산군으로 부임하는 길에 서흥의 인가에 묵으며 지은 것인데, 당시에 지은 시들을 묶은 『요산록』遼山錄에 실려 있다. 주변 경관은 온통 주름치마처럼 겹겹으로 쌓인 산이요, 주렴에선 좋은 향이 피어난다. 그리고 주인집에서 귀한 죽순 외에 용단차를 또 내어 왔다. 중국과 가까운 지리적 요인 때문인지 황해도의 외진 고을에도 차가 전파되어 있다.

허균 許筠, 1569~1618

해양에서 감회를 기록하다 海陽記懷

작은 정원 회랑에 날 이미 저물었으니
은사발에 막 끓는 물로 햇차 맛을 보세.
연못에 잠긴 연꽃은 연잎을 띄우려 하고
비 맞은 장미 넝쿨엔 꽃이 벌써 피었구려.
시름은 언제나 나를 술에 빠뜨리고
봄빛은 시들어 고향집 그리게 하네.
시를 읊어 스스로 강엄의 한*을 펴내니
새벽 노을 읊조리는 풍류와는 같지 않네.

小院週廊日已斜 銀甌初瀹試新茶 點池菡萏將浮葉 經雨薔薇已發花
愁病每嬰人滯酒 韶光垂盡客思家 詩成自寫江淹恨 不比風流詠曉霞

출전: 『성소부부고』 권1

해설 전체 2수 중 첫 번째 시이다. 1601년 저자 나이 33세 때 고시관의 자격으로 전라도를 다녀오는 길에 지은 것으로, 『남정일록』南征日錄에 실려 있다. 해양(지금의 전라도 광주)의 회랑에서 석양을 받으며 햇차를 끓여 먹는 모습이 잘 그려져 있다.

• **강엄江淹의 한恨** 중국 남조南朝 때의 문장가인 강엄이 지은 「한부」恨賦를 가리킨다. 이 글에서 강엄은 세상의 모든 사람은 권세를 누렸거나 몰락했거나를 막론하고 원통한 한을 품고 죽게 마련이라는 뜻을 말하였다.

허균 許筠, 1569~1618

햇차를 마시다 飮新茶

새로 쪼갠 용단차, 잎잎이 퍼지니
훌륭한 맛이 밀운룡密雲龍˙보다 낫다오.
눈 녹인 물로 차를 끓이는 변함없는 풍미˙여
부디 다른 차들을 낙노酪奴˙라 부르지 마오.

목마를 제 일곱 잔˙을 시원히 마시면
번뇌를 씻어 주는 건 제호보다 낫고말고.
호남에서 따온 차가 유달리 맛 좋으니
이로부터 천지天池는 노복이 〔원문 결락〕

新劈龍團粟粒鋪 品佳能似密雲無 依然雪水閑風味 遮莫諸儕號酪奴

消渴能呑七椀無 屛除煩痞勝醍醐 湖南採摘嘗偏美 從此天池○僕奴

출전: 『성소부부고』 권2

- **밀운룡**密雲龍 차의 이름. 일반적으로 섬세한 맛이 용단차보다 낫다고 일컬어진다.
- **눈 녹인 ~ 풍미** 중국 송나라 학사 도곡의 고사를 인용한 표현.
- **낙노**酪奴 차의 별칭.
- **일곱 잔** 중국 당나라 시인 노동의 「다가」를 인용한 구절. 최연의 시 「차를 마심」의 주 참조(이 책 54쪽).

해설   허균이 39세 때 파직되었다가 다시 내자사(內資寺) 정正에 제수되었을 때에 지은 작품을 모은 『태관고』太官稿에 실려 있다. 이 시를 보면, 묵은 차를 다 마시고 새로 한 덩이를 쪼개어 끓는 물에 넣었을 때 찻잎이 하나하나 펴지는 것을 잘 묘사하고 있다. 그리고 용단차보다 못한 다른 천한 차를 더 이상 차라고 부르지 말라고 농담을 덧붙였다.

허균 許筠, 1569~1618

일을 읊다(자리에게 답한 운을 쓰다)
賦事(用答子履韻)

솥을 씻고 새 물 길어 차를 끓이니
바람결에 각건 그림자 너울너울.
시골 늙은이 새참 부르는 소리 들리는가 싶더니
어느새 마을 아낙은 뽕을 따러 가네그려.
고향에도 봄은 벌써 저물고 있겠지.
돌아가고픈 나그네 흥 아득하기만.
어느 해에 수레 타고 홀로 돌아가
대숲 짙은 고요한 대궐을 찾아뵐거나.

茶淪新泉鼎已湘 角巾風墊影央○ 纔聞野老來催饁 却見村姬去採桑
春事故鄉知又晚 客居歸興覺偏長 何年獨駕柴車返 深竹閑園訪辟彊

출전: 『성소부부고』 권2

해설 이 시는 『화사영시』和思潁詩에 수록된 것인데, 모두 중국 송나라 대문호 구양수歐陽修의 시에 화운한 것들이다. 늦봄 객지에서 차를 달여 먹으며, 빨리 돌아가 임금 뵈올 날을 그리는 시이다. 원문의 수련 마지막 글자가 결락되어 있는데, 운자가 놓이는 지점이므로 본래 '史'(사) 자가 있었을 것으로 짐작된다.

허균 許筠, 1569~1618
한낮 창가에서 午窓

유마거사維摩居士*는 지금 입을 굳이 막고
고요히 앉아 향불을 사르기만 하네.
짙은 그늘 뜰에 깔려 한낮은 고요하고
꾀꼬리 한 번 울음에 그윽한 꿈 길어라.
차솥과 경전은 살림살이이고
지팡이와 나막신은 행장이라.
조만간 성상께서 귀거를 허락하신다면
호숫가서 맨 상투 바람으로 맘껏 노래하리.

毗耶居士今杜口 只許宴坐焚妙香 濃陰滿庭白日靜 黃鳥一聲幽夢長

茶鐺經卷是生活 藜杖蠟屐惟行裝 早晚君恩許歸去 放歌科頭湖水傍

출전: 『성소부부고』 권2

해설 역시 『화사영시』에 실려 있다. 차솥과 경서가 살림살이의 전부이고, 행장은 단출하게 지팡이와 나막신뿐이다. 이런 삶을 경영할 수 있도록 조정에서 자신을 놓아 준다면, 산야로 돌아가 예교에서 벗어나 망건과 갓을 쓰지 않은 채 맘껏 자유로이 시를 짓고 싶다는 의미이다.

* **유마거사**維摩居士 석가모니 당시 재가在家의 수행자로, 비야리성毗耶離城에서 설법을 한 사람이다. 여기서는 허균 자신을 가리킨다.

허균 許筠, 1569~1618

감회를 쓰다(소자정에게 답한 운을 쓰다)
書懷(用答邵資政韻)

물러나고 싶다 해도 해마다 미뤄지더니
늘그막에 귀양살이할 줄 뉘 알았으랴.
원수 놈들 제멋대로 무고하거나 말거나
나의 마음을 벗들은 이해하겠지.
봄 뒤에 핀 꽃들은 병든 눈 씻어 주고
비 온 뒤 산새는 그윽한 잠을 깨우네.
찻사발에 차를 달여 갈증을 풀고프니
어이하면 제일천 우통수于筒水*를 길어 올까.[1]

欲退銜恩歲屢延 誰知遷謫在衰年 謗讒自任仇人造 心跡纔容我輩憐
春後林花搢病眼 雨餘山鳥喚幽眠 茶甌瀹茗銷消渴 安得于筒第一泉

• **우통수**于筒水   물맛이 좋아 전설에 신라 정신태자와 효명태자가 이 물로 차를 끓여 문수보살을 공양했다고 한다. 우통수于洞水로 표기하기도 한다. 『한국의 차 문화 천년 3』 30쪽 참조.

¹ 우통수는 오대산 상원사 인근에서 발원하니 한강의 상류가 되는데, 우리나라에서 제일가는 샘물이다(于筒在五臺山上院寺側 是漢江上流 爲東國第一泉).

출전: 『성소부부고』 권2

해설　역시 『화사영시』에 실려 있고, 전체 2수 중 두 번째 시이다.

허균 許筠, 1569~1618

손님을 물리치고 홀로 앉아(북정초객의 운을 쓰다)
擯客獨坐(用北亭招客韻)

향 피우고 책 펴니 고요하여
신선의 집인 듯 한갓지구나.
섬돌 쬐는 봄 햇살 매화 송이 애태우고
창을 스치는 샛바람 버들꽃 떨구네.
벼루 마른 지 오래라, 붓을 던져 버렸고
초강*이 막 익으니 용단차 맛을 보네.
궁벽하여 오가는 길손 없을거라 말을 마오.
아침저녁으로 드나드는 산벌이 있다오.

經卷爐香寂不譁 蕭然如在羽人家 當階暖日烘梅蕊 撲戶輕飇墮柳花
節瓦久乾抛兔翰 焦坑方熱試龍茶 休言地僻無來往 自有山蜂趁兩衙

출전: 『성소부부고』 권2

• 초강焦坑 중국 강서성 대유현大庾縣의 유령庾嶺 아래에서 생산된다는 차의 이름. 중국 송나라 시인 소식의 시에 "한가로이 곡우 전에 딴 초강차를 마시네"(焦坑閒試雨前茶)라는 구절이 있다. 이 차는 처음에는 쓴맛이 나다가 한참 있으면 단맛이 돌아온다고 한다.

해설 허균은 42세에 전시殿試의 대독관對讀官이 되어 조카를 급제시켰다는 탄핵을 받고 의금부에 하옥되었다. 이듬해인 1611년 전라도 함열현에 유배되었는데, 이 시는 이때 쓴 『화백시』和白詩에 실려 있다. 허균이 유배되던 당시의 나이가 마침 중국 당나라의 시인 백거이가 강주江州로 귀양 간 나이와 같아서 '백낙천의 시에 화운하다' 라는 의미로 '화백시'라고 한 것이다. 궁벽한 유배지에서 좌절하지 않고, 오히려 신선처럼 지내며 용단차를 즐기는 허균의 모습이 봄 풍경과 잘 어울리고 있다.

허균 許筠, 1569~1618

누실명 陋室銘

열 자 되는 작은 방
남으로 낸 지게문 둘.
한낮에 볕이 들어
밝고도 따사로와라.

바람벽만 있는 집이지만
사부四部의 도서를 갖추었네.
몽당 잠방이 신세지만
탁문군의 짝이라네.*

차 반 사발,
향 한 줄기.
유유하여라,
천지고금에.

* 몽당 잠방이 ~ 짝이라네 중국 한나라 사마상여가 탁문군과 야반도주하여 결혼하여 살 때, 생계가 막막하여 함께 술집을 차렸다. 탁문군은 술을 팔고, 사마상여는 무릎까지 오는 몽당 잠방이를 입고서 술심부름을 하였다. 여기서는 허균이 한나라 사마상여에 자신을 빗대어, 생활은 몹시 가난하지만 문장과 풍류는 최고임을 말한 것이다.

누추하니 어찌 사노,
남들이야 말하지만
내가 보기엔
신선 세계 대궐이라.

마음 맞고 몸 편하니
그 뉘라 누추타 하는고.
내가 누추하게 여기는 건
몸과 이름 썩음이라.

원헌原憲의 집은 쑥대 지붕이고*
도잠陶潛의 집도 흙담이었네.*
군자가 산다면
무어 누추하랴.

房闊十笏 南開二戶 午日來烘 旣明且煦 家雖立壁 書則四部
餘一犢鼻 唯文君伍 酌茶半甌 燒香一炷 偃仰棲遲 乾坤今古

• 원헌原憲의 집은 쑥대 지붕이고 중국 춘추 시대 노나라 사람으로 공자의 제자이다. 공자가 죽은 뒤 궁벽한 시골로 들어가 살 때 워낙 청빈하여, 지게문을 쑥대로 엮어서 달고 지붕을 생초生草로 이어 놓고 살았다. 위衛나라 재상으로 있던 자공子貢이 초췌한 행색을 보고 병이 들었는가 물으니, "나는 듣건대, 재물이 없는 자를 가난하다 말하고 도를 배우고서도 능히 행하지 못하는 자를 병들었다고 말한다 하였습니다. 나는 가난한 것이지 병든 것은 아닙니다" 하였다.
• 도잠陶潛의 집도 흙담이었네 도연명은 가난하여 집 안에 아무것도 없고 단지 흙담만 덩그러니 있었으며, 너무도 허술하여 바람과 햇살을 가리지 못했다고 한다.

人謂陋室 陋不可處 我則視之 淸都玉府 心安身便 孰謂之陋

吾所陋者 身名竝朽 廬也編蓬 潛亦環堵 君子居之 何陋之有

출전: 『성소부부고』 권14

해설　남쪽으로 겨우 지게문 둘을 낼 수 있는 작은 집에서 햇볕의 따사로움으로 만족하며 지내는 삶이다. 이름과 몸이 함께 썩는 것을 두려워하는 선비정신만 있다면 서슬 푸른 기상만이 선연할 터인데, 느긋한 차 한 모금에 따뜻함과 풍류가 묻어난다.

허균 許筠, 1569~1618

최분음에게 보냄(정미년 2월)
與崔汾陰(丁未二月)

임천군수로 부임하지 못하고 공주목사로 내려가게 된 것은 또한 운명이니 어찌 공을 탓하겠습니까. 내가 벼슬을 하는 것은 가난 때문입니다. 처자식을 보호하여 추위와 굶주림을 면하게 하면 그만이니, 달리 무슨 말을 더 하겠습니까. 그러나 방탕하게 노닐기만 하고 공무를 처리하지 않아서 공이 천거해 주신 뜻을 저버리는 일은 또한 하지 않을 것입니다. 대관臺官의 서경署經이 끝나면 의당 찾아가 사례를 하겠습니다. 적막하고 추운 겨울밤에 눈 녹은 물을 부어 햇차를 끓이면 불이 이글이글 타고 물맛이 좋습니다. 이 맛은 제호醍醐나 술과 다름이 없습니다. 공께서는 이러한 맛을 아시는지요?

加林不入手 而反以公山麈之 此亦命也 何咎公爲 僕之仕爲貧 保妻子免飢寒 足矣 他尙何言 然亦不敢嫚游廢事 以負公薦用也 臺署訖 當往謝 以旣寒宵寂寥 斟雪水 以煮新茶 火滑泉甘 此味與醍醐上尊無異 公豈知此味乎

출전: 『성소부부고』 권20

해설 1607년 허균이 39세에 공주목사로 내려갈 무렵, 이조판서로 있던 최천건崔天健에게 보낸 편지이다. 문신의 인사 이동은 이조판서가 담당하고 있었기 때문에 인사차 편지를 쓴 것인데, 격식을 차리는 인사말이 끝나자마자 한겨울에 즐기는 차 맛을 이야기하고 있다. 찬 겨울밤 눈을 녹여 숯불에 찻물을 달이는 정취와 차 맛이 몇 글자로 표현되어 있는데, 참으로 차를 사랑했던 사람이 아니면 표현할 수 없는 경지이다.

허균 許筠, 1569~1618

이여인에게 보냄(무신년 4월)
與李汝仁(戊申四月)

자네의 애첩은 매우 깜찍하고 똑똑해서 청춘이 잠깐인 줄을 틀림없이 알 것이네. 그런데 비구니가 되어 끝까지 절개를 지키겠는가. 속담에 열 번 찍어 넘어가지 않는 나무가 없다고 했으니, 잘해 보게나! 그녀가 아무리 황금 휘장 아래에서 마시는 고아주羔兒酒 맛에 길들었다지만, 눈 녹인 물로 끓인 차도 대단히 운치 있는 일일세.* 그녀가 나를 찾아온다면, 내 반드시 "하마터면 이번 생을 헛되어 보낼 뻔했구나" 하고 말함세. 그때 자네가 "뛰는 놈 위에 나는 놈이 있지"라고 말한다면, 틀림없이 마음이 움직일 걸세.

君家文君甚警慧 必知春色片時 其肯爲沙吒利終守節乎 諺曰 十斫木無不顚 君其圖之 彼雖熟金帳羔兒之味 雪水煎茶 殊亦雅事 使其過我 必曰幾乎虛度此生也 君語之曰 飛者上有跨者 則必動於言矣

출전: 『성소부부고』 권21

• **황금 휘장 ~ 일일세** 중국 송나라 도곡의 고사를 원용한 표현.

해설　1608년 허균이 벗 이재영李再榮(자가 여인)에게 보낸 척독尺牘이다. 당시 이재영의 집안에 주인을 여읜 애첩이 있었다. 애첩은 앳되고 예뻤고 애교가 넘쳤다. 이재영은 그녀를 자신의 애첩으로 만들고 싶어 했는데, 애첩은 관습에 따라 수절을 선언한 모양이다. 몸이 단 이재영은 허균에게 속마음을 털어놓았다. 허균은 그녀가 수절할 리 없으니 잘해 보라고 응원해 주며, 유혹의 시나리오까지 제시한다. 여기서 허균은 도곡의 고사를 인용하였는데, 이재영의 처지에 꼭 맞는 비유이기도 하려니와, 차의 풍류와 운치가 꼭 부호의 그것만 못하지 않다고 함으로써 다인茶人의 면모를 드러내었다.

허균 許筠, 1569~1618

이여인에게 보냄(기유년 3월)
與李汝仁(三月)

현옹*이 「채호영」이라는 나의 시를 구하여 보고 매우 칭찬하면서, 두자미*의 시도 따라올 수 없다고 했다 하니, 지나친 칭찬일세. 그대는 평소에 말이 많으니, 삼가서 주석을 달지 말게나. 모형毛亨과 정현鄭玄이 『시경』의 위풍衛風과 정풍鄭風에 주석을 달았다가 본래의 뜻에서 크게 벗어나는 바람에 지금까지도 말 많은 사람의 입에 오르내리고 있네. 자네도 그러한 우를 범하려는가? 뒷날 절방에서 흰머리로 차 달이는 연기가 봄바람에 날리는 것을 보게 되면, 남을 독촉하기 전에 스스로 노공의 『북리지』*에 화답하듯 재미있고 달콤한 설을 지을 걸세. 하나의 전기傳奇가 세상에 늘어나겠지.

玄翁求彩毫詠以看 極賞之 以爲杜紫薇所不及 乃過奬也 君素饒舌 愼毋爲注脚 毛 鄭氏箋衛鄭風 殊失本旨 至今爲莊人口實 君亦效尤否 他日鬢絲禪榻 見茶煙 颺落花風 則不待人苟督 自著狎邪說 如和魯公北里誌 當添一傳奇矣

- **현옹**玄翁 앞에 나온 상촌象村 신흠의 별호.
- **두자미**杜紫薇 중국 당나라의 시인 두목杜牧을 말한다.
- **노공**魯公**의 「북리지」**北里誌 『북리지』는 중국 당나라의 손계孫棨가 지은 책으로, 천자天子·사서인士庶人이 기생과 희롱하며 노닐던 일을 기록한 내용이다. 노공이 누구를 가리키는지는 미상이다.

출전: 『성소부부고』 권21

해설 1609년 자신이 지은 시 「채호영」彩毫詠을 신흠이 극찬하자, 이재영이 여기에 주석을 붙이고 해설을 하려고 했다. 그러자 허균이 극구 만류하였다. 그러고는 차 달여 먹는 일이나 즐길 늙은이가 되면, 스스로 온갖 재미있는 이야기를 담은 저술을 지을 때 수록하겠노라고 하였다. 허균으로서는 노년의 즐거움이 봄바람 아래 차 달이는 일과 세상의 기문이사奇聞異事를 손 가는 대로 써 보는 것뿐이다.

허균 許筠, 1569~1618

차 茶

순천에서 나는 작설차가 가장 좋고, 변산에서 나는 것이 다음이다.

茶 雀舌産于順天者最佳 邊山次之

출전: 『성소부부고』, 권26 『도문대작』屠門大嚼

해설 『도문대작』屠門大嚼은 푸줏간 앞을 지나면서 입을 크게 벌려 고기 씹는 시늉을 하며, 잠시 맛난 고기를 먹는 기쁨을 상상한다는 뜻이다. 허균의 부친 허엽許曄은 관직 생활을 오래하였고, 초당 두부를 만들 만큼 음식에 일가견이 있었다. 이런 연유로 허균은 어려서부터 진귀한 음식들을 많이 접했고, 함열현에 유배되어 있을 때 자신이 어려서부터 먹어 본 음식을 중심으로 요리백과서의 일종인 『도문대작』을 지었다. 여기에 자신이 먹어 본 것 중 제일 좋은 것만을 소개해 놓았는데, 차는 순천의 작설차가 제일이라고 하였다. 선암사를 중심으로 조계산 일대에서 나는 것을 말한 것으로 보인다.

권필 權韠, 1569~1612

네 벗을 그리며(병서) 四懷詩(幷序)

나는 천성이 꼼꼼하지 못하고 허탄하여 세상과 맞지 않아, 예법을 따지는 선비들에게 몹시 배척받았다. 지위에 상관 않고 허물없이 지내는 사람은 오직 넷뿐이었는데, 그마저 난리 통에 헤어져 생사를 알 수 없다. 지난날 성대한 교유를 생각하매 꿈결처럼 아득하다. 옛 생각에 감회가 일어 오언시 네 편을 지으니, 모두 1,750자이다. 「사회」四懷라고 이름을 붙여 두보杜甫의 「팔애」*에 비긴다.

余性疎誕 不宜於世 頗爲禮法之士所絀 所與忘形不相疑者 獨有四人焉 世亂相失 存沒不可知 言念曩日交遊之盛 落莫如夢中事 感時懷舊 作五言詩四篇 凡千有七百五十言 命曰四懷 以擬工部八哀云

봄이 온 성에는 꽃이 난만하고

• 두보杜甫의 「팔애」八哀   중국 당나라의 시인 두보가 왕사례王思禮, 이광필李光弼, 엄무嚴武, 여양왕汝陽王, 이진李璡, 이옹李邕, 소원명蘇源明, 정건鄭虔, 장구령張九齡 등 여덟 사람의 죽음을 애도하면서 지은 8수의 5언고시.

여름 정원에는 잎이 무성했지.
무서리가 오동 잎에 치고
언 눈이 방초들을 덮었지.
드넓은 물결에 배를 띄우고
험한 바위산에 함께 올랐지.
우뚝한 누각이 남산을 굽어보매*
울창한 숲에 아침 구름 자욱했지.
시를 읊은 뒤 햇차 달이노라니
보글보글 게눈처럼 끓는 물소리.
일을 논할 때는 신의를 논했고
사물을 명명할 때에는 품휘를 나열했지.*

• **남산을 굽어보매** 『시경』 조풍曹風 「후인」候人에 "울창하고 무성한 남산, 아침에 구름 기운이 올라가도다"(薈兮蔚兮 南山朝隮)라고 한 것을 인용하여, 아침 안개 자욱한 남산에 함께 오른 일을 회상한 것이다.
• **사물을 ~ 나열했지** 글을 지어 사물의 이치를 밝힐 때는 만물을 두루 열거한다는 뜻이다.
• **예월輗軏** 벗의 관계에서 신의를 말한다. 예輗는 멍에 끝에 가로지른 나무로 멍에를 묶어 소를 수레에 연결시키는 것이다. 이를 '수레채마구리'라고 한다. 월軏은 멍에 끝에 위로 구부러진 것으로 가로댄 나무에 멍에를 묶어서 말과 수레를 연결하는 것이다. 이를 '멍에막이'라고 한다. 공자가 "사람이 신의가 없으면 그 사람이 무엇을 할 수 있을지 알지 못하겠다. 큰 수레에 수레채마구리가 없고 작은 수레에 멍에막이가 없으면 어떻게 말에 매워 길을 갈 수 있겠는가"라고 한 데서 온 말이다.『논어』論語 「위정」爲政 참조.

春城花爛熳 夏院葉蔽芾 微霜隕高梧 凍雪埋衆卉

泛湖波溔洰 登山石礧磈 傑閣俯南山 朝隮看薈蔚

詩罷試新茶 蟹眼聞百沸 論事究輗軏˚ 命物羅品彙

출전: 『석주집』石洲集 권1

해설 「사회시」四懷詩는 각각 이안눌李安訥, 홍춘수洪春壽, 송구宋耉, 구용具容을 회상하며 쓴 시이다. 이 글은 이안눌을 회상한 시 가운데 전반부이다. 봄·여름·가을·겨울을 늘 함께했으며, 산과 호수를 같이 다녔고, 함께 시 짓고 함께 차 달이던 옛일을 회고한 내용이다.

권필 權韠, 1569~1612

심엄沈俺의 유거에 적다 題沈尙志幽居

유난히 궁벽한 외딴 마을.
시내 따라 비탈진 오솔길.
맑은 봄날 버들에 물이 막 오르고
따스한 봄볕에 부들은 하마 싹 텄네.
돌아가는 길손이 말에 오르려는데
주인이 만류하며 차를 달이누나.
계서의 약속*은 사양하지 않겠소만
복사꽃 제철을 맞추어 올 수 있을지.

特地孤村僻 緣溪一徑斜 柳晴纔弄色 蒲暖已抽芽
歸客欲騎馬 主人留煮茶 不辭鷄黍約 唯恐失桃花

출전: 『석주집』 권3

* **계서鷄黍의 약속** 계서는 닭고기와 기장밥으로, '계서의 약속'은 먼 곳에 사는 벗을 찾아 가겠다는 약속을 말한다. 중국 한나라 범식范式과 장소張邵는 태학太學에서 함께 공부하면서 우정이 매우 두터웠다. 두 사람이 이별할 때 범식이 장소에게 "2년 뒤 돌아올 때 그대의 집에 들르겠다"라고 하였다. 꼭 2년째가 되는 날인 9월 15일에 장소가 닭을 잡고 기장밥을 짓고 범식을 기다리자, 그 부모가 웃으며 "범식의 고향인 산양山陽은 여기 여남汝南과 천 리나 멀리 떨어진 곳인데, 어찌 꼭 올 수 있겠느냐" 하였다. 이에 장소가 "범식은 신의 있는 선비이니, 약속 기한을 어기지 않을 것입니다" 하였는데, 그 말이 채 끝나기도 전에 범식이 당도하였다 한다.

해설 권필이 이른 초봄에 심엄의 은거지에 찾아갔다. 돌아오려니 심엄은 숯불을 피우며 차를 마시고 가라고 만류한다. 권필은 다음에 오겠다는 약속은 꼭 지키겠지만, 복사꽃이 한창 흐드러질 때 오고 싶은데 그럴 수 있을지 모르겠다며 여운을 남긴다. 차를 달여 벗을 붙잡고, 차를 달여 벗과 이별하는 정취가 오롯하다.

권필 權韠, 1569~1612

벗의 「비 내리는 가운데 회포를 읊다」에 차운하여 次友人雨中見懷韻

비 올 줄을 알고서 청개구리가
개굴개굴 관아의 못에 시끄럽다.
비 젖은 제비는 들보에 줄지어 앉았고
추운 매미는 홀로 가지에 매달렸어라.
몸이 게으르니 잠만 유난히 많고
자꾸 읊다 보니 더러 시가 지어진다.
가장 사랑스러운 건 고요한 부들방석에
하늘하늘 오르는 차 달이는 연기.

靑蛙知雨候 閣閣鬧官池 濕燕多依棟 寒蟬獨抱枝
身慵偏着睡 吟劇或成詩 最愛團蒲靜 茶煙惹鬢絲

출전: 『석주집』 권3

해설 비가 오는 한가로운 날, 관아에 앉아 있으려니 무료하다. 이런 날은 나른한 낮잠도 좋고, 흥얼흥얼 한만하게 읊조리는 시도 좋다. 그러나 가장 좋은 건 파랗게 피어오르는 연기를 보며 차를 달이는 흥취이다.

권필 權韠, 1569~1612

병중에 밤비 소리를 듣고 초당이 생각나서 평생의 일을 서술하다 病中聞夜雨 有懷草堂 因敍平生

앵두나무 언덕 아래에 새로 판 우물
물 길어 차 달이느라 날마다 몇 번을 오가는지.
깨끗한 물 먹지 않아도 슬퍼하지 않으리니*
다만 원두에서 활수가 솟는 것*을 사랑하노라.[1]

櫻桃坡下井新開 汲取煎茶日幾回 未將不食爲心惻 但愛源頭活水來

[1] 당 서쪽에 언덕을 따라 앵두를 심고 이름을 앵두파라 하였다. 그 아래 작은 우물을 팠는데, 달고 차서 맛이 좋았다(堂西緣岸植櫻桃 因名之曰櫻桃坡 下開小井 甘冽可食).

출전: 『석주집』 권7

- **먹지 ~ 않으리니** 『주역』「정괘」井卦 구삼九三에 "우물을 쳐서 물이 깨끗한데도 먹지 않으니, 내 마음에 슬픔이 된다"(井渫不食 爲我心惻)라는 구절이 있다. 이는 훌륭한 재능을 갖춘 인재가 세상에 쓰이지 못함을 슬퍼하는 것이다. 여기서는 자신이 벼슬길에 나아가지 못해도 슬퍼하지 않는다는 뜻을 은근히 말한 것이다.
- **원두源頭에서 활수가 솟는 것** 주자의 시 「관서유감」觀書有感에 "묻노니 이 못은 어이하여 이렇게 맑은가. 원두에서 활수가 솟아나오기 때문일세"(問渠那得如許淸 爲有源頭活水來)라는 구절이 있다. 원두는 물의 근원이고, 활수는 달고 찬 샘물로 맑은 심성을 비유한 것이다. 벼슬길에 나아가지 않고 자신의 심성을 수양하며 살 것이라는 뜻을 내포하고 있다.

해설 전체 24수 중 여섯 번째 시로, 주제는 새로 판 앵두 언덕의 우물물이다. 달고 차가운 우물을 사람들이 마시지 않는다 한들 슬퍼할 것 없으니, 샘물이 퐁퐁 솟는 그것만도 사랑스럽다는 말로 현실에 등용되지 않는 자신의 처지를 위로하고 있다. 한편 이러한 삶 속에서도 날마다 몇 번씩이나 우물물을 길어 차를 달이는 다인茶人으로서의 면모가 잘 드러나 있다.

권필 權韠, 1569~1612

눈 온 뒤에 흥이 일어 雪後謾興

간밤 내내 추위가 유난하더니
저녁의 세찬 바람이 어부의 도롱이를 젖힌다.
애써 눈 녹인 물을 차솥에 붓노라니
천산의 저녁 눈경치를 어이할거나.[1]

一夜寒威特地多 晚來風力拳漁蓑 强將雪水添茶鼎 奈此千山暮景何

[1] 명부 권반에게 드리는 시이다(右呈權明府盼).

출전: 『석주집』 권7

해설 전체 3수 중 첫 번째 시이다. 눈이 온 다음 날, 찬바람 부는 석양 무렵에 눈 녹인 물로 차를 달이는 정취를 시로 담아 권반權盼에게 보낸 것이다.

정온 鄭蘊, 1569~1641

밤에 일어나 차를 마시며 夜起啜茶

두보처럼 소갈증에 걸렸고
종의*처럼 고향이 그리워라.
밤중에 일어나 찻사발 들이켰더니
얼음과 눈이 마른 목을 씻어 주네.

病如杜甫中消渴 心似鍾儀奏楚愁 半夜起擎茶椀啜 頓知氷雪爽枯喉

출전: 『동계집』桐溪集 속집 권1

해설　나랏일을 걱정하느라 두보처럼 소갈증에 걸려 목이 마르고, 먼 타향에 있으니 향수병에 걸렸다. 이 때문에 한밤중에 잠을 못 이루고 일어나 앉았다. 이런 때에 울울한 가슴과 시름을 씻는 것으로는 차만 한 것이 없다.

- **종의**鍾儀　중국 춘추 시대 초나라 사람이다. 정나라에 포로가 되었다가 진晉나라에 바쳐졌다. 진나라 경공景公이 거문고를 주면서 연주하게 하자, 초나라의 음악을 연주하여 고향을 잊지 않고 그리워했다고 한다.

이민성 李民宬, 1570~1629

하수오차 二朮飮

외진 곳에서 독서를 즐기노라니
경전과 역사서 넓디넓구나.
폐가 마르고 위가 습한 건
내 평소의 지병.
낮에는 얼음 같은 옥사발 그립고
밤에는 대통에 바람과 샘물 그리워라.
일기일창一旗一槍* 건계차는
동방에서는 희귀한 차.
일찍이 농서를 보니
하수오何首烏가 그림으로 설명되어 있네.
한가한 날 긴 호미 만들어
산 개울 따라 삽주를 캐네.
창출蒼朮 백출白朮 두 종이 있으니

• 일기일창一旗一槍 싹이 처음나서 창처럼 뾰족하게 나온 것을 일창一槍, 잎이 커지면서 깃발 모양으로 펴진 것을 일기一旗라고 하는데, 일반적으로는 '갓 움튼 차 싹'을 가리킨다.

하나하나 진짜인지 판별하네.
뿌리 잘라 내니 옥처럼 깨끗하고
껍질 벗겨 내니 구슬을 꿰어놓은 듯
말리니 빛이 종이를 뚫고 나오고
한 근 가득 차니 마련하기 쉬워라.
통에 담아 정화수에 담가
숯불 피워 냄비에 달이네.
고요히 소나무 바람 소리 들리니
두건 벗고 그늘에 누웠어라.
마른 입을 다시려고
주전자의 찻물을 옥잔에 따르네.
시원하게 시인의 배 속에 스며드니
번뇌가 안개처럼 걷히누나.
동파의 찻사발에 필적할 만하고
노동의 찻사발보다 훌륭하구나.
양생가養生家에게 전하노니
나의 시를 소홀히 여기지 마라.

窮居喜讀書 經史浩汗漫 肺渴與胃濕 乃吾平素患
晝思玉盌凍 夜憶風泉筧 旗槍建溪品 東方不多産
嘗閱神農書 山精著圖讚 閑日製長鑱 試斲緣山澗
蒼白有二種 一一辨眞贋 切根如玉潔 削皮連珠貫
曬來光透紙 盈斤亦易辦 盛桶湛華泉 活火煮瓦罐
靜聽松風鳴 脫巾臥幽幔 欲潤舌本乾 火瓷捧玉琓

涼飮沁詩脾 熱惱如霧散 可敵東坡甌 絶勝玉川椀
傳語養生者 吾詩不可慢

출전: 『경정집』敬亭集 권3

해설 이민성은 지병이 있어 늘 차를 마셨는데, 건계차처럼 좋은 차를 언제나 구할 수는 없었다. 그래서 하수오를 달여 마시며, 차의 역할을 대신하고 있다. 비록 차에 대해 직접 읊은 것은 아니지만, 이민성이 차에 조예가 깊고 정통했음을 짐작케 하는 시이다.

이민성 李民宬, 1570~1629

조천록 朝天錄

3일 임술일. 안개비가 내렸다. 석성도에 머물렀다. 낙 도사가 차 한 봉지와 달여 먹는 방법을 적은 첩문을 보냈다. 첩문에 "상국의 차는 가래를 없애고 진기를 생성시키니, 삼가 올립니다. 아울러 달여 먹는 법을 자세히 소개합니다. 샘물을 가지고 불을 피워 팔팔 끓입니다. 찻잎을 가져다 도자기 찻사발에 넣습니다. 끓이는 불이 반을 지나갈 무렵 간수를 가져다 끓는 물에 골고루 뿌려 차를 완성하면 아주 훌륭합니다. 10푼을 기준으로 할 때 간수를 2푼으로 하고 끓인 물을 8푼으로 합니다" 하였다.

즉시 감사의 첩문을 써서, "보내 주신 차 한 봉지는 받고 보니 감사하기 그지없습니다. 시생은 평소 폐에 열이 많아 뱃멀미가 심할 때마다 화유˙를 띄워 갈증 나는 가슴에 들이마시고 싶지만 그렇게 할 수 없었습니다. 지금 영광스러운 선물을 받고 보매 일기일창˙의 찻잎이 완연히 참모습 그대로이니, 무슨 차냐고 묻지 않고도 귀한 건계차임을 알 수 있었습니다. 또 달이는 법까지 자세히 알려 주셨으니, 차 달이는 묘법을 깊이 터득하였습니다. 진미를 낼 수 있는 혜산천의 샘물을 얻지 못한 것이 한스럽습니다만, 다행히 이 방법대로 달여 마신다면 홀

• **화유花乳** 찻잎을 일컫는 말. 중국 송나라 시인 소식의 시에 "한 사발의 화유"(一甌花乳)라는 표현이 있는데, 일반적으로 차의 이칭으로 쓰인다.
• **일기일창一旗一槍** 이민성의 시 「하수오차」의 주 참조(이 책 305쪽).

륭한 운치는 손상시키지 않을 것이며, 진기가 생기고 마른 장에 윤기가 돌아 크게 진기眞氣를 돋울 수 있을 듯 합니다. 체증을 풀어 주는 유익함만 있을 뿐 기운을 손상시키는 해로움은 없으니, 갈증 중에 이 차를 받으매 다행스럽기 그지없습니다. 잣 한 말을 보내어 작은 정성을 표하니, 부디 물리치지 말아 주십시오" 하였다.

初三日壬戌 霧雨 留石城島 駱都司遺茶一封幷帖曰 上國仙茶 消痰生津 謹奉獻 具右烹法 用泉水火燒大瀷 將茶葉放在磁碗 將瀷火澆過半時 取溜均白瀷水而成茶 甚美 十分爲率 以溜二分 瀷水八分云 卽具謝帖曰 伏蒙特惠仙茶一封 珍感不已 侍生素患肺熱 舟行悶甚 思汎花乳以沃煩渴而不可得 卽領盛貺 一旂一槍 宛然眞面 不問其名 可知爲建溪佳品耳 且蒙示煎法 深得陸蔡之妙 恨不得惠山泉發揚眞味爾 幸依此烹飮 不損佳趣 生津潤枯 大扶眞氣 但覺消壅之益 不曉瘠氣之害 渴中得此 爲幸 就將海松子一斜 聊表微悰 伏惟勿却

출전: 『경정집』 속집 권1 『조천록』朝天錄

해설 이민성이 1623년 54세의 나이로 주문사奏聞使의 서장관이 되어 뱃길로 중국을 다녀온 기록이다. 그 내용을 보면, 요령반도 아래쪽 석성도에 머무르고 있을 때 중국 측 관원이 건계차를 선물로 보내오고, 아울러 달여 먹는 방법을 친절하게 설명하였다. 또 저자는 이 차를 받자마자 건계차임을 알아보았다고 하였다. 사행사행을 통한 차 문화 교류의 현장이 잘 담긴 자료이다.

김상헌 金尙憲, 1570~1652

백사白沙의 댁에서 해봉海峰을 전별하며
白沙宅 ······

모였던 벗들 작별하매 정이 배가되니
따스한 술, 향기로운 차, 해맑은 웃음소리.
시든 촛불 동무하여 다 타지는 아니하니
이슥한 밤 마주하매 백발 더욱 하얗구나.[1]

朋簪惜別倍多情 酒煖茶香笑語淸 殘燭伴人燒未盡 夜闌相對鬢添明

[1] 백사는 윤훤의 호이고, 후천은 소광진의 호이다(白沙 尹暄號 后泉 蘇光震號).

출전: 『청음집』淸陰集 권2

원제 백사의 집에서 학곡, 후천, 북저와 함께 해봉을 전별하다(해봉은 홍명원의 호이다) 白沙宅 同鶴谷后泉北渚 別海峯(海峯 洪命元號)

해설   원제에 나오는 학곡鶴谷은 홍서봉洪瑞鳳의 호이고, 북저北渚는 김류金瑬의 호로, 두 사람 모두 뒤에 나온다. 만났다 헤어지는 전별의 자리에서 석별의 정을 나눌 때, 술과 함께 차를 마시며 그 자리의 운치를 돋우는 모습이 그려져 있다.

김상헌 金尙憲, 1570~1652

유안세가 장성에 부임하는 데 주다[1]
贈柳安世赴長城

남쪽으로 육백팔십 리를 내려오매
산이 금 자라를 안은 작은 고을 하나•
누런 벼에 푸른 오동 가을빛 속에
귤 향기와 차 끓이는 불에 흥이 담뿍하겠지.[2]

집집마다 흰모시로 봄옷 지어 입고
매실과 석류에 살 오른 죽순이라.
서리 내린 절벽에선 석청을 따고
눈이 녹은 시내에선 햇차를 맛보리.[3]

南行六百八十里 山拱金鼇小縣開 紅稻碧梧秋色裏 橘香茶火興全催

家家白苧作春衣 梅肉榴房竹筍肥 霜落陰崖收蜜液 雪消南澗試茶旗

• **금 자라를 ~ 하나** 장성의 진산鎭山이 금오산金鼇山, 즉 '금 자라'이기 때문에 이렇게 읊은 것이다.

¹ 이름은 시정이다(名時定).
² 이상은 현縣의 모습을 읊은 것이다(右縣裏).
³ 이상은 물산物産을 읊은 것이다(右物産).

출전: 『청음집』 권3

해설　「오산잡영」鼇山雜詠의 8수 중 첫 번째와 일곱 번째 시이다. 전라남도 장성에는 금오산이 있어 옛날에는 오산鼇山으로 불렸다. 장성은 남쪽 고을이라 당시로선 귀한 차와 귤이 났던 모양인데, '장성으로 부임하면 시내에서 귀한 햇차를 맛보겠지' 하며 부러워하는 말을 선사함으로써 멀리 부임하는 유시정을 위로한 것이다.

김상헌 金尙憲, 1570~1652

천마산인 종영에게 주다
贈天磨山人鍾英

샘물 길어 차 끓일 제 솔바람 일어나고
베개 맡에 향 피우면 연기 솔솔 피어나리.
부질없는 세상에 덧없는 몸 모두 잊었거늘
산승께선 무슨 일로 홀로 인정에 얽매이나?

汲泉烹茗松風起 欹枕燒香篆縷輕 浮世幻身都兩忘 山僧何事獨關情

출전: 『청음집』 권3

해설 전체 2수 중 두 번째 시이다. 천마산에 사는 승려 종영이 김상헌을 그리워하자, 향 피우고 차 달이며 세상 잊고 사는 산사의 생활이 더 좋을 터인데 무엇하러 나를 그리워하는가 하고 장난스레 되물은 것이다.

이안눌 李安訥, 1571~1637

앞의 운을 써서, 인오 사문이
금강산의 옛 사찰로 돌아가는 것을 보내다
疊用前韻 別印悟沙門還楓岳舊刹

집은 송계의 백길 못을 굽어보고 있는데
복사꽃 아름다운 골짝 맑은 이내에 잠겼어라.
눈 속에 철마*는 산의 북쪽에서 그늘지고
고개 너머 동어*는 해남에서 병들어라.
늘그막의 삼 년, 나그네 위해 안타까워했고
차 마시며 보낸 열흘, 산승과 담소했네.
부러워라, 금강산으로 들어가는 길.
젊은 벗 짝하여 옛 암자로 돌아가네.[1]

• 철마鐵馬   산봉우리 이름으로 보인다. 시에서 이별의 장소는 지금의 강북구 우이동 일대이다. 여기서 수락산과 불암산 뒤로 보이는 산이 철마산이다.
• 동어銅魚   동어부銅魚符. 지방관이 소지하던 구리로 만든 물고기 모양의 부신符信.

家枕松溪百丈潭 桃花一洞鎖晴嵐 雪中鐵馬陰山北 嶺外銅魚瘴海南

蓬鬢三霜爲客恨 茶甌十日與僧談 羨渠飛錫金剛路 好伴青春返古庵

1 송계松溪는 양주 우이동에 있으니, 곧 우리 집안의 별장이다(松溪 在楊州牛耳洞 乃余家別業也).

출전: 『동악집』東岳集 권8

해설 병에 심어 놓은 매화가 막 피었는데, 경조敬祖 스님이 홀연히 소매에 시를 넣어 방문하였다. 그래서 그 시의 운을 쓴 것이다. 양주 우이동은 지금의 서울시 강북구 우이동을 말한다. 삼 년 동안 객지 생활을 하다가 돌아가는 경조 선사를 위해 차를 함께 마시고, 젊은 승려 인오에게도 시를 주어 이별의 정을 표했다.

이안눌 李安訥, 1571~1637

두봉 학사가 「부산관」 절구의 운을 써서 지은 사문에게 준 시에 차운하여
次斗峯學士贈智訔沙門用釜山館絶句韻

산새는 대나무 회랑을 쪼고
산승은 매화 오솔길로 오네.
한가로이 앉아 말갛게 잠 오지 않으니
찻사발이 술잔이나 진배없네.

竹廊山鳥啄 梅逕野僧來 燕坐淸無睡 茶甌當酒杯

출전: 『동악집』 권8

해설 두봉 학사는 이지완李志完(호가 두봉)이다. 대나무로 만든 복도에 산새들은 앉아 모이를 쪼고, 지은 사문은 매화나무 오솔길로 산재를 찾아왔다. 차를 마시고 앉아 있노라니 고즈넉한 운치에 정신은 더욱 맑아진다. 이런 자리는 술보다 차의 정취가 나은 것 같다.

이안눌 李安訥, 1571~1637

두봉이 윤 참의와 소 정랑의 시운을
다시 쓴 것에 화운하여
和斗峯復用寄尹參議蘇正郎韻

고개 너머로 변방 기러기 다시 보며
약봉지와 차솥에 생애를 붙이네.
어이 견디랴, 오늘 한식을 만나
선산을 향해 절하니 마음 더욱 슬퍼라.

嶺外重看塞雁歸 藥囊茶鼎寄生涯 更堪今日逢寒食 拜向家山意益悲

출전: 『동악집』 권8

해설 전체 3수 중 첫 번째 시로 윤 참의는 윤휘尹暉를 가리킨다. 작년 가을에 남쪽으로 내려갔던 기러기가 한식이 되어 다시 북쪽으로 돌아가는 것을 보았다고 하니, 객지에서 해를 넘긴 셈이다. 약 달이고 차 달이는 것으로 만년의 삶을 보내는 저자의 일상과 객수가 잘 표현되었다. 소 정랑이 누구인지는 미상이다.

이안눌 李安訥, 1571~1637

진일 스님에게 시를 지어 사례하다
眞一上人在南漢山城開元寺 ……

못난 시에 화답하여 주옥같은 시를 보내셨으니
한강 남쪽 푸른 산이 꿈결에도 사뭇 그리웁소.
눈 내린 산사에서 사립 닫고 관솔불 태우고
구름 낀 선방 안석에 기대어 가사 걸치고 있겠지요.
어떡하면 서쪽 창가 촛불 아래에서 다시 만날까요?
늘 함께 북원차* 달이던 일 기억난다오.
이별 후의 관직 생활일랑 묻지를 마오.
전원에서 지내던 때만 못한 황폐한 날들이라오.

忽驚燕石博瓊華 南漢靑山入夢賒 雪院掩扉燒榾柮 雲房憑几掛袈裟
何由更秉西窓燭 每憶同煎北苑茶 別後官居君莫問 荒年不及臥田家

출전: 『동악집』 권18

원제 진일 스님이 남산산성 개원사에서 화華 자로 압운하여 지은 나의 시에 차운한 시를 보내왔다. 이에 내가 다시 그 운을 따서 시를 지어 사례한다 眞一上人在南

• **북원차**北苑茶 원래 중국 남당南唐 때 궁궐의 북쪽 북원北苑에서 제조한 차를 가리키는 말이었으나, 그 후로 건주建州 봉황산鳳凰山에서 생산된 건차建茶를 북원차라고 함.

漢山城開元寺 追步余華字韻見寄 復用其韻而謝之

해설 진일眞一은 이안눌이 개원사에 있을 때 친하게 지내던 스님이다. 이안눌이 조정으로 돌아온 뒤에 편지가 왔는데, 거기에는 자신의 시에 차운한 진일의 시가 들어 있었다. 이안눌은 다시 그 시에 차운하여, 옛날 산사에서 함께 북원차를 마시던 일이 그립노라고 말하고 있다.

김류 金瑬, 1571~1648

남교에서 南郊卽事

눈 속 오솔길이 문을 따라 이어진
성곽 마주한 초가 여덟아홉 집.
홀로 인생이 기박한 사람이 있어
대 화로에 불 지피며 햇차 달이네.

雪中行逕逐門斜 對郭茅茨八九家 獨有寓公生事薄 竹爐添火煮新茶

출전: 『북저집』北渚集 권1

해설 이 시에서 '기박한 사람'이란 김류 자신을 표현한 말이다. 기박한 자신의 삶을 오직 차 달이는 일로 위로하면서, 차에 대한 애호를 나타내었다.

김류 金瑬, 1571~1648

화당에서의 낮잠 花堂晚睡

작은 동산에 꽃은 피고 새는 지저귀며
적막한 사립문엔 등넝쿨이 걸렸어라.
창 아래에서 낮잠을 막 깬 뒤
동자 불러 햇차를 달이네.

小園花暖鳥聲多 寂寞柴門帶薛蘿 日午山窓初罷睡 却呼童子試新茶

출전: 『북저집』 권1

해설　「귀휴당제영」歸休堂題詠 4수 중 세 번째 시이다. 제목에서 화당花堂이란 꽃이 만발한 귀휴당을 가리킨다. 그곳에서 한가하게 지낼 때, 한낮이 되어서야 늦잠에서 깨어 마른 입을 적시려고 동자를 불러 햇차를 달인다는 내용이다.

김류 金瑬, 1571~1648

눈 온 뒤에 홀로 앉아 雪後獨坐

쓸쓸한 푸른 산에 해 저무는데
주린 새는 빈 뜨락에 눈을 쪼누나.
샘물로 차 달이며 사발에 자주 붓고
식은 재 불 다독이며 화로를 끌어안네.
물받이 처마 끝에는 구슬이 똑똑 떨어지고
바람 부는 소나무 우듬지엔 옥이 흔들리누나.
서생이 추위 참으며 시를 짓노라니
소매에 서릿발 일고 깨진 벼루가 마르네.

寥落蒼山日欲晡 空庭啄雪有飢烏 烹茶活水頻添椀 撥火寒灰更近爐
承霤簷端珠錯落 受風松頂玉糢糊 書生忍凍孤吟處 衣袖生稜破硯枯

출전: 『북저집』 권3

해설 눈 녹은 물이 처마에 똑똑 떨어지고 소나무에 솔방울이 바람에 마구 흔들리는 추운 저녁. 시를 지으려 앉았노라니 벼루는 얼고 소매에는 서릿발이 인다. 이런 추위를 이기려고 화롯불을 다시 다독이고, 차를 달여 몸을 녹인다.

홍서봉 洪瑞鳳, 1572~1645

남원부사 채유후蔡裕後가 편지와 차 봉지를 보내온 것에 감사하며
謝南原蔡府伯(裕後) 簡帖茶封之寄

병든 이래 만난 지가 오래되었더니
소식 단절된 지금에 더욱 반가워라.
찻사발에 향과 맛이 온전히 남았는데
여전히 험난한 벼슬길에서 목을 축이네.

病來人事久相疏 況復如今斷報書 唯有茶甌全氣味 度喉依舊太行車

출전: 『학곡집』鶴谷集 권2

해설 홍서봉이 1599년 28세 무렵 신병으로 인해 조정에서 물러나 있을 때 지은 시이다. 당시 남원에서도 좋은 차가 생산되고, 남원부사로 부임한 관원들이 주위에 이 차를 선물한 정황을 볼 수 있다.

홍명원 洪命元, 1573~1623

눈 녹인 물로 차를 달이다 雪水煎茶

대궐에 눈이 개고 눈꽃으로 엉겼는데
작은 솥에 담아 오니 차 달이기 알맞네.
숯불에 살짝 뿌려 화력을 조절하니
새로 쪼갠 용단차의 찻잎이 부서지네.
화로 머리 은은하게 맑은 소리 들리더니
사발 위로 보글보글 흰 꽃이 떠오르네.
아름다워라, 궁궐의 고사가 될 만하니
궁정에서 내린 귀한 차라고 자랑을 마오.

벼랑의 상서로운 구름 궁궐에 내리니
천기天氣를 이야기하느라 침이 마르네.
눈 녹인 물이 사발에 팔팔 끓으니
솔바람이 솥에 들고 이슬이 맺히네.
삼경이라 찻사발에 매우梅雨 넣기에 좋고
한 번에 부으니 죽간竹竿을 취할 필요 없네.
여기에 이르러 진미가 있음을 더욱 아노니

본래 봄에 앞서 봄추위를 맛보는 법.

掖垣晴雪正凝華 小鼎盛來合煮茶 獸炭乍添均火力 龍團新劈碎金芽
爐頭隱隱聽淸籟 椀面浮浮看白花 勝事堪爲仙省故 宮恩玉井且休誇

嘉雲蒼壁下金鑾 端爲談天舌本乾 雪水翻甌瓊液滑 松風入鼎露華團
三更恰得添梅雨 一注何勞取竹竿 到此益知眞味在 先春自是飽輕寒

출전: 『해봉집』海峯集 권2

해설 홍명원이 승정원 승지로 있을 때 월과月課로 제출한 시이다. 당시 초봄에 눈이 내린 모양인데, 눈을 녹여 차를 달여 마시고 그것으로 시제詩題를 삼았으니, 이렇게 운치 있는 일은 궁중의 아름다운 고사가 될 것이라 한 것이다. 또 눈을 녹여 차를 달일 때에는 죽간을 쓸 필요가 없으니, 이 무렵에 마시는 차에 더욱 진미가 있다고 하였다.

• **매우梅雨** 본래는 매실이 익을 때 내리는 비를 말하는데, 여기서는 매화꽃이 필 때 내리는 눈을 지칭한 것이다.

목대흠 睦大欽, 1575~1638

창녕현에서 곽재우 장군의 정자에 적다
昌寧縣 題郭兵使亭舍

한번 떠나신 황석공黃石公*을 다시 뵐 수 없으나
지금까지 오히려 옛 풍류 상상할 수 있다네.
약 화로와 찻사발 그대로 있으니
비결은 응당 선계에 들어가 구해야 하리.

黃石一去不復見 至今猶想舊風流 藥爐茶鼎依然在 秘訣應須入海求

출전: 『다산집』茶山集 권1

해설 의병장 곽재우의 정자를 방문하여 생전에 쓰던 약 화로와 차솥을 보고 쓴 시이다. 저자가 직접 차를 즐긴 내용은 아니지만, 곽재우 장군이 생존 시에 차를 즐겼음을 알 수 있는 자료이다.

• **황석공**黃石公 중국 진秦나라 때 장량張良에게 병서를 전해 주었다는 노인. 여기서는 돌아가신 의병장 곽재우를 지칭한 것이다.

목대흠 睦大欽, 1575~1638

월정사(임억령의 시에 차운하여)
月精寺(次林石川韻)

회나무는 곧아 하늘을 떠받치고
샘물은 솟아 땅의 우레 들리네.
산길이 험하여 오르는 것 힘겹더니
월정사 다다르니 마음이 기쁠시고.
아이는 게을러 늦잠에 빠졌는데
노승을 재촉하여 차를 달이네.
새벽종은 깊은 깨달음 일으키니
장한 마음을 꺾을 것 없어라.

檜直參天柱 泉空吼地雷 愁登山路險 喜得殿門開
困睡頑僮倦 烹茶老釋催 晨鍾發深省 不用壯心摧

출전: 『다산집』 권1

해설 전체 5수 중 세 번째 시이다. 산길을 힘겹게 올라 월정사에 당도하여, 새벽 차를 마시며 산사의 종소리를 듣는 광경을 묘사한 내용이다.

조희일 趙希逸, 1575~1638

눈 녹인 물로 차를 달이다 雪水煎茶

첫새벽 귀찮게 정화수 길어 올 것 없이
화로에 눈을 받아 햇차를 달이노라.
깊은 솥에 물결 끓어 막 넘칠 때
겨울 소나무 바람 소리 여운이 길구나.
섬섬옥수로 받쳐 오니 사발엔 거품이 일고
마른 창자에 들이키니 붓끝엔 꽃이 핀다.*
시인은 언제나 사마상여의 갈증*을 느끼는 법
노동의 소탈한 차 노래*를 참으로 사랑하네.

- **붓끝엔 꽃이 핀다**   문인이 글재주를 한껏 발휘한다는 뜻. 중국 오대 왕인유 王仁裕의 『개원천보유사』開元天寶遺事에 "이태백이 어릴 적 쓰던 붓 끝에서 꽃이 피어나는 꿈을 꾸었는데, 뒤에 천재성을 발휘하여 천하에 이름을 떨쳤다"라는 기록이 있다.
- **사마상여의 갈증**   고경명의 시 「벗에게 주다」의 해설과 주 참조(이 책 129쪽).
- **노동의 소탈한 차 노래**   중국 당나라 때 시인 노동의 「다가」를 일컫는 말. 최연의 시 「차를 마심」의 주 참조(이 책 54쪽).

淸曉無煩汲井華 塼爐貯雪試新茶 浪驚幽竇看初漲 風入寒松聽更賒
纖手捧來甌潑乳 枯腸搜盡筆生花 詞人久抱文園渴 苦愛盧郞詠不奢

출전: 『죽음집』竹陰集 권6

해설　앞서 나온 홍명원의 시와 마찬가지로 1610년 월과시月課詩로 지은 것이다. 눈 녹인 물로 차를 달이므로 굳이 새벽에 나아가 샘물을 길어 오지 않아도 된다고 하였으니, 조희일이 일상적으로 새벽마다 차를 마셨다는 말이다. 또 늘 시를 짓는 시인이므로, 작품을 구상하느라 애를 태울 때마다 차를 마시면 좋은 시가 절로 나온다고도 하였다.

조희일 趙希逸, 1575~1638

감회를 쓰다 述懷 1

향 연기 피는 곳에 작은 창 밝은데
눈 감고 정신 모으니 흥취가 맑아라.
인·의·예·지는 천지의 본성 찾게 하고
시·서·역은 성현의 마음 알게 해 주네.
근심이 어찌 심지를 얽맬 수 있으랴.
배움의 힘이 생사를 정하노라.
약 절구와 차 화로에 봄날은 고요하고
처마로 날아든 산새는 곁에서 지저귀네.

篆煙橫處小窓明 閉目凝神氣味淸 仁義禮尋天地性 詩書易驗聖賢情

憂端肯許攖心志 學力唯應定死生 藥臼茶爐春晝靜 入簷山鳥近人鳴

출전: 『죽음집』 권6

해설 산가에서 오직 독서하며 수양하는 가운데 약초를 달이고 차를 마시는 일로 소일하는 한가한 일상을 시로 읊었다.

조희일 趙希逸, 1575~1638

감회를 쓰다 述懷 2

객지에서 무료하게 한가함 누리노니
누워서 흰 구름 보매 절로 오가네.
잠이 달콤하니 베개에는 쌍호雙虎가 입을 벌리고*
차가 향기로우니 솥에는 소룡단小龍團이 끓고 있네.
부질없는 명예 벗고 나니 몸은 늙어 가고
빠른 세월 재촉하니 한 해가 벌써 저무네.
잠에서 깨니 나무 그늘은 처마 너머로 넘어가고
작은 마루 깊은 곳에서 홀로 서성이네.

羈情無賴强要寬 臥看孤雲自往還 睡美枕呀雙虎口 茶香鼎沸小龍團

浮名解愧身將老 急景工催歲向闌 夢罷樹陰簷外轉 小軒深處獨盤桓

출전: 『죽음집』 권6

해설 객지에서 고독함을 오직 차로 달래고 있는 작자의 모습이 담박하게 그려진 시이다.

* **베개에는 ~ 벌리고** 조희일이 베던 베개가 호두침虎頭枕이기 때문에 이렇게 말한 것이다.

신민일 申敏一, 1576~1650

우거즉사 寓居卽事

밤꽃 피어나고 보리 바람 맑을 제
책상에 기대어 조노라니 세상을 벗어난 듯.
울타리엔 사람 없이 햇볕만 고요하고
개울 너머 때때로 차 파는 소리 들릴 뿐.

栗花初發麥風淸 隱几獨眠遺世情 籬落無人白日靜 隔溪時聽賣茶聲

출전: 『화당집』化堂集 권1

해설 1638년 겨울, 신민일의 나이 63세 때 소백산 아래 풍기 구고촌九皐村에 우거하면서 지은 시이다. 이때 화당化堂이란 당호를 짓고 호로 삼았다. 세상과 떨어진 외진 곳에서 탈속한 삶을 살고 있는 모습이 네 줄의 시에 청한淸閑하게 묘사되어 있다. 개울 너머 '차 사려' 하는 차 장수 소리가 들린다고 한 것으로 보아, 소백산 산골까지 차가 전파되었음을 살필 수 있다.

신민일 申敏一, 1576~1650

동림사(이 학관의 시에 차운하여)
桐林寺(次李學官韻)

울퉁불퉁 구름 뚫고 돌길 오르니
산 남쪽에서 오솔길 나누어졌네.
교자상은 기대어 졸기 좋고
찻사발은 정신을 깨우노라.
세 스님 다정한 말로 맞아 주고
두 벗과 한 이불 덮고 잠잤네.
헤어짐을 또 어이 견디랴!
고개 돌리니 세상 밖에 있어라.

犖确穿雲磴 山南細路分 繩床宜借睡 茶椀欲醒醺
軟語逢三釋 連衾有兩君 那堪又分手 回首隔塵氛

출전: 『화당집』 권2

해설　동림사에 올라 스님들과 담소를 나누고 벗 이 학관과 요사채에서 함께 잔 일을 시간의 순서대로 담담히 읊은 시이다. 이 학관이 누구인지는 미상이다.

고용후 高用厚, 1577~1652

창굴에서 스님을 찾다 蒼窟尋僧

흰 구름 서린 바위굴이 그의 집이니
푸른 회나무 산으로 이어지고 돌길 비껴 있네.
지난해 노닐었던 사람 오늘 또 오니
노승이 뜨락에서 봄 차를 고르네.

白雲巖窟卽爲家 蒼檜連山石逕斜 去歲遊人今又至 老僧庭畔揀春茶

출전: 『청사집』晴沙集 권1

해설 「부안의 우반정 제영에 차운하다」(次扶安愚磻亭題詠韻) 4수 중 네 번째 시이다. 우반정愚磻亭은 부안 내소사 계곡 근처에 있던 정자로 보인다. 지난해에 이어 올해에도 우반정에 올라 보니, 그 주위 회나무 숲의 암굴에 살던 노승이 봄에 새로 딴 차를 고르고 있다. 부안 차밭의 오랜 유래를 더듬어 볼 수 있는 자료이다.

김령 金坽, 1577~1641

봄날 春日

배꽃은 흐드러져 눈이 날리는 듯
애석타, 술잔 들고 볼 이 없음이.
들려오는 세상사 비탄만 많고
불어 가는 봄바람 잡을 길 없네.
가지에 달린 잎은 싱그러움 다하고
고개에 머문 구름은 점차 엷어지네.
이렇게 좋은 날 몸져누웠으니
창 아래 소룡단을 새로 달이네.

梨花開遍雪漫漫 可惜無人把酒看 世事聞來悲歎足 春風欲去繫留難

芳枝帶葉韶華歇 翠嶺含雲雨意殘 如許佳辰多病久 午窓新瀹小龍團

출전: 『계암집』溪巖集 권3

해설 전체 4수 중 첫째 수이다. 조정에서 물러나 은거할 때, 용단차를 달이며 조섭하는 선비의 일상이 나타나 있다.

이응희 李應禧, 1579~1651

저물녘 산촌에 눈 내리고 山村暮雪

북풍은 초가지붕 뒤집고
흰 눈은 황혼까지 내린다.
은사는 솥에 찻물 끓이고
행인은 석문을 두드리누나.
솔숲에는 흰 학이 서 있고
바위 굴엔 검은 원숭이 숨었다.
그 어디 따뜻한 온돌방에서
거문고 뜯으며 술을 마시는지.

北風捲蔀屋 白雪到黃昏 山客燃茶鼎 行人扣石門

松林停素鶴 巖竇伏玄猿 幾處烟床暖 古琴對綠樽

출전: 『옥담사집』玉潭私集

해설 이응희는 왕실의 후손으로, 1625년 무렵부터 선영이 있던 산내곡山內谷(지금의 경기도 산본) 수리산 아래에 집을 짓고 살았다. 그 집의 동쪽에 작은 못이 하나 있었는데, 바로 옥담玉潭이다. 이 시는 이 시절에 지은 것으로 추측된다.

이응희 李應禧, 1579~1651

유거 幽居

속세를 떠나 산 지 오래.
태일산太一山* 자락에 은거하노라.
산속 서재는 적막 속에 있고
참된 경지라, 신선의 세계인 듯.
약초를 캐느라 숲을 헤치고
꽃 옮겨 심느라 밭을 가노라.
소일 중에 한가한 흥취가 많아
소나무 아래서 차를 달이노라.

絶世離群久 幽居太一阿 高齋濱寂寞 眞境入無何
採藥搜林遍 移花劚地多 消中閑興足 松下自煎茶

출전: 『옥담사집』

해설　수리산에서 신선 같은 나날을 보내는 작자에게 차는 산중 흥취를 더하는 귀한 벗이다.

• **태일산太一山**　본래는 중국 종남산終南山의 이칭이나, 여기서는 저자가 은거하던 경기도 수리산을 가리킨다.

이응희 李應禧, 1579~1651
겨울밤 잠 못 이루고 읊다 冬夜不寐卽事

섣달의 황량한 시골.
밤 깊은 삼경의 초가.
앞 시내는 하얗게 얼어붙고
옛 골짜기엔 찬바람 소리.
자던 새들 놀라 잠을 깨고
산속 사람도 잠 못 이룬다.
오래 앉았노라니 차 연기 식어
솥에는 게눈* 거품이 꺼지노라.

荒村十二月 茅屋夜三更 凍雪前溪色 寒風古壑聲
栖禽驚不定 山客夢難成 坐久茶烟歇 鐺中蟹目平

출전:『옥담사집』

해설 가파른 바람소리에 산새도 잠 못 들고 차솥마저 싸늘하게 식은 궁음窮陰의 살풍경을 읊었다.

• 게눈 최연의 시 「차를 마심」의 주 참조(이 책 54쪽).

이응희 李應禧, 1579~1651

차 茶

요산*에서 생산된 보배로운 차
천 리 멀리 우리나라에 왔구나.
물이 끓으면 좁쌀 거품 일고
찻잔엔 자줏빛 안개 어리네.
한 모금 마시면 몸이 가벼워지고
세 모금 삼키면 신선이 된 듯.
어찌 사봉斜封* 받는 것 부러워하랴.
은근히 옥천玉川*의 경지에 이르네.

了山生寶荈 千里遠來傳 鼎裏浮食粟 杯中冪紫烟
一呑如羽化 三吸若登仙 豈羨斜封贈 慇懃到玉川

출전: 『옥담사집』, 「만물편」萬物篇

- **요산**了山 중국 안휘성安徽省 선성현宣城縣에 있는 산 이름. 이 산에 매우 품질이 좋은 차가 생산되는데, 이름이 '요산양파횡문다'了山陽坡橫文茶이다.
- **사봉**斜封 반듯하지 않고 기울게 붙인 봉함이란 말로, 왕비나 공주 등이 사사로이 관직을 제수함을 뜻한다. 중국 당나라 중종中宗 때 위후韋后와 안락공주安樂公主 등이 정권을 잡고 사봉을 내려 관직을 제수한 것에서 유래한 말이다.
- **옥천**玉川 중국 당나라 때 「다가」의 저자인 노동의 호.

해설 『옥담시집』「만물편」'음식류'에 나오는 것으로, 밥과 국을 비롯한 대표적 음식 10종을 읊은 시 중에서 9번째로 수록되어 있다.

이응희 李應禧, 1579~1651

우연히 짓다 偶題

늙으니 정만 늘고 병드니 잠만 많아
전원에 지내며 천성대로 즐거이 사노라.
마을의 벗이 갑자기 왔기에 거위를 잡고
산중의 객이 때로 오기에 작설차 달인다.
도를 알지 못하는 건 근심할 바 아니요,
세상사에 무심함이 참으로 편안함일세.
한가한 중에 좋은 경치 즐기나니
근래에 새로 지은 시가 백 편은 되겠지.

老慣人情病慣眠 田園守拙樂吾天 村朋卒至鵝頭挈 山客時來雀舌煎
有道莫知非所患 無心關事是眞便 閑中自喜耽佳景 邇日新詩且百篇

출전: 『옥담유고』玉潭遺稿

해설 이응희는 평생 시를 짓는 것을 즐거움으로 삼았으며, 1,050제題가량의 시가 남아 있다. 그중에서 『옥담유고』에는 1623년 무렵까지 지은 시가 수록되어 있는데, 마지막 구에서 "근래에 새로 지은 시가 백 편은 되겠지"라고 한 것을 보면, 매우 활발한 시작詩作 활동을 하였음을 알 수 있다.

김육 金堉, 1580~1658

차

『다경』茶經 차는 남방의 귀한 나무이다. 나무는 과로瓜蘆 같고, 잎은 치자 같으며, 꽃은 백장미 같다. 이름은 차茶, 가檟, 설蔎, 명茗, 천荈이다.

『이아』爾雅 일찍 딴 것이 차이고, 늦게 딴 것이 명茗이다.

『다보』茶譜 촉주蜀州에 작설차와 조취차鳥嘴茶와 맥과차麥顆茶가 있다. 편갑片甲 무늬가 있는 것은 이른 봄에 딴 황차黃茶이다. 선익蟬翼이란 차는 잎이 매미 날개처럼 얇다.

【소룡단차小龍團茶 제조】 북송 함평咸平 연간(998~1003)에 정위丁謂가 복건조福建漕에서 용봉단龍鳳團을 올렸다. 경력慶曆 연간(1041~1048)에 채양蔡襄이 다조茶漕를 만들어 처음으로 소룡단차를 제조하였다. 구양수歐陽脩가 "채군모蔡君謨는 선비인데, 어찌 이런 일을 다 하였는가?" 하고 말하였다.

【『다경』 저술】 당나라 육우陸羽가 차를 즐겨 『다경』 3편을 저술하였다. 어사대부御史大夫 이계경李季卿이 강남선위사江南宣慰使로 있을 때 어

떤 이가 육우를 천거하였다. 이계경이 육우의 거처에 도착하자, 육우가 시골 노인 복장으로 다구茶具를 가지고 들어왔다. 이계경은 마음속으로 육우를 비천하게 생각했다. 차를 다 마신 뒤 하인에게 명하여 "30문의 돈을 전다박사煎茶博士에게 주어라" 하니, 육우가 부끄럽게 여겼다. 그래서 다시 「훼다론」毁茶論을 지었다.

【대총명大叢茗】『속수신기』續搜神記에 다음과 같은 이야기가 실려 있다. 진晉 효무제孝武帝 때에 선성宣城 사람 진정秦精이 무창산武昌山에 들어가 차를 따다가 갑자기 어떤 사람을 만났는데, 키가 1장丈이고 온몸이 털로 덮여 있었다. 진정이 보고 크게 놀라자 털복숭이 사람이 얼른 그의 팔을 끌고 가 산굽이의 대총명大叢茗이 있는 곳에 가서 놓아주었다. 그러고는 곧장 가더니 얼마 뒤 다시 돌아와 품속의 귤을 꺼내어 진정에게 주었다. 진정은 몹시 두려워 차를 지고 돌아왔다.

【차를 만들어 봉분에 올리다】『이원』異苑에 다음과 같은 이야기가 실려 있다. 섬현剡縣의 진무陳務의 처는 젊어서 과부가 되어 두 아들과 함께 살았다. 집에 예전부터 오래된 무덤이 있었는데, 차떡을 만들 때마다 빠짐없이 먼저 봉분 가에 놓고 제를 올렸다. 두 아들이 걱정을 하며, "옛 무덤이 무얼 안다고 헛수고를 하십니까?" 하고 무덤을 파내려고 하자 어머니가 간곡히 말렸다. 밤이 되어 꿈에 어떤 사람이 나타나 "내가 죽은 지 삼백 년이 되었는데 그대에게 은혜를 넘치게 받았습니다. 게다가 두 아드님이 항상 파내려고 할 때마다 그대 덕에 보존될 수 있었습니다. 비록 지하에 있는 썩은 백골이지만 어찌 은혜에 대한 보답을 잊을 수 있겠습니까" 하였다. 이튿날 아침에 일어나 보니 바깥

마당에 10만 전의 돈이 놓여 있었는데, 오래전에 묻힌 돌처럼 보였지만 꿰미는 새로 만든 것 같았다. 돌아와 아들에게 전말을 말하니 두 아들이 부끄러워하였다. 이로부터 제향을 더욱 정성스레 차렸다.

【진다眞茶】 유곤劉琨이 남연주자사로 있던 조카 유연劉演에게 보낸 편지「여형자남연주자서연서」與兄子南兗州刺史演書에 "전에 안주安州의 말린 생강 2근을 얻었는데, 내 병중에 번민이 심하여 항상 진다眞茶를 바라고 있다. 네가 부디 보내 주기 바란다"하였다.

【수액水厄】『세설신어』世說新語에 다음의 고사가 실려 있다. 진晉나라 왕몽王濛이 차를 좋아하여, 손님이 올 때마다 차 마시기를 권하였다. 그래서 당시 사대부들이 모두 부담스러워하여, 매번 인사를 갈 때면 으레 "오늘 수액을 만나겠군" 하였다.

【차 장수 할머니】 진晉나라 원제元帝 때에 어떤 할머니가 있었다. 언제나 차 한 그릇을 받쳐 들고 시장에 가서 파는데, 시장 사람들이 다투어 사 갔다. 그런데 아침에서 저녁이 다 되도록 그릇 속의 차는 조금도 줄지 않았고, 차를 팔아 모은 돈은 길옆의 가난한 사람들에게 모두 나누어 주었다. 어떤 사람이 수상하게 여겨 고발하여, 관가에서는 그 할머니를 체포하여 옥에 가두었다. 밤이 되자 들고 다니며 팔던 차 그릇과 함께 창문을 통해 날아갔다.

【차나무를 얻다】『신이기』神異記에 다음과 같은 이야기가 실려 있다. 우홍虞洪은 여요餘姚 사람이다. 산에 들어가 차를 따다가 세 마리의 푸

른 소를 데리고 다니는 어떤 도사를 만났는데, 도사가 그를 인도하여 폭포산으로 데려갔다. 도사는 "나는 단구자丹丘子이다. 듣건대 그대가 차를 잘 만들어 마신다지? 그대의 차를 한번 얻어 마셔 보고 싶다. 산에 큰 차나무가 있는데 내가 그 찻잎을 줄 터이니, 뒷날 그대가 이 찻잎으로 차를 만들어 마시고 남은 것이 있으면 내게 보내 주기를 바란다" 하였다. 오홍이 즉시 축원을 하였다. 뒤에 집안의 하인을 보내어 산에 들여보내니 과연 큰 차나무가 있었다.

【복명하複茗瘕】『속수신기』續搜神記에 다음과 같은 이야기가 실려 있다. 환선무桓宣武 때에 어떤 장군이 병을 앓고 난 뒤로 허열虛熱이 생기면 곧 복명複茗을 마셨는데, 반드시 1곡 2두를 마셔야 배가 부르곤 했다. 뒤에 어떤 객이 와서 다시 5되를 더 올리니 곧 됫박만 한 어떤 이물異物을 토해 내었는데, 입이 있고 형태는 수축하여 주름이 졌으며 소의 내장 같은 형상이었다. 객이 그것을 항아리 속에 넣어 두라고 명하고 1곡 2두의 복명을 들이붓자 이것이 모두 빨아 먹더니 배가 조금 팽창하였다. 거기에 다시 5되의 복명을 더 주니 곧 혼연히 입으로 차가 뿜어져 나왔다. 장군은 이것을 토해 낸 뒤로 병이 차츰 나았다. 어떤 이가 이것이 무슨 병이냐고 묻자, 그가 "이 병은 복명하複茗瘕입니다"라고 하였다.

【각다榷茶】 당나라 태화太和 9년, 왕애王涯가 차를 올리자 왕애를 각다사榷茶使로 삼았다. 차에 세금이 붙기 시작한 것은 왕애에서 비롯되었다. 정주鄭注에서 역시 각다에 대해 논하여, "천자가 왕애를 각다사로 명하였다. 왕애가 사형을 당할 때 사람들이 욕을 하며 기와 조각과 돌

멩이를 던졌다" 하였다.

【각다의 조서를 거절하다】 하역우何易于가 익창령益昌令이 되었을 때 염철관鹽鐵官이 차 세금의 이익을 착취하여, 조서를 내려 곳곳마다 소득을 숨기지 말라고 하였다. 하역우가 조서를 보고, "익창 사람은 차세를 매기지 않아도 살아가지 못할 판인데, 하물며 과중한 세금을 독촉하다니" 하고 관리더러 조서를 물리치라고 하자, 관리가 "천자의 조서를 어찌 감히 막을 수 있겠습니까? 제가 이 일로 죽으면 그대인들 무사할 줄 아시오?" 하였다. 그러자 하역우가 "내 어찌 나의 일신을 아껴 백성들에게 폭력을 전가하겠는가. 또한 그대의 부서에 죄가 되지도 않게 하겠다" 하고 즉시 스스로 조서를 태웠다. 관찰사가 평소 독려하던 터라 탄핵하지 않았다.

【차 한 꿰미를 받다】 장일張鎰이 육지陸贄에게 백만 전을 바치고 단지 차 한 꿰미를 받았는데, 이때 "감히 내리신 물건을 받들지 않을 수 있겠습니까" 하였다.

【감초벽甘草癖】『청이록』清異錄에 다음과 같은 이야기가 실려 있다. 하자화何子華가 손님 대접을 할 때였다. 술이 반쯤 취했을 때, 육우의 소상塑像을 꺼내어 놓고 말하기를, "옛날에 준마에 정신이 홀린 자를 마벽馬癖이라 하고, 돈꿰미에 몰두하는 자를 전벽錢癖이라 하고, 자식 자랑에 푹 빠진 자를 아벽兒癖이라 하고, 인물과 역사에 대해 비평을 잘 하는 자를 좌전벽左傳癖이라 한다. 이 늙은이는 차 마시는 일에 흠뻑 빠졌으니 장차 무슨 벽癖으로 이름을 지을까" 하였다. 그러자 양수중

楊粹仲이 "차는 지극히 진귀하지만 결국 식물에 불과합니다. 식물 중에 맛이 단 것은 차보다 더한 것이 없으니, 의당 육우를 따라 감초벽甘草癖이라 하는 것이 좋겠습니다" 하니, 좌중이 꼭 맞는 말이라고 여겼다.

경릉竟陵의 어떤 산승이 물가에서 갓난아이를 주워, 그 아이를 길러 제자를 삼았다. 아이가 조금 자랐을 때 점을 쳐서, 점괘에서 '건괘를 만나 점괘로 간다'라는 괘사를 얻었다. 점괘 상구上九의 효사에 "큰 기러기가 땅에서 하늘로 날아오르니, 그 깃털을 의식에 써도 좋으리라"라고 하니,* 이에 성을 육씨陸氏로 삼고 자를 홍점鴻漸이라 하고, 이름을 우羽라고 하였다.

【만감후晚甘侯】『청이록』에 실린 손초孫樵의 「송다여초형부서」送茶與焦刑部書에, "만감후 15인을 상서의 재각으로 보냅니다. 이들은 모두 우레가 칠 때에 따서 물에 절을 하고 정성스레 제조한 것입니다. 만감후는 건양建陽 단산丹山의 물 맑은 고장 월간月澗 운감雲龕의 외진 곳에서 만든 최상품이니, 부디 천하게 여기지 마소서" 하였다.

【고구사苦口師】피광업皮光業은 차 마시기를 몹시 즐겼다. 하루는 친척 형제들이 햇차를 한번 맛보라고 청하였다. 자리가 성대하게 차려지고 고관대작들이 그득히 모였는데, 피광업이 자리에 오자마자 술동이는

• 점괘에서 ~ 라고 하니   『주역』에서 건괘蹇卦와 점괘漸卦는 맨 위의 효만 다르고 나머지는 모두 같으므로, 건괘에서 점괘로 변할 때에 상구上九의 효만 보면 된다. 점괘의 효사에, "기러기가 하늘 높이 날아가나니, 그 터럭을 의식에 써도 좋으리라"라고 하였다.

돌아보지 않고 매우 급하게 차를 찾았다. 그리고 곧장 큰 잔으로 한 잔을 들이킨 다음, "달콤한 술을 보기도 전에 먼저 쓰디쓴 차를 맞이하노라"(未見甘心氏 先迎苦口師)라고 시를 지었다. 그러자 사람들이 크게 웃으며 "이 찻물은 정말이지 청고淸高하기는 하지만 허기를 면하기는 어렵다" 하였다.

【좋은 차 때문에 시를 잘 짓다】 호생胡生이란 자는 쇠못 만드는 것으로 업을 삼으며 백빈주白蘋洲 가에서 살았다. 그 곁에 오래된 봉분이 있었는데, 차를 마실 때면 반드시 한 잔씩 올리곤 하였다. 하루는 꿈에 어떤 사람이 말하되, "나의 성은 유柳인데, 살아생전에 시를 잘 짓고 차 마시기를 즐겼다. 그대가 차를 나눠 준 은혜에 감사하고 있으나 갚을 길이 없으므로 그대에게 시 짓는 법을 가르쳐 주고자 한다" 하였다. 호생이 시를 짓지 못한다고 사양하자 유柳는 강권하며, "다만 그대 마음에 생각나는 대로만 말하면 절로 운치가 있을 것이다" 하였다. 호생이 뒤에 마침내 시를 잘 짓게 되었다. 유는 바로 유운柳惲이다.

【소화를 돕는 차】 옛날에 어떤 사람이 서주목舒州牧에 제수되었다. 이덕유李德裕가 그에게 "고을에 도착하는 날 천주봉차天柱峰茶를 몇 각角 보내 주면 고맙겠소" 하였다. 그 사람이 수십 근斤을 바쳤으나, 이덕유는 받지 않았다. 이듬해 수령의 공무가 끝난 뒤 마음을 써서 정밀하게 골라 몇 각의 차를 수확하여 보냈다. 이에 이덕유가 "이 차는 술독과 식체를 내릴 수 있다" 하고 한 사발을 끓이라 명한 다음, 고깃덩이의 속살에 부었다. 그리고 은합자銀盒子 속에 갈무리해 놓았다. 이튿날 아침에 그 고깃덩이를 보니 이미 물로 변해 있었다.

【날마다 백 사발을 마시다】 당나라 선종 대중大中 3년(849), 동도東都에서 스님 한 사람을 올려 보냈는데, 나이가 120세였다. 선황宣皇이 무슨 약을 먹길래 이리 오래 살 수 있느냐고 묻자 스님이, "신은 젊었을 때부터 미천하여 약성藥性에 대해서는 모릅니다. 본래 차를 좋아하여 가는 곳마다 차를 청합니다. 그래서 어떤 날은 하루에 백 사발 넘게 마시고, 평상시에도 하루에 사오십 사발보다 적게 마시지는 않습니다" 하였다. 이로 인해 차 50근을 하사하였다. 지금 보수사保壽寺에 거처하고 있다.

【차나무를 뽑고 뽕나무를 심다】 장영張詠이 숭양현령崇陽縣令으로 부임해 보니, 백성들이 차를 재배하여 생업으로 삼았다. 장영이 "차는 이익이 많지만 관가에서 장차 세금을 무겁게 매길 것이다" 하고 차나무를 뽑고 뽕나무를 심으라고 명하니, 백성들이 괴로워하였다. 뒤에 차에 세금을 매기자, 다른 고을에서는 모두 생업을 잃었지만 숭양현에는 이미 뽕나무가 다 자라 있었다.

【뇌명차雷鳴茶】「아안지」雅安志에, "몽산蒙山의 중턱에 스님이 냉병을 앓은 지 오래되었다. 한번은 어떤 늙은이를 만났는데, 그가 말하기를 '선가仙家에 뇌명차雷鳴茶라는 차가 있다. 우레가 칠 때에 싹이 나면 두 손으로 딸 수 있다. 몽산 중턱에서 따야 한다. 그대가 수확하여 한두 번 복용하면 오래지 않아 병이 낫고, 건강하게 80여 세까지 살 수 있을 것이다' 하였다. 청성산靑城山으로 들어간 뒤로 어디로 갔는지 알 수 없었다.

【선장차僊掌茶】 형주荊州 옥천사玉泉寺에 우윳빛 샘물이 솟는 유굴乳窟이 있어 옥빛 샘물이 마구 흐른다. 그 속에 흰 박쥐가 있는데, 크기가 까막까치만 하며 샘물을 마셔 오래 산다. 물가에는 차나무가 있는데 이름이 선인장仙人掌이다. 찻잎이 손바닥만큼 크다.

【일창일기一槍一旗를 논하다】 형공荊公의 시「송원후」送元厚에 "서재에서 일기一旗의 햇차 마신다"(新茗齋中試一旗) 하였는데, 세상에서는 찻잎이 막 돋아나 여린 것을 일창一槍이라 하고, 조금 자라 잎이 펴진 것을 일기一旗라고 한다. 이때가 지나면 '일창일기'가 아니다.

【소금과 생강을 넣는다는 것에 대해】 소식이 말하기를 "당나라 사람들은 차를 끓일 때 생강을 넣는다. 그래서 설능薛能의 시에 '소금은 덜고 넣을 때 늘 조심해야 하고, 생강은 넣을수록 더욱 자랑해야 하네'(鹽損添常戒 薑宜着更誇) 하였다. 이 시에 근거해 보면 소금을 넣는 차가 있기는 한가 보다. 근래에 소금과 생강을 차에 넣는 자가 있으면 번번이 크게 웃었다. 그러나 중등품의 차에 생강을 넣어 달이면 참 좋지만, 소금은 넣어서는 안 된다"라고 하였다.

茶

茶經 茶者南方之嘉木也 樹如瓜蘆 葉如梔子 花如白薔薇 其名一曰茶 二曰檟 三曰蔎 四曰茗 五曰荈

爾雅 早采者爲茶 晩取者爲茗

茶譜 蜀州雀舌鳥嘴麥顆 文有片甲者早春黃茶 蟬翼者其葉軟薄如蟬翼也

【造小龍團】咸平中丁謂爲福建漕進龍鳳團 慶曆中蔡襄爲漕 始造小龍團 歐陽公問之曰 君謨士人也 何至作此事

【著茶經】唐陸羽嗜茶 著茶經三編 御史大夫李季卿 宣慰江南 有薦羽者 召之 羽衣野服 持具而入 公心鄙之 茶畢 命奴子取錢三十文 酬煎茶博士 羽愧之 更著毁茶論

【大叢茗】讀搜神記 晉孝武帝時 宣城人秦精 嘗入武昌山中採茗 忽見一人身長一丈 通體皆毛 精見之大怖 毛人徑牽其臂 將至山曲大叢茗處放之 便去須臾復來 乃探懷中橘與精 精甚怖 負茗而歸

【作茗著墳】異苑 剡縣陳務妻少寡 與二兒爲居 宅中先有古塚 每日作茗搏 輒先以著墳上 二子患之 曰古塚何知 徒以勞意 欲掘除之 母苦禁乃止 夜卽夢見一人 自說沒來三百餘年 謬蒙惠澤 賢二子 恒欲見毀 相賴保護 雖潛壞與朽骨 敢忘翳桑之報 明日晨興 於外屋得錢十萬 似久埋者而貫皆新提 還告其兒 並有慙色 自是設饌愈謹

【眞茶】劉琨與兄子南兗州刺史演書 曰前得安州乾薑*二斤 吾患體中煩悶 恒仰眞茶 汝可信信致之

【水厄】世說 晉王濛好飲茶 人至輒命飲之 士大夫皆患之 每欲往候 必云今日有水厄

---

* 薑 원문에는 '茶'로 되어 있으나, 『다경』에 의거하여 바로잡음.

【鬻茗】晉元帝時 有老母 每旦擎一器茗 往市鬻之 市人競買 自旦至暮 其器不減 所得錢 散路傍孤貧人 人或異之 執而繫之于獄 夜擎所賣茗器 自○飛去

【獲茗】神異記 虞洪餘姚人 入山採茗 遇一道士牽三青牛 引洪至瀑布山 曰吾丹丘子也 聞子善具飮* 常思見惠 山有大茗可以相給 祈子他日有羲*甌之餘 相乞* 遺也 洪卽祝之 後遣家人入山 果獲大茗焉

【複茗瘕】續搜神記 桓宣武 有一督將 因病後虛熱 便能飮複茗 必以一斛二斗乃飽 後有客造之 更進五升 乃吐出一物如升大 有口 形質縮縐 狀如牛肚 客乃令置盆中 以一斛二斗複茗澆之 此物噏之都盡 而服中覺小脹 又增進五升 便悉混然從口中涌出 卽吐此物 病遂瘥 或問之此何病 答曰此病名複茗瘕

【榷茶】太和九年 王涯獻茶 以涯爲榷茶使 茶之有稅自涯始 鄭注亦議榷茶 天子命涯爲使 及涯就誅 皆群詬罵 抵以瓦礫

【榷茶拒詔】何易于爲益昌令 鹽鐵官榷取茶利 詔下 所在毋敢隱 易于視詔書 曰 益昌人不征茶 且不可活 矧厚賦毒之乎 命吏閣詔 吏曰天子詔何敢拒 吏坐死 公得免竄邪 對曰吾敢愛一身 移*暴于民乎 亦不使罪爾曹 卽自焚之 觀察使素督之 不劾也

- 飮　원문은 '飯'인데,『신이기』에 의거하여 바로잡음.
- 羲　원문은 '蟻'인데,『신이기』에 의거하여 바로잡음.
- 乞　『신이기』에 의거하여 보충해 넣음.
- 移　원문은 '劾'인데,『신당서』新唐書「열전」列傳에 의거하여 바로잡음.

【受茶一串】張鎰餉陸贄錢百萬 止受茶一串 曰敢不承之賜

【甘草癖】清異錄 何子華邀客 酒半 出陸鴻漸像 因言前世惑駿逸者爲馬癖 泥貫索者爲錢癖 耽于子息者爲譽兒癖 耽于褒貶者爲左傳癖 若此叟者 溺于茗事 將何以名其癖 楊粹仲曰茶至珍 蓋未離乎草也 草中之甘 無出茶上者 宜追目陸氏 爲甘草癖 坐客曰允矣哉

竟陵僧有於水濱得嬰兒者 育爲弟子 稍長 自筮遇蹇之漸 繇曰鴻漸于陸 其°羽可用爲儀 乃姓陸氏字鴻漸名羽

【晩甘侯】清異錄 孫樵°送茶與焦刑部書云 晩甘侯十五人遣侍齋閣 此徒皆乘雷而摘 拜水而和 蓋建陽丹山碧水之鄉 月澗雲龕之品 愼勿賤用之

【苦口師】皮光業最耽茗飮 一日中表兄弟° 請嘗新柑 筵具甚豊 簪紱叢集 纔至未顧尊罍 而呼茶甚急 徑進一巨甌 題詩 曰未見甘心氏 先迎苦口師 衆噱 曰此師固淸高 而難以療饑也

【眞茗能詩】胡生者 以釘鉸爲業 居近白蘋洲 傍有古墳 每茶飮必奠酹之 忽夢一人謂 曰吾姓柳 平生善詩而嗜茶 感子茶茗之惠 無以爲報 欲敎子爲詩 胡生辭以不能 柳强之 曰但率子意言之 當有致矣 生後遂工詩 柳當是柳惲也

• 其　원문에는 '其'가 없으나, 『청이록』과 『주역』에 의거하여 바로잡음.
• 孫樵　원문은 '孫焦'이나, 『청이록』에 의거하여 바로잡음.
• 兄弟　원문에는 '兄弟'가 없으나, 『고승전』에 의거하여 바로잡음.

【消食茶】昔有人授舒州牧 李德裕謂之曰 到郡日 天柱峰茶 可惠三數角 其人獻數十斤 李不受 明年罷郡 用意精求 穫數角投之 李曰此茶可以消酒食毒 乃命烹一甌 沃于肉食內 以銀合閉之 詰旦 因視其肉 已化爲水矣

【日飮百椀】大中三年 東都進一僧 年一百二十歲 宣皇問服何藥而致此 僧對 曰 臣少也賤素 不和藥性 本好茶 至處唯茶是求 或出日過百餘椀 如常日亦不下四五十椀 因賜茶五十斤 今居保壽寺南部新書

【拔茶植桑】張詠令崇陽 民以茶爲業 公曰茶利厚 官將榷之 命拔茶植桑 民以爲苦 其後榷茶 他縣皆失業 而崇陽之桑已成

【雷鳴茶】雅安志云 蒙山中頂有僧 病冷且久 遇老父 曰仙家有雷鳴茶 俟雷發聲乃苗 可倂手 於中頂採摘 汝法採獲一兩服 未竟病瘥 精健至八十餘 入靑城山 不知所之※

【僊掌茶】荊州玉泉寺 有乳窟 玉泉交流 中有白蝙蝠 大如鴉 飮乳而長生 水邊茗草 名仙人掌 茶大如手掌

【論槍旗】荊公送元厚之詩 新茗齋中試一旗 世謂茶之始生而嫩者則爲一槍 寝大而開謂一旗 過則不堪矣

※ 이 부분은 몽정차와 관련한 것인데, 전체적으로 오탈자가 많아 『다경』과 『다보』에 근거하여 보완하고 바로잡음.

【用藍薑】東坡云唐人煎茶用薑 故薛能詩 鹽損添常戒 薑宜着更誇 據此則又有用鹽者矣 近世有用此二物者 輒大笑之 然茶之中等者 用薑煎信圭也 鹽則不可

출전: 『유원총보』類苑叢寶 권37 「음식문」飮食門

해설   『유원총보』는 총 47권 21개 문門으로 구성된 일종의 백과사전이다. 그 내용을 보면, 차와 관련된 고사와 용어를 중심으로 이름과 저술, 제도와 효능 등을 모아서 수록해 두었다. 이런 점에서 비록 중국의 문헌을 참고한 것이기는 하지만, 조선초기 이목李穆의 『다부』茶賦나 조선 후기 이덕리李德履의 「기다」記茶, 서유구徐有榘의 『임원경제지』林園經濟志 등과 함께 조선 중기의 대표적인 차 문헌이라고 할 수 있다. 특히 그 출처나 유래가 불분명하였던 차와 관련된 고사나 용어를 밝혀 놓고 있어서 조선 중기 차 문화의 배경과 인식 수준을 고찰하는 데 보탬이 될 것으로 여겨진다.

정홍명 鄭弘溟, 1582~1650

눈 속에서(계곡이 보여 준 시에 차운하여)
雪中(次谿谷示韻)

뜨락의 나무 눈 때문에 가지가 기울어
눈 내린 새벽 풍경 온통 기이하구나.
차 달이는 오랜 버릇에 그대 수고롭겠지만
술 마시는 새로운 효험을 나는 알고 있다네.
영로의 유란사˚는 시가 절묘하고
섬계의 외로운 배˚는 흥이 들쭉날쭉.
날 추우니 창백하게 백발도 더해

• **영로郢路의 유란사幽蘭詞** 영郢은 중국 초나라의 수도이고, 유란사幽蘭詞는 『초사』楚辭를 가리킨다. 여기서는 계곡 장유張維의 시를 높여 이렇게 비유한 것이다.
• **섬계剡溪의 외로운 배** 한밤중에 배를 타고 벗 대규戴逵를 찾아갔던 왕휘지의 일화를 가리킨다. 양경우의 시 「큰 눈이 내리다」의 주 참조(이 책 268쪽). 여기서 왕휘지는 자신을 비유한 표현이다.
• **기옹畸翁의 금체시禁體詩** 기옹畸翁은 저자 정홍명의 호이고, 금체시禁體詩란 여럿이 시를 지을 때에 특정 글자를 쓰는 것을 금하는 것이다. 중국 송나라 구양수가 눈을 읊은 시를 지을 때 이와 같은 방법을 썼는데, 아마도 장유와 정홍명이 이 방식을 따라 서로 시를 주고받은 것으로 보인다.

기옹의 금체시*를 시름겹게 하네.

庭樹欹斜雪壓枝 曉來光景十分奇 煎茶宿習君應苦 中酒新功我自知
郢路幽蘭詞絶妙 剡溪孤棹興參差 寒添鬢髮滄浪色 惱殺畸翁禁體詩

출전: 『옥담시집』玉潭詩集

해설 장유가 시를 보내오자, 그에 차운하여 지은 시이다. 자신이 술을 좋아하는 만큼 장유가 오래전부터 차를 사랑했다고 말하였는데, 이것을 보면 장유의 차에 대한 애호 정도를 엿볼 수 있다.

정홍명 鄭弘溟, 1582~1650

저녁눈 暮雪

어둠 내리는 하늘에 세찬 눈 분분하고
거세게 바람 불어 지붕 연기 몰아가네.
외로운 심사는 고달프고 평상은 차가워
손수 주전자에 홀로 차를 달이네.

雪蒼茫欲暮天 亂風吹捲屋頭煙 孤懷悄悄匡床冷 手點茶鐺獨自煎

출전: 『기암집』畸庵集 권8

해설 세찬 눈이 분분히 내리는 저녁에 홀로 차를 달이며 지은 시이다. 앞의 시에서 자신은 술을 좋아하고 장유는 차를 좋아하였음을 대비시켜 말하였는데, 이 시로 보면 정홍명 역시 상당한 차 애호가였다고 하겠다.

정홍명 鄭弘溟, 1582~1650

잠에서 깨어 睡起

세상의 영욕은 다단하여 알 수 없으니
천기를 보존하여 몸속에 간직할 뿐.
낮잠에서 깬 뒤 아무 일 없어
가만히 아이더러 차 달이라 하네.

世間榮辱一亡羊 葆守天機在括囊 午睡起來無別事 細敎童子點茶鐺

출전: 『기암집』 권8

해설　선시禪詩 같은 분위기를 풍기는 시이다. 세상사 영욕은 어수선한 꿈과 같은 일. 낮잠에서 깬 뒤 모든 영욕이 부질없음을 깨닫는다. 그러고는 무심하게 차나 한 잔 달일 뿐이다. 정홍명의 차 애호가 매우 깊었음을 보여 주는 시이다.

이식 李植, 1584~1647

배를 타고 한양으로 내려오는 길에
舟下漢陽過大灘 ……

십 년 전 한가한 자취 어느 날 거두신 뒤
외진 대숲 솔숲엔 부질없이 닫힌 사립문만.
업후˚의 서가에는 천 권 서책 남아 있고
육우˚의 다기茶器는 돌아가는 배에 싣지 못했네.
부귀야 본래 우리와는 상관없는 일.
강호에서 일찍이 옛사람 근심 품었지.
언제나 임금님 은혜에 보답하고
시회와 모임에 자유로이 다닐꼬.

• 업후鄴侯 업현후鄴縣侯에 봉해졌던 중국 당나라 이필李泌을 가리킨다. 그의 서가에는 3만 권의 장서가 있었던 것으로 유명한데, 여기서는 정백창鄭百昌의 서가를 비유하여 말한 것이다.
• 육우陸羽 본래 『다경』의 저자 육우陸羽를 가리키는 말이나, 여기서는 생전에 차를 좋아했던 정백창을 가리켜 이렇게 표현한 것이다.

十載閑蹤一日收 柴門空鎖竹松幽 鄴侯書架留千軸 陸子茶爐曠小舟
富貴本非吾輩事 江湖曾抱古人憂 何時粗效涓埃了 酒社騷壇得自由

출전: 『택당집』澤堂集 권2

원제 배를 타고 한양으로 내려오는 길에 대탄에 들르다. 덕여의 옛 초당에는 아직도 장서가 남아 있다 舟下漢陽過大灘 德餘舊堂 尙有藏書

해설 원제에 나오는 덕여德餘는 정백창鄭百昌의 자이다. 그는 현재의 양평군 양서면 대심리 한여울[大灘]에 은거하였는데, 이식의 택풍당澤風堂이 바로 이웃 고을인 양동면 쌍학리에 있어 뱃길로 서로 친밀히 왕래하였다. 그런데 정백창이 이식보다 10년 먼저 세상을 떠났으므로, 그곳에 들러 이렇게 읊은 것이다. 이 시를 통해 정백창이 상당한 장서가였으며, 늘 차를 즐겼음을 여실히 알 수 있다.

이식 李植, 1584~1647

대궐 관청에서 신화*로 차를 끓이며
省中新火煮茶

적막한 붉은 대궐문 드리운 한낮의 그늘
늦봄의 꽃 스치우며 새끼 제비 들락날락.
주방에서 새 불씨 붙였다는 말 듣고
곧장 새 물 떠다 햇차 끓여라 다그쳤네.

새로운 차 한 대접에 새 시름 말끔히 씻으니
어젯밤 고향 강에서 노닐던 꿈 홀연히 떠오르네.
강기슭엔 복사꽃 피고 봄 강은 불어 출렁출렁
대나무 절구에 화로 싣고 고향 가는 배에 누웠었지.

초봄에 따 올린 지리산의 어린 찻잎이요,
중서에 막 전해진 입하의 살구나무 불씨로세.
시종하는 신하 혀뿌리에 홍건히 고이는 침.
맑고 부드럽기로는 합문천 물맛이 제일이지.

• **신화**新火　계절마다 각각 그 절기를 상징하는 나무로 불을 피워 그 불씨를 전해 주던 일. 개화改火라고도 한다. 봄에는 느릅나무와 버드나무, 여름에는 대추나무와 살구나무, 늦여름에는 뽕나무, 가을에는 떡갈나무와 참나무, 겨울에는 홰나무와 박달나무를 썼다.

몽롱하게 졸며 아침나절을 보내나니
성긴 발에 바람 불고 새끼 제비 나는 연습하네.
옥순玉笋* 담은 꽃문양 찻사발 어데서 보내왔나?
「완랑귀」* 맑은 노래 한 곡조 들려오네.

彤扉岑寂午陰遮 乳燕參差掠晚花 忽聽廚人新火報 便催新水煮新茶
新茶一椀浣新愁 忽憶東江昨夢遊 兩岸桃紅春漲闊 風爐竹碾倚歸舟
初春南嶽茶芽薦 立夏中書杏燧傳 解使侍臣澆舌本 清柔先品閣門泉
朧朧睡睫送朝暉 風軟疏簾燕習飛 何處花甌傳笋玉 清歌一曲阮郎歸

출전: 『택당집』 권4

해설   이 시는 이식이 승문원에 있던 시절에 쓴 것이다. 여름이 되어 대궐에서 살구나무 불씨를 새로 피웠다는 소식이 들려오자, 첫 불씨로 햇차를 달여 먹고 싶은 마음에 황급히 차와 찻사발을 준비하는 모습이 잘 그려진 시이다. 이 차를 마시며 떠올린 지난밤의 꿈은 남한강을 거슬러 고향으로 돌아가는 배 위에 누워 있는 장면인데, 거기에 찻잎을 찧기 위한 대나무 절구와 찻물을 달이기 위한 화로를 실었다고 했으니, 이식의 차 애호가 어느 정도였는지 짐작해 볼 수 있다.

• **옥순**玉笋   옥순은 차의 별칭이다. 예로부터 차의 다른 이름으로 '석화 자순'石花紫笋 혹은 '영아 진순'靈芽眞笋이 있었다.
• **「완랑귀」**阮郎歸   옛날 노래 곡조의 이름이다. 중국 한나라 명제明帝 때, 유신劉晨과 완조阮肇 두 사람이 천태산天台山으로 약초를 캐러 갔다가 선녀를 만나 극진한 환대를 받고 돌아왔다는 전설에 근거한 노래로, 차 맛의 느낌이 마치 그러하다는 것을 비유해서 말한 것이다.

이식 李植, 1584~1647

장성태수 한진명韓振溟이
차와 죽순을 부쳐 준 것에 사례하여
謝長城韓太守(振溟)寄茶筍

대사에서 칼을 막 두드릴 때
문원이 그야말로 목이 마를 때*
옛 친구가 소식 전해 왔나니
햇맛이 술과 안주를 압도하네.
죽순국은 달디달고
작설차는 감미로워라.
부채질 따위 번거로워라.
올여름은 서늘하기 가을 같으니.¹

代舍方彈鋏 文園正渴喉 故人傳札翰 新味壓醪羞
羹煮龍孫美 茶煎雀舌柔 不須煩寄扇 今夏冷如秋

- **대사代舍에서 ~ 마를 때**　대사代舍는 상등의 빈객을 접대하는 곳이고, 칼을 두드린다는 것은 포부를 펴고 싶다는 말이다. 중국 전국 시대 맹상군孟嘗君의 문객門客인 풍환馮驩이 자신을 알아주지 않는 맹상군을 위해 장검을 두드리며 속마음을 노래로 지어 불렀다. 문원文園은 소갈증을 앓았던 중국 한나라의 문장가 사마상여를 가리킨다. 풍환과 사마상여 모두 이식 자신을 빗댄 인물이다.

[1] 차와 죽순만 보내왔을 뿐 절선은 부쳐 주지 않았기 때문에 이렇게 말한 것이다(只有茶筍而不寄節扇故云).

출전: 『택당집』 속집 권5

해설　단오 무렵, 전남 장성의 태수로 나가 있던 벗에게서 편지와 선물이 왔다. 바로 그 지방의 특산인 작설차와 죽순이다. 이때 이미 장성은 차와 죽순을 대표적 토산물로 생산하고 있었던 모양이다.

최명길 崔鳴吉, 1586~1647

총수산 蔥秀山

단 샘에 고드름 얼어 옥유玉乳가 떨어지고
절벽에 소나무는 거꾸로 자라네.
바위벼랑 붉은 꽃이 물에 비친다면
정말로 잘 어울려 아름답겠지.

바위 아래 단 샘물을 길어 와
강남에서 늦봄에 딴 차를 달이네.
한 사발에 놀라워라, 병든 다리 나으니
청려장 지팡이로 모래밭을 걷고 싶네.

아찔아찔 무너질 듯 높이 솟은 바위
푸른 산안개 짙고 긴 폭포 걸렸네.

• **총수산**蔥秀山 황해도 평산 북쪽에 있는 산. 이 산 허리에 옥류천玉溜泉이란 샘이 있는데, 샘물이 바위 구멍으로 들어가 숨어 아래로 맑게 흐르다가 바위 아래 구멍으로 다시 솟아 나온다. 중국 사신 주지번이 이곳에 왔다가 매우 좋아하여 '옥류천'이란 이름을 붙였다. 정유길의 시 「한 정사의 「옥류천을 맛봄」에 차운하여」의 주 참조(이 책 85쪽).

조화옹이 응당 힘들여 조각했으리니
면면이 아름다운 연꽃을 깎아 냈구나.

산속 객점에 도착하니 해가 지려는데
이끼 쓸고 솥 걸어 손수 차를 달이네.
바위 사이 쌓인 눈은 골짜기에 숨었고
얼음 아래 차가운 물은 얕은 모래 씻누나.

凍滴甘泉玉乳垂 松生絶壁倒虯枝 若遣巖花紅映水 也應添得十分奇

汲來岩下甘泉水 煮取江南晩採茶 一椀頓驚蘇病脚 欲將藜杖試平沙

危石崚嶒欲倒垂 翠嵐濃滴掛猿枝 化工應費雕鐫力 削出芙蓉面面奇

山店投來日欲斜 掃苔安鼎自煎茶 岩間積雪藏深壑 氷底寒流瀉淺沙

출전: 『지천집』遲川集 권1

해설 최명길이 중국으로 가는 길에 여기에 이르러 차를 달여 먹으며 이 시를 썼다. 총수산 바위 아래 옥류천을 길어 차를 달여 마시니 먼 사행에 지친 다리가 다 낫는다고 하였고, 또 늦은 오후 객점에 도착하자 곧 손수 차를 달여 마신다고 하였으니, 차가 중국 사행의 긴 여정에서 길동무 역할을 단단히 하였다.

최명길 崔鳴吉, 1586~1647
산장을 그리며 憶山莊

도가 바르면 정신은 왕성하고
마음 맑으면 몸은 편안하여라.
몸 밖의 세상사일랑 생각을 말고
부디 눈앞의 즐거움 누리시기를.
싯구 짓느라 운편을 자르고
차 달이느라 월단* 쪼개었네.
소나무 시렁 얹은 초당이면
화려한 누대 부럽지 않지.

道直神須旺 心淸體自安 莫思身外事 且辦面前歡
得句裁雲片 烹茶破月團 茅簷松作架 足以當朱欄

출전: 『지천집』 권4

* 운편雲片, 월단月團 모두 차의 이름이다. 운편은 중국 형계荊溪 지방(오늘날 자사호紫沙壺의 생산지로 유명한 강소성 무석無錫의 의흥宜興)에서 나는 명차이므로 흔히 형계운편荊溪雲片이라고 한다. 월단은 보이차普洱茶를 보름달 모양으로 만든 떡차의 일종이다.

해설 최명길이 심양瀋陽의 북관北館에 억류되었던 58세 무렵, 고향의 산장을 그리며 쓴 시 「감회」感懷 4수 중 네 번째 시이다. 청나라에 볼모가 된 자신의 신세를 다독이며 도를 바르게 하고 마음을 편안히 하려 노력하는 모습이 잘 드러나 있다. 그 와중에 고향 산장에서 운편차를 자르며 시를 읊조리고, 보이차 덩이를 쪼개어 차를 달이던 정취를 추억하고 있다.

조경 趙絅, 1586~1669

중양절

임인년(1662) 중양절. 울타리 아래 국화는 아직 푸른 꽃망울만 맺혔다. 가난하여 술은 없고, 부엌 종이 기장떡을 만들어 차려 왔다. 손자들이 차를 달였기에 번갈아 마시며 절구를 짓고 한 번 웃는다.

뜨락의 황국화는 왜 이리 늦게 피나.
시골 늙은이 중양절이 너무 적적하구나.
기장떡 푹 쪄서 쌀밥을 대신하고
햇차를 천천히 마시니 술에 필적하누나.

壬寅重陽 籬菊靑蕊 貧無白酒 廚婢造黍餠餉之 孫兒煎茶替飮 遂吟絶句 一噱
庭前黃菊開何晩 野老重陽太寂寥 黍米深蒸代雲子 新茶細酌敵香醪

출전:『용주유고』龍洲遺稿 권1

해설　중양절 무렵이 되면 국화가 노랗게 핀다. 그날은 선비들이 모여 높은 산에 올라 국화를 띄운 술을 마시며 회포를 풀고 재앙을 피한다. 그러나 이해에는 중양절이 되도록 국화가 피지 않고 다만 파란 어린 꽃망울만 겨우 맺혔으며, 가난한 시골 살림에 술마저 없다. 그래서 차를 달여 천천히 마시며 대신하는데, 그 맛이 중양절에 마시는 좋은 술맛에 필적한다고 노래하였다.

조경 趙絅, 1586~1669
어떤 사람이 차를 읊은 시에 차운하여
次人韻詠茶

오천 언 『노자』를 뒤적이다가
한낮에 문 닫고 햇차를 맛보네.
주전자 주둥이엔 거품이 막 넘치고
찻잔 속엔 월단月團이 더욱 어여뻐라.
마음을 적시는 건 은 고종의 명命보다 낫고
순조로운 기운은 『주역』의 곤괘와 어떠냐.*
안타까워라, 세상엔 이백이 없으니
옥산의 선장*을 뉘와 논할꼬.

披尋老子五千言 要喫新茶晝閉門 罏口初看魚眼出 杯中却愛月團存
沃心度越殷宗命 順氣何如易卦坤 只恨世間無李白 玉山仙掌與誰論

출전: 『용주유고』 권2

• **마음을 ~ 어떠냐** 차가 마음을 적시는 효능이 탁월하고, 기운을 순조롭게 하는 역할 역시 뛰어나다는 말이다. 은殷 고종高宗의 명이란, 『서경』書經 「열명」說命에서 고종이 부열傅 說에게 "그대의 마음을 열어 나의 마음을 적셔라"(啓乃心 沃朕心)라고 한 말을 가리킨 것 이다. 『주역』의 곤괘坤卦는 순응의 덕목을 가진 괘이다.
• **옥산玉山의 선장仙掌** 이슬처럼 맑고 감미로운 차를 뜻한다. 중국 한나라 무제가 건장궁 建章宮에 20장丈 높이의 승로반承露盤을 만들고, 그 위에 선인장仙人掌을 두어 천상天 上의 감로甘露를 받게 하였다. 이 이슬을 옥가루와 섞어 먹으면 장생불사한다고 한다.

해설　느긋하게 『노자』를 뒤적이다가 햇차를 달여 음미하는 유유자적한 모습이 잘 담겨 있다. 마음을 적셔 주고 기운을 순조롭게 고르는 차의 효능을 부각시켜 말하였고, 그것을 시로 담아 잘 표현할 수 없음을 안타까워하였다.

장유 張維, 1587~1638

비 오는 날 기암자에게 부친 시
雨中寄畸庵子

서안書案 하나에 바둑판 하나,
약 달이는 화로에 찻사발 하나.
이만하면 한평생 풍족하니
안달복달 애태울 것 없어라.

詩牀及棊局 藥爐兼茶盌 自足了生涯 無爲强悶懣

출전: 『계곡집』谿谷集 권25

해설 원래 장편의 고시이나 여기서는 일부만을 수록하였다. 기암자畸庵子는 앞서 나온 정홍명으로, 그도 역시 차를 몹시 좋아하였다. 정홍명이 장유에게 다시를 보내어 자신의 차 사랑을 표현했듯, 장유 역시 정홍명에게 자신의 다시를 보내어 화답했다.

장유 張維, 1587~1638

유양 사또 최대용崔大容이 서쪽 개울에서 노닐며 지은 시에 차운하다 次韻維楊崔使君大容遊西澗有題

짙디짙은 것은 긴 숲의 그림자요,
퐁퐁 솟는 것은 오랜 계곡의 샘물.
거문고 들고서 오솔길 걷다가
두건 젖혀 쓰고 소나무에 기대네.
물고기 회는 은실처럼 떨어지고
달인 찻물은 우유 거품 보글보글.
누가 알았으리요, 공무의 와중에
번잡한 속세에서 흥취가 솟아날 줄을.

翳翳長林影 泠泠古澗源 携琴踏蘿逕 岸幘凭松根
斫膾銀絲落 煎茶雪乳翻 誰知簿領裏 高興出塵喧

출전: 『계곡집』 권28

해설 전체 2수 중 첫 번째 시이다. 예전부터 흐르던 오랜 계곡 가에 거문고를 가지고 올라 시원히 바람을 쐰다. 이때 계곡에서 잡아 올린 물고기로 회를 치고 차를 달이면 번다한 잡무로 짜증나는 공무 생활에서도 고아한 흥취가 일어난다.

장유 張維, 1587~1638

차운하여 조박趙璞에게 수답하다
次韻酬趙叔溫

차 한 잔에 졸음이 완전히 깨어
산들바람 북창 아래 두건 쓰고 앉았노라.
장유*가 궁궐에 머물 수 있으랴.
계응처럼 오강에서 늙고 싶어라.*
헛된 명성에 부질없이 시만 천 수요,
궁박한 복록에 술 한 병도 못 살 생활.
손님 돌아간 뒤에 바둑판 치우고서
처마에 쌍쌍이 날아드는 제비를 물끄러미 보네.

- **장유長孺** 중국 한나라 급암汲黯의 자이다. 무제가 그를 보기를 꺼릴 정도로 직간直諫하기로 유명하였으며 '사직지신'社稷之臣으로 불리기까지 하였다. 뒤에 조정에서 쫓겨나 회양태수淮陽太守가 되었다. 조박趙璞의 성격이 강직하여 상대 당파로부터 자주 탄핵을 받았기에 이러한 고사를 인용한 것이다.
- **계응季鷹처럼 ~ 싶어라** 벼슬을 그만두고 고향에서 만년을 보내고 싶다는 말이다. 계응은 중국 진晉나라 장한張翰의 자이다. 낙양에 들어와서 동조연東曹掾의 벼슬을 하다가 가을바람이 이는 것을 보고 고향인 오중吳中의 순챗국과 농어회가 생각나자 곧바로 돌아갔던 고사가 있다.

茶甌贏得睡魔降　白袷風輕坐北窓　長孺豈堪留禁闥　季鷹眞欲老吳江
虛名漫有詩千首　薄俸難供酒一缸　斂却殘棋客散後　閑看乳燕入簷雙

출전: 『계곡집』 권30

해설　산들바람이 부는 북창 아래, 손님도 돌아가고 바둑판도 치운 적막한 산재山齋에서는 거나한 술보다 한 잔의 차가 어울린다. 초야에서 차를 마시며 고즈넉한 삶을 즐기는 선비의 일상이 한 폭의 그림처럼 그려졌다.

오준 吳竣, 1587~1666

밤에 운을 불러 휘둘러 쓰다
夜坐呼韻走筆

심심한 때 군입에 용단차 반가운데
무너진 난간 위로 푸른 이끼 오르네.
어느 곳에 현휘*가 시를 읊을까.
가을의 산색이 주렴 가득 차갑구나.

閑來口業喜龍團 苔意扶靑上毀闌 何處玄暉着吟○ 一秋山色滿簾寒

출전:『죽남당고』竹南堂稿 권2

해설 전체 7수 중 일곱 번째 시이다.

* **현휘**玄暉 중국 남제 사조謝朓의 자이다. 글이 맑고 화려하며 시詩에도 능했다.

오준 吳竣, 1587~1666

차운하여 산승에게 주다
次韻贈上人

근래 심사가 얼음 조각하는 듯한데
발 걷으니 종남산에 상쾌한 기운 더해라.
문 두드리는 소리에 차 마시는 달콤한 꿈을 깨니
시를 청하는 봉은사 스님 있어라.

邇來心事類彫氷 簾捲終南爽氣增 茶夢欲圓驚扣戶 乞詩知有奉恩僧

출전: 『죽남당고』 권2

해설　심사가 얼음을 조각하는 것과 같다는 말은 자꾸 변형되어 일정치 않음을 뜻한다. 종남산은 저자가 벼슬에서 물러나 은둔하고 있음을 나타낸 말이다. 꿈속에서 마저 차를 마시며 달콤하다고 한 것을 보면, 오준이 얼마나 차를 애호하였는지 잘 알 수 있다.

오준 吳竣, 1587~1666

운을 불러 呼韻 1

실개울 남쪽에 버들가지 물오르고
산에 감도는 옥빛이 발 너머 들어오네.
눈으로 용단차 끓임이 아름다운 일이니
죽엽청주 달다고 자랑 말아라.

柳意將舒小澗南 山浮玉氣透前簾 龍團烹雪添佳事 竹葉休誇旨且甘

출전: 『죽남당고』 권2

해설 전체 4수 중 세 번째 시이다. 아직 눈이 다 녹지 않고 늦추위가 덜 가신 이른 봄이다. 실개울에는 버들가지에 물이 오르고, 산에는 안개처럼 푸른 옥빛이 감돈다. 이때에 눈을 녹여 달여 먹는 용단차 맛은 죽엽청주보다 낫다.

오준 吳竣, 1587~1666

황해도관찰사 박서朴遾 공의 시에 차운하다
次西伯朴公遾韻

팔도의 삼장*이 뭇 사람 압도하니
관찰사 재주가 푸른 안개처럼 자욱하네.
하늘 끝에서 함께 술을 마시며
달빛 아래 「요조가」*를 듣노라
놀라워라, 봄이 되어 꽃들 가득 피었는데
변방의 물색을 마주하니 마음이 애달파라.
자리에 돌아온 뒤 술기운 남았으니
갈증엔 고저차를 자주 마셔야지.

八渡三章壓衆家 按廉才調鬱靑霞 天涯共把逡巡酒 月下仍聞窈窕歌

滿眼芳華驚節序 傷心物色對關河 歸來小榻餘醺縛 渴夢頻呑顧渚茶

출전: 『죽남당고』 권4

해설　당나라 시대에 만들어진 명차인 고저차顧渚茶가 황해도 지방에까지 퍼진 것을 보여 주는 자료이다. 봄날 술에 취한 뒤 갈증을 없애기 위해 고저차를 마시는 모습이 그려져 있다.

- **팔도八渡의 삼장三章**　삼장은 법을 간소화한다는 말로, 백성을 교화시키고 안정시키는 정치적 역량을 의미한다.
- **「요조가」窈窕歌**　『시경』「관저」關雎의 '요조'窈窕 장을 지칭하는 말.

오준 吳竣, 1587~1666

운을 불러 呼韻 2

청파에 땅거미 질 때 손님이 왔기에
용단차 재촉해 금술잔에 마시노라.
바람결에 들리는 종소리 베갯머리 시름겹게 하고
싯구 다듬는 음하*는 앉아서 재를 다독이네.
북궐의 몸은 봉황궐로 달리고
서호의 꿈에 조어대를 오르네.
분명코 강호의 선경仙境을 찾을 인연 있으리니
어느 날에야 가슴을 시원히 열 수 있을까.

客帶靑坡暝色來 龍團催碾替金杯 風傳鍾漏愁欹枕 句覓陰何坐撥灰
北闕身趨翔鳳闕 西湖夢上釣魚臺 煙霞的有尋眞分 何日襟期得好開

출전: 『죽남당고』 권4

해설 벗을 맞아 용단차를 마시며 선경을 찾을 날을 기약하는 내용이나, 자세한 정황은 알 수 없다.

---

* **음하陰何** 중국 남북조 시대 진陳나라의 시인 음갱陰鏗과 양梁나라의 시인 하손何遜. 두보의 시 「해민」解悶에서 "시 짓느라 고심한 음하를 자못 배웠노라"(頗學陰何苦用心) 라고 하였다. 여기서는 작자와 손님 두 사람을 가리킨다.

오준 吳竣, 1587~1666

금강산 스님의 시에 차운하여 주다
次贈金剛僧

시축엔 새 시 옛 시 좋은 작품 넘치는데
팔만 장 종이가 또 하나의 장관일세.
종병*의 와유는 혼연히 적막해지고
백낙천처럼 돌아가고픈 흥은 부질없이 들쭉날쭉.
설두 따라 차 맛을 품평하느라
청산에서 계수나무 가지를 묻지 못했네.*
사계절 모습이 오롯이 담겼으니
시단의 권력이 그대 손에 있구료.

• **종병**宗炳 중국 남조南朝 송나라의 시인. 그는 명산대천을 유람하는 것을 좋아하였는데, 늙어서 병이 들자 자기가 유람하였던 산수를 벽에 그려 두고 누워서 구경하였다 한다. 여기서는 스님의 시가 금강산 풍경을 하도 잘 묘사하여 종병의 산수화가 그만 무색해질 지경이라는 칭찬이다.
• **설두**雪竇 **따라 ~ 묻지 못했네** 설두는 중국 당나라 때의 선승으로, 100칙의 공안을 지어 운문종雲門宗의 선풍禪風을 드날린 인물이다. '계수나무 가지'는 등주鄧州 향엄산 지智 선사와 호두 상좌虎頭上座의 선문답에서 나오는 한 구절인데, 여기서는 차를 즐기느라 참선에 정진할 여가가 없었다는 뜻의 해학적인 표현이다.

軸聯新舊溢佳詩 八萬鋪張又一奇 宗炳臥遊渾寂寞 樂天歸興謾參差

唯憑雪竇評茶品 未向青山問桂枝 吟弄四時專管攝 騷家權柄屬於師

출전: 『죽남당고』 권4

해설 금강산에서 어떤 시승詩僧이 찾아와 시축을 보여 주는데, 작품마다 모두 훌륭한 시인 것은 물론이고 팔만 장이란 어마어마한 분량이다. 이 앞에서는 종병의 와유臥遊도 백거이白居易의 전원 흥취도 대단한 일이 못 된다. 그냥 차를 마시며 차맛이나 논할 뿐, 시의 수준은 굳이 묻지 않는다는 말에서 시승의 시가 얼마나 좋은지 짐작된다.

김응조 金應祖, 1587~1667

유자직의 몽천정사에 적어 보내다
寄題柳子直蒙泉精舍

사면에 산들이 소라같이 솟았고
안개와 구름이 맑게 어울렸어라.
나는 강북에 삼경*을 열었고
그대는 산남에 독서당을 지었지.
늙고 병들어 세상 생각 이미 식었으니
강호에서 세한의 기약을 함께해야지.
술 마신 뒤 차 달이는 곳에
사미승 불러 달을 길어 돌아가겠지.

* **삼경**三逕 　소나무와 대나무와 국화, 이렇게 세 종류의 식물을 심은 오솔길이란 말로, 은자가 사는 곳을 뜻한다. 중국 한나라 장후蔣詡는 왕망王莽이 집권하자 벼슬에서 물러나 향리인 두릉杜陵에 은거하였다. 그 뒤로 집에 세 개의 오솔길을 내고 벗 구중求仲과 양중羊仲 두 사람하고만 교유하였다.

조선 중기의 차 문화

四面螺鬟立立奇 煙光雲影淡相宜 我從水北開三逕 君向山南著一楣

老病已灰塵世念 江湖要共歲寒期 遙知酒後煎茶處 却喚沙彌汲月歸

출전: 『학사집』鶴沙集 권1

해설 『산중록』山中錄에 수록된 시이다. 유자직이 누구인지는 미상이다.

신익성 申翊聖, 1588~1644

촌거잡흥 村居雜興

베갯머리는 하늘이 가깝고
몸뚱이 곁으로 해가 기우네.
봄새는 안개 너머에서 노래하고
산나물은 눈 속에서 싹이 트네.
외물이 어찌 누가 되랴,
그윽한 거처가 자랑할 만하네.
술 몇 잔에 살짝 취하니
목을 축이려 햇차를 들이키네.

枕上靑天近 身邊白日斜 春禽煙外語 野蔌雪中芽
外物那爲累 幽居此足誇 數杯成小醉 沃渴瀉新茶

출전: 『낙전당집』樂全堂集 권2

해설 2수의 5언율시 가운데 첫 번째 시이다. 전원에서 즐기는 차의 흥취를 노래했다.

신익성 申翊聖, 1588~1644

산중에서 山中書事

세속에 굴레 많은 게 괴로워
흰머리로 전원에 누웠노라.
덧없는 삶의 이치 깨달으니
오늘의 한가로움 이제야 아노라.
차 달이느라 회수를 긷고
약초 캐느라 미산을 오르네.
이런저런 흥이 때때로 일어나니
그윽한 심회를 버릴 수 없어라.

실개천 등지고 선 작은 초당
성근 울타리엔 흰 구름 앉았네.
고요하니 표범 따라 은둔하기* 좋고
사람들과 어울림은 시끄러워 싫어라.
화전은 산간이라 척박하고
차 샘물은 돌구멍에서 나뉘네.

• **표범 따라 은둔하기** 덕과 역량이 있는 자가 은둔함을 상징하는 말. 중국 한나라 유향劉向의 『열녀전』烈女傳에, 도답자陶答子의 처가 말하기를 "첩은 들으니 남산에 검은 표범이 있어 안개 속에서 7일을 내려오지도 않고 먹지도 않는데, 그것은 털을 윤택하게 하여 무늬를 만들려고 함이며 숨어서 해를 피하려는 것이라고 합니다"라고 하였다.

세속 자취 하나 없는 이곳에서
하루 종일 마음을 수양하네.

紅塵苦多累 白首臥田間 頗悟浮生理 方知此日閒
烹茶汲淮水 採藥上眉山 雜興時時作 幽懷不可刪

小屋背流水 疏籬帶白雲 靜宜隨豹隱 喧厭與人群
火種山田薄 茶泉石竇分 一塵無染處 終日事天君

출전: 『낙전당집』 권2

해설 전체 9수 중 네 번째와 다섯 번째 시이다.

신익성 申翊聖, 1588~1644

능에서 내려와 귀가하여

自陵下歸家 ……

집으로 돌아오니 선방과 같아
유마힐처럼 병들어* 평상에 누웠네.
만나고 헤어짐이야 꿈과 같은 것.
죽고 사는 것을 슬퍼할 것 있으랴.
향불을 피우니 향 연기 하늘하늘
샘물 길어 차 마시니 절로 향기롭네.
지금부터 한가로이 담박함 즐기리니
여생을 산야에서 누리고 싶다오.

歸來一室類禪房 身似維摩病在床 聚散本來如夢幻 死生那得謾悲傷
薰消古篆煙猶裊 茶試新泉味自香 契活從今甘淡泊 餘年欲占水雲鄕

출전: 『낙전당집』 권3

- **유마힐처럼 병들어**   유마힐은 석가모니 당시에 학덕이 높았던 거사의 이름이다. 그가 병이 났을 때, 부처님 제자들이 유마힐로부터 훈계를 받은 경험 때문에 병문안을 가지 않았는데, 부처님의 권유로 문수보살이 병문안을 가게 되었다. 그러자 유마힐은 문수보살이 온다는 것을 알고서 텅 빈 방 안에 침상만을 남겨 두고 혼자 누워 있었다고 한다.

원제 능에서 내려와 귀가하니 병이 덧나 입으로 한 수 지어, 장 사구·박 도위·이 소재·정 낙경에게 보이다 自陵下歸家 病尤劇 口占一律 錄示張司寇朴都尉李少宰鄭樂卿

해설 신익성이 45세가 되던 1632년 6월에 인목왕후가 승하하여 빈전도감殯殿都監의 제조提調가 되어 국장을 총괄하였는데, 이 직후에 쓴 것으로 보인다. 원제에 나오는 박 도위는 박미朴瀰를 가리킨다.

신익성 申翊聖, 1588~1644
관해의 시에 차운하다 次觀海韻

수천 오랑캐들 강 건너 돌아가고
화실*의 가을 맑아 군사들 한가하네.
이로부터 웅략은 원래 여유로울지니
자잘한 지혜일랑 쓰지를 마오.
얼굴은 하얗지만 적의 위세에 응수하고
병서兵書를 안고 있으나 무용武勇에는 게으르다오.
쓸모없는 몸이 약물만 축내면서
찻사발에 새 차가 찰랑이누나.

千群虜騎渡江還 畫室秋淸虎旅閑 自是雄謨元綽綽 休將小智謾間間
卽看白面堪威敵 穩抱玄經懶鬪班 樗散秖今須藥物 試茶波皺滿甌斑

출전: 『낙전당집』 권3

• **화실畫室** 단청을 입힌 화려한 건물이라는 뜻이나, 구체적으로 어디를 지칭한 것인지는 미상이다.

해설 전체 5수 중 세 번째 시로, 관해觀海는 뒤에 나오는 이민구李敏求의 호이다. 저자 신익성은 상촌 신흠申欽의 맏아들로 선조 임금의 부마였다. 병자호란을 당하자 동궁과 임금을 모시고 강화도와 남한산성으로 피난을 가기도 하였으며, 청나라 심양으로 압송을 당하기도 하였다. 이 시는 그 와중에 쓴 것으로 보인다.

신익성 申翊聖, 1588~1644

산에 살며 山居書事

도시와 산림은 딴 세상이라
조용한 산재에서 화롯불 피우네.
금단의 봉우리 높아 봄눈이 남았고
쪽섬의 못은 깊어 밤 안개 일어나네.
어지러울 땐 명성이 졸렬한 게 좋고
고요할 땐 심사가 번잡함 없어야지.
평상에는 쓸데없는 책이 없고
육우의 『다경』과 농서만이 있네.

城市山林世界分 蕭然齋閣小鑪熏 金壇峯峻春留雪 藍島潭深夜起雲

亂後身名宜短拙 靜中心事絶紛紜 床頭亦無閑書卷 陸氏茶經種樹文

출전: 『낙전당집』 권3

해설 전체 8수 중에서 여섯 번째 시이다.

신익성 申翊聖, 1588~1644

병이 들어 病懷

약 화로와 차솥이 함께 적막하니
앙상한 몸뚱이를 가누지 못하네.
맥없이 병풍에 기대어 창망히 바라보니
창 너머 남쪽 밭에 작은 매화 어여쁘네.

藥爐茶鼎伴寥寥 戌削形骸不自聊 倦倚屛山成悵望 綺窓南畔小梅嬌

출전: 『낙전당집』 권4

해설 병이 든 이래 차를 오랫동안 마시지 못한 정경이 짧은 7언절구에 담겨 있다.

신익성 申翊聖, 1588~1644

통 스님께 드리다 贈通上人

그 옛날 운수암에서 차를 마실 때
네 선사의 진영이 푸른 비단에 있었지.
등 밝고 물 맑은 엄숙한 곳에서
만 송이 연꽃이 노을 속에 피었지.

雲水庵中昔點茶 四禪眞影護靑紗 明燈淸水長齋地 萬朶芙蓉擁紫霞

출전: 『낙전당집』 권4

해설　전체 4수의 7언절구 중 네 번째 시이다.

신익성 申翊聖, 1588~1644
천장의 시에 차운하다 次天章韻

산골짝의 백성들은 진나라 후예같아
세모에 돌아와 막 결사를 맺었네.
서울 길은 아득하고 봉우리마다 눈인데
질화로에 차 연기가 산재山齋를 감싸네.

峽中民物似秦餘 歲暮歸來結社初 京洛路迷千嶂雪 土爐茶火掩齋居

출전: 『낙전당집』 권4

해설 전체 2수 중에서 두 번째 시로, 천장天章은 이명한李明漢의 자이다.

신익성 申翊聖, 1588~1644

금강산 유람 소기 遊金剛小記

오대산의 크기는 금강산에 비하면 보잘것없는 데다 봉우리는 원만하고 수석水石은 절경이 없다. 오직 작은 웅덩이 우통수(于同水)가 한강의 발원이 되는 것이 기이한데, 세상에서는 이 물이 특별하다고 한다. 내가 한 모금 마셔 보니 달고 차며, 차를 달이니 더욱 훌륭했다.

五臺之大 比金剛不翅齊鄒 而其峯巒圓肥 水石無奇勝處 唯于同水一小臼 而爲漢源者異矣 世傳此水殊異 余爲一啼甘洌 煮茶尤佳

출전: 『낙전당집』 권7

해설 신익성은 1631년 44세 가을에 금강산을 유람하고 강릉을 거쳐 오대산에 올랐다가 섬강에서 배를 타고 한강을 따라 돌아왔다. 이는 이때 쓴 기록의 일부이다.

이민구 李敏求, 1589~1670

우통수를 길어 차를 달이다
取于筒水煎茶 ……

성스러운 물이 천성을 바꾸어
어리석은 이를 맑게 해 준다네.
그럼 되었소, 마시지 않으려오.
나는 본래 총명함이 싫다오.

聖水移人性 能令濁者淸 停甌不欲飮 我自厭聰明

출전: 『동주집』東州集 전집 권7

원제 우통수를 길어 차를 달이다(곁에 있던 아전이 '이 물을 마시면 사람이 총명해집니다' 하여, 웃으면서 쓴다) 取于筒水煎茶(傍有小史曰 飮此令人聰明 笑而書之)

해설 이민구가 1635년부터 이듬해까지 강원도관찰사로 있을 때의 작품을 모은 『관동록』關東錄에 수록된 시이다. 우통수 물을 길어 차를 마시며, 곁에 있던 아전과 나눈 대화를 시로 표현한 것이다.

이민구 李敏求, 1589~1670

곡우일에 비로소 비가 오다
穀雨日始雨

문을 여니 봄바람 시원하고
처마 따라 곡우가 반가워라.
차를 달여 갈증을 풀고
술을 걸러 시름을 씻지.
풀이 돋으니 오솔길 푸르고
꽃이 피니 풀숲이 붉어라.
아직 봄 일이 이르니
제비집 짓는 것 바쁠 것 없어라.

拓戶條風好 巡簷穀雨妨 煎茶蘇病肺 漉酒浣愁腸

徑綠抽鑱嫩 林紅吐乍芳 卽今春事早 巢燕莫須忙

출전: 『동주집』 시집 권5

해설 1637년부터 1643년까지 함경남도 영흥군 철옹鐵甕에 유배되어 있을 때에 지은 작품들을 연도별로 엮은 『철성록』鐵城錄에 수록된 시이다.

윤순지 尹順之, 1591~1666

가야가(옛 유람을 기록하다)
伽倻歌(記舊遊)

마당엔 잣나무 두 그루 걸터 있고
눈꽃 닮은 치자꽃이 온 천지에 피었네.
흰 눈썹 노스님 성근 수염으로
문을 열고 나를 맞으려 가사 장삼 걸쳤네.
당에 올라 나를 끌고 부처님께 인사하니
내 앞으로 나가 재배하고 합장을 했네.
수많은 산승들 달려와 떠들썩하며
은근한 정으로 성대하게 대접하네.
대바구니 가득히 푸른 차 싹이 가득하니
조호미雕胡米*로 지은 밥에 용단차 마신다네.

• **조호미**雕胡米   구황 식물로 많이 먹었던 고미苽米, 즉 줄풀의 열매를 말한다.

庭前雙柏蹲古楂 六出奮菖開天葩 厖眉老宿鬢鯺髿 出門迎我披袈裟

升堂導我禮昆邪 我前再拜手仍叉 千指雲衲競來呀 遇我慇懃簷有加

筠籃筊籠擷翠芽 雕胡之飯團龍茶

출전: 『행명재시집』涬溟齋詩集 권2

해설　원래 7언 장편시이나 그중에서 일부만을 수록한 것이다.

조선 중기의 차 문화　　　　　　　　　　　　　　　405

윤순지 尹順之, 1591~1666
우연히 짓다 偶成

낮 길고 바람 시원해 저녁볕 즐기는데
약 화로와 차솥에 청한함이 넉넉해라.
달디단 봄꿈을 누가 깨웠나.
버드나무 앵무새 고운 그 노래.

遲日輕風弄晚晴 藥爐茶鼎有餘淸 陶然一夢誰呼覺 柳外啼鸎三兩聲

출전: 『행명재시집』 권2

해설 전체 2수 중 두 번째 시이다.

김세렴 金世濂, 1593~1646

차를 달이다 煎茶

작은 화로에 불 지펴 김이 오르자
민머리 산승이 앉아 차를 달이네.
날마다 새로 달인 차를 청하지만
병중의 야윈 몸 많이 마실 수 없어라.

小鑪添火沸春霞 赤頂山僧坐點茶 每日請呈新煎水 病中新瘦不宜多

출전: 『동명집』東溟集 권4 『사상록』槎上錄

해설 『사상록』은 김세렴이 1636년 통신사의 부사로 일본을 다녀온 기록이다. 이 시는 대마도에서 지은 「마도십절」馬島十絶 중 아홉 번째 시이다.

김세렴 金世濂, 1593~1646
일본의 다옥 茶屋

궁실宮室은 높고 상쾌하며 밝고 화려하게 꾸미기에 극진히 힘을 썼는데, 재목은 모두 가늘다. 흙으로 벽을 만들지 않고 얇은 판자로 꾸몄으며, 단청은 하지 않았다. 앞뜰과 뒷동산에는 꽃나무를 줄지어 심었다. 또한 문짝, 지도리, 고리가 없다. 문을 여닫을 적에는, 사면에 모두 칸막이를 설치하여 얇은 종이를 발랐기 때문에 모양이 병풍이나 첩자帖子 같은 문이 있는데 이것을 밀어서 열고 드나든다. 온돌방을 만들지 않고 마루만 만들었다.

조금이라도 관직이 있거나 재산이 있는 자는 반드시 다옥茶屋을 둔다. 규모와 양식은 굉장하고 화려하다. 뒤쪽의 한 칸을 말(斗)만 한 크기로 만들어서 저모苴茅로 덮고 황토를 바르며 죽비竹扉로 문을 달아, 되도록 검약하게 하려고 한다. 겨우 드나들 수 있는 작은 구멍을 내어, 귀한 손님이 오면 그 구멍을 열고 맞아들여 안에서 차를 마신다. 그 본래 의도는 남에게 소박함을 보이고자 한 것일 뿐만 아니라, 잔을 들며 잠깐 이야기하는 동안에도 불화가 갑자기 일어나므로, 여러 배종하는 자를 물리쳐서 뜻밖의 일을 막으려는 것이다.

宮室 務極高爽明麗 而材木皆織細 不以土作壁 粧以薄板 不施丹雘 前庭後苑 列植花木 又無窓戶樞環 開閉之際 四面皆設狀子 塗以薄紙 狀如屛帖 推移出入 不作堗房 只設抹樓 少有官職 稍有財產者 必有茶屋 制度宏麗 後面設一間如斗大 覆以苴茅 塗以黃土 橫門竹扉 務極儉約 闢小穴僅能出入 上客至則開穴延入 飮

茶其中 蓋其本心非但欲以樸素示人 銜杯立談 釁隙突起 故屛絶群從 以防不虞

출전: 『동명집』 권10 『해사록』海槎錄

해설　마찬가지로 1636년 일본을 다녀온 기록인 『해사록』에 수록된 글이다.

이명한 李明漢, 1595~1645

가을날 왕탄을 나오다
秋日出王灘

푸른 숲 아래 말 세워 놓고
성 언저리서 반나절 낚시하노라.
차를 달이려 이웃집에 불 빌리고
입을 헹구니 돌샘이 차구나.

歇馬靑林下 城頭日半竿 煙茶乞隣火 漱口石泉寒

출전: 『백주집』白洲集 권1

해설　왕탄王灘은 경기도 양주 남한강의 석실서원石室書院 근처 한강의 본류와 지류가 만나는 곳을 지칭한 것으로 추정된다.

이명한 李明漢, 1595~1645

준 스님의 시축에 동회와 계곡의 시를 차운하여 俊師軸 次東淮谿谷韻

객이 오면 바둑 묘수 품평하고
몸이 한가로우면 『다경』에 주를 다네.*
졸다 깨니 문 두드리는 소리.
산승이 시를 구하러 뜨락에 섰네.

客至但評棊譜 身閑欲註茶經 睡起微聞剝啄 山僧乞句在庭

출전: 『백주집』 권1

해설 전체 2수 중 두 번째 시로, 동회東淮와 계곡谿谷은 각각 앞에 나온 신익성과 장유의 호이다.

• **객이 오면 ~ 주를 다네** 객이 오면 바둑의 묘수를 품평한다는 말은 둘이 바둑을 둔다는 뜻이고, 한가로울 때 『다경』에 주를 단다는 말은 혼자 심심하면 차를 달여 마신다는 뜻이다.

이명한 李明漢, 1595~1645

밤에 술 마시며 중승* 박서朴遾의 시에 차운하여 보이다 夜酌 次示朴中丞遾

바다 건너온 초심은 유안幼安*을 사모했고
사람에게 삼배三拜하며 방간方干*처럼 웃었지.
어이하여 다 늙도록 새벽 조회에 달려가며
눈 녹인 차가운 물을 달여 차를 마시나.

浮海初心慕幼安 向人三拜笑方干 如何白首趨晨漏 啜得煎茶雪水寒

출전: 『백주집』 권4

- **중승**中丞   조선 시대 사헌부의 종3품 벼슬. 1401년에 집의執義로 이름을 고쳤다.
- **유안**幼安   중국 삼국 시대 위魏나라 북해北海 주허朱虛 사람 관녕管寧의 자. 황건적의 난을 피해 바다를 건너 요동으로 옮겨 왔는데, 이때 바다 건너 피난 온 사람들이 모두 그에게 모여들어 금세 촌락을 이루었다고 한다. 또 관녕은 바다 건너 돌아온 뒤 늘 나무 걸상에 단정히 앉아 있었는데 무릎이 닿은 곳의 나무 부분이 닳아 없어졌으며, 그 지역 사람들을 학문으로 교화시켰다. 여기서는 박서가 산야에 은거하여 학문에 정진하며 덕을 함양하려던 초심을 잃지 않았다는 뜻으로 인용하였다.
- **방간**方干   중국 당나라 청계青溪 신정新定 사람으로 자는 웅비雄飛이고, 호는 현영玄英. 용모가 못생긴 데다가 언청이였기 때문에 과거에 오르지 못하였으나, 시문에 뛰어나고 박학하여 '결순선생缺脣先生'이라 불리기도 했다. 사람됨이 질박하여 남이 모욕을 주어도 곧잘 웃어넘겼으며, 사람을 만나면 번번이 삼배를 하였으므로 당시 사람들이 '방삼배'方三拜라고 불렀다. 역시 박서의 인물됨이 질박하다는 것을 말하기 위해 인용하였다.

해설   짤막하지만 박서의 질박한 성품과 부지런한 일상이 잘 묘사된 시이다. 유안과 방간 모두 박서의 성품을 보여 주는 고사이다.

이명한 李明漢, 1595~1645

숙직하며 밤에 앉아
直廬夜坐

봉래엔 구름이 자욱하고
관청엔 잠자리가 맑구나.
귀한 책은 시렁에 가득하고
밀랍 황촉은 촛대에서 가물거리네.
벼루는 금소반에 놓고 물을 따르고
차는 눈을 녹여 달이면 제맛이라.
밤은 깊어 일만 집이 고요한데
때때로 발 내리는 소리 들린다.

蓬島迷雲氣 官曹枕席淸 寶書森滿架 蠟燭暗銷檠
硯借金盤滴 茶宜雪水烹 沈沈萬戶靜 時有下簾聲

출전: 『백주집』 권5

해설 궁궐에서 숙직을 하는 겨울 밤, 눈을 녹여 차를 달여 마시며 지은 시이다.

이명한 李明漢, 1595~1645

자겸 최명길과 지국 장유의 시에 차운하여 次子謙持國韻(子謙 崔公鳴吉字)

수십 일 전부터 성남에 문 닫힌 집
영락한 생애는 병든 몸에 맡겨 두네.
화로 아래 등불 마주한 이는 약 달이는 여종이고
대밭에 절구질하는 이는 찻잎 찧는 사람일세.
술을 즐겨 속병 걸린 줄이야 본래 알지만
시를 사랑해 정신 손상시킨 걸 새삼 깨닫노라.
홀로 서안에 기대어 설핏 졸던 중
꿈속에 난실蘭室 찾아 청진淸塵을 뵈었네.*

城南閉戶自前旬 潦倒生涯任病身 鑪下對燈燒藥婢 竹邊催杵碾茶人
元知嗜酒仍傷肺 更覺吟詩亦損神 獨倚書床成少睡 夢尋蘭室挹淸塵

출전: 『백주집』 권7

해설　전체 2수 중 두 번째 시이다.

• **꿈속에 ~ 뵈었네**　난실蘭室은 '선한 사람과 함께하면 마치 난초가 있는 방에 들어가는 것과 같아, 한참 지나면 자신도 모르게 난향이 몸에 배듯 그의 정신에 감화를 받는다'는 뜻이다. 청진淸塵은 맑은 풍모를 뜻하는 말로, 곧 상대방에 대한 경칭이다. 짧은 꿈속에 최명길과 장유를 만났다는 것인데, 상대방을 몹시 그리워한다는 표현이다.

이명한 李明漢, 1595~1645

단오에 악군*이 보내온 시에 차운하여
次岳君端午 寄示韻

바닷가 뭇 산들 점점이 푸른데
쫓겨난 신하는 어디에서 대궐을 바라보나.
봄 지난 살림은 원헌*처럼 가난하고
벽지의 나그네 시름은 관녕*처럼 늙었네.
꽃밭에 아지랑이 오르니 약 솥을 옮기고
죽창에 가랑비 오니 『다경』을 읽노라.
서로 만나 창포주를 흠뻑 마신 뒤
온 뜨락 푸른 오동나무 그늘 아래 잠잔다.

海畔群山點點靑 逐臣何處望天扃 經春活計貧原憲 避地羈愁老管寧
花塢細煙移藥鼎 竹窓微雨檢茶經 相逢爛飮菖蒲酒 醉睡桐陰綠滿庭

출전: 『백주집』 권7

해설 전체 2수 중 첫 번째 시이다.

- **악군**岳君 장인어른을 뜻하는 말로, 이명한의 장인은 박동량朴東亮이다.
- **원헌**原憲 허균의 시 「누실명」의 주석 참조(이 책 285쪽).
- **관녕**管寧 중국 삼국 시대 위나라 북해 주허 사람으로, 자는 유안幼安이다. 이명한의 시 「밤에 술 마시며 중승 박서의 시에 차운하여 보이다」의 주 참조(이 책 412쪽).

이명한 李明漢, 1595~1645

영광 사또 박안제朴安悌에게 감사하며
簡謝靈光朴使君(安悌)

긴 행로에 조촐한 태수의 수레
빛나는 영광 빌려 천 리를 노닐었네.*
갈 때는 나그네 되는 줄 몰랐더니
이별 후에 병든 몸 이끌고 집으로 왔네.
상강湘江의 대나무*로 새 부채 만들고
건계의 찻잎* 따 향기로운 차 만들었네.
꼭꼭 봉하여 멀리 부쳐 주니 정이 많고
경치 좋은 강남에서 보내온 봄소식일세.*

- **빛나는 ~ 노닐었네** 군수로 부임하는 박안제를 따라간 덕분에 전라남도 영광으로 가서 노닐었다는 말.
- **상강湘江의 대나무** 상강은 중국 호남성에 있는 강 이름으로, 반죽斑竹으로 유명한 곳이다. 여기서는 전라남도 영광의 대나무를 가리킨다.
- **건계建溪의 찻잎** 건계는 중국 복건성 북부의 하천으로, 건계차로 유명한 곳이다. 여기서는 전라남도 영광의 차를 가리킨다.
- **경치 좋은 ~ 봄소식일세** 중국 후위後魏 때 육개陸凱가 강동江東의 매화 한 가지를 친구인 범엽范曄에게 보내면서, "매화 가지를 꺾다가 역마를 탄 사자를 만나, 농산隴山에 있는 벗에게 부쳐 보내노라. 강남에선 보려 해도 볼 수 없는 것, 애오라지 한 가지의 봄을 드리오리다"(折梅逢驛使 寄與隴頭人 江南無所有 聊贈一枝春)라고 읊은 유명한 시가 전한다.

長路雍容太守車 倦游千里借光華 行時不覺身爲客 別後惟將病到家

寶篚新裁湘岸竹 香茶初摘建溪芽 題封遠寄情多少 絶勝江南驛使花

출전: 『백주집』 권8

해설 영광군수로 부임하는 박안제를 따라 영광에서 노닐다 돌아온 뒤 지은 시이다. 박안제가 영광에서 새로 만든 부채와 햇차를 선물로 보내오자, 그것을 남국에서 보내온 귀한 봄소식이라고 말하고 있다.

이명한 李明漢, 1595~1645

순창 사또 임서林瑞와 작별하며
別淳昌林使君(瑞)

사또의 양 귀밑머리 까마귀처럼 검어
다시 좋은 고을에서 물화物華를 차지했네.
개울가 대숲에서는 바둑을 두고
약 화로에는 우전차 맛보리라.
가마 소리 들릴 때는 봄에 절을 찾는 것이요,
연회 소리 들릴 때는 공무를 파한 오후겠지.
옛날 서석대瑞石臺에 오르던 때 추억하니
지금도 꿈속에서 안개 서린 그곳을 찾노라.

使君雙鬢黑如鴉 再向名區領物華 棋局定隨谿上竹 藥爐應試雨前茶
筍輿鳴處春尋寺 笳鼓聞時晚罷衙 仍憶昔年登瑞石 至今魂夢繞煙霞

출전: 『백주집』 권8

해설 임서는 아마 순창 사또를 두 번 지낸 듯하다. 첫 번째 부임했을 때 이명한이 놀러 간 모양인데 그때 서석대에 올랐던 것으로 보인다. 순창에는 대나무와 차가 나기 때문에 대숲에서 바둑을 두고 약 화로에 우전차를 끓여 먹을 것이라 상상하였다.

이명한 李明漢, 1595~1645

백록초당에 적다
題白麓草堂

종일토록 초당은 고요하고
강 따라 돌길은 비탈져 있네.
화로 쬐며 짧은 적삼 입고
대숲 너머로 햇차를 시킨다.
사람 있다고 어찌 거문고 파하랴,
시는 손님에게 자랑할 만하여라.
사립문에서 헤어지려니
산 너머로 벌써 땅거미 내리네.

盡日茅簷靜 緣江石路斜 擁鑪披短褐 隔竹喚新茶
琴豈因人罷 詩堪向客誇 柴門欲相別 山外已昏鴉

출전: 『백주집』 별고 권1

해설 백록白麓은 일반적으로 서울의 백악산白岳山(지금의 북악산)을 가리킨다. 아마도 그 기슭에 있던 초가에서 쓴 시로 짐작된다. 조부인 이항복의 별장이었던 백사실白沙室 역시 백악산 안에 있었다.

이명한 李明漢, 1595~1645

조 학사의 시에 차운하여 편지 말미에 쓰다
次趙學士韻 書簡尾

문 두드리는 소리에 놀라 일어나
학사의 시를 흉내 내어 짓네.•
잠 깬 뒤 저녁 바람이 시원하고
차 달이는 즈음에 가랑비 내리네.
명승지 유람은 도구 없어 부끄럽고
묘한 시구로 속마음 토로하려 하네.
단풍은 타오르고 달은 둥근 밤
원공遠公의 집•에 함께 묵노라.

• **학사의 ~ 짓네** 원문에 나오는 한단邯鄲은 '한단지보'邯鄲之步라는 고사를 원용한 표현이다. 간략히 소개하면, 한단은 중국 전국 시대 조趙나라의 수도인데, 연燕나라의 어린아이가 조나라에 와서 한단 사람들의 걸음걸이에 반했다. 그래서 그들의 걸음걸이를 흉내 내다가 결국은 자기의 본래 걸음마저 잊어버려, 걷지도 못하고 기어서 집으로 돌아갔다는 이야기다. 여기서는 조 학사가 보내온 시가 너무 훌륭하여 자신이 차운하여 따라 지어 보았지만, 형편없다는 말이다.

• **원공遠公의 집** 원공은 본래 중국 동진東晉 때의 고승 혜원 법사를 가리킨다. 여기서는 당시 교분을 나누던 스님으로 추측되는데, 누구인지는 미상이다.

剝啄驚閑枕 邯鄲學士書 晚風醒酒後 微雨點茶初
濟勝慙無具 探奇計欲攄 楓酣月圓夜 同宿遠公廬

출전: 『백주집』 별고 권1

해설 이명한이 단풍 든 가을에 산사에 머물고 있었는데, 그곳으로 조 학사가 찾아왔다. 이에 두 사람이 차를 마시고 서로 운을 맞추어 시를 지은 것이다. 조 학사가 누구를 가리키는지는 미상이다.

이경석 李景奭, 1595~1671

옥류천*에서 우연히 읊다
玉溜泉偶吟

일찍이 샘물엔 옥구슬 소리 들려왔는데
얼음 아래로 다시 들어 보니 희미하도다.
옛 맛 남았나, 찻사발 들이켜 보니
취기가 싹 가시고 온몸이 시리네.

泉流曾聽玉琤潺 氷底重尋響欲殘 舊味試憑茶椀吸 醉魂初醒骨全寒

출전: 『백헌집』白軒集 권1

해설 1624년 이경석이 옥당에 재임하면서 선비를 선발하기 위해 평양에 갔을 때 지은 시를 모은 『서정록』西征錄에 수록되어 있다.

• **옥류천**玉溜泉   정유길의 시 「한 정사의 「옥류천을 맛봄」에 차운하여」의 주 참조(이 책 85쪽).

이경석 李景奭, 1595~1671

용문의 시에 차운하다 次龍門韻 1

약 보따리만이 늘 내 친구니
외딴 이곳 찾는 이 없구나.
가난해도 그나마 국화 있고
병든 몸이나마 책은 본다오.
심심함은 차로 달래고
적적함은 술로 잊노라.
원량*의 운치를 누가 알랴.
사랑하는 나의 집 있구려.

藥裹長爲伴 無人問索居 家貧猶有菊 身病且看書
靜味煎茶覺 閑愁借酒除 誰知元亮趣 只在愛吾廬

출전: 『백헌집』 권3

- **원량**元亮　중국 진晉나라 때의 은사인 도잠陶潛의 자. 도잠의 「음주」飮酒 시에 "동쪽 울 아래에서 국화꽃을 따다가, 유연히 남산을 바라보노라"(採菊東籬下 悠然見南山)라는 구절이 있고, 「독산해경」讀山海經이라는 시에 "새들은 기쁘게도 깃들 둥지가 있듯이, 나도 또한 내 집을 사랑하노라"(衆鳥欣有托 吾亦愛吾廬)라는 구절이 있다. 이 시에 나오는 '국화'와 '나의 집'은 이 구절들에 담긴 뜻을 차용한 것이다.

해설 전체 2수 중 두 번째 시이다. 1630년 무렵 양주목사에서 사직한 후에 지은 작품을 모은 『휴관록』休官錄에 수록되어 있다. 용문은 용문현감이나 그곳에 살던 인물로 추정되나, 미상이다.

이경석 李景奭, 1595~1671

용문의 시에 차운하다 次龍門 2

한낮의 창 아래 바람 불고 그늘 맑으며
주렴 너머엔 이리저리 제비가 날아가네.
병에 시달려 오랫동안 술 마시지 못하니
정양靜養하며 때때로 『다경』만 읽을 뿐.

사찰 가득 솔바람 불어 꿈까지 맑으니
차 달이는 연기 저녁 바람 따라 가벼워라.
흉년엔 새로이 입에 올릴 것 없으니
책상 위엔 여전히 『상학경』*이 있노라.

午窓涼動樹陰淸 簾畔差池燕子輕 愁病久無杯酒興 靜中時復閱茶經

滿院松濤夢亦淸 茶煙細逐晚風輕 凶年不用新添口 案上猶留相鶴經

출전: 『백헌집』 권5

해설 전체 4수 중 두 번째와 네 번째 시로, 1641년 병으로 요양하고 있던 시절에 지은 작품을 모은 『한거록』閒居錄에 수록되어 있다.

• 『상학경』相鶴經 옛날 신선들이 학을 타고 놀면서 즐겨 읽었다고 전해지는 책.

이경석 李景奭, 1595~1671
다시 앞의 운을 써서 조수이에게 창수하다
復用前韻 諷曺守而

만년엔 게을러져 한가로움이 좋나니
상자 속 『음부경』陰符經도 보지 않노라.
변경의 유배지에서 소식 받을 줄 뉘 알았나?
차 달이며 공연히 난초 태우던 옛일 생각하노라.[1]

暮途疏懶合投閑 篋裏陰符亦不看 餐雪誰知曾授簡 煎茶空憶舊蘇蘭

[1] 장지화*가 초청에게 대밭에서 차를 달이게 할 때, 계수나무를 때고 난초를 지폈다 (張志和使樵靑竹裏煎茶 薪桂蘇蘭).

출전: 『백헌집』 권5

* **장지화**張志和 중국 당나라의 은자요 시인. 원래 이름은 장구령張龜齡이었는데, 숙종이 이름을 하사하여 바꾸었다. 숙종이 그에게 노비 두 명을 주었는데, 하나는 어동漁童이라 하고, 또 하나는 초청樵靑이라 하였다. 사람들이 그 까닭을 물으니, 장지화가 "어동에게는 낚싯대 드리우고 낚싯줄 걷게 하며 갈대밭 사이에서 노를 두드리게 할 것이고, 청초에게는 난초를 지피고 계수나무 태워 대밭에서 차를 달이게 할 것이다"라고 하였다.

해설　전체 2수 중에서 첫 번째 시로, 1641년 이경석이 청나라 심양에서 세자를 모시고 있을 때 지은 작품을 모은 『서출록』西出錄에 수록된 것이다. 수이守而는 조한영曹漢英의 자이다. 조한영이 편지와 함께 차를 보내오자 함께 차를 달여 마시던 옛일을 추억하며 화답한 시이다.

이경석 李景奭, 1595~1671
교장에서 선주에게 창수하다
在交莊詶仙舟

이역에서 해를 넘겨 고생하던 몸
돌아오니 꿈만 같아 생시가 아닌 듯.
누가 알았으랴, 오랑캐 땅에 끌려간 몸이
지금 산야에서 묻혀 노닐 줄.

차솥엔 때때로 솔밭 눈을 달이고
소반엔 일찍부터 봄나물 먹노라.
간곡하게 답하노라, 동심의 벗이여.
만 골짝 노을 고우니 가난하지 않아라.

異域經年擾擾身 歸來如夢恐非眞 誰知海上看羊客 今作山中友鹿人
茶鼎時煎松磵雪 蔬盤早嚼石田春 丁寧爲報同心子 萬壑煙霞未是貧

출전: 『백헌집』 권6

해설 1642년경 심양에서 돌아와 잠시 벼슬에서 물러나 쉴 때 지은 작품을 모은 『한거후록』閑居後錄에 수록된 시이다. 선주가 누구인지는 미상이다.

이경석 李景奭, 1595~1671

분암 장로 추해께 드리다
贈墳庵長老樞解

선산엔 노송도 듬성듬성해졌는데
고맙게도 노선사와 의지하며 사노라.
향내 나는 불경을 펼쳐 번역하고
구름에 젖은 가사로 선정에 드네.
밤의 선탑 불등은 세상 욕념 없애고
새벽 창의 산사는 맑은 천기天機를 발하네.
때때로 앞 개울에서 물을 길어
차 달이노라면 달이 사립문 비추네.

松老先山鹿觸稀 吾師何幸此相依 香生具葉翻經手 雲濕袈裟入定衣
夜榻佛燈消世念 曉窓仙梵發淸機 時時汲取前溪水 爲我煎茶月照扉

출전: 『백헌집』 권12

해설 1654년에서 1659년 사이에 지은 작품을 모은 『산지록』散地錄에 수록된 시이다.

하진 河溍, 1597~1658

벗을 기다려도 오지 않기에
待友不至

백 리 길 의춘현*에
삼추三秋에 병든 사람.
벗은 눈에 자꾸 밟히고
차솥은 늘 몸에 지니네.
이슬 내리니 산빛이 깨끗하고
하늘 맑으니 달빛 산뜻해라.
밤창 보며 시름으로 뒤척이노라니
서쪽 이웃에서 다듬이 소리 들린다.

百里宜春縣 三秋抱病人 親朋長入眼 茶鼎動隨身
霜落山光淨 天淸月色新 夜窓愁不寐 寒杵響西隣

출전: 『태계집』台溪集 권3

* 의춘현宜春縣　지금의 경상남도 의령군.

해설　마지막 구 원문에 나오는 '한저'寒杵는 절구 소리가 아니라 다듬이 소리이다. 늦가을이 되면 겨울옷 준비를 해야 하기 때문에 집집마다 밤늦도록 다듬잇방망이 두드리는 소리가 들렸다.

하진 河溍, 1597~1658

차를 마시다 飮茶

선방에서 지금 선정에 들어
세상사 매운 맛을 모두 잊었네.
차 한 잔 마시자 호기가 일어나니
동서로 분주한 저 사람 누구인가?

禪房今作靜中身 塵世都忘蓼味辛 一吸瓊漿豪氣發 卯申奔走彼何人

출전: 『태계집』 권4

해설   차 한 잔이 마음을 호쾌하게 만들어 세상의 명리 따위는 모두 잊었다고 노래한 시이다.

하진 河溍, 1597~1658

청곡사에서 성이진을 기다렸으나 오지 않다 青谷寺 待成而振不至

부뚜막엔 차 연기 식었고
앞 봉우리엔 노을이 걸렸네.
벗 그리며 누각에 앉았노라니
밤 깊자 샘물 소리 들려오네.

藥竈茶煙歇 前峯日已曛 懷人坐板閣 泉響夜深聞

출전: 『태계집』 권3

해설　청곡사青谷寺는 진주시 금산면 갈전리에 있는 절이며, 성이진成而振은 하진의 벗 성순成錞이다.

이소한 李昭漢, 1598~1645

스님의 시축에 차운하여
次僧軸韻

방 안엔 화로와 찻주전자
책상엔 도가서와 농가서.
청풍은 북창에 산들산들
석양은 뜨락에 뉘엿뉘엿.

一室藥爐茶鼎 匡床道帙山經 淸風淡淡北牖 落日依依半庭

출전: 『현주집』玄洲集 권5

해설 전체 2수 중 첫 번째 시이다.

정태화 鄭太和, 1602~1673

소식의 「전다」 시에 차운하여
次東坡煎茶韻

차의 풍미를 눈 녹인 물에서만 찾으랴.
본디 맑디맑은 강물도 좋아라.
숯불 가져다 새로 차를 끓이려고
강물 길어 항아리에 채우노라.
처음에는 뽀얗게 김이 몽글 서리더니
곧이어 항아리에 샘물 소리 쏟아지네.
맛을 보매 정신이 상쾌해져
등불 앞에 이경까지 책을 읽었네.

風味何論雪水烹 可憐江色本澄淸 要將活火新煎茗 爲汲長流正滿甁
初見繞爐騰霧氣 却聞傾罐作泉聲 嘗來便覺精神爽 展卷燈前到二更

출전: 『양파유고』陽坡遺稿 권1

해설   제목에 나오는 소식(소동파)의 「전다」煎茶 시란, 본래 「급강전다」汲江煎茶 라는 시이다. 제목 아래에 쓰인 내용을 보면, 이 시는 1629년 월과에서 지은 것임을 알 수 있다.

강백년 姜栢年, 1603~1681

가난한 삶 貧居

가난하여 겨울옷 여름옷도 없는데
봄빛은 어이하여 나를 위해 따사롭나.
눈 날리는 등잔 아래 시를 읊조리노니
항아리 물이 얼 줄을 손이 먼저 아누나.
창 너머 절구 소리는 쌀 찧는 소리.
주전자 가득 햇차를 콩깍지로 끓이네.
우스워라, 평생토록 할 일 없으니
부질없은 백발만 태평성대에 부끄럽네.

貧居苦乏煖寒資 春色何曾爲我私 雪灑風燈吟獨苦 氷生甁水手先知
隔窓疏杵舂雲子 滿鼎新茶爇豆箕 自笑平生無可事 漫將華髮愧淸時

출전:『설봉유고』雪峯遺稿 권1

해설 강백년은 사후에 청백리淸白吏로 선발된 인물인데, 이 시에서도 그의 청렴함이 잘 드러나 있다.

강백년 姜栢年, 1603~1681

더위를 피하려 누각에 오르다
避暑登樓

더운 날 병든 몸 끌고 누각에 올라
난간에 기대어 푸른 강 굽어본다.
아이 불러 큰 부채 부치라 재촉하고
다시 사공에게 나룻배 저으라 하네.
햇차를 달인 뒤에 향 연기 흩어지고
대자리 펼친 뒤에 더위가 가셔지네.
들녘엔 많은 이들 더위 먹고 쓰러지겠지.
한 줄기 바람에 넉넉한 성은을 느끼네.

炎天扶病上高樓 徙倚朱欄俯碧流 催喚小童搖大扇 更敎三老棹孤舟

新茶煎罷香煙散 靑簟披來暑氣收 田野幾人多暍死 一涼偏覺聖恩優

출전: 『설봉유고』 권10

해설 『금영록』錦營錄에 수록된 것으로 보아 충청감사로 재직하던 시절에 지은 시가 아닌가 짐작된다. '금영'錦營은 충청도 감영의 별칭이다.

강백년 姜栢年, 1603~1681

금성 사또 김천석金天錫이 집으로 찾아오고, 또 양식과 차 등을 보내왔기에

金城金使君(天錫) 來訪所寓 且送糧饌藥茶等物

고을에 들어서 수령을 물었더니
반갑게도 십년지기 그대였다네.
주렴 앞의 학이 방울 흔들어 알리고
관아의 깃발이 수레 옮기길 재촉하네.
고량진미에 옥 같은 쌀밥 대접받고
작설차에 천지차天池茶를 보내왔네.
곤궁할 제 한 술 밥이 실로 덕이거니
뒷날 어찌 거莒에 있던 날*을 잊으랴.

入境先探太守誰 喜君曾是十年知 掣鈴乍報簾前鶴 命駕催移閤內麾
饌侈雄膏兼玉粒 茶封雀舌帶天池 窮途一飯誠爲德 他日寧忘在莒時

출전: 『설봉유고』 권11

• **거莒에 있던 날** 험난한 곤경에 처해 있던 때를 말한다. 중국 춘추 시대 제齊나라 환공桓공이 공자公子 시절에 거莒 지방으로 망명하여 온갖 어려움을 겪었다. 뒤에 귀국하여 즉위한 뒤 축하연이 벌어졌을 때 포숙아鮑叔牙가 술잔을 올리면서 "우리 임금께서 조국을 떠나 거 지방으로 망명했던 때를 잊지 않으시기를 축원한다"라고 말한 고사가 있다.

해설 금성군수 김천석이 양식과 차를 보내오자 반가움과 감사를 담아 쓴 시이다.

황호 黃㦿, 1604~1656

차를 달이다 煎茶

숯을 많이 넣어 오색구름 일어나니
산승이 햇차 가려 길손을 접대하네.
날마다 일곱 잔으로 마른 창자 축이노니˚
이번 행차 빚이 많아 도리어 부끄럽네.

活火頻添起彩霞 小僧供客揀新茶 日將七椀蘇枯肺 却愧玆行負債多

출전: 『만랑집』漫浪集 권1

해설   앞서 나온 김세렴의 「차를 달이다」(이 책 407쪽)에 차운한 것으로, 마찬가지로 대마도에서 지은 것이다. 즉 마지막 구절의 "이번 행차"란 1636년 통신사의 종사관으로 일본을 다녀온 것을 말한다.

• **일곱 잔으로 마른 창자 축이노니**   중국 당나라 시인 노동의 「다가」를 원용한 구절.

황호 黃㦿, 1604~1656

동명의 절구 10수 중 7수에 차운하여
次東溟十絕中七首

금사발에 담은 차엔 흰 거품 넘치고
옥쟁반에 올린 회는 잉어를 저민 것이네.
영주領主가 식사 권하고 술을 돌리는데
저마다 비단옷 입은 이쁜 동자라네.

金椀盛茶溢素濤 玉盤登膾截琴高* 蠻酋勸食仍行酒 箇箇妖童着綉袍

출전: 『만랑집』 권1

해설　앞의 시와 마찬가지로 일본에서 동명東溟 김세렴의 시에 차운한 것이다. 전체 7수 중 두 번째 시이다.

* 금고琴高　중국 주나라 때 조趙나라 사람으로, 거문고를 잘 타고 기주冀州 탁군涿郡에서 놀았다. 그 후 그는 탁수涿水에 들어가서 용의 새끼를 데리고 아무 날에 틀림없이 돌아오겠다고 제자들과 약속하였다. 제자들이 재계를 하고 그날 물 옆에서 기다렸더니 금고가 과연 잉어를 타고 나왔다가 한 달을 머무르고 다시 물로 들어갔다 한다. 여기서는 그냥 잉어를 비유한 말이다.

황호 黃㦿, 1604~1656

왜가 물품을 보내온 것에 답하다
答倭送物

바구니의 귤에는 향기로운 안개 일고
화려한 다완에 담긴 차엔 오색구름 피네.
사마상여가 소갈병 심했음을 알았는지
또 싱싱한 여지茘枝를 나누어 주네.

筠籠貯橘生香霧 畵椀盛茶起靄雲 應識長卿消渴甚 又將靑荔幸相分

출전: 『만랑집』 권1

해설 역시 일본에서 쓴 시이다. 자신을 소갈병에 걸려 갈증에 시달렸던 사마상여에 빗대어 감사한 마음을 표시한 것이다.

황호 黃㦿, 1604~1656

구련성 九連城

수레 멈추고 들판에 묵는데
이곳이 구련성이라 하네.
고개 돌리니 고향은 멀고
눈길마다 타향의 경물 신기하네.
얼음 깨어 찻물을 달이고
불을 피워 관솔을 밝히네.
도로에서 내 늙어 가니
이 행차에서 고생 실컷 겪노라.

停車宿荒野 說是九連城 故國回頭遠 殊方觸眼驚

敲氷煮茶水 吹火斫松明 道路吾今老 艱辛飽此行

출전: 『만랑집』 권3

해설 구련성九連城은 만주 압록강 연안의 지명으로, 황호가 1651년 사은사謝恩使의 부사가 되어 청나라에 다녀올 때에 지은 시이다.

황호 黃㦿, 1604~1656

송광사를 지나며 過松廣寺

절집 골짝 깊디깊고 폭포 떨어지는데
짚신으로 푸른 산속을 모두 돌아보았네.
구름 찌르는 소나무는 매달린 범인 듯.
절벽에 걸린 등나무는 용으로 변할 듯.
만겁의 회랑엔 삼천 세계를 갈무리했고•
억 가지 부처들은 진면목을 보이누나.
나를 보내며 고승은 아무 말 없이
우연히 딴 선차 한 봉지를 주시네.

寺洞陰陰水碓舂 芒鞋踏盡翠微重 倚雲松骨疑僵虎 掛壁藤枝欲化龍
萬劫回廊藏世界 億身諸佛見眞容 高僧別我無佗話 偶采仙茶贈一封

출전: 『만랑집』 권4

해설   젊은 시절 홍양현감으로 있을 때 송광사를 간 듯하다. 송광사에서 당시에 차나무를 기르고 있었음을 알 수 있다.

• **회랑엔 삼천 세계를 갈무리했고**   송광사 장경각에 『고려속장경』高麗續藏經을 보관하고 있었기 때문에, 장경에 담긴 세계가 삼천대천三千大千 세계를 모두 포함하고 있다는 뜻에서 이렇게 표현한 것이다.

황호 黃㦿, 1604~1656

동명의 관음사 시에 차운하여
次東溟觀音寺韻

바닷빛 하늘색이 한 가지로 맑은데
화려한 단청 절집은 몇 층이더뇨.
여덟 섬의 봉우리는 상투처럼 늘어섰고
네 주州의 안개 풍광은 속진이 엉겼어라.•
차가운 달빛은 고향에도 비치겠지.
절집의 등불은 이역에서 외롭구나.
풍찬노숙에 병든 속이 갈증 나니
샘물을 부으려고 다승茶僧을 부르노라.

海光天色一般澄 畫閣雕闌問幾層 八島峯巒尖髻列 四州煙火點塵凝
故鄕同照寒宵月 異域孤懸淨界燈 露宿風餐消病肺 催添活水喚茶僧

출전: 「만랑집」 권4

해설 전체 3수 중 첫 번째 시이다. 일본으로 간 통신사는 주로 사찰을 숙소로 할 때가 많았는데, 이 시는 오쓰현大津縣의 관음사에 묵을 때 지은 것이다.

• **여덟 섬의 ~ 엉겼어라** 이 구절에 나오는 '여덟 섬'과 '네 주州'란 고대부터 일본의 영토를 상징하는 표현으로, 일본이 주요한 여덟 개의 섬과 네 개의 주로 구성되어 있다는 뜻이다.

김득신 金得臣, 1604~1684

보은사 승려 법심의 시축에 차운하여
次報恩寺僧法心詩軸韻

은자가 막 깨니 한낮의 꿈이 맑은데
가만히 다조茶竈 보니 가는 연기 날리네.
선사 만나 선가의 일을 듣고서야
대대로 법통이 밝은 줄을 비로소 알았네.

南郭初醒午夢淸 坐看茶竈細煙輕 逢師聽說禪家事 始識傳燈祖道明

출전: 『백곡집』柏谷集 2책

해설 전체 2수 중 첫 번째 시이다. 마지막 구 원문에 나오는 '傳燈'(전등)은 스님이 대를 이어 법통을 전수하는 것을 뜻하는 말로, 이때 '燈'(등)은 불법佛法이 어두운 세상을 밝히는 것을 상징한다.

김득신 金得臣, 1604~1684

신대오와 홍원구에게 주다
贈申大吾洪元九

타향의 나그네 객관에 투숙하니
앞개울엔 석양 빛이 반사되네.
시름 달래려 강 주막에서 술 마시고
잠을 깨려 산승에게 차를 청하네.
처마에선 제비들 조잘대고
숲 풀에선 까마귀가 저녁을 먹네.
만나서 즐겁게 웃고 떠들다
귀밑머리 하얗게 쉰 것도 잊노라.

遠客投孤館 前溪日脚斜 排愁江市酒 罷睡岳僧茶
檐有呼群燕 林多哺子鴉 逢場歡謔處 忘却鬢絲華

출전: 『백곡집』 3책

해설   신대오는 지담芝潭 신득홍申得洪이고, 홍원구는 만주晩州 홍석기洪錫箕이다. 함께 여관에서 술을 마신 뒤, 술을 깨기 위해 차를 달여 마시고 당시 정경과 감회를 읊었다.

김득신 金得臣, 1604~1684

청평사에서 박중구의 시에 차운하다
清平寺次朴仲久韻

강을 건너 골짝으로 들어가니
일찍이 본 적 없는 선경이로다.
흥이 일어나니 술 없은들 어떠랴,
시를 논할 수 있는 벗이 있어라.
가을 지나서 단풍이 곱게 들고
저녁이라 물소리 크게 들리네.
갈증이 지금 막 심해져
산사의 승려에게 차를 청하네.

渡江入洞府 仙境見何曾 引興雖無酒 論詩幸有朋
經秋楓葉積 向夕水聲增 消渴今方甚 香茶乞岳僧

출전: 『백곡집』 3책

해설　전체 3수 중 첫 번째 시로, 중구仲久는 박장원朴長遠의 자이다.

김득신 金得臣, 1604~1684

말 위에서 앞 시의 운을 따서
馬上次前韻

집 떠나 장정*을 몇 개나 지났나?
행로에 고생 많아 머리가 쉴 지경
햇볕은 산허리 비추어 이내가 끼고
눈은 다리맡에 녹아 갈대 싹이 돋네.
옥술잔에 황아주를 자주 마시고
금솥이라 백록차를 매양 마시네.
말 위에서 때때로 설핏 졸다가
어른어른 한 조각 꿈이 모래밭에 지네.

長亭幾箇隔吾家 行路多艱髮欲華 日射山腰開霧氣 雪消橋畔茁蘆芽
頻傾玉斝黃鵝酒 每啜金鐺白鹿茶 馬上片時成小睡 依依一夢落江沙

출전: 『백곡집』 3책

해설　김득신은 엄청난 독서량으로 유명한 인물인데, 말 위에서 졸다가 시를 지을 만큼 작시에 능했음을 알 수 있다.

• **장정長亭**　행인들이 여행길에 쉬어 갈 수 있도록 한 일종의 휴게소. 5리마다 있는 것을 단정短亭, 10리마다 있는 것을 장정長亭이라고 한다.

김득신 金得臣, 1604~1684

도정당 상량문 桃汀堂上樑文

어기어차, 들보를 동쪽으로 던져라.
아침 햇살 솔숲으로 찬연히 비치네.
일어나 돌솥을 바라보매 찻물이 끓으니
한낮에 응당 졸음 쫓는 공을 세우리.

抛樑東 朝暾射彩松林中 起看石鼎煎茶沸 當午應成破睡功

출전: 『백곡집』 7책

해설 상량문의 「육위송」六偉頌 중 첫 수이다. 육위송은 건물의 성격과 위치, 주인의 성격을 시로 압축한, 상량문 중에서도 핵심 부분이다. 김득신은 도정桃汀에 은거하며 초당을 짓고 독서했다. 그런데 이 초당의 상량문을 지을 때, 육위송의 첫 수에 차를 마시며 졸음을 쫓는다는 말을 하였다. 독서하며 유유자적하는 산가 생활에서 차에 대한 애호가 그만큼 컸다는 징표이다.

신익전 申翊全, 1605~1660

청백당 상량문 青白堂上樑文

어기어차 들보를 아래로 던져라.
차 화로와 책들은 밤낮으로 그대로네.
우스워라, 덧없는 영화는 거품과 같은 것을.
한가로이 누워 한바탕 화서의 꿈* 꾸노라.

兒郞偉抛樑下 茶爐經卷自日夜 可哂浮榮泡幻如 華胥一夢供高臥

출전: 『동강유집』東江遺集 권14

해설 역시 상량문의 「육위송」 가운데 하나로, 이번에는 그중 맨 마지막 수이다. 17세기에 들어 상량문의 육위송에 차茶를 노래하는 작품들이 나타나는데, 이는 차가 선비들의 생활 속으로 깊이 들어왔다는 것을 가늠케 한다.

• **화서華胥의 꿈**   이상향을 다녀오는 꿈이다. 옛날 황제黃帝가 낮잠을 자다가 꿈속에 화서씨華胥氏의 나라에 놀러 가 안락하고 평화로운 이상경理想境을 보았다. 그곳에는 통치자도 신분의 상하도 연장年長의 권위도 없고, 백성들은 욕망도 애증도 이해의 관념도 없을 뿐 아니라 삶과 죽음에도 초연하였다. 꿈에서 깨어난 황제는 문득 깨달은 바 있어 정치를 베푼 결과 천하가 잘 다스려졌다고 한다.

김익희 金益熙, 1610~1656

소식의 「전다」 시에 차운하여
次蘇東坡煎茶韻

계곡 물로 관아에서 덖은 진귀한 차 달이려
새벽에 새로 길어 오니 샘물이 맑구나.
밝은 달은 둥글어 옥 맷돌로 갈고
무지개는 막 피어 은병에 쌓이네.
까마귀 머리 넣으니 옅은 향이 나고
게눈이 끓어오르니 가느다란 소리 난다.
마른 창자 촉촉이 적시고 잠 못 이루니
산성에서 아스라이 겨울 북소리 듣는다.

壑源官焙試珍烹 曉汲新泉活水淸 明月乍團分玉碾 𩄎雲纔撥貯銀缾
鵝頭點乳微齈脚 蟹眼揚波細有聲 搜潤枯腸仍不寐 山城遙夜聽寒更

출전: 『창주유고』滄洲遺稿 권4

해설   시 전체가 차를 끓이는 모습을 묘사한 것이다. 함련頷聯에서 밝은 달은 용봉단차처럼 둥근 병차餠茶를, 무지개는 차솥에 서리는 김을 의미한다. 또 경련頸聯의 까마귀 머리는 찻잎의 색깔이 검기 때문에 이렇게 표현한 것이다.

김익희 金益熙, 1610~1656

윤지의 시에 차운하여
次胤之韻

눈 같은 배꽃에 간간이 살구꽃도
비 갠 뒤 교외에 고운 해 더디네.
거사는 봄 적삼에 흰 두건 썼고
벗은 화려한 말에 푸른 실 드리웠네.
대궐에 나란히 들어올 분수는 없지만
풍광을 아름답게 그려 낼 시는 있어라.
작은 대자리 한적한 산재에 막 잠이 깨어
맑은 차 한 사발을 크게 들이마시누나.

梨花如雪杏花稀 雨後郊原麗日遲 居士春衫裁白帢 故人珂馬絡靑絲
聯翩瑣闥慙無分 雕繪風煙賴有詩 小簟閑齋初睡覺 淸茶一椀當深巵

출전:『창주유고』권4

해설   전체 4수 중 네 번째 시로, 윤지胤之는 조석윤趙錫胤의 자이다.

김익희 金益熙, 1610~1656

청호 사또가 차를 보내며 시를 붙여 왔기에 사례하며 운자를 써서 답한다
謝靑湖使君饋茶惠詩 用韻答之

차솥을 급히 씻어 푸른 찻잎 달이니
강남의 풍미가 그윽하구나.
봉지 뜯으매 반가울손, 시가 있는데
구법句法이 시원하여 절로 일가 이루었네.

반가운 서신에 찻잎까지 있으니
천 리 남국의 맛이 끝이 없구나.
귀한 기약이 세모에 있으니
바다와 산 곳곳이 우리 집일세.[1]

急洗鎗鐺煮碧芽 江南風味便能賒 開緘更喜詩篇柱 句法飄飄自一家

翩翩書信帶茶芽 千里南州未覺賒 珍重佳期在歲暮 海山多處卽吾家

[1] 함경咸卿과 서로 방문하기로 약속하였다. 그런데 내가 세모에 결성結城의 바닷가 별장으로 돌아가려 하였기 때문에 마지막 구에서 언급한 것이다(咸卿約相訪 而僕 歲暮 擬歸結城海莊 故末句及之).

출전: 『창주유고』 권7

해설　제목에 나오는 청호靑湖와 원주에 나오는 함경咸卿은 각각 이일상李一相의 호와 자로, 동일인이다. 또 원주에 나오는 결성結城은 충청남도 홍성 지역의 옛 지명이다.

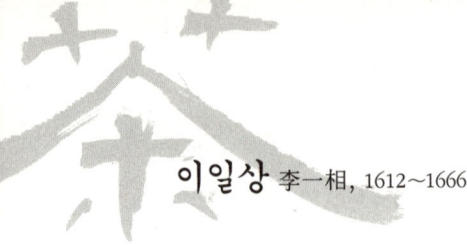

이일상 李一相, 1612~1666

원운 原韻

향기로운 건계차를 새로 따서
보내려 생각하니 길이 아득하구나.
백란伯鸞*이 바닷가에 머물고 있으니
가을 되면 꿈결에나 집에 돌아올는지.

香茶新摘建溪芽 欲寄相思路更賖 最是伯鸞留海曲 秋來倘有夢還家

출전: 『창주유고』 권7

해설 바로 앞에서 이일상이 김익희에게 보냈다고 하는 원시原詩로, 『창주유고』에 함께 수록된 것이다. 새로 딴 차를 김익희에게 보내며 서로 만날 날을 기약한 내용이다.

• 백란伯鸞 본래 중국 후한의 고사高士 양홍梁鴻의 자인데, 여기서는 바로 앞 시의 작자인 김익희를 가리킨다.

박장원 朴長遠, 1612~1671

청평사의 산승 문옥이 내방하다
淸平僧文玉來訪

반쯤 남은 해가 소양강으로 떨어질 때
산승이 표연히 나의 초당에 찾아왔네.
학 같은 모습에 정신이 번쩍 들고
차를 품평하니 입이 먼저 향기롭네.
발에 새어 드는 달빛에 더위가 가시고
뜨락에 이는 솔바람에 서늘함이 오누나.
그대가 머물던 선방을 생각하노니
오늘 밤엔 흰 구름이 홀로 자겠지.

半輪江日下昭陽 缾錫飄然到草堂 乍對鶴形神始旺 細評茶品口先香
疏簾月彩收炎毒 小院松濤進夕凉 應念舊房棲定處 白雲今夜宿空床

출전: 『구당집』久堂集 권4

해설 박장원은 1649년 춘천부사로 부임하여 1652년까지 재임하였는데, 이 시는 이 기간에 지은 것으로 보인다.

박장원 朴長遠, 1612~1671

청평산 유람기 遊淸平山記

영지影池의 둘레는 수십 보가량 되고, 영지의 수면으로 샘물이 솟는다. 북변에는 돌로 우물처럼 둘러놓았는데, 네모난 것은 땅의 형상을 본뜬 것이다. 영지 주변으로 진귀한 나무를 이것저것 심어 놓았는데, 모두 열 아름은 되었다. 노승이 그것을 가리키며 "이것은 나옹 화상이 손수 심은 것이다"라고 한다. 산의 북쪽으로 한 봉우리가 굽어보인다. 봉우리 정상에는 작은 암자가 영지의 바닥에 거꾸로 비치는데, 창문도 선명히 보이고 머리카락도 비추어 볼 수 있다. 그 봉우리와 암자의 이름을 물으니 부용봉芙蓉峯과 견성암見性菴이라 한다. 또 "견성암의 승려는 금란가사金襴袈裟를 입는다. 풍경을 울리며 금선金仙(부처)에게 예를 올릴 때 그 그림자가 가장 신기하게 비친다. 못 이름이 영지가 된 것도 본래 이 때문이다" 하였다. 또 이 영지의 물은 일찍이 가뭄이 들어도 줄어들지 않고 홍수가 져도 늘어나지 않는다고 하니 더욱 이상한 일이다. 잠시 뒤 풀을 깔고 앉아 마른 삭정이를 줍고 영지의 물을 길어 차를 끓였다. 차 연기가 일어날 때 석양이 이미 서쪽 봉우리를 비추고 있었다.

池周數十步 泉涌池面 北邊繚以石甃 其方象地 池邊雜植珍木 皆可百圍 老僧指以言曰此懶翁手植云 俯見山北一峯 峯頂小菴 倒影於水底 戶牖粲然 毛髮可鑑 問其峯與菴之名則曰芙蓉也見性也 又云菴僧披金襴袈裟 鳴磬禮金仙時 其影最奇 池名得影 本爲此云 且此池水曾不加損於旱澇 尤可異云 仍藉草而坐 拾枯查汲池

水煮茶 茶煙起時 落日已窺西峯矣

출전: 『구당집』 권15

해설 앞의 시와 마찬가지로 춘천부사로 재임하던 시절 청평산에 들러 지은 글이다. 이 대목은 청평산 영지影池에 대해 서술한 것인데, 이 연못은 고려 시대에 조성한 것이라고 한다.

이은상 李殷相, 1617~1678

다시 '간'看 운을 써서 김구지에게 주어 정정을 구하다 復用看字韻 贈金久之求正

봄의 물색을 고요함 속에 바라보니
시흥이 어찌 난만한 세상사 같으랴.
천리마는 천 리를 달리고픈 마음 있고
메추라기는 작은 가지에 머물고 싶지.
게으른 사람이 어찌 벼슬길에 어울리랴.
우스갯소리마저 젊은날의 즐거움 아니네.
퇴근하여 문 닫아걸고 아무 일 없어
작은 서재에 맑게 앉아 용단차를 달이네.

春來物色靜中看 詩興爭如世味闌 驥驥志存千里騁 鷦鷯棲借一枝安
疏慵豈合明時用 謔浪都非少日歡 朝退閉門無箇事 小齋淸坐煮龍團

출전: 『동리집』東里集 권1

해설 구지久之는 문곡文谷 김수항金壽恒의 자이다.

홍위 洪葳, 1620~1660

추경과 낭연에게 보이다
(당시에 추경의 집에 오래 묵고 있었다)
示樞卿朗然(時久留樞卿家)

한 사발 맑은 차에 향불 한 줄기.
담담히 종일토록 서안 앞에 앉았네.
맑은 산은 주렴 너머로 새 그림을 펼치고
늙은 소나무는 뜰에서 시원함을 보내오네.
우리 교분 굳이 '관포지교'• 들먹일 것 있나.
시를 논하면 곧바로 제나라 양나라•가 되네.

• **관포지교**管鮑之交 『사기』史記에 나오는 말로, 절친한 친구 간의 사귐을 의미한다. 중국 춘추 시대 제나라의 관중管仲과 포숙鮑叔은 어렸을 때부터 매우 친한 친구 사이였다. 일찍이 포숙은 관중의 뛰어난 재능을 알았으며, 관중은 포숙을 누구보다 잘 이해했다. 후에 두 사람은 벼슬길에 올랐는데 관중은 공자 규糾의 사람이 되고 포숙은 규의 아우 소백小白을 섬기게 되었다. 그런데 뒤에 두 공자가 왕위를 두고 대립하게 되어 관중과 포숙은 어쩔 수 없이 적이 되었다. 이 싸움에서 소백이 승리하여 형 규를 죽이고 관중도 죽이려 하자, 포숙아는 "관중의 재능은 신보다 몇 갑절 나으니 천하를 다스리고자 하신다면 반드시 관중을 기용하셔야 합니다"라고 했다. 이에 관중은 재상이 되기에 이른다. 후에 관중은 "나를 낳아 준 이는 부모이지만 나를 진정으로 알아준 사람은 포숙이다"라고 했다.

비 내린 동호*에 푸른 파도 드넓으니
그대와 작은 배를 띄우지 않고 어이하리.

一椀淸茶一炷香 淡然終日對匡床 山晴簾外開新畫 松老庭邊進晚涼
托契何須論管鮑 談詩直自到齊梁 東湖雨後滄波闊 安得携君上小航

출전: 『청계집』淸溪集 권1

해설 추경樞卿은 이훤李蕙(초명 이세창)의 자이고, 낭연朗然은 불승이다.

- **제나라 양나라** 중국 위진육조 시대에 시단을 주도했던 두 나라이다. 이 두 나라에서 유행했던 시체詩體는 주로 성정性情의 표현보다는 성조聲調와 수사학修辭學적인 기교를 중시하여 '제량체'齊梁體라고 일컬어졌다.
- **동호東湖** 서울 한강의 뚝섬에서 옥수동까지를 일컫는 말로, '두뭇개'라고 부르던 곳이다.

이단하 李端夏, 1625~1689

차를 마시다 飮茶

어스름 추운 하늘엔 눈이 크게 오려 하고
문풍지로 새어 드는 바람은 칼날 같구나.
찻사발 가져다 병 많은 몸이 마시며
장안의 술값이야 비싸든 말든 개의치 않노라.

薄暮寒空雪意豪 透窓風力利如刀 且將茶椀供多病 一任長安酒價高

출전: 『외재집』畏齋集 권1

해설 초겨울 지친 몸엔 차가 그만이므로, 술에는 아무 관심이 없다고 말하였다.

이단하 李端夏, 1625~1689

부친께서 불승의 시축에 적어 준 시에 삼가 차운하다 伏次家君題僧軸韻

돌 틈으로 솟은 물이 정말 좋은데
게다가 소나무 아래에 대臺가 있네.
산마루 구름은 한가로이 떠 있고
마당의 눈은 쓴 채로 쌓여 있네.
산승의 바랑에서 새 봉지 열고
찻사발을 묵은 불에 달이노라.
그윽하여 마음 경계 묘하니
저녁종 치길 재촉할 것 없어라.

둘러싼 봉우리들 속 외로운 산사
의연히 하나의 작은 동천洞天일세.
밥상의 푸성귀는 겨울 채소이고
찻잎 끓이는 건 한밤에 길어 온 샘물
풍치를 진정 말로 하실 수 있겠지만
새 시를 보내 달라 청할 수 있으랴.
산승 따라 적막을 함께 즐기니
참선에 드는 것을 사랑하는 게 아니라!

最愛石間溜 重憐松下臺 岫雲留不去 庭雪掃仍堆

梵筴開新匣 茶甌在宿灰 悠然心境妙 莫遣暮鐘催

列岫環孤刹 依然小洞天 飯芼冬日菜 茶點子時泉
勝致眞堪說 新詩肯要傳 從僧共寂寞 不是愛逃禪

출전: 『외재집』 권1

해설　전체 3수 중 첫 번째와 세 번째 시이다. 이단하의 부친은 앞서 나온 택당 이식이다.

이단하 李端夏, 1625~1689

호곡이 또 남간의 절구를 차운하여 나에게 화운시를 청하기에
壺谷又次南澗絶句韻 投示要和 ……

시도 이길 수 없고 술도 마실 수 없으매
흥이 다하니 병이 일어남을 어이하랴.
가장 좋은 건 문 닫고 한가로이 앉아
눈 녹여 차 달이며 솔바람 소리 듣는 것.

詩無較勝酌無多 興盡其如病作何 最好閉門閒坐處 茶煎雪水聽濤波

출전: 『외재집』 권2

원제 호곡이 또 남간의 절구를 차운하여 나에게 보내어 화운시를 청하며, 화답의 마지막을 책임져 달라고 했다. 나는 병 져 누워 시 읊기를 작폐하고 있다가, 근래에 두 공에게 이끌려 이례적으로 시를 지었으나, 화운시의 대미를 장식하리라는 마음을 감히 먹은 것이 아니기에 첫 시를 짓고 물러나 먼저 항복의 깃발을 세웠다. 그러자 두 공이 깃발을 세우고 북을 치며 훌륭한 화답시를 지어 끝내 개선가를 부르며 마칠 수 있게 되었다. 하하하 壺谷又次南澗絶句韻 投示要和 責以終條理 余病廢吟詠 近被兩公牽率 破戒效嚬 玉振非所敢擬 而鳴金而退 先竪降旛 兩公旗鼓 訖可奏凱而旋矣 呵呵

해설 전체 2수 중 두 번째 시이다. 호곡壺谷은 남용익南龍翼의 호이며, 남간南澗은 우암尤庵 송시열宋時烈의 별호이다.

신정 申晸, 1628~1687

벗의 집에 쓰다 題友人家

대숲 길에 오는 사람 없고
벌집만 오후 들어 잉잉.
꽃그늘 아래 술이 깨어
불 지펴 햇차를 달인다.

竹逕人來少 蜂窠報晚衙 酒醒花影下 敲火煮新茶

출전: 『분애유고』汾厓遺稿 권1

해설　1663년 벼슬에 나오고부터 1673년까지의 작품을 모은 『석갈록』釋褐錄에 수록된 시이다.

신정 申晸, 1628~1687

문을 닫고 閉門

외진 동네에서 문 닫고 왕래 끊은 채
앉아서 청산 보노라니 해가 또 기우네.
작년에 비해 머리에는 눈이 더 내렸고
올해부터 두 눈에 꽃이 많이 피도다.*
분분한 세상사는 끝이 없는데
총총한 덧없는 생은 끝이 있구나.
고요한 속에 그윽한 흥 넘치는 일 있으니
돌 샘물에 햇차 달이는 게 그나마 즐거워라.

閉門窮巷斷經過 坐對靑山日又斜 頭比去年增素雪 眼從今夏轉昏花
紛紛世故看無盡 悤悤浮生覺有涯 猶喜靜中幽興足 石泉流水試新茶

출전: 『분애유고』 권3

해설 1678년 동지중추로 벼슬에서 물러나 서호西湖에 은거할 때의 작품을 모은 『병거록』屛居錄에 수록된 시이다. 초로初老에 들어 세상일에도 시큰둥해진 작자가 혼자서 차를 마시는 즐거움을 읊고 있다.

• 두 눈에~피도다 몸이 노쇠해져 눈앞이 어른어른하는 것을 눈에 꽃이 핀다고 한다.

신정 申晸, 1628~1687

새벽에 曉吟

새벽이라, 닭 울음소리 어지러운데
동창은 아직 밝지 않았네.
황량한 겨울 성엔 조각달 지고
옛 수자리엔 새벽별 쓰러지네.
촛불 켜고 새 시를 짓다가
차를 달여 숙취를 풀어 보네.
덧없는 생에 느낌이 일어
어느새 두 줄기 눈물 흐르네.

曉起鷄聲亂 窓櫳未向明 荒城低缺月 古戍落殘星
秉燭題新句 煎茶解夙醒 浮生多少感 不覺淚雙零

출전: 『분애유고』 권4

해설   1679년 가을부터 이듬해 4월까지 안변부사 시절 지은 작품을 모은 『등주록』 登州錄에 수록된 시이다.

이단상 李端相, 1628~1669

입으로 읊어 회포를 달래다
口占遣懷

고요하게 책 읽으니 맛이 절로 길고
문 닫고 홀로 앉아 노구솥에 차를 끓이네.
평상에 대 그림자 지니 시가 유난히 상쾌하고
침상에 매화가 그득하니 꿈까지 향기로워라.
몸 밖의 공명은 계륵鷄肋*이나 마찬가지
세상사 갈림길은 양장羊腸*보다 더하네.
어이하랴, 또 조복을 입고 가서
열 길의 속진에서 종일토록 바쁠 것을.

- **계륵鷄肋**   쓸데없는 물건이란 말이다. 닭갈비는 먹자니 먹을 것이 없고, 버리자니 아까운 생각이 드는 물건이기 때문에 이런 의미가 붙었다.
- **양장羊腸**   양의 창자란 의미로 몹시 복잡하고 구불구불하다는 의미이다.

靜裏看書味自長 掩門孤坐點茶鐺 床移竹影詩偏爽 枕繞梅花夢亦香
身外功名等鷄肋 世間岐路劇羊腸 如何又着朝衣去 十丈塵中竟日忙

출전: 『정관재집』靜觀齋集 권2

해설　이단상은 앞서 나온 이정귀李廷龜의 손자로, 이명한의 아들이고 이일상의 동생이다.

이단상 李端相, 1628~1669
남궁에서 배종한 뒤 당직을 서며 입으로 읊다
南宮陪從後鎖直口占

화로엔 한 줄기 향에 가벼운 연기 날리는데
졸다 깨어 맑은 창 아래 앉아 차를 달이노라.
한낮의 시간은 드문드문 파루罷漏가 알려오고
봄빛은 작은 정원의 꽃에 모두 저무네.
귀전부* 지어졌으니 장차 은거해야지.
나라 은혜 보답하느라 머리 쇠었구나.
아침에 배종하던 곳을 보노라니
서글픈 눈물이 마구 흘러내릴 듯.

鑪香一炷散輕霞 睡起晴窓坐點茶 日影報稀高閣漏 春光落盡小庭花
歸田賦就身將隱 報國誠深鬢已華 看取朝來陪從地 可堪哀涕自橫斜

출전: 『정관재집』 권2

해설 남궁南宮은 예조禮曹의 별칭이다. 곧 벼슬에서 물러날 것을 예감하며 읊은 시인 듯 하나, 언제 지은 것인지는 미상이다.

• **귀전부**歸田賦 벼슬에서 은퇴할 것을 다짐하는 시문을 일컫는 말로, 대표적인 것으로 도잠의 「귀거래사」歸去來辭가 있다.

남용익 南龍翼, 1628~1692

다음 날 다시 연구에 차운하여
세 사백*에게 올려 화답을 청하다
翌日 更次聯句韻 奉三詞伯要和

눈 녹인 물에 차를 달이는 흥취요,
산음에서 벗 찾아가는 마음이라.*
우연히 문사의 모임 이루어
서로 아름다운 시 쏟아 내네.
노쇠하여 시 짓던 붓 물리고
실없이 술잔만 넘치도록 따르네.
술병 주둥이 깨어진들 어떠랴,
마음 가는 대로 만년을 읊노라.

- **사백**詞伯 문단을 대표하는 거장을 일컫는 말.
- **산음**山陰**에서 ~ 마음이라** 양경우의 시 「큰 눈이 내리다」의 주 참조(이 책 268쪽).

雪水煎茶興 山陰訪客心 偶然成彦會 相與吐英音

老怯詩鋒退 狂憐酒壘深 不妨壺口缺 隨意暮年吟

출전: 『호곡집』壺谷集 권5

해설 전체 4수 중 세 번째 시이다. 3명의 벗과 함께 술을 마시며 연구聯句를 지은 이튿날 다시 그 시에 차운하여 지은 것이다.

남용익 南龍翼, 1628~1692

한풍루의 신선 노래
寒樓老仙會歌

앉자마자 옥사발에 차를 올리니
새로 딴 찻잎 건계의 용단차로다.
신풍의 좋은 술*을 외상으로 사니
술은 옥이슬이요, 동이는 오지단지.
안기의 대추는 오이만큼 크고
귤, 유자, 등자, 밤에 배와 산사로다.
찐 고기 큰 편육 돼지 눌림에다
고운 회와 맛난 떡에 물고기와 새우로다.

初筵先進玉椀茶 建溪龍團新摘芽 新豐美酒十千賖 酒是瓊漿樽是窪
安期之棗大如苽 橘柚橙栗交梨樝 珍魚大䐑壓肥豭 雪膾香餠兼魚蝦

출전: 『호곡집』 권9

해설 원래 7언으로 된 장편고시인데, 여기서는 그 일부만을 수록하였다. 한풍루寒風樓는 전라남도 무주군 무주읍 당산리에 있는 유명한 누각이다.

• **신풍新豐의 좋은 술** 중국 당나라 때 술의 명산지였던 신풍의 술. 왕유王維의 「소년행」少年行에서 "신풍의 맛 좋은 술은 한 말에 십천인데, 함양의 유협들은 대부분이 소년이로세"(新豐美酒斗十千 咸陽游俠多少年)라고 하였다.

남용익 南龍翼, 1628~1692

나고야의 다옥에서
鳴古屋路傍 新造茶屋 ……

곳곳마다 차 달이는 연기 길옆에 자욱한데
손으로 금사발 쥐고서 옥이슬 차를 올리네.
파촉에서 사마상여를 영접했던 일* 자랑 말지니
당년의 오랜 소갈병을 해소하지 못했네.

깨끗한 대 집 두어 칸이요,
뭉게뭉게 차 연기 한 가닥이네.
푸른 산 끊긴 곳은 해문海門이요,
지는 해 한쪽에는 가을비로다.

隨處茶煙擁路傍 手持金盌進瓊漿 休誇巴蜀迎司馬 未慰當年渴病長

蕭蕭竹屋三椽 裊裊茶煙一縷 靑山斷處海門 落日半邊秋雨

출전: 『호곡집』 권11 『부상록』扶桑錄

• **파촉巴蜀에서 사마상여를 영접했던 일**   중국 한나라의 사마상여가 중랑장中郞將이 되어 고향인 파촉 땅에 사신으로 갔을 때, 촉군蜀郡태수 이하가 모두 나와 존경의 뜻을 보였던 일. 금의환향의 대표적 사례로 꼽힌다. 여기서는 이러한 환대도 사마상여의 소갈병을 해소하지는 못했다는 뜻이다.

원제 나고야의 길옆 새로 지은 다옥에서 (가는 곳마다 불승들이 무릎을 꿇고 매우 공손하게 차를 올렸다) 鳴古屋路傍 新造茶屋 處處守僧跪進甚恭

해설 남용익이 1655년 일본통신사의 종사관으로 갔을 때 지은 시이다. 다른 기록을 참조해 보면, 앞의 7언시는 이해 9월 19일에 쓴 것이고, 뒤의 6언시는 이튿날 9월 20일에 쓴 것이다.

남용익 南龍翼, 1628~1692

다옥에서 찻사발을 들다
茶屋進甌

소룡단차를 달이니
아침 연기가 길가에 피네.
고승이 가사를 입고
꿇어앉아 금찻잔 올리네.

烹得小龍團 朝煙生路畔 高僧披道衣 長跪進金椀

출전: 『호곡집』 권11 『부상록』

해설   앞의 시와 마찬가지로 1655년 9월 19일에 쓴 것이다. 함께 사신으로 간 하경명何景明의 "외로운 뗏목으로 일남국에 사신으로 와서"(孤槎奉使日南國)라는 시구를 읊다가 지은 14수 중에서 13번째 시이다.

조선 중기의 차 문화

남용익 南龍翼, 1628~1692

제야에 배를 띄워 이백 리를 가다가

除夜 放舟行二百里 ……

화려한 반합엔 삼 층의 진미
진기한 상엔 한 사발 밥.
용단차는 몇 번이나 끓었나.
홍련주를 자주 사 오네.
귤과 유자는 꿀보다 달고
포도는 윤택하기 타락과 같네.

畫榼肴三疊 珍床飯一盂 龍團茶幾沸 鴻練酒頻酤 橘柚甘於蜜 蒲萄潤似酥

출전: 『호곡집』 권12 『부상록』

원제 제야에 배를 띄워 200리를 가다가, 장쾌한 유람을 기록하고 나그네 회포를 서술하여 200운의 배율을 얻었다 除夜 放舟行二百里 紀壯遊述客懷 得二百韻排

해설 일본에서 귀국하던 1655년 12월 29일에 쓴 시이다. 원제에 나와 있듯이, 원래 배를 타고 가는 여정에서 본 장관을 읊은 200운의 장편시이나, 여기서는 차와 음식 부분만을 발췌하였다.

남용익 南龍翼, 1628~1692

음식 飮食

차는 작설의 푸른 햇순을 통용하는데, 우지에서 생산되는 것을 제일 품으로 친다. 차를 달이는 기구도 아주 정교하며, 귀천과 남녀를 불문하고 누구나 차를 즐겨 마신다.

茶則通用雀舌靑稚者 而以宇治之産 爲第一品 烹茶之具 極其精巧 上下男女 無不嗜飮

출전: 『문견별록』聞見別錄 풍속

해설　역시 일본 사행 길에 적은 것으로, 남용익의 일본견문록인 『문견별록』에 수록된 글이다. 여기서는 일본의 풍속을 기록한 부분에서 차에 관한 것만을 발췌하였다. 우지宇治는 지금의 교토京都 남부 우지시宇治市로 원래 차로 유명한 곳이다.

윤증 尹拯, 1629~1714

금강연(율곡의 시에 차운하다)
金剛淵(次栗谷韻)

신라 이후로 이천 년 흘렀으니
왕자가 참선한 일 아득하지만
우통의 샘물만은 남아 있어
월정사 문밖에 맑은 못 이루었네.[1]

新羅世後二千年 王子修禪事杳然 唯有于筒泉底水 月精門外湛空淵

[1] 권근權近의 기記에 "우통수于筒水의 원천에 월정月精이라는 암자가 있다. 옛날 신라의 두 왕자가 이곳에서 은둔 생활을 하면서 선도禪道를 닦아 득도했다고 한다"라고 하였다(權近記于筒之源 有菴曰月精 昔薪羅二王子遁于此 修禪得道云云).

출전: 『명재유고』明齋遺稿 권2

해설 윤증은 1662년 3월에 중부仲父 윤선거尹宣擧를 따라 금강산 일대를 유람하고 7월에 돌아왔는데, 이 시는 이때 쓴 것이다. 『임하필기』林下筆記 권37에도 수록되어 있다.

김만기 金萬基, 1633~1687

4월 그믐에 비를 보며 짓다
孟夏晦日 對雨有作

책들은 너른 탁자에 적적하게 흩어져 있고
턱 괴고 앉았으니 비자榧子 책상 빛이 나네.
꼬불꼬불 피는 향 연기는 탈속의 풍경이요
울창한 숲에서 비를 보내와 가을처럼 서늘하네.
꿈에서 깨어 차솥에서 물 끓는 소리 듣고
일어나 앉아 곱게 단장한 해당화를 보네.
저녁 다 가도록 시 지어도 좋은 구절 없어
맑은 저녁, 애오라지 작은 해낭*에 부치네.

圖書寂寂散匡床 兀坐支頤榧几光 古篆焚香非俗事 長林送雨作秋涼
夢廻茶鼎聞初沸 起看棠花洗晩粧 竟夕沈吟無好語 陰晴聊付小奚囊

출전: 『서석집』瑞石集 권1

• **해낭**奚囊   시초詩草를 넣는 주머니. 중국 당나라 시인 이하李賀가 명승지를 돌아다니며 지은 시를 해노奚奴라는 종이 가지고 다니는 주머니〔囊〕에 넣은 데서 비롯된 말.

해설 여름날 오후, 낮잠 자고 일어나 기분 좋은 바람을 느끼며 차를 마시는 한적함을 읊었다.

조성기 趙聖期, 1638~1689

백량에게 답하다 答伯亮

계절이 바뀌어 물화物華에 감동하니
한가한 초당에서 시구 찾아 길게 읊조리네.
봄바람은 이미 가도 꽃은 남았고
골목 깊어도 길손 자주 찾아오네.
병 많은 도인은 늘 기 호흡 하고
돈 없는 처사는 실컷 차를 마시네.
근래에 점차 임원의 흥취 만끽하니
아침저녁 한가한 정을 산새 노래와 함께하네.

節序推遷感物華 閑齋覓句更長哦 春風已去花猶在 門巷雖深客屢過
多病道人常服氣 無錢處士剩嘗茶 邇來漸飽林園趣 日夕閑情共鳥歌

출전: 『졸수재집』拙修齋集 권2

해설 전체 4수 중 첫 번째 시로, 백량伯亮은 홍우채洪禹采의 자이다.

임상원 任相元, 1638~1697

일본차를 마시다 飮倭茶

한 봉지 찻가루가 옥가루에 필적하니
광산光山에서 이슬 맞은 찻잎을 상상하네.
삼나무 갑에 담아 향기로운 안개 신선하고
은차통에서 쏟아 내니 푸른 노을 펴지네.
차의 품질 겨룬다면 용봉차보다 나으니
서둘러 달이게 하여 해어蟹魚*를 분변하네.
시원히 한 사발 마시매 봄잠이 달콤하니
꽃 그림자 앞 섬돌까지 올라온 줄 몰랐어라.

一緘茶粉敵瓊琚 想像光山露滴初 杉匣貯將香霧潤 銀筒瀉出翠霞舒

若應鬪品傾龍鳳 旋自催煎辨蟹魚 快下一甌春睡美 不知花影上前除

출전: 『염헌집』恬軒集 권3

• 해어蟹魚   해안蟹眼과 어안魚眼, 즉 게눈과 물고기눈의 줄임말로, 찻물에 일어나는 거품을 형용하는 말이다.

해설   임상원은 1675년 3월 왜사倭使 접위관接慰官으로 부산에서 일본 사신을 영접하였다. '그 품질이 용봉차보다 낫다'고 한 일본차는 아마도 이때 얻은 것이 아닐까 추측된다. 참고로 임상원의 맏아들 임수간任守幹 또한 1711년 통신사로 일본을 다녀온 적이 있다. 『한국의 차 문화 천년 1』 23쪽 참조.

임상원 任相元, 1638~1697

즉흥시 卽事

서안에 기대어 있노라니 화로 연기 적막하고
길게 이어진 성은 대숲이 깊어라.
바다 구름은 한가로이 머물러 있고
산의 달은 맑게 떠올랐어라.
아련한 것은 영원히 돌아가고픈 흥이요
스쳐 지나가는 것은 홀로 구경하고 싶은 마음일세.
책 잡고 게으르게 뒤적이다가
찻사발이나 부질없이 자주 찾노라.

隱几爐煙寂 連城竹樹深 海雲閑自駐 山月淨高臨
迢遞長歸興 經過獨賞心 把書還懶讀 茶鼎謾頻尋

출전: 『염헌집』 권3

해설 전체 2수 중 첫 번째 시이다.

임상원 任相元, 1638~1697

주경周卿 최후상崔後尙이 함평에 가는 것을 보내다 送崔周卿(後尙)之咸平

옥당에 함께 근무하며 은혜 받다가
오늘은 헤어지니 이별의 한이 길구려.
함께 겪은 풍파는 꿈결 속이요
살아갈 작은 고을은 하늘 끝이라.
도잠陶潛의 주흥은 기장을 수확할 마음뿐이었고
반악潘岳의 봄날 행차에서는 꽃 심기 좋아했지.*
적막한 무릉에서 늘 소갈증에 시달리니
부디 그대여 우전차를 보내 주오.

同遊玉署忝光華 今日相分別恨賖 閱盡風波俱夢境 棲來枳棘共天涯

陶公酒興惟收秫 潘令春行好種花 寂寞茂陵常病渴 須君乞與穀前茶

출전: 『염헌집』 권4

해설   전남 함평의 군유산에서 나는 차는 『세종실록지리지』世宗實錄地理志에도 실려 있을 정도로 유명한 차다. 벗 최후상이 함평군수로 부임하기 때문에, 그곳에서 나는 귀한 차를 보내 달라고 청한 것이다.

• **반악潘岳의 ~ 좋아했지**   중국 진晉나라 반악潘岳이 하양河陽현령으로 있을 때, 온 고을에 복사나무와 오얏나무를 심어 봄바람이 불어올 때면 곳곳에 꽃이 만발하였다 한다.

임상원 任相元, 1638~1697
오후에 한벽루에 앉아 晩坐寒碧

땅은 한갓져 살아 볼수록 고요하고
관아는 청렴하며 품계 또한 높다네.
산은 네 고을*의 돌을 둘렀고
강은 오대산의 근원을 뿜노라.
화전火田 불은 먼 산에 타오르고
고기잡이 등불은 먼 어촌에 깜빡이네.
차를 달이매 맛 더욱 훌륭하니
기쁘도다, 세상 근심을 씻었노라.

地僻居逾靜 官淸秩亦尊 山盤四郡石 江噴五臺源

耕火侵遙岫 漁燈向遠村 烹茶味更絶 喜得洗塵煩

출전: 『염헌집』 권4

해설 한벽루는 원래 청풍군 관아에서 운영하던 객사로 임상원이 청풍부사로 재직하던 1676년 경에 쓴 시로 추정된다.

• **네 고을**　내륙 지방에서 경치가 가장 좋다고 일컬어지는 내사군內四郡 즉 단양丹陽, 영춘永春, 청풍淸風, 제천堤川을 말한다.

임상원 任相元, 1638~1697

차를 달이며 즉석에서 읊다 煎茶卽事

얼음 깨고 강물 길어
차 달이느라 참숯 지피네.
푸른 연기 오롯이 피어오르고
흰 꽃은 바람에도 흩어지지 않네.
기쁘게도 두 아름다움 갖추었으니
시원히 한 사발을 들이키노라.
맑은 속은 산나물 덕이고
입맛대로 먹으니 배가 부르네.
북풍은 땅을 찢을 듯 불고
깊은 방엔 놋화로 따스하네.
산골이 척박하다 말하지 말아라,
이 즐거움 세상에는 응당 없으리.

敲氷汲江水 烹茗燒櫟炭 靑煙撥更起 白花吹不散
喜得兩美具 快下盡一椀 淸脆佐山蔬 信口卽飽飯
北風吹地裂 深室銅爐暖 莫道山郡薄 此樂世應罕

출전: 『염헌집』 권4

해설 5언고시의 일부만을 수록한 것이다. 청풍부사로 재직하던 1676년경에 쓴 시로 추정된다.

임상원 任相元, 1638~1697

풍설 風雪

봄바람 호탕하게 불어 눈이 쌓이니
목욕하던 백로가 다시 돌아가누나.
깊은 골짝엔 이미 겨울 나물 돋고
옛 동산엔 오히려 섣달 매화 그립네.
강물 뜨며 차 달이는 것 사랑하고
시구 지으며 급할 것 무어 있으랴.
놀면서 봉록 받으니 게으름이 부끄러워
관아에서 막대 짚고 이끼 낀 길 거니노라.

春風浩蕩雪成堆 浴鷺沈鳧去却廻 深峽已挑含凍菜 故園猶想隔年梅
勺江自愛煎茶熟 覓句何煩刻燭催 竊祿却慙疏懶甚 訟庭携杖步荒苔

출전: 『염헌집』 권6

해설 청풍부사로 재직하던 1678년경에 쓴 시로 추정된다.

임상원 任相元, 1638~1697

차운 次韻

입과 혀로 물맛을 구분할 필요도 없이
얼음 떠서 차 달이며 늘 자부하네.
굽이진 난간에서 날으는 새 깃 바라보고
높은 창 아래 누워 점점이 고깃배 등불을 보네.
번잡한 공문서는 속객인 양 물리치고
새로 온 편지는 옛 벗처럼 반가워하네.
게다가 객수를 달랠 물건 있으니
구유에서 막 거른 좋은 술 있음에랴.

不須牙舌辨淄澠 勺氷煎茶每自矜 曲檻坐看飄鳥毳 高窓臥見點漁燈
厭麕煩牒如塵客 喜得新書若故朋 更有客懷堪遣處 槽頭初壓綠醅凝

출전: 『염헌집』 권7

해설 전체 2수 중 두 번째 시로, 청풍부사로 재직하던 1679년경에 쓴 시로 추정된다.

임상원 任相元, 1638~1697

차를 달이며 烹茶[1]

일찍이 조사祖師 따라 바다를 건너왔으니
삼한 땅에서 이때부터 차를 알게 되었네.
파리 소리 들리면 푸른 잎이 나부끼고
물고기눈 퍼질 때 흰 꽃이 넘친다.
품질이야 감히 공물에 올릴 수 있으랴만
공으로 논하면 『다경』에 올려 자랑할 만하네.
급히 한 사발 마셔 시 읊던 혀에 부으면
어느새 아침 햇살 같은 푸른 비단 가득하네.

曾逐慈航涉海朕 三韓從此始知茶 蠅聲陟作翻蒼葉 魚眼才平漲白花
鬪品敢思充貢計 論功固合著經誇 急傾一椀澆吟舌 不覺朝暾滿綠紗

출전: 『염헌집』 권12

[1] 우리나라에는 본래 차가 없었는데, 신라의 불승이 당나라에 들어갔다가 종자를 얻어 돌아와 심었다(吾東本無茶 新羅僧入唐 得子歸種).

해설 차가 불교의 전래와 함께 우리나라에 들어와 퍼지게 된 것을 소개하였고, 우리나라 차의 품질이 매우 좋다는 것을 읊었다.

임상원 任相元, 1638~1697

눈 雪

구름 일어 일천 봉우리 가리더니
지난밤에 한 자나 눈이 내렸다네.
훨훨 처음에는 녹아 물이 되더니
적막하게 저절로 숲을 뒤덮었네.
등불 기름 다하여 불은 가물거리고
잠이 깨니 냉기는 이불에 스며드네.
차를 달이자 작은 방이 고요한데
앉아서 굶주린 새 내려오는 걸 보네.

作霧千峯隱 經宵一尺深 霏微初點水 蕭索自縈林
燈盡光搖幌 眠驚冷透衾 煎茶小齋靜 坐見下飢禽

출전: 『염헌집』 권13

해설 처음에는 눈이 땅에 닿아 녹다가 점차 온 숲을 뒤덮었다. 이 눈을 가져다 녹여 차를 달이며 고요한 겨울 정취를 즐기고 있다.

임상원 任相元, 1638~1697

강진현감 김항을 보내며
贈送康津縣監金沆

처음 승진하여 성균관에서 보았더니
다시 부절 받아 바닷가 고을로 간다 하네.
벼슬 박하여 소금으로 겨우 봉급을 받고
땅은 외져 젓갈로나 그저 반찬을 삼겠지.
차는 고저차처럼 쌍기雙旗가 훌륭하고*
종이는 성도지成都紙처럼 십자 문양 새로우리.*
수레 타고 내려가서 역리驛吏를 만나면
조정에 글월 올려 일사逸士* 찾으라 하겠지.

- **차는 ~ 훌륭하고** 고저차顧渚茶는 중국 절강성 고저산에서 생산되는 이름난 명차이고, 쌍기雙旗란 차 싹이 두 가닥으로 펼쳐진 것을 형용한 것이다.
- **종이는 ~ 새로우리** 성도成都는 중국 사천성四川省의 성도省都인데, 그곳의 특산물인 종이의 십자 문양을 가리키는 것으로 보인다.
- **일사逸士** 원문에 나오는 기인畸人을 『장자』에서는 "사람과는 맞지 않고 자연과 짝이 되는 사람"이라 하였다. 여기서는 재주는 있으나 벼슬에 나아가지 못하고 재야에 남겨진 일사逸士를 말한다.

初看陞秩職成均 復道分符守海瀕 宦薄齎鹽聊寄祿 地偏魚鱐亦供珍

茶如顧渚雙旗美 紙似成都十樣新 想得下車逢驛使 乞君封署問畸人

출전: 『염헌집』 권20

해설 강진의 대표적 물산으로 소금, 젓갈, 차, 종이를 들고 있다.

임상원 任相元, 1638~1697

담양부사 이광하를 보내다
(처음에 진주부사로 제수받았으나, 담양부로 바뀌었다)

送潭陽府使李光夏(初除晉州 改是府)

남쪽에는 어디나 장독瘴毒이 있다 하지 마오.
담양은 한결 청량한 고을이라 들었다오.
천 이랑 고운 대숲엔 구름이 빼어나고
쌍기의 아름다운 찻잎엔 이슬이 향기롭지.
땅이 외져 서울과 먼 것은 흠이지만
관아는 한가해 공문서로 바쁠 일 없네.
부모님 모실 날 길지 않을 터이니
두 마리 잉어*를 초당에 올릴 수 있을는지.

莫道南方等瘴鄕 似聞潭府較淸涼 竹憐千畝連雲秀 茶愛雙旗浥露香
地僻只嫌京國遠 官貧寧苦簿書忙 萊衣省覲知非久 肯把雙魚問草堂

출전: 『염헌집』 권20

• **두 마리 잉어**   병든 부모를 위해 얼음이 꽁꽁 언 겨울 연못에서 기원하자, 두 마리 잉어가 얼음을 깨고 뛰어올랐다는 고사를 가리킨다.

해설　부모님 모실 날이 길지 않을 것이라고 한 것은 곧 내직을 제수받아 서울로 올라올 것이라는 축원의 의미이다. 담양은 대숲의 경치가 뛰어날 뿐 아니라, 그곳에서 품질 좋은 차가 생산됐음을 알 수 있다.

임상원 任相元, 1638~1697

삼짓날 三月三日

오늘에야 비로소 봄인 줄 아노니
산은 푸르고 고우며 경물은 새로워라.
뜨락의 진흙엔 새 발자국 어지럽고
연못은 찰랑이며 물고기 입 벙긋벙긋.
차 달이는 절후 놓칠까 걱정이고
나무 접붙이는 시기 놓치면 안 되지.
단정히 앉았으니 찾는 손님도 적어
한가로운 이 몸은 책 속에서 뒹구네.

今日始知春 山靑麗景新 庭泥交鳥跡 池浪沸魚脣
恐失煎茶候 難違接樹辰 端居自少客 書秩遶閑身

출전: 『염헌집』 권22

해설 삼짓날은 곡우의 절기와 맞물리는 양력 4월이다. 이때가 되면 초목은 푸릇푸릇 움이 돋고 제비가 오며 물고기들이 산란을 준비한다. 우전차를 따서 덖어야 되고, 또 과실나무에 접을 붙여야 한다.

임상원 任相元, 1638~1697

저물녘에 차를 달이다
薄暮煎茶

땅거미 새로 내리니 더위가 반쯤 가시고
한가롭게 차를 달이니 솔바람 소리 들리네.
거품 끓자 흰 눈이 펄펄 솟구치더니
물결 식자 푸른 안개 고요히 감도네.
졸음은 안개 걷히듯 싹 가시고
잔병 앓던 몸은 밤이라도 샐 듯 가뿐하네.
일 좋아하는 신라 불승이 전할 만하다고 여겨
종자 가지고 동쪽으로 멀리 바다 건너 왔구나.

新霄炎威覺半銷 閑看茶熟響松飆 湯翻白雪仍瀺灂 浪息靑姻轉寂寥
昏睡頓空如捲霧 微痾自遁欲凌霄 羅僧好事眞堪傳 挾子東來渡海遙

출전: 『염헌집』 권24

해설 흰 눈은 격렬하게 끓는 찻물이고, 푸른 안개는 차주전자 위로 서리는 김이다. 신라의 승려가 가지고 온 차의 효능이 좋다는 것을 노래하였다.

임방 任埅, 1640~1724

비를 보며 對雨

두류산 비가 안개를 몰고 와
연못가 동헌을 적셔 주누나.
봄이 가자 객수를 붙일 곳 없고
해 기울자 시상이 홀연 더하네.
천 그루 장대는 창 너머로 가볍게 속삭이고
한 그루 꽃나무는 뜰 앞에서 고요히 젖노라.
바위 아래 돌샘에 활수가 솟나니
아이 불러 햇차나 달일 밖에.

頭流山雨帶煙霞 霂灑臨湖縣宰家 春去羈懷無處寓 晚來詩思忽然加
輕鳴窓外千竿竹 細濕庭前一樹花 巖下石泉添活水 爲呼童子試新茶

출전: 『수촌집』水村集 권3

해설 비가 오는 날 달리 할 일이 없어, 돌샘의 물을 길어 차를 달여 마시면서 지은 시이다.

임방 任埅, 1640~1724

동년 채석주蔡錫疇의 고별시에 차운하다
次蔡同年(錫疇)告別韻

옛날 얼굴 발그레하던 소년 시절
진사시에 나란히 함께 합격했었지.
낙사洛社의 꽃밭에서 술을 마시고
금호琴湖의 달빛 아래 차를 달였지.
가슴속 품은 재주 자랑스러워했건만
당장에는 장두전杖頭錢*도 없구나.
남아는 본디 성공할 날 있으리니
좋은 시절 기약하기 글렀다 마오.

我昔紅顔子少年 春風蓮榜共名懸 樽從洛社花間倒 茶向琴湖月下煎
意氣曾誇懷裏錦 生涯今乏杖頭錢 男兒自有成功日 莫道佳期老已愆

출전: 『수촌집』 권4

해설 젊은 시절 함께 차를 마시며 노닐었던 추억을 되새기며, 낙담하지 말고 성공하기를 축원한 시이다.

- **장두전**杖頭錢   장두백전杖頭百錢의 준말로, 술값을 의미한다. 중국 진晉나라 완수阮修가 지팡이 끝에 술 사 먹을 돈 100전을 걸어 놓고 다니다가, 주막이 나오면 문득 들어가 취하도록 마셨다는 고사가 있다.

권상하 權尙夏, 1641~1721

육언시 六言

구름 걷힌 푸른 산에 달이 돋고
꽃잎 지는 황혼에 산새 우누나.
산중의 객은 돌솥에 차를 달이고
시골 불승은 문 앞에서 불씨를 얻네.

月出雲消碧嶂 鳥啼花落黃昏 山客烹茶石竈 野僧乞火柴門

출전: 『한수재집』寒水齋集 권1

해설 전체 2수 중 첫 번째 시이다.

홍만선 洪萬選, 1643~1715

소의 질병을 예방하는 법
可防牛疫

진다(좋은 작설차) 2냥을 가루로 만들어 물 5되에 타서 먹인다. 『신은지』神隱志

用眞茶(됴흔쟉셜차) 二兩爲末 和水五升灌之 神隱

출전: 『산림경제』山林經濟 권2 「양우」養牛

해설　작설차를 써서 소의 질병을 예방하는 내용인데, 이것을 보면 차의 용도가 매우 다채로웠음을 알 수 있다.

홍만선 洪萬選, 1643~1715

차와 탕 茶湯

차는 불에 쬐어 말려야 좋고, 햇볕에 말리면 못 쓴다. 『신은지』

차는 입을 가실 만하면 그만이고, 너무 많이 마시면 못 쓴다. 『신은지』

차 달이는 법은 이렇다. 차를 달이려면 반드시 이글거리는 숯불로 끓인다. 보글보글 끓어오르면 냉수를 살짝살짝 붓는다. 다시 끓기를 기다려 또 냉수를 앞에서처럼 세 차례 친다. 이렇게 하면 맛과 빛깔이 모두 훨씬 좋다. 『거가필용』居家必用

끓일 때에는 물맛이 쇠도록 너무 끓이지 말아야 한다. 너무 끓여 쇠면 지나치게 써진다. 끓는 소리가 석간수나 솔바람 소리처럼 살살 끓어야 한다. 갑자기 끓어 넘치면 좋지 않다. 그러므로 끓으면 병을 옮기거나 불을 빼어, 잠깐 끓다가 그치도록 해야 알맞게 된다. 『한정록』閒情錄

기국차杞菊茶를 만드는 법은 다음과 같다. 들국화 1냥, 구기자 4냥, 차 싹 5냥, 참깨 반 근을 함께 자잘하게 갈아 체에 쳐 고운 가루를 내어 둔다. 먹을 때 이 가루 한 수저에 소금 약간과 소유酥油를 구미에 따라 조절해 넣고, 물을 살짝 끓여 타서 마신다. 『신은지』

구기차枸杞茶를 만드는 법은 다음과 같다. 깊은 가을이 되면 빨갛게

익은 구기자를 따서 마른 밀가루와 반죽하여 떡같이 만든다. 이것을 볕에 말려 곱게 가루로 만든다. 차 1냥마다 구기자 가루 2냥을 고루 섞는다. 여기에 볶은 화소유花酥油 3냥을 넣는다. 화소유가 없으면 참기름도 좋다. 물이 끓자마자 앞에 준비해 둔 것들을 타서 되고 끈적한 고膏를 만든다. 여기에 소금을 약간 쳐서 냄비에 끓여 마시면 매우 유익하고 눈이 밝아진다. 『거가필용』·『신은지』

습조탕濕棗湯을 만드는 방법은 다음과 같다. 굵은 대추를 가져다 씨를 발라낸 다음, 물로 푹 고아 즙을 만든다. 여기에 생강즙과 꿀을 타서 세 가지 맛을 고루 섞는다. 이것을 도자기 항아리에 넣고 저어서 농도를 맞추고, 사향을 조금 넣는다. 잔마다 한 큰술씩 떠서, 팔팔 끓는 물에 타서 조금씩 먹는다. 『거가필용』·『신은지』

향소탕香蘇湯을 만드는 법은 다음과 같다. 마른 대추 한 말을 쪼개어 씨를 발라낸다. 모과 5개를 가져다 껍질을 벗겨 짓찧어 놓는다. 차조기잎 반 근을 한데 넣은 다음 고루 찧어 5푼을 만든다. 이 중 1푼으로 대바구니 안에 고루 헤쳐서 태워 잡냄새를 없앤다. 앞에 준비한 것들을 물에 달여 대바구니에 앉혀서 즙을 내린다. 내린 즙을 맛보아, 모과나 대추 맛이 약하면 버리고, 다시 좋은 놈 1푼으로 바꾸어 앞의 방법대로 즙을 내린다. 이렇게 하여 맛이 날 때까지 반복한다. 내린 즙을 사기그릇이나 돌그릇에 담아 뭉근한 불로 고아 고膏를 만들어 두고, 차게 쓰거나 뜨겁게 쓰거나 용도에 따라 쓴다. 『거가필용』·『신은지』

수문탕須問湯을 만드는 법은 동파거사東坡居士가 다음과 같이 시로 지어 불렀다.

생강 반 냥, 대추 1되,
3냥의 흰 소금에 2냥의 감초.
정향·목향 각 반 돈에
적당량의 귤껍질과 함께 찧노라.
달여도 좋고, 살짝 부어도 좋고
젊어서부터 늙도록 평생 마시네.
(생강은 마른 것을, 대추는 말려서 씨를 발라낸 것을 쓴다. 흰 소금은 볶은 것을, 감초는 구워서 껍질을 벗긴 것을 쓴다. 귤껍질은 흰 껍질을 벗겨 낸 것을 쓴다.)『거가필용』

빙지탕氷芝湯을 만드는 방법은 다음과 같다. 연밥 1근을 껍질째 볶아 바짝 말린다. 이것을 찧어 곱게 가루를 만든다. 감초 가루 1냥을 살짝 볶는다. 이 두 가지 가루 2돈에 약간의 소금을 쳐서 팔팔 끓여 조금씩 먹는다. 연밥은 검은 껍질이 쇠빛깔처럼 거무스레해질 때까지 찧다가, 더 이상 찧을 수 없을 정도가 되거든 버린다. 세상 사람들은 연밥을 쓸 때, 검은 껍질과 떫은 껍질 그리고 심心을 아무 쓸모없다고 여겨 버린다. 하지만 검은 껍질은 기운을 튼튼하게 하며, 떫은 껍질은 정기를 보완해 주는 줄을 세상 사람들은 대부분 모른다. 빙지탕은 밤이 이슥하도록 일하다가 간식 시간을 놓쳐 허기가 지는데 밥을 먹고 싶지 않을 때, 한 잔을 마시면 허함을 보익하고 기운을 돋우어 준다.
『거가필용』

회향탕茴香湯을 만드는 법은 다음과 같다. 고운 회향茴香 가루 1냥을 볶고 단향檀香과 생강가루 조금을 넣되, 기호에 따라 알맞게 조절하여 조금씩 먹는다. 『거가필용』·『신은지』

행락탕杏酪湯을 만드는 법은 다음과 같다. 살구씨 3냥 반을 팔팔 끓는 백비탕에 담가, 뚜껑을 덮은 채 완전히 식을 때를 기다린다. 이렇게 하기를 다섯 번 하고 나서 껍질 끝을 긁어 제거하고, 사기동이에 넣어 곱게 간다. 좋은 꿀 1근을 두어 번 끓여 졸인 다음, 끓이는 것을 그치고 반쯤 식기를 기다린다. 이것을 살구씨 가루에 넣는다. 또는 갈아서 고루 섞는다. 『거가필용』

봉수탕鳳髓湯을 만드는 법은 다음과 같다. 잣과 호두를 끓는 물에 담가 속껍질을 벗겨 낸다. 각 1냥씩을 곤죽이 되도록 맷돌로 간 다음, 좋은 꿀 반 냥을 넣어 고루 섞는다. 먹을 때마다 팔팔 끓는 물에 타서 조금씩 마신다. 『거가필용』

제호탕醍醐湯을 만드는 법은 다음과 같다. 오매烏梅 1근을 찧어 큰 사발로 물 두 사발을 붓는다. 이것을 졸여 한 사발로 만든 다음, 맑게 가라앉힌다. 이때 쇠그릇을 사용해서는 안 된다. 그리고 축사縮砂 반 근을 오매에 타서, 꿀 5근과 함께 사기그릇에 넣고 붉은빛이 될 때까지 졸인다. 식거든 반드시 백단白檀 가루 2돈, 사향麝香 1자字를 넣는다. 『보감』寶鑑에는 "오매육은 따로 1근을 가루로 만들고, 초과草果 1냥, 축사·백단 각각 5돈을 같이 곱게 갈아, 달인 꿀 5근에 넣는다. 이것을 살짝 끓인 다음 골고루 잘 저어서 사기그릇에 담아 두었다가 냉수에 타 먹는다" 하였다. 『거가필용』

백탕柏湯 만드는 법은 다음과 같다(백柏은 측백이다). 연한 측백잎을 따서 끈으로 엮어 큰 항아리 안에 드리운 다음, 종이로 항아리 입구를 봉한다. 한 달가량 지난 뒤에 열어 본다. 만약 아직 마르지 않았으면 다시 덮어 두었다가 다 마른 뒤에 꺼낸다. 마르면 가루로 만든다. 항아리를 쓰지 않고 밀폐한 방 안에 두어도 되지만, 항아리 속에서 푸른색으로 발효되며 마른 것만 못하다. 이 탕은 차를 대신할 수 있다. 밤에 이야기하다가 마시면 한결 졸음이 가신다. 맛이 너무 쓸 때에는 마를 조금 넣어 먹으면 아주 좋다. 『신은지』

자소탕紫蘇湯 만드는 법은 다음과 같다. 여름철에 먼저 백비탕을 끓여 둔다. 붉은 차조기를 따고 싶은 만큼 딴다. 뒤집히지 않도록 종이에 대고 덮는다. 차조기에서 향이 풍기면, 백비탕을 병에 붓고 이어 차조기를 속에 넣는다. 그런 다음 병 주둥이를 꼭꼭 봉하면 향이 갑절이 된다. 다만 뜨겁게 하여 마셔야 하니, 차게 마시면 인체에 해롭다. 『거가필용』·『신은지』

모과장木瓜漿 만드는 법은 다음과 같다. 모과 한 개를 가져다 밑을 도리고 씨방을 발라낸 다음, 그 속에 꿀을 넣는다. 다시 뚜껑을 덮은 다음 대나무 바늘로 고정시킨다. 이것을 시루에서 연하게 쪄서 꿀을 빼되, 껍질을 깎아 버릴 필요는 없다. 별도로 익힌 꿀 반 잔과 생강즙 조금을 섞어 곤죽이 될 때까지 간다. 이것을 끓인 물 세 사발에 타서 골고루 저은 다음, 삼베에 받쳐 찌꺼기를 걸러 낸다. 걸러 낸 액을 병에 담아 우물 속에 저장한다. 『거가필용』・『신은지』

오미갈수五味渴水 만드는 법은 다음과 같다. 오미자를 팔팔 끓는 물에 담가 하룻밤을 재워 우린다. 이것을 진하게 내린 콩즙과 함께 달인다. 얼굴색처럼 발그스름하여 딱 보기 좋게 되면, 달인 꿀을 넣어 달콤새콤하게 맛을 맞춘다. 그런 다음 뭉근한 불로 한동안 졸인다. 시원하게 먹거나 뜨겁게 먹거나 임의대로 쓴다. 『거가필용』

청천백석다淸泉白石茶 만드는 법은 다음과 같다. 호두와 잣을 까서 밀가루와 반죽하여 작은 덩어리를 만들어 차 속에 넣는다. 『예운림집』

茶宜焙不宜晒 神隱

茶宜嗽口不宜多啜 上同

煎茶法 須用有焰炭火 滾起 便以冷水點注 伺再滾起再點 如此三次 色味皆進 必用

湯不欲老 老則過苦 聲如澗水松風 不宜遽瀹 惟移瓶去火 少得其沸止而瀹之 方爲合節 閑情

杞菊茶 用野菊花一兩 枸杞四兩 茶芽五兩 芝麻半升 同硏爲細末篩過 如喫時 用一匙入鹽少許 酥油不拘多少 以一滾沸湯調服 神隱

枸杞茶 至深秋 摘紅枸杞子 同乾麵拌和成劑 捏作餠樣 晒乾硏爲細末 每茶一兩 枸杞末二兩和勻 入煉花酥油三兩 或香油亦可 旋添湯攪 成稠膏子 用鹽少許 入鍋煎熟飮之 甚有益明目 必用 神隱

濕棗湯 大棗去核 用水熬汁 生薑汁和蜜 同將三味調勻 入磁罐內攪 令稀調得所 入麝香少許 每盞挑一大匙 沸湯點服 上同

香蘇湯 乾棗一斗 去核擘碎 木瓜五箇 去皮穰搗碎 紫蘇葉半斤 同一處再擣勻 分作五分 內將一分勻攤 在竹籠內燒 滾湯潑淋下汁 嘗瓜棗無味則去 却換好者一分 依上潑之 以味盡爲度 將淋下汁 慢火於砂石器內 熬成膏子 冷熱任用 上同

須問湯 東坡居士歌括云 半兩生薑(乾用)一升棗(乾用去核) 三兩白鹽(炒黃)二兩草(炙去皮) 丁香木香各半錢 約量陳皮一處搗(去白) 煎也好點也好 紅白容顏 直到老 必用

氷芝湯 乾蓮實一斤 帶皮炒極燥 搗爲細末 粉草一兩微炒 右爲細末 每二錢 入鹽少許 沸湯點服 蓮實 搗至黑皮如鐵 不可搗則去之 世人用蓮實 去黑皮及澁皮幷心 大爲不便 黑皮堅氣 而澁皮住精 世人多不知也 此湯 夜坐過饑氣乏 不欲取食則飮一盞 大能補虛助氣 必用

茴香湯 入炒茴香細末一兩擅 香薑末少許 只看滋味如何 隨意加減 沸湯點服 神隱 必用

杏酪湯 杏仁三兩半 浸百沸湯 蓋定候冷 如是五度 搯去皮尖 入小砂盆內細硏 次用好蜜一斤 煉至二三沸 看涌撥退候半冷 旋傾入杏泥 又硏和勻 必用

鳳髓湯 松子仁 柏子 胡桃肉 湯浸去皮 各一兩硏爛 次入好蜜半兩和勻 每用沸點服 上同

醍醐湯 烏梅一斤搥碎 用水兩大椀 熬作一椀澄淸 不犯鐵器 次將縮砂○半斤 蜜五斤同梅水 於砂石器內熬之 候赤色爲度 冷定 入白檀末二錢 麝香一字 上同 寶鑑曰 烏梅肉另末一斤 草果一兩 縮砂白檀香各五錢 幷作細末 入煉蜜五斤 微沸攪勻 磁器盛冷水調服

柏湯(側柏) 採取嫩葉線繫 垂掛大甕中 紙糊其口 經月視之 如未乾更閉之 至乾取出爲末 如不用甕 置密室中亦可 而但不及甕中者靑翠 此湯可以代茶 夜話飮之 尤醒睡 味太苦 則少加山芋尤妙 神隱

紫蘇湯 夏月 先作百沸滾湯 取紫蘇葉不拘多少 用紙隔焙 不得翻動 候香 以百沸

湯入甁 仍將蘇葉投入 密封甁口則香倍 只宜熱用 冷則傷人 必用 神隱

木瓜醬 木瓜一箇切下蓋 去穰盛蜜 却蓋了用簽簽定 入甑蒸軟去蜜 不用削去其皮 別入熟蜜半盞 薑汁少許 搗硏如泥 以熟水三大椀攪勻 濾去滓盛甁 井底沈之 上同

五味蕩水 五味子 滾湯浸一宿取汁 同煎下濃豆汁 對當的顏色恰好 同爛熟蜜對入 酸甜得中 慢火同熬一時許 凉熱任用 必用

淸泉白石茶 用桃核松子肉 和眞粉成小塊如石狀 置茶中 倪雲林

출전: 『산림경제』 권2 「치선」治膳

해설 잎차를 끓이는 법과 함께 각종 다탕茶湯의 제조법과 복용법, 효능에 대해 설명해 놓은 것이다.

홍만선 洪萬選, 1643~1715
두창 경험방 痘瘡經驗方[1]

찬바람을 맞아 가슴과 배에 급작스런 통증이 있는 자는 그 증세가 곽란과 비슷하다. 그런데 이때 곽란약으로 치료하면 대단히 위험하다. 급히 소풍산消風散인 형개수荊芥穗·감초 각 1돈, 인삼·백복령·백강잠白殭蠶·천궁·방풍·곽향·머리 다리와 날개를 뗀 매미 허물·강활羌活 각 5푼, 진피陳皮·생강으로 법제한 후박厚朴 각 3푼에 시호柴胡 7푼과 청피青皮 5푼을 더한 다음 세다細茶(작설차) 1줌을 넣어 3~4첩을 달여 먹이면 즉시 효과가 있다.

痘瘡經驗方
此時觸風寒而胸腹急痛者 候似霍亂 若以霍亂治之 則大危 急用消風散 荊芥穗甘草各一錢 人蔘白茯苓白殭蠶川芎防風藿香蟬退去頭足翅羌活各五分 陳皮厚朴薑製各三分 加柴胡七分 青皮五分 入細茶一撮 煎服三四貼 卽效

[1] 박진희朴震禧가 지은 것이다(朴震禧所著).

출전: 『산림경제』 권4 「구급」救急

해설 앞서 나온 『동의보감』에서는 독버섯에 중독된 사람에게 작설차를 사용하였는데, 여기서는 풍한風寒으로 인한 급성 복통에 다른 약재와 함께 작설차로 달여 먹으면 효과가 있다고 하였다.

오도일 吳道一, 1645~1703

응청각에서 눈을 읊다
凝淸閣賦雪

아득한 하늘에 분분하게 눈이 내려
어지러이 날리며 여기저기 깔리네.
강가의 봉우리들 모두 옥을 깎은 듯
난간 앞의 나무는 저마다 꽃을 피웠네.
새봄의 뜨락엔 매화가 꽃 소식 재촉하고
새벽의 주렴엔 달이 화려함을 시샘하네.
나직이 노래하고 천천히 마시며 흥을 달래니
눈 녹인 찻물 자랑하던 도곡*이 우스워라.

迷空飛屑勢紛挐 亂撲平鋪遍邐迤 江上有峯皆削玉 檻前無樹不生花
新春院落梅催信 殘夜簾櫳月妬華 低唱淺斟宜遣興 枉誇茶水笑陶家

출전: 『서파집』西坡集 권4

• 눈 녹인 ~ 도곡   도곡의 고사에 대한 자세한 내용은 신흠의 시 「눈 내린 뒤」 해설 참조 (이 책 258쪽).

해설 응청각凝淸閣은 원래 충청북도 청풍군에 있던 누각으로, 오도일이 1689년에서 1691년 사이 청풍부사로 있던 시절에 지은 시이다.

오도일 吳道一, 1645~1703

한벽루에서 당시唐詩를 차운하다
碧樓 次唐律

누각은 높아 바람 많아 더위 가시고
하늘에 주렴 걸려 산 안개를 감싸네.
술통의 술은 서늘하여 기장이 발효되고
차솥의 차는 맑아서 돌 샘물을 달이노라.
무너진 산사의 구름 걸린 나무엔 학이 잠자고
저녁 강 비 내리는 배엔 산승이 노를 젓네.
당일 봉래蓬萊에 선발되었음을 자랑 마오.
관리 되어서야 비로소 신선 된 줄 알리.*

樓逈風多失暑天 挂空簾影抱山煙 匏樽酒冽醅畦秫 瓦鼎茶淸煮石泉
廢寺鶴眠雲際樹 暮江僧棹雨中船 枉誇當日蓬萊選 作吏方知便作僊

출전: 『서파집』 권4

해설 한벽루寒碧樓는 원래 청풍군 관아의 객사로, 앞의 시와 마찬가지로 청풍부사로 있던 시절에 지은 시이다.

• **봉래蓬萊에 ~ 알리** 봉래蓬萊는 신선이 사는 곳인데, 여기서는 임금이 사는 궁궐을 비유한 말로 쓰였다. 즉 봉래에 선발되었다는 것은 조정의 내직으로 들어가는 것을 말한다. 이에 비해 다음 행의 관리는 지방의 외직을 가리키는데, 산수 좋은 외직에 있는 것이 신선 생활에 가깝다는 말이다.

오도일 吳道一, 1645~1703

선화당에서 비 내리는 가운데
宣化堂雨中

감영監營에 일이 없어 낮에 공무 폐하니
흐드러진 꽃 한적한 땅이 모두 좋아라.
피리 소리 누각엔 두 줄로 선 기녀요,
북소리 들판엔 한 떼의 개구리라.
비 내리는 마을 터엔 버들잎 푸르고
물 깊은 관가 못엔 연꽃이 막 벙그네.
속병으로 술 끊은 것도 좋으니
쇠솥에 새로 설차雪茶를 달인다네.

無事營門晝廢衙 繁華幽絶兩堪誇 笙歌樓閣雙行妓 鼓吹川原一部蛙
雨重村墟偏柳色 水深官沼欲荷花 不嫌病肺拋杯酌 金鼎新煎雪茗茶

출전:『서파집』권6

해설　선화당宣化堂이란 감영에서 관찰사가 정무政務를 처리하던 곳으로, 1695년 강원감사 시절에 지은 시이다.

최석정 崔錫鼎, 1646~1715

첨수참에서 甜水站

첩첩의 재마루 우뚝우뚝 하늘에 닿았고
지친 말은 열 걸음에 아홉 번 되돌아보네.
멀리 바라보니 슬퍼져 봄 경치 실컷 보고
애오라지 평상에서 낮잠을 붙인다.
천 산 너머로 맑은 햇살과 한 줄 연기
마을 앞으로는 소와 말이 오고 가누나.
누가 달콤한 샘물로 햇차를 달여
얽힌 근심을 시원히 함께 씻을까.

重嶺嵯峨勢接天 羸驂十步九回顧 已悲遠目饒春望 聊借胡床着午眠
淡日孤煙千嶂外 來牛去馬一村前 誰將活水烹新茗 共滌羈愁爲醒然

출전: 『명곡집』明谷集 권3

해설 최석정이 1686년 진주겸사은사陳奏兼謝恩使의 부사로 중국을 다녀올 때 지은 시이다.

최석정 崔錫鼎, 1646~1715

눈을 읊다(앞 시의 운을 써서 구언에게 화답하다)
雪詩(用前韻 和九言)

인간 세상이 혼연히 천상 세계 되어
뭇 신선들 의관에 구슬 꽃을 찼도다.
누대엔 곳곳마다 보옥이 달렸고
뜨락엔 때 아닌 꽃이 만발하였네.
물 만들어 달이노니 차가 써늘하고
눈에 비친 달빛 의지하니 글씨가 삐뚤었네.
가련하다, 초가집엔 땔감이 귀하여
나무꾼 돌아오기 기다리노라니 저녁 까마귀 우네.

塵界渾成玉帝家 衆仙巾佩尙瓊華 樓臺在處連城璧 庭院非時滿樹花
取水煎添茶冷冽 分光照得字橫斜 可憐白屋薪如桂 惟待歸樵趁暝鴉

출전: 『명곡집』 권4

해설　전체 2수 중 두 번째 시로, 구언九言은 홍수주洪受疇의 자이다. 최석정이 1692년에서 1693년 사이 황화방皇華坊(서울의 서소문동·태평로1·2가·무교동 일부와 정동 일원)에서 한가로이 지낼 때 지은 시이다.

최석정 崔錫鼎, 1646~1715

봉황성 鳳凰城

산들이 둘러싼 속에 한 시내 흐르니
변방의 백성들이 여기에 모여 사네.
나그네가 한밤에 다리를 쉬다가
맑은 차 반 잔으로 목을 축이네.
창문 없는 집에 휘장만 즐비하고
수레에는 노새와 소를 매기네.
낯선 풍속과 말이 어색하기에
억지로 시 지으며 객수를 달래네.

群山環合一川流 邊土民居到此稠 遠客中宵聊歇脚 淸茶半盞亦霑喉

屋無窓壁多施幔 車服驢騾或駕牛 殊俗語音渾未慣 强排詩律瀉羈愁

출전: 『명곡집』 권5

해설 전체 6수 중 두 번째 시로, 1697년 왕세자 책봉 주청사의 정사로 중국을 다녀올 때 지은 것이다.

김창협 金昌協, 1651~1708

윤3월 6일, 경물을 쓰다
閏三月初六日 記事

산림에서 느긋이 늦게 일어나니
창은 밝았고 까치 소리 들린다.
맑은 못엔 밤 기운 아니 가시고
말끔한 거울엔 작은 티끌도 없어라.
세수하며 수염과 기미 살펴보고
양치질할 땐 정화수로 한다네.
첫 해가 동녘에서 막 떠올라
못가에 핀 꽃을 비추어 주네.
어제와는 달리 산들바람 불어
하늘하늘 여린 버들 비껴 날리네.
봄 경치야 본래 이렇다 하지만
맑고 고운 이 경치 흔치 않다네.
무엇으로 이 계절 즐겨 볼까나.
술이야 없다지만 차는 있다오.
한 모금 마시고 글을 읽으면

사특한 생각 말끔히 사라지리.[1]

林臥常晏起　窓白聞啼鴉　淸池夜氣餘　皎鏡無纖瑕

盥濯照鬚糜　嚥漱當井華　初日生屋東　照我池上花

輕風不似昨　冉冉弱柳斜　春物固應爾　景氣鮮淸嘉

何以陶玆辰　無酒也有茶　一啜讀我書　庶幾思無邪

[1] 어제는 날씨가 매우 나빴으나, 오늘 아침에는 맑고 좋았다(昨日風色甚惡 今朝却淸美).

출전: 『농암집』農巖集 권5

해설　산뜻하게 맑게 개인 날, 경치를 감상하며 차를 마시고 글을 읽는 기분 좋은 느낌이 잘 드러난 시이다.

서종태 徐宗泰, 1652~1719

중부께서 검양의 시골집에서 내려주신 시에 삼가 차운하다 敬次仲父自黔陽村舍下示韻

한들대는 싱그러운 풀에 웃음이 돌아
날마다 막대 짚고 산을 거니네.
유유한 세상사는 거품과 같고
쉼 없는 세월은 꿈결 같다네.
좋을시고, 구름과 달을 시의 소제로 삼고
늘 어부와 나무꾼 벗하여 돌아온다네.
시내에 내리던 비 개려 하자 물고기 놀기에
대숲에서 앞 여울 향해 앉아 차를 달이네.

返身豐草破愁顔 日日游筇半在山 世事悠悠泡幻外 年華冉冉醉醒間
好將雲月供吟嘯 每伴漁樵共往還 溪雨欲晴魚政嫩 竹竿茶鼎向前灣

출전: 『만정당집』 晩靜堂集 권2

해설 전체 8수 중 네 번째 시이다. 제목에 나오는 중부仲父는 서문중徐文重이고, 검양黔陽은 지금의 서울시 금천구 일대이다.

김창흡 金昌翕, 1653~1722

병풍 그림을 읊다 詠屛畵

솔바람은 돌 침상에 부는데
아이가 곁에서 차를 달이네.
크게 읊조리니 흥이 솟는데
폭포는 구름 속에서 길어라.

松風吹石牀 茶竈小童傍 高哦知興會 飛瀑挂雲長

출전: 『삼연집』三淵集 권9

해설 전체 8수 중에서 첫 번째 시이다.

김창흡 金昌翕, 1653~1722

또 「동교잡영」에 화운하다
又和東郊雜詠

한 늙은이 바위 속에서 사니
외로운 생활 누가 보호해 주나.
유마維摩와 함께 지낸 지 오래이고*
소완小阮은 모퉁이에서 뛰어나네.*
샘물 맛은 차 마실 때가 유난히 좋고
솔바람 소리는 침상에서 제일 좋아라.
책은 읽다가 말다가 하며
처마의 비를 보고 우연히 시 짓는다.

콩밭은 큰 숲 너머에 있고
차 샘은 괴석 옆에 있어라.
바위 사이에 흙이 있고
민가 아래에 하늘이 있어라.

- **유마維摩와 ~ 오래이고**   김창흡의 벗 가운데 불교에 깊이 빠진 사람인 듯하나 누구인지는 알 수 없다.
- **소완小阮은 모퉁이에서 뛰어나네**   소완은 중국 삼국 시대 위魏나라 완적阮籍의 조카 완함阮咸을 가리킨다. 두 사람 모두 위진魏晉 시기의 이른바 죽림칠현竹林七賢에 속한다. 여기서는 김창흡의 조카를 뜻한다.

주진촌*의 시끄러운 풍속 싫고
혁서*의 순박한 세월 그리워라.
겨울 산속 구름이 뜰에 가득한데
소 한 마리 편안하게 조누나.

본래 산에는 눈이 있는 법.
미친 듯 거니느라 잠을 잊노라.
발길 닿는 대로 솔 골짜기 보고
항아리에 샘물 받아 차를 달이노라.
한 해도 저물고 몸도 호젓하니
지난해보다 일 없어 좋아라.
누가 알랴, 얼음 언덕 아래에
맑은 가슴 홀로 호연한 것을.

一雙巖間活 孤窮誰護持 維摩同龕久 小阮立隅奇

泉味茶中別 松聲枕上隨 韋編功斷續 簷雨偶成詩

豆䜺穹林杪 茶泉怪石邊 瓊瑤中有土 煙火下多天

- **주진촌**朱陳村   중국의 서주徐州 고풍현古豐縣에서 주씨朱氏와 진씨陳氏 두 성씨가 서로 혼인하면서 화목하게 살았던 촌락 이름인데, 당나라의 시인 백거이의 「주진촌」朱陳村이라는 시로 더욱 유명해졌다.
- **혁서**赫胥   혁서씨赫胥氏를 말한다. 아득한 옛날 태평 시대의 제왕으로 혁연赫然한 덕이 있어 백성으로 하여금 서로 따르게 했기 때문에 붙여진 이름이라고 한다. 이때는 백성들이 배불리 먹고서 즐거워하고 배를 두드리며 놀았다고 한다.

조선 중기의 차 문화

鬧厭朱陳俗 淳懷赫胥年 山空雲滿院 安穩一牛眠

自從山有雪 狂走或忘眠 杖及看松壑 甁承瀹茗泉
窮陰且孤興 無事勝前年 誰識氷岡底 襟情獨浩然

출전: 『삼연집』 권10

해설 전체 6수 중에서 세 번째, 네 번째, 여섯 번째 시로 아우 김창업金昌業이 지은 「동교잡영」에 화운한 것이다. 동교東郊는 지금의 성북구 장위동 일대를 가리킨다.

김창흡 金昌翕, 1653~1722

스스로 가련해하다
自憐

가을 더위에 병이 들어
눈 내리는 겨울까지 이어졌네.
오악이 흔들리듯 어지럽고
세 시내 쏟아 내듯 토하네.
팥죽으로 습열 없애 나았고
맑은 차로 내장 씻어 소통하였지.
점차 재미가 없어지니
산에 올라 바람이나 마셔 볼까.

病祟流金暑 淹延到雪天 眩來搖五岳 嘔上涌三川

赤豆差除濕 清茶利滌羶 漸能滋味薄 將躡吸風僊

출전: 『삼연집』 권16

해설   심하게 앓고 난 뒤, 막 몸을 가누기 시작할 즈음에 지은 시이다.

김창흡 金昌翕, 1653~1722

오대산기 五臺山記

벽에는 김부식의 기문이 있었다. 다 읽고 나서 북쪽 재를 넘었는데, 매우 가팔라 걷기가 어려웠다. 개울 길을 따라 다리를 서너 개 건넜다. 모두 백 척 높이는 되었는데, 삼나무 판자를 엮어 만들었다. 가마에서 내리자 다리가 후들거려 제대로 건널 수가 없었다. 동쪽에 별도의 개울이 흘러내리는데, 살펴보니 제법 맑고 그윽했다. 이곳으로 곧장 들어가면 양양襄陽의 부연釜淵에 닿는다고 한다. 그 옆에 신성굴神聖窟이 있다. 옛날에 이름난 승려가 살던 곳이나 지금은 폐허가 되었다고 한다. 20리를 가서 상원사에 도착하니 산승들이 밥을 차려 놓았다. 곧장 중대中臺로 향하여 10리 길을 기어 올라갔다. 매우 험난하였다. 사자암獅子菴을 지나 금몽암金夢菴에 도착하여 유명한 샘물을 떠서 마셨다. 말할 수 없이 차가우면서도 맛이 달아 마시기 좋았다. 물맛이 으뜸인데, 안타깝게도 육우에게 차를 달이게 하지는 못하였다. 대개 오대산의 샘물은 저마다 모두가 이름이 났는데, 여기가 옥계수玉溪水이고, 서쪽이 우통수于筒水이고, 동쪽이 청계수淸溪水이고, 북쪽이 감로수甘露水이고, 남쪽이 총명수聰明水이다.

壁有金富軾記文 覽訖 踰北峴 十分峻急艱步 循澗道度橋三四 皆以百尺 杉板編成 下輿玲瓏 凜不可度 東有別澗來 窺之頗淸幽 穿去可達于襄陽釜淵云 有神聖窟在其側 古名僧所棲 今爲廢址矣 行二十里到上院 留僧備炊 而直向中臺 攀躋可十里迺 多艱棘 歷獅子菴 到金夢菴 取名泉飮之 不甚冷冽而甘軟易接口 其味

宜居上品 恨不令陸羽瀹茶也 蓋五臺泉各有號 此爲玉溪水 西爲于筒 東爲靑溪 北爲甘露 南爲聰明云

출전: 『삼연집』 권24

해설 김창흡은 1718년 윤8월에 오대산을 유람하였는데, 이 글은 이때 쓴 유람기의 일부이다. 후반부를 보면, 금몽암을 비롯하여 옥계수, 우통수, 청계수, 감로수, 총명수 등 오대산의 유명한 샘물이 나열되어 있다.

김창흡 金昌翕, 1653~1722

죽엽차 竹葉茶

저 향기로운 어린 잎 따서
맑고 깨끗한 물에 달이네.
왕유*는 못 다 누렸지만
육우는 두루 맛보았다네.
약한 불로 천천히 끓이면
맑고 부드럽기 옥전玉田이지.
푸른 연기 가닥가닥 피어
먼 숲으로 길게 이어지네.

撷彼檀欒葉 烹之淡泊泉 王猷用不盡 陸羽嗜嘗偏
細沸應文火 淸滋可玉田 靑烟蟠縷縷 還與遠叢連

출전: 『삼연집』 습유拾遺 권4

• **왕유王猷**   왕자유王子猷 곧 중국 동진 때의 왕휘지를 말한다. 왕휘지는 대나무를 좋아하여, 좋은 대나무를 기르는 집이 있으면 그곳에 가서 주인을 아랑곳하지 않고 대나무를 감상하며 시를 읊었다고 한다. 또한 남의 빈집에서 살면서 대나무를 많이 심어 기르며, "어찌 하루인들 '차군此君' 없이 살 수 있겠는가"라고 하였다. 왕휘지는 대나무를 좋아했지만 죽엽차를 마실 줄은 몰랐는데, 육우는 죽엽까지 차를 만들어 마셨다고 말하기 위해 인용한 것이다.

해설   왕휘지는 대나무의 맑고 곧은 기상만을 좋아했지만 육우는 댓잎으로 차를 달여 먹었다. 김창흡 역시 육우를 따라 죽엽차를 달여 마시면서 시로 담았다.

김창흡 金昌翕, 1653~1722

낙수암 落水菴

벼랑 사이 낙수암
처음에 말 위에서 보았지.
옅은 눈 내릴 때 찾아왔고
짙은 구름 낄 때 이르렀네.
물방울 받으니 향기로운 공양이 정결하고
맑음 머금었으니 이끼 낀 부처가 기이해라.
차를 마시며 품평하려 하려는데
집비둘기 이미 둥지에 올랐어라.

落水崖間寺 初從馬上窺 流來晴雪底 到卽暝雲時
仰滴香廚潔 含淸蘚佛奇 欲將茶試品 棲鴿已高枝

출전: 『삼연집』 습유 권6

해설 충북 속리산을 가는 도중에 인근의 낙수암에 들러 차를 마시면서 지은 시이다.

김창흡 金昌翕, 1653~1722

두만강 豆滿江

물어보니 두만강은 발원지가 멀어서
백두산 꼭대기 물이 실로 시작이라네.
느릅나무 낙엽 썩어 천 리에 검고
산삼 뿌리 물에 씻겨 몇 줄기 향기롭네.
그윽한 회포는 형세대로 맡겨 두고
선과 이익은 분별없이 버려두네.
물굽이에 거룻배 댈 수는 없으나
차 마시며 맛 품평할 수는 있으리.

江流問爾發源長　白頂涓涓實濫觴　楡葉浸成千里黑　蔘根漱得幾莖香
幽懷一任高低勢　善利無分彼此疆　未可沿洄容舴艋　堪將品味試茶湯

출전: 『삼연집』 습유 권10

해설　김창흡은 1716년 함경도 일대를 유람하고 『북관일기』北關日記를 남겼는데, 이 시는 아마도 이때 두만강 가에서 지은 것이 아닌가 생각된다.

김창흡 金昌翕, 1653~1722

제현들과 운사에 가서 모임을 열고

諸賢往雲寺作會 ……

한 줄기 조계수 맛이 좋으니
운문 깊은 곳에 눈과 얼음 얼었어라.
육우 불러 다조茶竈 차리게 하기엔 좋고
유안劉安의 두부를 올리는 건 어울리지 않아라.*
꼬치 몇 개는 예의 차려 먹은 게 아니지만
배불리 먹으니 산승들의 조롱받지 않을까.
시골의 굶주린 늙은이 이빨이 없지만
맛난 공양을 시원히 씹는 즐거움 바라노라.

一派曹溪韻味高 雲門深處雪氷交 堪呼陸羽排茶竈 不襯劉安造豆泡
數串元非以禮食 撑腸無乃惹僧嘲 村中饑叟無牙齒 却望香廚大嚼勞

출전: 『삼연집』 습유 권11

원제 제현들과 운사에 가서 모임을 열었다. 눈을 감상하기 위해서가 아니라 절간 공양을 먹고 싶어서이니, 유가儒家의 경계를 어긴 것이 아니던가. 장난삼아 시 한

• **유안劉安의 ~ 않아라** 두부를 중국 한나라 회남왕淮南王 유안劉安이 처음 만들었다고 전해지기 때문에 이렇게 읊은 것이다.

수를 지어 웃음거리로 삼는다 諸賢往雲寺作會 非賞雪也 意在伊蒲塞也 無乃犯鄒
聖戒否 戲呈一律 以供噴飯

해설　운사는 물맛이 좋으니 두부를 만들기보다 차를 달이기에 제격이라는 뜻으로
읊은 시이다.

홍세태 洪世泰, 1653~1725

사우당의 모임에서 앞의 운을 따라 여러 공에게 화운하다
四友堂席上 疊前韻奉和諸公

상자에서 책을 뽑아 읽고
비단에다 그림을 그려 내네.
차는 용단차를 달이고
향은 애납향*이 사르기 좋지.

檢書抽玉笈 題畫出鮫綃 茶取龍團瀹 香宜艾納燒

출전: 『유하집』柳下集 권3

• **애납향**艾納香   일명 대풍초大風草 또는 대정황大丁黃이라고 부르는 약초로 만든 향이다. 이 식물의 잎이 마치 쑥잎과 비슷하기 때문에 이러한 이름이 붙었는데, 페르시아 쪽에서 건너왔다고 한다. 여기에 소나무 거죽 위의 푸른 이끼를 합하여 만든 향을 애납향이라 한다고도 하는데, 향을 피우면 연기가 흩어지지 않는다.

해설 사우당四友堂은 미상이다. 원래는 장편고시이나 여기서는 일부만을 수록하였다.

홍세태 洪世泰, 1653~1725
태평하게 누워 高枕

근심스럽든 즐겁든 태평하게 지내니
평생토록 이것이 나의 삶일세.
가난함은 오늘에 더욱 심하고
학문은 노년에 더욱 늘었어라.
산자락엔 섣달에 내린 눈 녹고
개울 모래톱엔 봄물이 졸졸졸.
당 태위黨太尉를 부러워할 것 있으랴,
풍류와 운치는 차 달이는 데 있나니.

高枕從憂樂 平生此北涯 貧於今日甚 學得暮年加

臘雪融山郭 春流響潤沙 黨家何足問 風致在煎茶

출전: 『유하집』 권13

해설　당 태위黨太尉와 도곡陶穀의 이야기는 눈 내리는 날이면 으레 등장하는 고사로, 앞에서도 심심찮게 등장하였다. 여기서는 이 고사를 반대로 인용하여, '눈 내릴 때 화려한 방안에 기녀와 앉아 술을 마시는 것보다 차를 달여 마시는 것이 더욱 풍류 있고 운치 있는 일이다'라고 말한 것이다.

이현조 李玄祚, 1654~1710

「보덕굴˙」 시에 차운하다
次普德窟

하늘에 쇠사슬 걸쳐지고 탑 그림자 비꼈으니
층층의 누대가 시야 멀리 은은하게 비치네.
열두 누각의 기둥을 옮겨다가
삼천 세계를 떠받치고 있네.
청정한 불전은 석굴에 의지하고
영롱한 기림祇林˙엔 천화天花˙가 흩날려라.

• **보덕굴普德窟** 　금강산 법기봉法起峯 중턱 만폭동에 있는 암자. 고구려 영류왕 10년 (627)에 보덕普德이 도를 닦기 위해 자연굴을 이용하여 창건하였다. 이 암자는 깎아지른 벼랑의 돌출 부분 위에서부터 쇠사슬을 연결하여, 쇠기둥으로 안정시켰다. 쇠기둥 위로 판자를 얹고, 판자의 맞은편을 다시 쇠사슬로 엮어 바위 벼랑에 고착시켰다. 본전인 관음전 觀音殿에 들어서면 흔들거리는 마루가 있고, 그 아래로 천 길 낭떠러지가 보인다. 이보다 조금 아래 관음굴이 있는데, 이 관음상은 금강산에서 가장 영험한 불상으로 꼽힌다. 관음굴 입구를 덮은 지붕의 꼭대기에는 탑을 안치했는데, 이 탑에는 부처의 본생담本生譚이 음각으로 새겨져 있다.

오르자 겨드랑이에 바람이 이니
노동의 일곱 사발 차는 우습구나.

鐵鎖連空塔影斜 層臺隱暎望中眺 移將十二樓邊柱 擎得三千界裏家
淸淨佛龕依石窟 玲瓏秖樹散天花 登臨斗覺風生腋 笑殺盧仝七椀茶

출전: 『경연당집』景淵堂集 권2

해설　이현조가 1692년 회양淮陽부사로 재임할 때 금강산을 유람하며 지은 시이다. 앞서 나온 이민구(저자의 종조부)의 『동유록』東遊錄에 수록된 「보덕굴」 시에 차운한 것이다.

- **기림**祇林　기림은 코살라국 기타祇陀 태자의 원림園林이다. 수달다라는 부자가 이 원림을 매입하여 정사를 짓고 부처에게 바쳤는데, 이것이 바로 기원정사祇園精舍이다. 이후로 '기림'과 '기원'은 산사山寺를 가리키는 말이 되었다.
- **천화**天花　천화는 하늘에서 떨어지는 꽃이란 말이다. 부처님이 설법할 때 온 하늘에 꽃이 가득 떨어졌다는 전설에서 온 것이다.

최석항 崔錫恒, 1654~1724

눈을 읊다 詠雪

바람 잦아든 숲 가끔 까마귀 퍼득이는데
종일토록 찬 구름이 천만 집을 뒤덮었네.
새벽 창을 치는 소리 쏴아쏴아 들리더니
맑은 주렴에 석양이 뉘엿뉘엿 비껴드네.
모든 산이 파도처럼 모습 바뀌어
머리에 난만한 꽃으로 단장했도다.
좋을시고, 은거하는 운치가 넉넉하니
작은 화로 숯불에 햇차나 달여야지.

林梢風靜乍翻鴉 竟日寒霏鎖萬家 洒急曉窓聲淅瀝 落殘晴箔影斜斜
渾山變盡滄浪態 着首粧成爛漫花 最是閒居饒勝致 小爐烘處試新茶

출전: 『손와유고』損窩遺稿 권2

해설 강호에 눈이 내려 천하의 산이 파도처럼 보이는 날, 작은 화로에 차를 달이는 운치를 시에 담았다.

이인엽 李寅燁, 1656~1710

밤에 서재에 앉아 夜坐西齋

찻주전자에 나즈막히 물이 끓는데
관아는 적막하여 소란함이 끊겼어라.
대숲에 가을 깊어 마디마디 서리 내렸고
오동에 달빛 비쳐 가지마다 이슬 젖었네.
겨울 기러기는 막 짝지어 울어 예고
처마 끝 제비는 둥지 떠나려 하는구나.
세월은 흘러흘러 좋은 시절 다 갔으니
탁자 위의 거문고와 책이나 벗해야지.

茶臼聲聞隔岸敲 郡齋幽寂絶紛譊 秋深綠竹霜封節 月上高梧露滴梢
塞外征鴻初叫侶 簷前社燕欲辭巢 年華荏苒佳期晚 一榻琴書可托交

출전: 『회와시고』晦窩詩稿

해설 '서재'西齋란 군군의 관아 건물 중 서쪽 집을 가리키나, 자세한 것은 미상이다. 1691년 가을 관동 지역을 유람하면서 지은 시를 모은 『동유록』東遊錄에 수록된 것이다.

이인엽 李寅燁, 1656~1710

구호에 살며 홍사길의 시에 차운하다
僑居鷗湖 次洪士吉韻

나룻배 타고 한강에 노니는데
술병과 찻주전자 함께 실었네.
늘그막에 갈매기 따라 노닐겠다던 약속 지켰으니
백 년 인생에 무엇하러 시름 안고 있을까?

孤帆泝上漢江頭 酒榼茶鐺共一舟 終老已從鷗鷺約 百年何事伴牢愁

출전: 『회와시고』

해설 전체 7수 중에서 두 번째 시로, 사길士吉은 홍만적洪萬迪의 자이다. 구호鷗湖는 한강 압구정 일대가 아닐까 생각되지만, 자세한 것은 미상이다.

이재 李栽, 1657~1730

족질 여빈에게 답하다
答族姪汝彬

살펴보니 다음과 같다. 차는 나무가 과로와 같고 잎은 치자처럼 생겼으며, 그 꽃은 장미와 같고 열매는 종려와 같다. 일찍 채취하는 것을 차茶라 하고, 늦게 채취하는 것을 명茗이라 한다. 달여서 마시면 안에 쌓였던 것이 씻겨 나가므로, 옛사람들이 중히 여겨 손님 접대나 제례에 사용한다. 중국에만 있는 것은 아니고 우리나라의 호남과 영남에서도 많이 생산되어 해마다 나라에 바친다고 한다.

按茶者 樹如瓜蘆 葉如梔子 花白如薔薇 實如棕櫚 早取爲茶 晚取爲茗 煎湯飮之 釋滯消壅 古人重茶 以爲賓祭之用 不但中原有之 我東湖嶺間亦多産 年年上供云

출전: 『밀암집』密菴集 권9

해설 이재의 몰년인 1730년에 쓴 편지로 여빈汝彬은 이언환李彦煥의 자이다. 이 글은 별지에 쓴 장문의 글 중 일부인데, 그 내용은 『주자대전』朱子大全 중 다례茶禮에 대해 말하다가 차에 대해 설명한 부분이다.

김창업 金昌業, 1658~1721

다시 첩운하여 원심암에 보내다
再疊寄遠心庵

홀로 생각하니 그대가 암자를 지킬 때
밤비에 사방 개울물 소리 더해지겠지.
바람벽에 쌓은 장서엔 안개가 습하겠고
주전자에 끓는 차엔 푸른 연기 피겠지.
자리는 옛 돌에 깔아 이끼가 유난히 짙겠고
창은 빈 연못을 향해 나서 물은 절로 맑겠지.
암자 이름을 때때로 생각하며
백 년토록 그 골짝에 이 마음 보존했으면.

獨思之子守巖楹 夜雨應添衆澗聲 四壁書藏白雲濕 一鐺茶煮翠烟生
壇因古石苔偏綠 窓對虛池水自明 願把庵名時玩省 百年丘壑保斯情

출전: 『노가재집』老稼齋集 권4

해설 김창업은 앞서 나온 김창흡의 아우이다. 전체 4수 중 첫 번째 시로, 원심암遠心庵은 청풍계에 있던 안동 김씨의 서재 이름이 아닐까 추측된다.

김창업 金昌業, 1658~1721

백씨가 육유陸游의 「유거초하」의 운을 따서 지은 시에 차운하다

次伯氏用放翁幽居初夏韻

노가재老稼齋가 사는 모습은 산승과 같아
깊은 암자 사립문에 석양이 걸렸네.
손익과 득실이야, 새옹지마를 보면 되고
공과 사는 개구리*에게 물을 것도 없지.
원림에 날아다니는 건 화답하는 새들이고
주렴 너머 분분한 건 흩날리는 꽃잎이라.
솔 그늘 가득한 뜨락에 찾는 손님 없어
맑은 샘물 길어 홀로 우전차를 달이네.[1]

稼齋身世似僧家 深掩柴扉暮景斜 得失只須看塞馬 公私不合問池蛙
園中宛轉相呼鳥 簾外繽紛摠落花 滿院松陰無客到 清泉獨試雨前茶

[1] 곡우 전에 딴 차를 우전차라고 한다(穀雨前所採 謂雨前茶云爾).

출전: 『노가재집』 권5

• **개구리** 식견도 안목도 없이 마구 와글와글 떠들어대는 무리를 은근히 빗댄 표현이다.

해설　제목에 나오는 백씨伯氏는 김창업의 맏형 김창집金昌集을, 노가재는 자신을 가리킨다.

조태채 趙泰采, 1660~1722

차를 읊다 詠茶

중국의 차는 송나라에서 시작하였으니
대룡단 소룡단 한두 가지가 아닐세.
정위丁謂와 채양蔡襄*이 만들어 올렸고
무이와 양선*에서 다투어 올렸네.
왕공王公들은 지존이 남긴 것을 좋아하여
경장瓊漿*보다 귀하게 여겼네.
이후로 이 차가 천하에 두루 퍼져
곡식처럼 금싸라기처럼 수레로 날랐네.
푸른 구름은 늘 도사의 부뚜막에 감돌고
맑은 안개는 은자의 집에서 떠나지 않네.

- **정위丁謂와 채양蔡襄** 중국 북송 함평咸平 연간에 정위가 복건조福建漕에서 용봉단을 올렸다. 또 경력慶曆 연간에 채양이 다조茶漕를 만들어 처음으로 소룡단차를 제조하였다.
- **무이武夷와 양선陽羨** 무이는 중국 복건성에 있는 지명이고, 양선은 강소성 오흥吳興에 있는 지명인데, 모두 명차의 생산지이다.
- **경장瓊漿** 신선이 마시는 음료, 맛 좋은 술 등 귀하고 맛있는 음료의 대명사로 쓰이는 말.

삼청三淸의 기화요초 부러울 것 없고
구절九節의 신령한 싹 필요 없어라.•
내가 북경에서 몇 광주리 사 와서
때때로 달이니 얼마나 맑고 향기로운지.
한 잔에 입안 갈증 해소시키고
두 잔에 창자를 촉촉이 적셔 주네.
가슴에 불평한 기운 모두 씻어 내리니
아무리 좋은 술인들 이 맛을 당하랴.
기이한 이 식물 조선에 들여온다면
의당 인삼과 귀함을 다투리.
오래 마신다고 장수할 수야 없겠지만
자주 마시면 신령은 통할 수 있다네.
남쪽 지방 바위산에 가장 잘 자라니
내 외로움과 내 근심 씻어 준다네.
그대여, 담배가 가래 치료에 기막힌 효과 있다 마라.
율무가 장독 치료에 특효약이라는 말도 하지 마라.
내 차 노래 지어 차의 공덕 칭송하니
짧은 시로는 그 신묘함 다 읊지 못하네.

• **삼청三淸의 ~ 필요 없어라**　　삼청은 도교에서 말하는 선경仙境이며, 구절九節은 구절포九節蒲, 즉 아홉 마디 이상 되는 창포로, 장수하는 선약仙藥으로 일컬어진다. 차만 있으면 신선 세상의 선약이 필요 없다는 말이다.

中州有茶始於宋 大小龍團非一種 前丁後蔡競投進 武夷陽羨爭來貢
王公惟合至尊餘 貴之不啻瓊漿如 後來此物遍天下 粟粒金芽載以車
碧雲長繞方士廚 清煙不散幽人爐 三清瑤草不必羨 九節靈苗何足須
我於燕市得數筐 有時煎喫何淸香 一鍾能令解渴吻 二鍾能得潤枯腸
胸中降盡不平氣 美酒安能當此味 若使異根移東土 宜與三椏爭其貴
久服雖不得遐齡 頻飮自可通仙靈 南來惡地最相宜 破余孤悶滌余腥
君莫言煙草治痰有奇效 又莫言薏苡勝瘴爲良料 我作茶歌頌茶功 短篇不能盡其妙

출전: 『이우당집』二憂堂集 권2

해설 조태채는 1713년 동지사冬至使로 1721년 사은사로 두 차례 중국을 다녀왔는데, 아마도 이때 용단차를 구입해 와서 그 맛에 푹 빠졌던 것으로 보인다. 귀하기가 인삼에 버금가는 식물이라고 한 것을 보면, 그 효능에 대해서도 매우 높게 평가했음을 알 수 있다.

조태채 趙泰采, 1660~1722

봄 농사를 읊다 詠春耕

차 연기 잠깐 멎고 낮닭이 울어
졸다 깬 창문엔 비 갠 경치 산뜻해라.
들판의 봄 농사는 늦지 않았는지
울 너머 때때로 '이랴' 소리 들리네.

茶煙乍歇午鷄鳴 睡罷閒牕霽景明 野外春耕知不晚 隔籬時聽叱牛聲

출전: 『이우당집』 권2

해설 차 연기마저 멈추어 버린 고요한 농촌 풍경이 담담하게 그려져 있다.

조태채 趙泰采, 1660~1722

늦봄에 회포를 쓰다
春晚書懷

살아갈 일 경영은 서툴지 않으니
유배객이 궁벽하게 산다고 누가 말하나?
섬돌 가득 꽃과 대는 언제 보아도 좋고
텃밭 가득 아욱과 파는 맛이 훌륭하구나.
시장하니 늦은 밥상 거친 밥도 맛있고
졸다 깨어 한낮의 화로에 차를 달이네.
번뇌를 씻고서 한적하게 지내기엔
등잔 켠 창 아래 누워 책 보는 게 제일이지.

生事經營自不踈 誰言遷客是窮居 盈堦花竹看無厭 滿圃葵蔥喫有餘
晚案糲甘飢到後 午爐茶熟睡回初 且刪煩惱成閒寂 秪合油牕臥見書

출전: 『이우당집』 권2

해설 궁벽한 산속에 유배되어 푸성귀와 거친 밥을 먹으면서도 느긋하게 지내고 있다. 그런 생활에서 차 한 잔은 귀한 벗이다.

조태채 趙泰采, 1660~1722

마음을 읊다 寫意

추사일秋社日이라 제비 돌아가고 서리 내려 기러기 오는데
강촌에 몸져누웠으니 외로운 베개 싸늘하네.
약으로 가래 틔워 보려 해도 효과 도리어 미약하고
차가 숙취 뒤의 속을 달래니 맛이 유난히 향기롭네.
숯이 다 떨어져 가니 부스러기 토막 다독이고
좀먹은 책 읽기 어려워 구멍 난 종이 때우네.
가을 하늘 점점 높아 가는데 고향은 멀어
상자 속 갈무리해 둔 옛 옷가지 수습하노라.

燕知社日雁知霜 淹病江潭一枕凉 藥欲疏痰功反淺 茶能醒胃味偏香
烏薪欲罄埋殘塊 蠹簡多迷補破章 秋氣漸高鄉國遠 篋中收拾舊衣裳

출전: 『이우당집』 권2

해설　전체 2수 중 첫 번째 시이다. 추사일秋社日은 추분이 지난 첫 무일戊日이다. 제비는 춘사일에 왔다가 추사일에 돌아간다.

이관명 李觀命, 1661~1733

마음 가는 대로 읊다 漫吟

작은 집 꽃 핀 골짝에 임하여
맑은 개울 졸졸졸 흘러가네.
돌 위엔 소나무 이슬이 차갑고
산속 부뚜막엔 차 연기 식었네.
대낮엔 그윽한 꿈속을 헤매고
푸른 봄엔 좋은 놀이 다닌다네.
때때로 소리 높여 마음껏 노래하니
하늘도 땅도 유유하기만.

小室臨丹壑 淸溪潾潾流 石壇松露冷 山竈茗煙收

白日牽幽夢 靑春辦勝遊 高歌時自放 天地亦悠悠

출전: 『병산집』屛山集 권1

해설 전체 6수 중 첫 번째 시이다.

이만부 李萬敷, 1664~1732

절다 淅茶 1

덕천을 따라 동쪽으로 높은 구릉을 올라가면 험준한 고갯마루가 우뚝 우뚝 겹쳐지며 형세를 펼쳐 간다. 이따금 화전을 일구어 밭두둑을 구획한 곳에 숲 속의 사립문이 산뜻하고 방의 창문이 한가롭다. 온 산에 왕대가 빽빽하게 밀생하여 일천 척이나 푸르게 솟았다. 말 위에서 천주봉을 바라보니 불쑥 허공에 솟아 마치 생동하는 듯한데, 아침 해가 비치면 창연히 더욱 새롭다. 아래에는 새하얀 흰 구름을 안고 있어 광경이 더욱 기이하다. 손에 닿을 듯 가까워 마치 훌쩍 뛰어오를 수 있을 듯하지만, 반나절이 지나야 그 아래에 이를 수 있다고 한다. 20여 리를 가서 작은 개울을 건너 향일당에서 모두 모여 쉬었다. 걸어서 향일당 뒤로 나가 작은 연못을 굽어보니 여러 돌들이 이리저리 놓여 있다. 바위 벼랑 응달로 차가운 물이 떨어져 돌 틈으로 연못에 흘러드는데, 물줄기가 원을 그렸다. 이 골짜기의 이름이 영승동迎勝洞이고, 개울은 선계銑溪이고, 바위는 천암天巖이다. 부서진 돌 기슭에 한바탕 모여, 돌길을 치고 그늘을 드리운 가지를 잘라 내고서 앉았다. 이곳의 연못은 진주담眞珠潭이다. 진주담의 응달 벼랑에 자지紫芝와 절다淅茶˙가 난다.

遵德川 東上高陵 峻嶺巍巍回複 體勢開張 往往闢菑畬割區塍 林扉蕭灑 房櫳靚閒 滿山巨節 森森簇簇 聳翠千尺 馬上仰天王峰 隆出半天 若負生色 朝旭照之 蒼然益新 下擁白雪瑩瑩 光象尤奇 挹之不遠 若可超而上 然過半日 可至其下云 行二十餘里 越小澗 憩大集向日堂 步屧繞出堂後 俯小潭 衆石錯落 崖谷陰洰水散落 石隙入潭 流沫成輪 洞曰迎勝 溪曰銑溪 巖曰天巖 大集破石根 疏磴道 剪翳以居之 名其潭曰眞珠 其陰崖 産紫芝淅茶

출전: 『식산집』息山集 별집 권2 『지행록』地行錄

해설　『지행록』은 이만부가 각처의 명산과 도읍을 유람한 기행시문紀行詩文인데, 이 글은 경상남도 덕천 일대를 유람한 기록이다.

• **자지**紫芝**와 절다**淅茶　자지는 자줏빛 영지靈芝, 절다는 원래 중국 절강성에서 나는 차를 가리킨다.

이만부 李萬敷, 1664~1732

절다 浙茶 2

내가 영승동으로 들어가니 남쪽 벼랑에 자지와 절다가 났다. 소정방이 백제를 치러 올 때 절강성의 차 종자를 지리산에 전파했는데, 이것이 지금까지 사라지지 않은 것이다. 이에 관한 내용이 우리나라 사람의 기록에 있다.

余入迎勝 南崖産紫芝淛茶 蘇定方百濟之役 以浙江茶種 播于智異 至今不滅 其說在邦人所記

출전: 『식산집』 별집 권3 『지행록』

해설 『지행록』 중 지리산 일대를 유람한 기록이다. 여기서는 우리나라에 절강차가 들어오게 된 유래를 설명하였는데, 소정방이 백제를 치러 올 때 절강성의 차 종자를 지리산에 전파하였다고 하였다.

이만부 李萬敷, 1664~1732

한송정寒松亭의 다천茶泉

강릉은 옛 예국獩國이다. 한나라 원삭元朔 연간에 처음 창해 사군滄海四郡을 설치할 때 임둔군臨屯郡이 되었다. 한송정은 동쪽으로는 깊은 바다를 굽어보고 있는데, 짙푸른 소나무가 집처럼 감싸고 있다. 곁에 다천茶泉이 있는데, 술랑述郎의 돌아궁이와 돌절구라고 한다. 여기서 조금 북쪽이 경포이다. 경포의 둘레는 20리이고, 물이 거울처럼 맑다. 서쪽에 작은 봉우리가 있고, 봉우리 위에 경포대가 있다. 약을 달이는 돌절구가 있는데, 역시 술랑 등 화랑 무리의 유적이라고 한다. 경포대 동쪽에 강문교江門橋가 있고, 강문교 너머에 백사장이 있고, 백사장 밖으로 바다 물결이 하늘과 이어져 일출을 바라볼 수 있다. 태조와 세조가 옛날 순행할 때에 경포대 위에 어가를 멈춘 일이 있다. 경계 서쪽은 대관령과 오대산의 대협곡과 거대한 산맥이 수백 리에 걸쳐 뻗어 있어 깊은 계곡과 절경을 이루 다 기록할 수 없다.

臨瀛古獩國 漢元朔間 初置滄海四郡時 爲臨屯郡 寒松亭 東臨海深松蒼翠籠戶 傍有茶泉曰述郎 石竈石臼 少北鏡浦 浦周二十里 水明如鏡 西有小峰 峰上曰鏡浦臺 有鍊藥石臼 亦述郎仙徒遺跡云 浦東有江門橋 橋外白沙海波連天 望出日 我太祖, 世祖嘗巡幸駐駕臺上 治西則大關 五臺 大峽巨嶠 盤亘數百里 深蹊絶境 不可勝記焉

출전: 『식산집』 별집 권3 『지행록』

해설　이 글은 관동 지역을 유람한 기록이다. 한송정은 강릉 지역의 유명한 차 유적으로 신라 화랑들의 흔적이라고 전해진다.『한국의 차 문화 천년 3』55쪽 참조.

이만부 李萬敷, 1664~1732

이생의 물음에 답하다 答李生問目

『다보』에 등장하는 차의 이름은 다양하지만, 대체로 지금의 작설차 계열은 음식물을 소화시키고 기운을 내리는 약재이다. 중국 사람들이 매우 높이 평가해서 선조들의 제례에 사용한다. '점'點이라고 하는 것은 양을 잘 가늠하여 따르는 것을 말한다.

茶譜 茶之名目非一 然大抵今雀舌之類 消食降氣之劑 中華人甚尙之 所以用於祭先也 點者 就而斟之之謂也

출전: 『식산집』 속집 권3

해설 이생李生이 제례祭禮에 대해 질문한 것에 대해 답한 것이다. 여기서 이만부는 작설차의 효능과 용도 그리고 '점다'點茶의 뜻을 설명하였다. 김장생의 문장 「차솔」의 해설 참조(이 책 182쪽).

조선왕조실록

중종 34년(1539) 5월 28일

중국 사신이 청해 온 벼루는(화찰과 설정총이 소세양에게 '좋은 벼루를 갖고 싶은데 꼭 마련해서 보내 주시오' 하고는 벼루 모형을 소세양에게 주면서 그 모형대로 만들어 보내 달라고 하였다) 평안도 관찰사에게 잘 만들도록 당부했는데, 다음에 연경으로 가신 사신이 출발할 때 관찰사에게 직접 보내라고 하는 것이 좋겠습니까, 아니면 가져오게 하여 품질을 보고서 보내는 것이 좋겠습니까? 그리고 중국 사신이 작별할 때 기증한 수건 2장, 은동곳〔銀小鑷〕2개, 향다香茶 1봉, 상청원上淸元(약 이름. 주로 더위 먹었을 때 쓴다) 1봉, 부채 2자루와 탕참湯站(중국에 있는 지명이다)에서 보내온 부채 2자루는 소신이 마음대로 할 수 없어, 감히 이렇게 올립니다.

硯子(華察薛廷寵謂世讓曰 欲得好硯 須從後覓送 仍以見樣贈世讓曰 依此樣造送云) 已令平安道觀察使精造矣 後日赴京使臣入去時 令觀察使直送乎 齎來看品後付送乎 且大使臨別時所贈手巾二 銀小鑷二 春茶一封 上淸元(藥名 主治暑氣)一封 扇子二把 及在湯站(上國地名) 所送扇子二把 小臣不敢擅便 敢獻

중종 36년(1541) 11월 9일

윤은보와 윤인경이 아뢰었다.

"모든 국가와 교제할 때에 중국과의 관례를 따라 술 대신 차를 마시면 간편하고 유익할 듯합니다. 다만 나라마다 제각기 풍속이 있는 법이니 서로 만나 이야기할 때에 자잘한 일까지 꼭 하나하나 구차하게 똑같이 할 것은 없습니다." …… 정원政院에 전교하였다. "차를 사용하는 일에 대해서 대신은 새로운 관례를 만들 것이 없다고 의논하였다 하니, 팔도에 하서下書할 때는 금주 사항에 대해서만 말하도록 하라."

尹殷輔尹仁鏡議 凡干交際 依中原例 代酒以茶 似爲便益 但國各有俗 言語相接間 細瑣之事 不必一一苟同 …… 仍傳于政院曰 用茶事 大臣議以爲 不可開新例云 八道下書時 只言禁酒可也

해설 중국 사신이 벼루를 요구하면서 향다香茶를 선물한 일, 사신 접대에 술 대신 차를 쓰는 일에 대해 논의한 내용이다.

선조 31년(1541) 6월 23일

양 대인이 우리나라 사람들은 성품이 느슨하여 직무를 제대로 수행하지 못한다고 접견할 때마다 말하였다. 그리고 지난번 나에게 "귀국에는 차가 있는데 왜 채취하지 않는 것이오?" 하고는, 좌우를 시켜 차를 가져오라고 하여 보여 주며 말하였다.
"이것은 남원南原에서 생산된 것인데 그 품질이 매우 좋소. 그런데 귀국 사람들은 무엇 때문에 이것을 마시지 않소?"
내가 말하였다.
"우리나라는 풍속이 차를 마시지 않소."

"이 차를 채취해서 요동에 내다 판다면 10근에 1전은 받는다고 계산할 때, 이것만으로도 생활이 가능할 것입니다. 서번인西番人들은 기름기를 즐겨 먹기 때문에 하루라도 차를 마시지 않으면 죽을 지경이오. 그래서 중국에서는 차를 채취하여 팔아서 1년에 전마戰馬 1만여 필씩을 사고 있소."
"이것은 육안차六安茶의 종류가 아니고 작설차요."
"이것이나 저것이나 좋기로는 매일반입니다. 귀국에서는 인삼차를 마시는데, 이것은 탕湯이지 차가 아니오이다. 그것을 마시면 마음에 번열이 생기니, 마음이 상쾌해지는 차를 마시는 것만 못하오. 귀국의 배신陪臣들이 차를 마신다면 마음이 열리고 기운이 솟아나서 온갖 일들을 잘할 수 있을 것이오."
이렇게 말하고는 나에게 차 두 봉지를 주었다.

楊大人以我國人 性稟弛緩 不能茇事 每於接見 輒言之 前日言於予曰 貴國有茶 何不採取 使左右 取茶來示曰 此南原所產也 厥品甚好 貴邦人何不喫了 予曰 小邦習俗 不喫茶矣 此茶採取 賣諸遼東 則十斤當銀一錢 可以資生 西番人喜喫膏油 一日不喫茶則死矣 中國採茶賣之 一年得戰馬萬餘匹矣 予曰 此非六安茶之流 乃鵲舌茶也 對曰 此一般也 貴國喫人參茶 此湯也 非茶也 啜之中心煩熱 不如啜之爽快矣 使貴國陪臣喫茶 則心開氣擧 而百事能做矣 仍贈予茶二包

해설 중국 사신 양 대인이 남원에서 생산된 차를 예로 들며 그 품질을 높이 평가하면서 차 생산을 권장한 내용이다.

부록

- 인명 사전
- 서명 사전
- 찾아보기

인명 사전

강백년姜栢年　　1603(선조 36)~1681(숙종 7). 본관은 진주晉州, 자는 숙구叔久, 호는 설봉雪峯. 1627년(인조 5) 문과에 급제하였고 예조판서, 판중추부사에 이르렀다. 1690년 영의정에 추증되었고, 뒤에 청백리로 녹선錄選되었다. 저서로『설봉유고』가 있다. 시호는 문정文貞.

강엄江淹　　중국 양梁나라 때 사람으로, 자는 문통文通. 예릉후醴陵侯에 봉해졌다. 젊어서부터 문명文名이 있어 강랑江郎으로 불렸고, 특히 사부辭賦에 뛰어난 성취를 이루어 포조鮑照와 병칭된다. 만년에 꿈속에서 장경양張景陽을 만나 비단을 돌려준 뒤로부터 문장이 갑자기 퇴보하기 시작했다는 고사가 전한다. 저서로『제사십지』齊史十志 등이 있다.

강항姜沆　　1567(명종 22)~1618(광해군 10). 본관은 진주, 자는 태초太初, 호는 수은睡隱. 성혼成渾의 문인으로 1593년 문과에 급제하였다. 정유재란 때 포로가 되어 일본으로 압송되었다가 1600년 귀국하였다. 일본 억류 중 사서오경의 화훈본和訓本 간행에 참여해 발문을 썼고,『강항휘초』姜沆彙抄를 남겼는데, 일본의 내각문고內閣文庫에 소장되어 있다. 저서로는『운제록』雲堤錄,『간양록』看羊錄,『문선찬주』文選纂註,『수은집』등이 있다.

고경명高敬命　　1533(중종 28)~1592(선조 25). 조선 중기의 문신이자 의병장. 본관은 장흥長興, 자는 이순而順, 호는 제봉霽峰. 1558년(명종 13) 문과에 장원급제하였고 서인이 실각하자 파직되어 귀향하였다. 임진왜란 때 의병을 일으켜 전라좌도 의병대장에 추대되었으며, 금산 전투에서 전사하였다. 저서로『제봉집』이 있다. 시호는 충렬忠烈.

고용후高用厚   1577(선조 10)~1652(효종 3). 본관은 장흥. 자는 선행善行, 호는 청사晴沙. 1606년(선조 39) 문과에 급제하여 병조정랑, 남원부사, 고성군수 등을 지냈다. 1631년(인조 9) 동지사冬至使로 명나라에 다녀왔다. 저서로『청사집』이 있다.

곽재우郭再祐   1552(명종 7)~1617(광해군 9). 조선 선조 때의 의병장. 본관은 현풍玄風, 자는 계수季綏, 호는 망우당忘憂堂. 임진왜란 때 경상도 의령에서 의병을 일으켜 크게 활약하였다. 정유재란 때에는 경상좌도방어사, 경상우도조방장이 되어 싸웠다. 항상 붉은 옷을 입고 싸워 홍의장군紅衣將軍으로 불렸다. 시호는 충익忠翼.

곽진郭震   중국 당나라 때의 명장이자 재상으로, 자는 원진元振. 18세에 진사시에 합격하여 통천위通泉尉가 되었다. 무후武后가 그의 「보검편」寶劍篇을 읽고 크게 칭찬을 하였다. 양주도독涼州都督, 병부상서兵部尙書 등을 지내면서 많은 공적을 이루었으며, 대국공代國公에 봉해졌다.『전당시』全唐詩와『전당문』全唐文에 약간의 저작이 전한다.

광혜廣慧   조선 중기의 승려로 석천石川 임억령林億齡, 백호白湖 임제林悌 등과 교유하였다.

구봉령具鳳齡   1526(중종 21)~1586(선조 19). 본관은 능성綾城, 자는 경서景瑞, 호는 백담柏潭. 이황李滉의 문하로, 1560년(명종 15) 문과에 급제하여 병조참판, 형조참판 등을 지냈다. 시문에 뛰어났고 천문학에도 조예가 깊었다. 저서로『백담집』이 있다. 시호는 문단文端.

구사맹具思孟　　1531(중종 26)~1604(선조 37). 본관은 능성, 자는 경시景時, 호는 팔곡八谷. 인헌왕후仁獻王后의 부친이며, 이황의 문인이다. 1558년(명종 13) 문과에 급제하였고 이조판서, 좌찬성 등을 역임하였다. 1632년(인조 10)에 정원군定遠君이 원종元宗으로, 그의 딸이 인헌왕후로 추숭되자 능안부원군綾安府院君에 추봉되었다. 시호는 문의文懿.

구양수歐陽脩　　중국 송나라 때 문인. 호는 취옹醉翁·육일거사六一居士. 당송팔대가唐宋八大家의 한 사람으로 최초의 시화집인 『육일시화』六一詩話를 남겼으며, 저서에 『구양문충공집』이 있다. 시호는 문충文忠.

권반權盼　　1564(명종 19)~1631(인조 9). 본관은 안동安東, 자는 중명仲明, 호는 폐호閉戶. 1594년(선조 27) 문과에 급제하여 충청도관찰사, 형조판서 등을 지냈다. 직무에 있어 공평무사하고 합리적이어서 칭송이 자자하였으며, 서화에 뛰어났다.

권근權近　　1352(공민왕 1)~1409(태종 9). 여말 선초의 문신·학자. 본관은 안동, 자는 가원可遠, 호는 양촌陽村. 1368년(공민왕 17) 성균시에 합격하여 찬성사에 올랐고 길창군吉昌君에 봉해졌다. 성리학性理學 연구에 매진하여 조선 유학의 기틀을 마련하였다. 편서로 『동국사략』東國史略, 저서로 『양촌집』, 『오경천견록』五經淺見錄 등이 있다. 시호는 문충文忠.

권벽權擘　　1520(중종 15)~1593(선조 26). 본관은 안동, 자는 대수大手, 호는 습재習齋. 권필權韠의 부친이다. 1543년(중종 38) 문과에 급제하였고 명종 즉위 후 춘추관기주관이 되어 『중종실록』, 『인종실록』, 『명종실록』의 편찬에 참여했다. 예조참판에 추증되었으며 저서로 『습재집』이 있다.

권상하權尙夏　　1641(인조 19)~1721(경종 1). 본관은 안동, 자는 치도致道, 호는 수암遂菴·한수재寒水齋. 송준길宋浚吉과 송시열宋時烈의 문인으로 기호학파의 정통 계승자이며, 인물성동이논쟁人物性同異論爭인 호락논변湖洛論辨이 일어나는 계기를 마련하였다. 저서로『한수재집』,『삼서집의』三書輯疑 등이 있다. 시호는 문순文純.

권진權縉   1572(선조 5)~1624(인조 2). 본관은 안동, 자는 운경雲卿, 호는 수은睡隱. 1597년(선조 30) 문과에 급제하여 병조판서 등을 지냈다. 인조반정 때 공을 세웠으나 계축옥사가 일어나자 무고를 당해 양산에 유배되었고, 왜인과 내통하여 반란을 꾀한다는 죄목으로 참형을 당했다.

권필權韠   1569(선조 2)~1612(광해군 4). 본관은 안동, 자는 여장汝章, 호는 석주石洲. 정철鄭澈의 문인이다. 임숙영任叔英이 책문策文을 지었다가 광해군의 뜻에 거슬려 삭과削科된 사실을 듣고,「궁류시」宮柳詩를 지어서 풍자·비방했다가 해남으로 유배 가게 되었는데, 동대문 밖에서 행인들이 주는 술을 폭음하고 죽었다. 저서로『석주집』이 있고, 한문소설『주생전』周生傳이 전한다.

권호문權好文   1532(중종 27)~1587(선조 20). 본관은 안동, 자는 장중章仲, 호는 송암松巖. 1561년(명종 16) 진사시에 합격했으나, 1564년 모친상을 당한 뒤 청성산에 무민재無悶齋를 짓고 은거하였다. 저서로『송암집』이 있고, 작품으로는 경기체가의 변형 형식인「독락팔곡」獨樂八曲과 연시조「한거십팔곡」閑居十八曲이 전한다.

급암汲黯   중국 한漢나라 무제武帝 때의 명신으로, 구경九卿의 직책에 있으면서 임금에게 거침없는 직언을 한 것으로 유명하다. 무제가 겉으로는 경외하였으나 마음속으로는 좋아하지 않았으며, 결국 뒤에 외직으로 쫓겨나 회양태수淮陽太守로 있다가 죽었다.

기대승奇大升   1527(중종 22)~ 1572(선조 5). 본관은 행주幸州, 자는 명언明彦, 호는 고봉高峯·존재存齋. 이황의 문인으로, 이황과의 서신 교환을 통하여 조선유학사에 지대한 영향을 미친 사칠논변四七論辨을 전개하였다. 1558년(명종 13) 문과에 급제하여 대사간, 공조참의 등을 지냈다. 저서로『논사록』論思錄,『주자문록』朱子文錄,『고봉집』등이 있다. 시호는 문헌文憲.

김득신金得臣 1604(선조 37)~1684(숙종 10). 본관은 안동安東, 자는 자공子公, 호는 백곡栢谷. 택당澤堂 이식李植으로부터 "시문詩文이 당대 최고"라는 평을 들었다.「백이전」伯夷傳을 일억 번이나 읽었다고 하여 서재를 억만재億萬齋라고 하였다. 저서로『종남총지』終南叢志와『백곡집』이 있다.

김령金坽 1577(선조 10)~1641(인조 19). 본관은 광산光山, 자는 자준子峻, 호는 계암溪巖. 1612년(광해군 4) 문과에 급제했으나 낙향하였고 1618년(광해군 10) 인목대비가 폐위되자 두문불출하였다. 1689년(숙종 15)에 도승지에 추증되었다. 저서로『계암집』이 있다. 시호는 문정文貞.

김류金瑬 1571(선조 4)~1648(인조 26). 본관은 순천順天, 자는 관옥冠玉, 호는 북저北渚. 1596년(선조 29) 문과에 급제하였다. 인조반정에 참여한 공으로 승평부원군昇平府院君에 봉해졌으며, 영의정까지 올랐다. 학문과 문장에 뛰어났으며 글씨에도 능했다. 저서로『북저집』이 있다. 시호는 문충文忠.

김만기金萬基 1633(인조 11)~1687(숙종 13). 본관은 광산, 자는 영숙永淑, 호는 서석瑞石·정관재靜觀齋. 김장생金長生의 증손이다. 1653년(효종 4) 문과에 급제하였고 병조판서 등을 지냈다. 숙종이 즉위하자 국구國舅로서 광성부원군光城府院君에 봉해졌으며, 1689년(숙종 15) 기사환국으로 남인이 정권을 잡자 삭직되었다가 뒤에 복직되었다. 저서로『서석집』이 있다. 시호는 문충文忠.

김부식金富軾 1075(문종 29)~1151(의종 5). 고려 때의 학자이자 정치가. 자는 입지立之, 호는 뇌천雷川. 묘청의 난을 평정하여 수충정난정국공신輸忠定難靖國功臣의 호를 받았다. 관직에서 물러난 뒤, 1145년에『삼국사기』三國史記를 완성하였다. 한림원에 있을 때에는 사륙변려문체四六駢儷文體에서 당·송 시대의 고문체古文體를 수용하였다. 시호는 문렬文烈.

김상용金尙容   1561(명종 16)~1637(인조 15). 본관은 안동, 자는 경택景擇, 호는 선원仙源·풍계楓溪·계옹溪翁. 1590년(선조 23) 문과에 급제하여 예조판서와 이조판서를 지냈고, 1632년(인조 10) 우의정에 발탁되었으나 사퇴하였다. 서인의 영수로서 병자호란 때 빈궁嬪宮과 원손元孫을 수행해 강화도로 피난했다가 순절하였다. 시와 글씨에 뛰어났으며, 저서로『선원유고』가 있다. 시호는 문충文忠.

김상헌金尙憲   1570(선조 3)~1652(효종 3). 본관은 안동, 자는 숙도叔度, 호는 청음淸陰. 윤근수尹根壽의 제자로, 1596년(선조 29) 문과에 급제하여 대사헌과 좌의정을 역임하였다. 서인 청서파淸西派의 영수로 병자호란 때 주전론主戰論을 주장하였고 1639년(인조 17) 청나라가 명나라를 공격하기 위해 요구한 출병에 반대하는 소를 올렸다가 청나라에 압송되어 6년 후 풀려났다. 저서로『청음집』이 있다. 시호는 문정文正.

김성일金誠一   1538(중종 33)~1593(선조 26). 본관은 의성義城, 자는 사순士純, 호는 학봉鶴峰. 이황의 문인으로 1568년(선조 1) 문과에 급제하였다. 1590년(선조 23) 통신부사로 일본에 파견되었다가 일본이 침입하지 않을 것이라고 하여 왜란 초에 파직되었다. 임진왜란이 일어나자 의병을 일으켰고 1593년(선조 26) 경상우도순찰사로서 왜군에 대한 항전을 독려하다가 병으로 사망하였다. 저서로『상례고증』喪禮考證,『해사록』海槎錄,『학봉집』이 있다. 이조판서에 추증되었으며, 시호는 문충文忠.

김성원金成遠   1525(중종 20)~1597(선조 30). 본관은 광산, 자는 강숙岡叔, 호는 서하棲霞. 김인후金麟厚의 문인. 1558년(명종 13) 사마시에 합격하였고 임진왜란 때 동복현감으로서 군량과 의병을 모으는 데 공을 세웠다. 정유재란 때 성모산聖母山에서 왜병을 만나 부인과 함께 몸으로 어머니를 보호하다 피살되었다.

저서로『서하당유고』가 있다.

김세렴金世濂　1593(선조 26)~1646(인조 24). 본관은 선산善山, 자는 도원道源, 호는 동명東溟. 1616년(광해군 8) 문과에 장원급제하였고 인목왕후 폐모론을 반대하다가 유배되었으며, 인조반정 이후 대사헌, 호조판서 등을 역임하였다. 학행學行과 시문에 뛰어났는데, 김류는 그를 '진학사眞學士'라 일컬었다. 저서로『동명집』,『해사록海槎錄』등이 있다. 시호는 문강文康.

김수항金壽恒　1629(인조 7)~1689(숙종 15). 본관은 안동, 자는 구지久之, 호는 문곡文谷. 1651년(효종 2) 문과에 장원급제하여 영의정까지 올랐다. 김상헌의 손자이며 송시열, 송준길과 교유하였다. 시문에 뛰어났고 변려문騈儷文은 당대 제일로 손꼽혔다. 1886년(고종 23) 현종의 묘정에 배향되었다. 저서로『문곡집』이 있다. 시호는 문충文忠.

김시습金時習　1435년(세종 17)~1493년(성종 24). 본관은 강릉江陵, 자는 열경悅卿, 호는 매월당梅月堂·동봉東峰, 법호는 설잠雪岑. 5세에 신동神童이라는 소문이 세종에게까지 알려졌다. 생육신의 한 사람으로, 단종이 폐위되자 승려가 되어 전국을 유랑하였다.『금오신화』金鰲新話는 최초의 한문소설로 알려져 있다. 저서로『매월당집』이 있다. 시호는 청간淸簡.

김시헌金時獻　1560(명종 15)~1613(광해군 5). 본관은 안동, 자는 자징子徵, 호는 애헌艾軒. 1588년(선조 21) 문과에 장원급제하였다. 1607년 양양부사를 지냈고 병조참판, 도승지 등을 지냈다.『선조실록』편찬에 참여하였으며 역학易學에 조예가 있었다.

김용金涌　1557(명종 12)~1620(광해군 12). 본관은 의성, 자는 도원道源, 호는 운천雲川. 김성일의 조카이다. 1590년(선조 23) 문과에 급제하여 병조참의 등을 지냈다. 1609년(광해군 1) 봉상시정으로 춘추관편수관을 겸해『선조실록』의 편찬에 참여했다. 저서로 『운천집』, 『운천호종일기』雲川扈從日記 등이 있다.

김우옹金宇顒　　1540(중종 35)~1603(선조 36). 본관은 의성, 자는 숙부肅夫, 호는 동강東岡. 조식曺植의 문인이며 유성룡柳成龍, 김성일 등과 교유하였다. 1567년(명종 22) 문과에 급제하여 대사성, 예조참판 등을 지냈다. 저서로 『동강집』, 『속자치통감강목』續資治通鑑綱目 등이 있으며 편서로 『경연강의』經筵講義가 있다. 시호는 문정文貞.

김육金堉　　1580(선조 13)~1658(효종 9). 본관은 청풍淸風. 자는 백후伯厚, 호는 잠곡潛谷. 김상헌의 문인으로 1624년(인조 2) 문과에 장원급제하였으며, 영의정까지 올랐다. 1638년(인조 16) 충청도관찰사 재직 시에 공물법貢物法을 폐지하고 대동법大同法의 실시를 건의하였다. 저서로 『잠곡유고』, 『천성일록』天聖日錄, 『기묘록』己卯錄, 『유원총보』類苑叢寶, 『황명기략』皇明紀略, 『종덕신편』種德新編, 『송도지』松都誌 등이 전한다. 시호는 문정文貞.

김응조金應祖　　1587(선조 20)~1667(현종 8). 본관은 풍산豊山, 자는 효징孝徵, 호는 학사鶴沙. 장현광張顯光의 문인으로 1623년(인조 1) 문과에 급제하여 예조참의 등을 지냈다. 저서로 『학사집』, 『사례문답』四禮問答, 『산중록』山中錄 등이 있다.

김의정金義貞　　1495(연산군 1)~1547(명종 2). 본관은 풍산, 자는 공직公直, 호는 잠암潛庵·유경당幽敬堂. 1526년(중종 21) 문과에 급제하여 공조좌랑, 종부시첨정 등을 역임하였으며, 뒤에 이조판서로 추증되었다. 저서로 『잠암일고』가 있다. 시호는 문정文靖.

김익희金益熙　　1610(광해군 2)~1656(효종 7). 본관은 광산, 자는 중문仲文, 호는 창주滄洲. 김장생의 손자이다. 1633년(인조 11) 문과에 급제하여 대제학을 지냈다. 1653년(효종 4) 부제학으로서 오랫동안 버려두었던 노산군魯山君의 묘소에 제사 드릴 것을 청하여 시행하게 하였다. 저서로『창주유고』가 있다. 시호는 문정文貞.

김인후金麟厚   1510(중종 5)~1560(명종 15). 본관은 울산蔚山, 자는 후지厚之, 호는 하서河西. 1540년(중종 35) 문과에 급제하여 옥과현감을 지냈고, 을사사화가 일어나자 낙향하여 성리학 연구에 몰두하였다. 천문, 지리, 의약 등에도 정통하였으며 저서로『하서집』,『주역관상편』周易觀象篇,『백련초해』百聯抄解 등이 있다. 시호는 문정文正.

김장생金長生   1548(명종 3)~1631(인조 9). 본관은 광산, 자는 희원希元, 호는 사계沙溪. 이이李珥의 문인이다. 1578년(선조 11) 학행學行으로 천거되어 벼슬을 시작하였다. 동몽교관, 형조참판 등을 지냈으나 그 기간이 짧았으며, 주로 고향에서 학문에 매진하며 후학을 양성하였다. 송시열, 송준길, 최명길崔鳴吉 등이 그의 문인이다. 저서로『사계전서』沙溪全書가 있는데, 여기에 그의 시문과『상례비요』喪禮備要,『가례집람』家禮輯覽,『의례문해』疑禮問解,『근사록석의』近思錄釋疑,『경서변의』經書辨疑 등이 수록되어 있다. 시호는 문원文元

김주金澍   1512(중종 7)~1563(명종 18). 본관은 안동, 자는 응림應霖, 호는 우암寓菴. 1539년(중종 34) 문과에 장원급제하여 예조참판에 이르렀다. 1563년 선계변무사璿系辨誣使로 명나라에 갔다가 그곳에서 병으로 죽었으며, 1590년(선조 23) 화산군花山君에 추봉되었다. 저서로『우암유집』이 있다. 시호는 문단文端.

김창업金昌業   1658(효종 9)~1721(경종 1). 본관은 안동, 자는 대유大有, 호는 노가재老稼齋. 김수항金壽恒의 아들. 1681년 진사시에 합격했으나 벼슬길에 나아가지 않고 평생을 은둔하며 학업에 몰두하였다. 1712년(숙종 38) 김창집金昌集을 따라 북경北京에 다녀와『가재연행록』稼齋燕行錄을 펴내었다. 그림에도 뛰어났는데, 〈추강만박도〉秋江晩泊圖 등이 현전한다.

김창집金昌集　　1648(인조 26)~1722(경종 2). 본관은 안동, 자는 여성汝成, 호는 몽와夢窩. 김수항의 아들. 1684년(숙종 19) 문과에 급제하였고, 영의정까지 올랐다. 노론으로서 권력을 장악했다가, 신임사화가 일어나자 거제도에 위리안치 되었고 이듬해 성주에서 사사되었으며, 영조 즉위 후 복관되었다. 저서로『몽와집』,『국조자경편』國朝自警編 등이 있다. 시호는 충헌忠獻.

김창협金昌協　　1651(효종 2)~1708(숙종 34). 본관은 안동, 자는 중화仲和, 호는 농암農巖. 김수항의 아들. 1682년(숙종 8) 문과에 급제하여 청풍부사로 있다가, 기사환국 때 아버지가 진도에서 사사되자 영평에 은거하였다. 이황의 기발이승氣發理乘의 설을 찬동하고 호론湖論을 지지하였다. 문장에 능했고 글씨도 잘 썼다. 저서로『농암집』,『주자대전차의문목』朱子大全箚疑問目』,『오자수언』五子粹言 등이 있다. 시호는 문간文簡.

김창흡金昌翕　　1653(효종 4)~1722(경종 2). 본관은 안동, 자는 자익子益, 호는 삼연三淵. 김수항의 아들. 1673년 진사시에 합격한 뒤 벼슬에는 나가지 않고 성리학 연구에 몰두하여, 이이 이후의 대학자로 명성을 떨쳤다. 저서로『삼연집』,『심양일기』潘陽日記,『문취』文趣 등이 있다. 시호는 문강文康.

김천석金天錫　　1604(선조 37)~1673(현종 14). 본관은 연안延安, 자는 명휴命休. 1613년(광해군 5) 계축옥사가 일어나 할아버지 김제남金悌男을 비롯한 일족이 화를 당하자 변장을 하고 달아나 11년간 전국을 방랑하였다. 인조반정 이후 홍천군수, 금성군수 등을 지냈다.

김항金沆　　1646년(인조 24)~1742년(영조 18). 본관은 안산安山, 자는 태초太初. 1679년(숙종 5) 문과에 급제하여 예조정랑 등을 역임하였다. 효성으로 유명하여 부친이 병이 들자 손가락을 잘라 피를 먹여 드리기도 하였고 80세가 넘어서도 몸소 부모 무덤의 풀을 뜯었다는 일화가 있다.

나옹 화상懶翁和尙　1320(충숙왕 7)~1376(우왕 2). 고려 후기의 고승. 성은 아씨牙氏, 속명은 원혜元惠, 나옹懶翁은 그의 호. 요연 선사了然禪師를 찾아가 출가한 뒤, 1344년 양주 회암사檜巖寺에서 대오大悟하였다. 1347년 원나라로 건너가서 지공指空을 섬겼고, 1358년에 귀국하여 회암사의 주지가 되었다. 우리나라 선종의 새로운 경지를 개척하였으며 2,000여 명의 제자를 두었다. 저서로는『나옹화상어록』과『가송』歌頌이 있다. 시호는 선각禪覺.

남용익南龍翼　1628(인조 6)~1692(숙종 18). 본관은 의령宜寧, 자는 운경雲卿, 호는 호곡壺谷. 1648년 문과에 급제하여 예문관제학, 형조판서 등을 지냈다. 1689년(숙종 15) 숙종이 소의 장씨張氏 소생을 원자로 삼으려 하는 것을 반대하다가 명천으로 유배되어 죽었다. 저서로『호곡집』,『기아』箕雅,『부상록』扶桑錄 등이 있다. 시호는 문헌文憲.

노동盧仝　중국 당나라 제원濟源 사람으로, 옥천자玉川子라 자호했다. 차의 품평을 잘했으며, 차를 예찬한「다가」茶歌가 유명하다.

노륜盧綸　중국 당나라 때 하동河東 사람으로 자는 윤언允言. 시에 뛰어났고 대력십제자大曆十才子의 한 사람으로 꼽힌다. 재상 원재元載의 추천으로 벼슬을 시작하여 감찰어사監察御使, 호부시랑戶部侍郎 등을 지냈다. 저서로『노호부시집』盧戶部詩集이 있다.

노수신盧守愼　1515(중종 10)~1590(선조 23). 본관은 광주光州, 자는 과회寡悔, 호는 소재穌齋. 1543년(중종 38) 문과에 장원급제하였으나 양재역 벽서사건에 연루되어 진도에서 19년간 귀양살이를 하였다. 선조 즉위 이후 해배되어 영의정까지 올랐다. 시에 뛰어났으며, 양명학陽明學에도 조예가 깊었다. 저서로『소재집』이 있다. 시호는 문간文簡.

노진盧禛   1518(중종 13)~1578(선조 11). 본관은 풍천豊川, 자는 자응子膺, 호는 옥계玉溪. 1546년(명종 1) 문과에 급제하여 대사헌, 경상도관찰사 등을 지냈다. 기대승, 노수신, 김인후 등의 학자들과 도의道義로 교유하였다. 저서로 『옥계집』이 있다. 시호는 문효文孝.

단구자丹丘子   중국 당나라 사람. 성은 원元, 신선술을 흠모했다. 이백李白의 시에 「원단구가」元丹丘歌 등이 있다.

당 태위黨太尉   중국 송나라 때의 장군. 자는 보普, 이름은 진進, 태위는 관직인데, 주로 당 태위로 불린다. 평생 문묵文墨을 가까이하지 않았고 문자도 몰랐지만, 용맹함으로 명성을 드날렸으며 눈에서 섬광이 나와 멀리서 보면 신선 같았다고 한다.

도간陶侃   중국 진晉나라 때의 무장武將. 자는 사행士行. 강서성江西省 파양鄱陽 출생. 도잠陶潛의 증조부. 영가永嘉의 난이 일어났을 때 공을 세웠고, 왕돈王敦의 반란과 소준蘇峻의 변을 평정하였다. 관직은 시중태위侍中太尉에 이르렀고, 장사군공長沙郡公에 봉해졌다.

도곡陶穀   중국 송나라 때 신평新平 사람으로 자는 수실秀實. 예부상서, 형부상서, 호부상서를 지냈다. 학문을 즐겼고 경사經史에 널리 통달했다.

도양성陶良性   중국 명나라 절강浙江 처주부處州府 진운현縉雲縣 사람으로, 호는 양오養吾. 영평부永平府 통판通判을 지냈으며, 임진왜란 당시 몇 차례 조선으로 와서 왜적 정벌에 필요한 군량 조달을 주관하였다.

도잠陶潛   중국 진晉나라 때 시인. 자는 연명淵明·원량元亮, 호는 오류선생五柳先生. 팽택령彭澤令이 되었다가 「귀거래사」歸去來辭를 남기고 귀향하였다. 자연의 아름다움을 노래한 시가 많으며, 저서에 『도연명집』이 있다.

두보杜甫　　중국 당나라 때의 시인으로, 자는 자미子美. 두릉杜陵에 살면서 두릉포의杜陵布衣라 자호했다. 검교공부원외랑檢校工部員外郞을 지냈다. 이백과 함께 이두李杜로 병칭되며, 시성詩聖으로 일컬어진다. 시집에『두공부집』杜工部集이 있다.

두목杜牧　　중국 당나라 때의 시인으로, 자는 목지牧之, 호는 번천거사樊川居士. 시에 뛰어나 '소두小杜'로 불렸는데, 두보를 '노두'老杜라고 한 데서 부른 명칭이다. 또「자미화」紫薇花라는 시를 지어 자신을 삶을 기렸으므로 두자미杜紫薇로도 불린다. 저서로『번천문집』이 있다.

두헌竇憲　　중국 후한 때의 장군으로 자는 백도伯度. 장제章帝의 황후 두 태후竇太后의 오라비이다. 장제가 죽은 뒤 두 태후가 정치를 하자 시중侍中으로 권세를 잡았다. 흉노匈奴를 토벌하여 공을 세운 뒤에 황제까지 암살하려다가 발각되어 일족이 멸망하였다.

맹호연孟浩然　　중국 당나라 때의 시인이다. 호연은 자字인데, 본명이 알려지지 않아 맹호연으로 불린다. 평생 벼슬하지 못한 채 은거와 여행으로 살았고, 장구령張九齡에게 초빙되어 그의 막객幕客으로 지내다가 죽었다. 중국의 대표적인 산수山水 시인으로 꼽히며, 왕유王維와 함께 이름을 날렸으므로 왕맹王孟이라 병칭된다. 저서에『맹호연집』이 있다.

모형毛亨　　중국 서한 때의 경학가經學家로 생평은 미상이다. 순자荀子를 사사師事하였고『시경』詩經을 연구하여『모시고훈전』毛詩古訓傳을 짓고, 모장毛萇에게 전수하였다. 당시 사람들이 모형을 대모공大毛公, 모장을 소모공小毛公이라 불렀다고 한다.

목대흠睦大欽　　1575(선조 8)~1638(인조 16). 본관은 사천泗川, 자는 탕경湯卿, 호는 다산茶山·죽오竹塢. 1605년(선조 38) 문과에 급제하여 예조참의, 강릉부사 등을 지냈다. 이괄李适의 난 때 영의정 이원익李元翼의 종사관으로 종군하여 난을 평정하는 데 공을 세웠다. 저서로 『다산집』이 있다.

민인백閔仁伯   1552(명종 7)~1626(인조 4). 본관은 여흥驪興, 자는 백춘伯春, 호는 태천苔泉. 성혼의 문인으로, 1584년(선조 17) 문과에 장원하였고 한성부 좌윤, 지중추부사 등을 지냈으며, 여양군驪陽君에 봉해졌다. 저서로 『태천집』이 있다. 시호는 경정景靖.

박미朴瀰   1592(선조 25)~1645(인조 23). 본관은 반남潘南, 자는 중연仲淵, 호는 분서汾西. 이항복李恒福의 문인이며, 선조의 다섯째 딸인 정안옹주貞安翁主와 혼인하여 금양위錦陽尉에 봉해졌다. 시와 글씨에 뛰어났다. 저서로 『분서집』이 있다.

박동량朴東亮   1569(선조 2)~1635(인조 13). 본관은 반남, 자는 자룡子龍, 호는 오창梧窓·기재寄齋. 1590년(선조 23)에 문과에 급제하였고, 이조참판, 평안도관찰사 등을 지냈다. 1604년(선조 37) 임진왜란 때 왕을 호종한 공으로 금계군錦溪君에 봉해졌다. 선조가 죽으면서 영창대군을 부탁한 이른바 유교칠신遺敎七臣의 한 사람이다. 저서로 『오창집』, 『기재잡기』寄齋雜記 등이 있다. 시호는 충익忠翼.

박서朴遾   1602(선조 35)~1653(효종 4). 본관은 밀양密陽, 자는 상지尙之, 호는 현계玄溪. 1630년(인조 8) 문과에 급제하여 황해도관찰사, 병조판서 등을 지냈고, 병조판서 재직 중 갑자기 사망하자 왕이 애통해하며 상례에 필요한 물자를 지급하도록 하였다.

박안제朴安悌   1590(선조 23)~1663(현종 4). 본관은 밀양, 자는 계순季順. 1621년(광해군 13) 문과에 급제하였고 인조반정 후 동부승지, 병조참의 등을 지냈다. 효우孝友를 늘 강조하였고 재물을 탐내지 않았으며 사치를 싫어하였고 사서史書 읽기를 좋아하였다.

박장원朴長遠   1612(광해군 4)~1671(현종 12). 본관은 고령高靈, 자는 중구仲久, 호는 구당久堂·습천隰川. 1636년(인조 14) 문과에 급제하여 이조판서, 공조판서 등을 지냈고『선조수정실록』의 편찬에 참여하였다. 저서로『구당집』이 있다. 시호는 문효文孝.

박진희朴震禧   생몰년 미상. 그가 천연두 치료에 대한 약방문藥方文을 모아 편집한『두창경험방』痘瘡經驗方이 1663년(현종 4)에 편집된 사실을 미루어 활동 시기를 짐작할 수 있다. 이 책은 천연두 치료의 가장 대표적인 저서로서 그 후 여러 번 중간되었으며 한글 대역본도 널리 보급되었다.

반고班固   중국 동한 때의 학자로, 자는 맹견孟堅. 아버지 반표班彪가 짓기 시작했다가 완성하지 못한『한서』漢書를 20여 년 동안 노력하여 완성시켰다.『한서』는 후대의 각 나라가 전대前代의 정치를 기록한 정사류正史類의 전형이 되었다.

반악潘岳   중국 서진 때의 시인으로 자는 안인安仁. 20세 때 무제武帝가 몸소 밭을 가는 것을 찬미한 부賦를 지어 세상에 이름이 알려졌으나, 사람들의 시기를 받아 은둔하였다. 뒤에 부친의 부하에게 모함을 받아 일족과 함께 주살되었다. 주요 작품으로「한거부」閑居賦,「추흥부」秋興賦,「도망시」悼亡詩 등이 있다.

방간方干   중국 당나라 청계靑溪 신정新定 사람으로 자는 웅비雄飛, 호는 현영玄英. 용모가 못생긴 데다가 언청이였기 때문에 과거에 오르지 못하였으나, 시문에 뛰어나고 박학하여 '결순선생'缺脣先生이라 불렸다. 사시私諡는 현영선생玄英先生.

백광훈白光勳   1537년(중종 32)~1582년(선조 15). 본관은 해미海美, 자는 창경彰卿, 호는 옥봉玉峯. 박순朴淳의 문인으로, 1564년(명종 19)에 진사가 되었으나 현실에 나설 뜻을 버리고 강호江湖에서 시와 서도書道로 자오自娛하였다. 그의 시가 당시唐詩의 풍격을 잘 구현하였으므로 삼당시인三唐詩人의 한 사람으로 불린다. 저서에 『옥봉집』이 있다.

백거이白居易 　중국 당나라 때의 시인으로, 자는 낙천樂天, 호는 향산거사香山居士. 시에 뛰어났으며 현종玄宗과 양 귀비楊貴妃의 사랑을 노래한 장편시 「장한가」長恨歌가 널리 알려졌다. 저서로 『백씨장경집』白氏長慶集이 있다. 시호는 문文.

백이伯夷 　기원전 1100년경 은 말 주 초의 전설적인 성인聖人. 『사기』에 의하면 고죽군孤竹君의 아들로 아우 숙제叔齊와 함께 무왕武王이 은나라의 주紂 임금을 정벌하는 것을 말리다 실패하여 수양산首陽山에 들어가 고사리를 캐 먹고 지내다 굶어 죽었다.

사령운謝靈運 　중국 육조 시대의 자연 시인. 봉호는 강락康樂. 멸망한 남조南朝 귀족 가문의 자제로, 동진과 유송劉宋에서 벼슬하여 영가태수永嘉太守를 지냈다. 그러나 파쟁으로 인하여 자주 면직당하다가 결국 유배 중에 사형당했다. 산수山水를 읊은 시에 뛰어났고 『문선』文選에도 많은 작품이 수록되어 있다. 저서로 『사강락집』이 있다.

사마상여司馬相如 　중국 한나라 때의 문인으로, 자는 장경長卿. 「자허부」子虛賦와 「상림부」桑林賦는 후대 부賦 문학에 많은 영향을 끼쳤다. 아내 탁문군卓文君과의 로맨스도 유명하다. 저서에 『사마장경집』이 있다.

사마천司馬遷 　중국 한나라 무제武帝 때의 역사가이자 역관曆官으로, 자는 자장子長. 젊은 시절 중국 전역을 유람하며 식견을 넓혔다. 흉노와의 전투에서 패전한 이릉李陵을 변호하다가 궁형宮刑을 당하였고 이후 불후의 역사 기록인 『사기』史記를 완성하였다.

사조謝眺　　중국 남조 제나라 때의 문인으로, 자는 현휘玄暉. 모친은 남조 송나라 문제文帝의 딸인 장성공주長城公主이다. 선성태수宣城太守를 지냈으므로 사선성謝宣城이라고도 한다. 사부辭賦와 산문에 뛰어났고, 사령운과 일족이므로 '소사'小謝라 칭한다. 저서로 『사선성집』이 있다.

사종가謝宗可　　중국 원나라 때의 시인으로, 자호는 미상이다. 자칭 '금릉金陵 사람'이라 했는데, 혹자는 '임천臨川 사람'이라 하기도 한다. 시에 뛰어났고 저서로 『영물시』詠物詩가 있다.

서경덕徐敬德　　1489(성종 20)~1546(명종 1). 본관은 당성唐城, 자는 가구可久, 호는 화담花潭. 여러 차례 학행으로 천거되었으나 벼슬에 나아가지 않고 학문에 전념하였다. 이理보다 기氣를 중시하는 독자적인 기일원론氣一元論을 완성하여 주기론主氣論의 선구자가 되었다. 황진이, 박연폭포와 함께 송도삼절松都三絶로 불린다. 저서로 『화담집』이 있다. 시호는 문강文康.

서악徐樂　　중국 한나라 무제 때의 신하로, 행적은 미상이다. 『한서』漢書 「서악전」徐樂傳에 흉노를 정벌하려는 무제에게 전쟁보다는 백성의 삶에 더 관심을 기울여야 한다는 논지로 올린 장문의 상소가 수록되어 있다.

서종태徐宗泰　　1652(효종 3)~1719(숙종 45). 본관은 대구大丘, 자는 군망君望, 호는 만정晩靜·서곡瑞谷. 1680년(숙종 6) 문과에 급제하였고 『현종실록』 편수에 참여하였다. 기사환국 때 은퇴했다가 갑술환국으로 다시 출사하여 영의정까지 올랐다. 저서로 『만정당집』晩靜堂集이 있다. 시호는 문효文孝.

설능薛能　　중국 당나라 때 분주汾州 사람으로, 자는 대졸大拙. 공부상서工部尚書를 지냈으며, 시에 뛰어났다. 저서로 『강산집』江山集, 『허창집』許昌集이 있다.

설두雪竇   중국 당 말 송 초의 고승. 속성은 이씨李氏, 속명은 중현重顯. 23세에 익주益州 보광원普光院에서 출가한 후, 운문종雲門宗의 3대조인 지문 광조智門光祚 문하에서 수행하였다. 절강성浙江省 명주明州의 설두산雪竇山 자성사資聖寺에 머물며 제자들을 교화시켰다.

설정총薛廷寵   중국 명나라 때의 사람으로 공과급사중工科給事中의 직책으로 1539년(중종 34) 황태자 책봉을 알리는 칙서를 받들고 조선에 왔다.

성문준成文濬   1559(명종 14)~1626(인조 4). 본관은 창녕昌寧, 자는 중심仲深, 호는 영동永同·창랑滄浪. 1585년(선조 18) 사마시에 합격하였다. 부친이 모함을 당하자 14년간 은거하였고 인조반정 뒤 영동현감을 지냈다. 저서로 『창랑집』, 『태극변』太極辨, 『홍범의』洪範義 등이 있다.

성여신成汝信   1546(명종 1)~1632(인조 10). 본관은 창녕, 자는 공실公實, 호는 부사浮査. 남명南冥 조식曺植의 문인으로, 1609년(광해군 1)에 사마시에 합격하였다. 불교 배척에 힘썼으며, 임진왜란 이후 문란해진 풍속을 바로잡기 위해 『여씨향약』呂氏鄕約을 본떠 향리에서 시행하였다. 저서로 『부사집』이 있다.

성운成運   1497(연산군 3)~1579(선조 12). 본관은 창녕, 자는 건숙健叔, 호는 대곡大谷. 1545년(명종 즉위년) 그의 형이 을사사화로 화를 입자 보은 속리산에 은거하였고 여러 차례 벼슬에 임명되었으나 나가지 않았다. 뒤에 승지로 추증되었다. 저서로 『대곡집』이 있다.

성진선成晉善   1557(명종 12)~미상. 본관은 창녕, 자는 즉행則行, 호는 연강烟江. 1594년(선조 27) 문과에 급제하여 사간원정언, 승정원우승지 등을 지냈다. 1613년(광해군 5) 인목대비 폐모론이 일어났을 때 끝까지 절의를 지켜 정청庭請에 참여하지 않았다.

성혼成渾　　1535(중종 30)~1598(선조 31). 본관은 창녕, 자는 호원浩原, 호는 우계牛溪. 1551년(명종 6)에 생원과 진사의 양장兩場 초시에 모두 합격했으나 복시에 응하지 않고 학문에만 전념하였다. 임진왜란 때 검찰사檢察使가 되었고 뒤에 대사헌을 지냈다. 해동십팔현海東十八賢의 한 사람으로, 이황의 주리론主理論과 이이의 주기론主氣論을 종합해 절충파의 비조鼻祖가 되었다. 저서로 『우계집』,『주문지결』朱文旨訣, 『위학지방』爲學之方이 있다.

성휘性輝　　조선 중기의 승려로 고경명과 교유하였다. 전라남도 광양에 거주했던 것으로 보이며, 임진왜란이 일어나자 우돌격장이 되어 의병 활동을 하였다.

소광진蘇光震　　1566(명종 21)~1611(광해군 3). 본관은 진주晉州, 자는 자실子實, 호는 후천后泉. 소세양蘇世讓의 증손. 1597년(선조 30) 문과에 급제하였고 병조정랑, 사간원헌납 등을 지냈다.

소무蘇武　　중국 한나라 무제武帝 때의 장군으로 자는 자경子卿. 무제 즉위년에 중랑장中郎將으로 흉노에 사신 갔다가 항복하라는 위협에 굴하지 않아 19년 동안 억류되어 있다가 돌아온 뒤 전속국典屬國에 임명되었다.

소세양蘇世讓　　1486년(성종 17)~1562년(명종 17). 본관은 진주, 자는 언겸彥謙, 호는 양곡陽谷. 1509년(중종 4) 문과에 급제하여 이조판서, 좌찬성 등을 지냈다. 1545년(인종 1) 윤임尹任 일파의 탄핵으로 사직하였다가 을사사화로 윤임 등이 몰락한 뒤 좌찬성을 지냈다. 율시律詩에 뛰어났고 송설체松雪體를 잘 썼다. 저서로 『양곡집』이 있다. 시호는 문정文靖.

소식蘇軾　　중국 북송 때의 문인으로, 자는 자첨子瞻, 호는 동파東坡·동산거사東山居士. 당송팔대가唐宋八大家의 한 사람이며, 서화에도 능했다. 부친 소순蘇洵, 아우 소철蘇轍과 함께 삼소三蘇로 일컬어진다. 저서로 『소동파전집』이 있다.

소정방蘇定方　　중국 당나라 때의 장군으로, 이름은 열烈, 정방은 자字이다. 660년에 나당羅唐 연합군의 대총관이 되어 13만 당나라 군사를 거느리고 백제의 사비성을 함락시키고 의자왕과 태자 융隆을 사로잡았다. 661년에는 평양성을 포위하였으나 전세가 불리해지자 철군하였다.

손초孫樵　　중국 당나라 관동關東 사람. 자는 가지可之. 한유韓愈와 교유하였으며, 진사에 급제하여 중서사인中書舍人이 되었다. 문집으로 『손가지집』이 있다.

송순宋純　　1493(성종 24)~1582(선조 15). 본관은 신평新平, 자는 수초遂初, 호는 면앙정俛仰亭. 1519년(중종 14) 문과에 급제하였고 여러 관직을 거쳐 의정부 우참찬에 오른 뒤 50년 관직생활에서 은퇴하였다. 면앙정가단俛仰亭歌壇의 창설자이며 강호가도江湖歌道의 선구자로서, 은퇴 후 자연 예찬을 주제로 한 작품을 창작하였다. 저서로 『면앙집』이 있다.

송시열宋時烈　　1607(선조 40)~1689(숙종 15). 본관은 은진恩津, 자는 영보英甫, 호는 우암尤庵. 17세기 중기 이후 붕당 정치가 절정에 이르렀을 때 서인 노론의 영수로 활동했으며, 우의정과 좌의정을 역임하였다. 만년에는 남간정사南澗精舍에서 후학을 양성하였다. 1689년(숙종 15) 왕세자가 책봉되었을 때 이를 반대하는 소장을 올렸다가 후에 사사되었으며, 1694년(숙종 20)에 관작이 회복되었다. 저서에 『송자대전』宋子大全, 『주자대전차의』朱子大全箚疑, 『논맹문의통고』論孟問義通攷, 『경례의의』經禮疑義, 『심경석의』心經釋義, 『찬정소학언해』纂定小學諺解, 『주문초선』朱文抄選 등이 있다. 시호는 문정文正.

송익필宋翼弼　　1534(중종 29)~1599(선조 32). 본관은 여산礪山, 자는 운장雲長, 호는 구봉龜峯. 할머니 감정甘丁이 안돈후安敦厚의 천첩 소생이었으므로 신분이 미천하였다. 과거를 단념하고 학문에 몰두하였고 예학에 밝아 김장생 등에게 큰 영향을 주었으며, 많은 제자를 배출하였다. 선조 때에는 팔문장八文章의 한 사람으로 일컬어졌다. 저서로 『구봉집』이 있다. 시호는 문경文敬.

송인宋寅   1517(중종 12)~1584(선조 17). 본관은 여산, 자는 명중明仲, 호는
이암頤菴. 10세에 중종의 셋째 서녀인 정순옹주貞順翁主와 혼인하여 여성위礪城
尉가 되고, 명종 때 여성군礪城君에 봉해졌다. 시문에 능하였고 이황, 조식, 이이,
성혼 등 당대의 석학들과 교유하였다. 저서로『이암유고』가 있다. 시호는 문단文端.

숙제叔齊   기원전 1100년경 은 말 주 초의 전설적인 성인聖人. '백이' 참조.

술랑述郞   생몰년 미상. 신라의 화랑花郞이며 사선四仙의 한 사람으로 일컬
어진다. 효소왕孝昭王 때에 남랑南郞, 영랑永郞, 안상安詳과 함께 지금의 강원
도 통천군 총석정에서 노닐었다는 이야기가 전해진다.

신광한申光漢   1484년(성종 15)~1555년(명종 10). 본관은 고령高靈, 자는 한
지漢之, 호는 기재企齋. 신숙주申叔舟의 손자. 1510년(중종 5) 문과에 급제하여 이
조판서 등을 지냈다. 을사사화 때 소윤小尹에 가담하여 추성위사홍제보익공신推
誠衛社弘濟保翼功臣 3등에 책록되고, 영성군靈城君에 봉해졌다. 저서로『기재
집』이 있다. 시호는 문간文簡.

신담申湛   1519(중종 14)~1595(선조 28). 본관은 고령, 자는 충경沖卿, 호는
어성漁城. 1552년(명종 7) 문과에 급제하였고 홍문관부제학, 예조참판 등을 지냈
다. 임진왜란 때 전주부윤으로 의병 2,000여 명을 모집하여 왜적의 진격을 막았다.

신득홍申得洪   1608(선조 41)~1653(효종 4). 본관은 고령, 자는 대오大吾,
호는 지담芷潭. 1639년(인조 17) 문과에 급제하였고 공조좌랑, 함경도도사 등을 지
냈다. 경사자집經史子集 및 제자백가서에 능통하였다. 저서로『지담유고』가 있다.

신민일申敏一   1576(선조 9)~1650(효종 1). 본관은 평산平山, 자는 공보功
甫, 호는 화당化堂. 1615년(광해군 7) 문과에 급제하여 동부승지, 대사성을 지냈
다. 인조의 아버지 정원군定遠君을 원종元宗으로 추숭하려는 논의에 반대하다가

강계로 유배되기도 하였다. 저서로 『화당집』이 있다.

신응시辛應時   1532(중종 27)~1585(선조 18). 본관은 영월寧越, 자는 군망君望, 호는 백록白麓. 백인걸白仁傑의 문인으로 1559년(명종 14) 문과에 급제하였고 대사간, 홍문관부제학 등을 지냈다. 성혼, 이이와 특히 교분이 두터웠다. 저서로 『백록유고』가 있다. 시호는 문장文莊.

신익성申翊聖   1588(선조 21)~1644(인조 22). 본관은 평산平山, 자는 군석君奭, 호는 낙전당樂全堂·동회거사東淮居士. 신흠申欽의 아들이며, 선조의 부마가 되어 동양위東陽尉에 봉해졌다. 병자호란 이후 심양瀋陽에 억류당하였다가 소현세자의 주선으로 풀려나 돌아왔다. 저서로 『낙전당집』, 『청백당일기』靑白堂日記 등이 있다. 시호는 문충文忠.

신익전申翊全   1605(선조 38)~1660(현종 1). 본관은 평산, 자는 여만汝萬, 호는 동강東江. 신흠의 아들이며, 김상헌의 문인이다. 1636년(인조 14) 문과에 급제하였고 예조참판, 병조참판, 도승지 등을 지냈다. 문장과 글씨에 뛰어났다. 저서로 『동강유집』이 있다.

신정申晸   1628(인조 6)~1687(숙종 13). 본관은 평산, 자는 인백寅伯, 호는 분애汾厓. 신흠의 손자이다. 1664년(현종 5) 문과에 급제하여 예조판서, 한성판윤 등을 지냈다. 시의 격조가 청절淸絶하다는 평을 받았다. 저서로 『분애유고』, 『임진록촬요』壬辰錄撮要 등이 있다. 시호는 문숙文肅.

신흠申欽   1566(명종 21)~1628(인조 6). 본관은 평산. 자는 경숙敬叔, 호는 상촌象村. 이정귀李廷龜·장유張維·이식李植과 함께 한문사대가漢文四大家로 불린다. 1586년 문과에 급제하였고 여러 차례 중국을 왕래하였으며 영의정까지 올랐다. 저서로 『상촌고』, 『야언』野言 등이 있다. 시호는 문정文貞.

심수경沈守慶   1516(중종 11)~1599(선조 32). 본관은 풍산豊山, 자는 희안希顔, 호는 청천당聽天堂. 1546년(명종 1) 문과에 장원급제하였고 우의정까지 올랐다. 청백리에 뽑혔으며, 문장과 글씨에도 뛰어났다. 저서로 『청천당시집』, 『청천당유한록』聽天堂遺閑錄 등이 있다.

심엄沈㤿   1563년(명종 18)~1609(광해군 1). 본관은 청송靑松, 자는 상지尙志. 심광세沈光世의 부친이자 이식李植의 장인이다. 음사蔭仕로 벼슬하여 옥과현감을 지냈고 영의정에 추증되었다.

심희수沈喜壽   1548(명종 3)~1622(광해군 14). 본관은 청송, 자는 백구伯懼, 호는 일송一松. 1572년(선조 5) 문과에 급제하였고 좌의정까지 올랐다. 중국어에 능통하여 임진왜란 때 도승지로 명나라 장군 이여송李如松을 영접했다. 인목대비 폐모론이 일어나자 둔지산에 들어가 은거하였다. 저서로 『일송집』이 있다. 시호는 문정文貞.

안기생安期生   중국 전국시대 제나라 사람으로, 하상장인河上丈人에게 황제黃帝와 노자老子의 설을 배우고 세속을 떠나 동해의 해변에서 약을 팔며 살았다고 한다. 진 시황秦始皇이 동쪽을 유람할 때 그와 만났다는 기록이 있으며, 오이만한 대추를 먹었다고 전한다.

안정란安廷蘭   중국어 통역관. 1574년(선조 7)과 1588년(선조 21) 사행에 통역관으로 참여한 기록이 보이며, 조선 중기 야담집인 『어우야담』於于野談에 '중국에 들어가 기생을 속여 중국인 행세를 하다가 들통 나서 결국 쫓겨났다'는 이야기가 전한다.

양경우梁慶遇   1568년(선조 1)~1629년(인조 7)경. 본관은 남원南原, 자는 자점子漸, 호는 제호霽湖. 장현광의 문인이다. 임진왜란이 일어나자 의병을 일으켜 공을 세웠다. 1597년(선조 30) 문과에 급제하여 홍문관교리를 지냈으며, 인조반정에 참여할 것을 권유받았으나 거절하고 은둔하였다. 1796년(정조 20)에 이조참의에 추증되었다. 저서로『제호집』,『제호시화』霽湖詩話가 있다.

양대박梁大樸   1544(중종 39)~1592(선조 25). 본관은 남원, 자는 사진士眞, 호는 송암松巖·죽암竹巖·하곡荷谷·청계도인青溪道人. 임진왜란이 일어나자 의병을 일으켜 공을 세웠고, 전란 중에 과로로 발병하여 사망하였다. 1796년(정조 20)에 병조판서로 추증되었다. 저서로는『청계집』이 있다. 시호는 충장忠壯.

양홍梁鴻   중국 후한 때의 은자로 자는 백란伯鸞. 외모는 볼품없었지만 지조가 굳고 학식이 높았다. 그의 아내 맹광孟光이 가난한 살림살이 속에서도 남편을 위해 밥상을 높이 들어 눈썹에 맞추어 올렸다는 거안제미擧案齊眉의 고사가 전한다.

엄광嚴光   중국 후한 때의 은자로 자는 자릉子陵. 광무제光武帝와 절친한 사이였는데, 광무제가 천자가 되자 자취를 감추고 은거하였다. 간의대부諫議大夫에 제수되었으나 나아가지 않고 부춘산富春山에서 농사를 지으며 생을 마쳤다.

엄흔嚴昕   1508(중종 3)~1543(중종 38). 본관은 영월寧越, 자는 계소啓昭, 호는 십성당十省堂. 1528년(중종 23) 문과에 급제하여 이조좌랑, 홍문관전한 등을 지냈다. 시문에 능하여 시조 1수가『가곡원류』歌曲源流에 전하며, 저서로『십성당집』이 있다.

여희철呂希哲   중국 북송 때의 학자로, 자는 원명原明이다. 범조우范祖禹의 추천을 받아 숭정전설서崇政殿說書를 지냈다. 정이程頤와 나이가 서로 비슷하였지만, 정이의 학문을 깊이 존경하여 나중에는 스승으로 섬겼다. 행실이 반듯하여 찻집과 술집에 출입하지 않았다고 한다. 저서에『여씨잡기』呂氏雜記가 있다.

열자列子　　중국 전국 시대의 도가道家 사상가로, 이름은 어구禦寇이다. 중국 도가의 기본 사상을 확립시킨 3명의 철학가 가운데 한 사람이며, 도가 경전인 『열자』의 저자로 전해진다. 생애에 대해서는 알려진 것이 거의 없으나, 많은 제자를 거느리고 여러 나라를 돌아다니며 왕후王侯들에게 유세했다고 전해진다.

오도일吳道一　　1645(인조 23)~1703(숙종 29). 본관은 해주海州, 자는 관지貫之, 호는 서파西坡. 1673년(현종 14) 문과에 급제하여 1694년(숙종 20) 주청부사奏請副使로 청나라에 다녀왔으며 대제학과 병조판서를 지냈다. 문장에 뛰어나 동인삼학사東人三學士라 불렸으며, 저서로 『서파집』이 있다.

오상吳祥　　1512(중종 7)~1573(선조 6). 본관은 해주, 자는 상지祥之, 호는 부훤당負暄堂. 김안국金安國의 문인이다. 1534년(중종 29) 문과에 급제하였고 육조의 판서를 지냈다. 문장에 뛰어나 김주, 민기閔箕, 정유길鄭惟吉, 심수경 등과 함께 팔문장八文章으로 일컬어졌다. 저서로 『부훤당유고』가 있다.

오억령吳億齡　　1552(명종 7)~1618(광해군 10). 본관은 동복同福, 자는 대년大年, 호는 만취晩翠. 1582년(선조 15) 문과에 급제하여 대사헌, 병조참판 등을 지냈다. 인목대비 폐모론이 일어나자 낙향하였다. 저서로 『만취집』이 있다. 시호는 문숙文肅.

오준吳埈　　1587(선조 20)~1666(현종 7). 본관은 동복, 자는 여완汝完, 호는 죽남竹南. 1618년(광해군 10) 문과에 급제하였고 예조판서, 판중추부사 등을 지냈다. 『인조실록』 편찬에 참여하였다. 글씨에 아주 뛰어나 「충무공이순신비」, 「삼전도비」三田渡碑 등 많은 작품을 남겼다. 저서로 『죽남당고』가 있다.

왕몽王濛　　중국 진晉나라 때 사람으로, 외모가 대단히 수려했으나 39세로 요절하였다. 차를 매우 좋아하여 손님이 집에 오면 반드시 차를 대접하니, 당시 사대부들이 이를 매우 고통스럽게 여겨 왕몽의 집을 방문할 때마다 반드시 "오늘은 수

액水厄이 있을 것이다"라고 했다는 고사가 전한다.

왕발王勃   중국 당나라 초기의 시인으로 자는 자안子安이다. 9세 때에 안사고顔師古가 주를 단 『한서』漢書를 읽고 그 오류를 지적했다고 한다. 양형楊炯·노조린盧照隣·낙빈왕駱賓王과 함께 시문으로 명성을 떨쳐 '초당4걸' 初唐四傑로 일컬어졌다. 문집으로 『왕자안집』이 있으며 작품으로는 「등왕각서」縢王閣序가 유명하다.

왕손번王孫蕃   중국 명나라 때 보정保定 사람이다. 명문세가의 후손으로 1619년(광해군 11) 과거에 급제하였다. 이정귀가 사행 당시 옥하관玉河館에 머물 때 서로 교유가 있었다.

왕안석王安石   중국 송나라 때 학자·정치가. 자는 개보介甫, 호는 반산半山, 봉호는 형荊, 시호는 문文. 신종神宗 때 신법新法을 만들어 정치개혁을 단행했다. 저서로 『임천집』臨川集, 『당백가시선』唐百家詩選 등이 있다.

왕애王涯   중국 당나라 때 재상으로 자는 광진廣津. 진사에 뽑히고 또 홍사弘辭로 천거되어 중서시랑 등을 지냈다. 다법茶法을 고쳐 그 세금을 더했다. 이훈李訓, 정주鄭注 등과 환관을 죽이려고 꾀하다가 비밀이 누설되어 피살되었다.

왕유王維   중국 당나라 때의 시인이자 화가로, 자는 마힐摩詰. 불교적 색채가 짙은 시를 지었으므로 시불詩佛로 불리며, 이백·두보와 함께 당나라 3대 시인으로 일컬어진다. 또 17세기 화가 동기창董其昌은 왕유를 남종화南宗畵의 시조로 규정하였다. 저서로 『왕우승집』王右丞集이 있다.

왕휘지王徽之   중국 진晉나라 때의 서예가. 자는 자유子猷. 왕희지王羲之의 다섯째 아들. 세상의 잡다한 일에 관심이 없었고, 대나무를 차군此君으로 부르며 좋아하였던 것으로 유명하다. 작품으로는 〈왕휘지애죽도〉王徽之愛竹圖, 〈신월첩〉

新月帖 등이 있다.

우禹 임금 중국 하夏나라를 건국한 성군聖君. 요堯임금의 신하로 치수治水의 임무를 성공적으로 수행하였고 그 공적으로 요임금에게 천하를 선양禪讓받았다.

우탁禹鐸 1527(중종 22)~미상. 본관은 단양丹陽, 자는 자경子警. 1564년(명종 19)에 진사시에 급제한 기록이 보인다.

원안袁安 중국 후한 때 정치가로, 자는 소공邵公. 자신을 포함하여 4대에 걸쳐 삼공三公을 지냈다. 벼슬하기 전 어느 날 낙양洛陽에 폭설이 내리자 사람들은 모두 눈을 치우고 밖으로 나와 걸식을 하였지만, 그는 차라리 굶어 죽겠다면서 집에 누워 있었다는 고사가 전한다.

원앙袁盎 중국 한나라 문제文帝 때 사람으로 자는 사絲. 중랑장中郎將을 지냈으며 왕에게 직간直諫을 서슴지 않았으므로 '무쌍국사無雙國士로 불렸다. 뒤에 오나라의 재상으로 나가게 되자 조카 원종袁種이 국정에 간섭하지 말고 술이나 마시며 지낼 것을 권했다고 한다.

원헌原憲 중국 춘추 시대 사람으로 자는 자사子思. 공자의 제자이다. 가난하게 살았으나 개의치 않고 오직 자신의 덕을 닦는 일에만 관심을 두었다. 공자가 죽은 뒤 자공子貢이 원헌을 방문하여 "무슨 병이라도 있는가?"라고 하자, 원헌은 "나는 가난하기는 하지만 병들지는 않았다"라고 대답하였다.

유곤劉琨 중국 동진 때의 문학가·음악가로 자는 월석越石. 금곡이십사우金谷二十四友의 한 사람이며, 좌사左思·곽박郭璞과 함께 진나라의 시걸詩傑로 꼽힌다. 서진이 멸망한 뒤 북벌하여 중원을 회복할 뜻을 지니면서 늘 창을 머리에 베고 잠을 잤다고 한다.

유근柳根　　1549(명종 4)~1627(인조 5). 본관은 진주晉州, 자는 회부晦夫, 호는 서경西坰. 1572년(선조 5) 문과에 장원급제하였고 대제학, 좌찬성 등을 지냈다. 인목대비 폐모론의 정청에 참여하지 않아 삭탈관직되었고, 인조반정으로 다시 기용되었으나 나아가지 않았다. 저서로『서경집』이 있다. 시호는 문정文靖.

유마힐維摩詰　　인도印度 비야리성毗耶離城의 장자長者로 석가모니의 속제자俗弟子이며, 유마거사維摩居士로 불린다. 석가가 비야리성에서 설법할 때 병을 핑계로 텅 빈 방에 조용히 누워 있었으며, 이때 병문안을 온 문수보살文殊菩薩과 문답한 내용을 기록한 것이『유마경』維摩經이다.

유몽인柳夢寅　　1559(명종 14)~1623(인조 1). 본관은 고흥高興, 자는 응문應文, 호는 어우於于. 성혼에게 수학하였으나 경박하다는 책망을 받고 쫓겨났다. 1589년(선조 22) 문과에 장원급제하였고 인조반정 이후 광해군의 복위 음모를 꾸민다는 무고를 받아 사형되었다. 정조 때 신원되고 이조판서에 추증되었다. 저서로는『어우야담』,『어우집』이 있다.

유성룡柳成龍　　1542(중종 37)~1607(선조 40). 본관은 풍산豊山, 자는 이현而見, 호는 서애西厓. 이황의 문인으로, 1566년(명종 21) 문과에 장원급제하였고 영의정까지 올랐다. 1604년(선조 37) 호성공신扈聖功臣 2등에 책록되고 풍원부원군豊原府院君에 봉해졌다. 도학道學, 문장, 덕행, 글씨에 두루 뛰어났고 영남 유생들의 추앙을 받았으며, 안동의 병산서원屛山書院에 제향되었다. 저서로는『서애집』,『징비록』懲毖錄,『상례고증』喪禮考證,『침경요의』鍼經要義 등이 있다. 시호는 문충文忠.

유숙柳潚　　1564(명종 19)~1636(인조 14). 본관은 흥양興陽, 자는 연숙淵叔, 호는 취흘醉吃. 1597년(선조 30) 문과에 급제하였고 형조참판과 병조참판을 지냈다. 대북大北 계열의 관료로서 계축옥사에도 참여하여 사람들의 비난을 받았고, 인조반정이 일어나자 이이첨李爾瞻의 심복으로 지목받아 유배되었다.

유시정柳時定　1596(선조 29)~1658(효종 9). 본관은 진주. 초명은 시영時英,
자는 안세安世. 1612년(광해군 4) 진사시에 합격하였으나, 부친의 옥사에 연루되
어 춘천으로 유배되었다. 인조반정 이후 목사 등을 지냈다. 글씨에 능하였다.

유안劉安　중국 한漢나라 때 왕족으로 회남왕淮南王이 되었다. 고금의 치란
治亂, 흥망, 길흉화복과 괴이한 일들을 다루어 놓은 『회남자』淮南子를 저술했다.
단약丹藥을 제련하여 온 가족을 데리고 승천昇天했는데, 그 집의 개와 닭도 그릇
에 남은 약을 핥아 먹고 뒤따라 하늘로 올라갔다는 이야기가 전한다. 그리고 두부
를 처음 만든 인물로 알려져 있다.

유옥柳沃　1487(성종 18)~1519(중종 14). 본관은 문화文化, 자는 계언啓彥,
호는 석헌石軒. 1507년(중종 2) 문과에 장원급제하였고 사헌부장령, 종성부사 등
을 지냈다. 문장에 뛰어나 어려서부터 신동으로 불렸다. 저서로『석헌집』이 있다.
시호는 정간靖簡.

유운柳惲　중국 남조南朝 양梁나라 때의 시인으로 자는 문창文暢. 오흥자사
吳興刺史를 지냈고 시, 척독尺牘, 바둑, 거문고, 의술 등에 뛰어났다고 한다.

유종원柳宗元　중국 당나라 때의 문장가. 자는 자후子厚. 당송팔대가唐宋八
大家의 한 사람으로, 한유와 함께 고문운동古文運動을 제창하였다. 그의 산수유
기山水遊記는 경물의 특징을 묘사하는 데 뛰어난 것으로 유명하다. 저서에『유하
동집』柳河東集이 있다.

유희춘柳希春　1513(중종 8)~1577(선조 10). 본관은 문화. 자는 인중仁仲,
호는 미암眉巖. 1538년(중종 33) 문과에 급제하였다. 양재역 벽서사건에 연루되어
제주도, 종성, 은진 등에서 유배 생활을 하였다. 선조 즉위 후 해배되어 이조참판
등을 지냈다. 저서로『미암일기』,『역대요록』歷代要錄,『주자어류전해』朱子語類箋
解 등이 있다. 시호는 문절文節.

육수정陸修靜 중국 남송 때의 도사道士로 자는 원덕元德. 유학, 참위설讖緯說, 불교 경전에 두루 통달하였다. 문제文帝의 부름을 받고 입궁하여 도를 가르쳤으며, 태후 왕씨王氏가 그에게 제자의 예를 갖추었다고 한다. 편서로 『도장』道藏이 있으며, 시호는 간적선생簡寂先生.

육우陸羽 중국 당나라 때 경릉竟陵 사람. 자는 홍점鴻漸, 호는 경릉자竟陵子. 아호는 다전茶顚·상저옹桑苧翁·동강자東岡子·동원선생東園先生 등이다. 평소에 차를 좋아해 다신茶神으로 받들어졌다. 저서로 『다경』茶經, 『고저산기』顧渚山記, 『남북인물지』南北人物志 등이 있다.

육지陸贄 중국 당나라 덕종德宗 때의 충신. 시호는 선선. 중서평장사中書平章事를 지냈고 배연령裵延齡의 참소에 의해 충주별가忠州別駕로 좌천되어 죽었다. 그가 지은 주의奏議는 후대 정치가들의 필독서가 되었다. 저서에 『한원집』翰苑集이 있다.

윤근수尹根壽 1537(중종 32)~1616(광해군 8). 본관은 해평海平, 자는 자고子固, 호는 월정月汀. 1558년(명종 13) 문과에 급제하였고 예조판서, 좌찬성 등을 지냈다. 1573년(선조 6) 종계변무宗系辨誣 주청부사로 명나라에 다녀와 광국공신光國功臣 1등에 책봉되고 해평부원군海平府院君에 봉해졌다. 당대에 명문장가로 일컬어졌으며 글씨에도 뛰어났다. 저서로 『월정집』, 『한문토석』韓文吐釋 등이 있다. 시호는 문정文貞.

윤순지尹順之 1591(선조 24)~1666(현종 7). 본관은 해평, 자는 낙천樂天, 호는 행명涬溟. 1620년(광해군 12) 문과에 급제하였고 공조판서, 좌참찬 등을 지냈다. 『선조수정실록』의 편찬에 참여하였고 시·서·율律에 뛰어났다. 저서로 『행명재시집』이 있다.

윤은보尹殷輔   1468(세조 14)~1544(중종 39). 본관은 해평. 자는 상경商卿.
1494년(성종 25) 문과에 급제하였고 삼정승을 두루 역임하였다. 『대전후속록』大典
後續錄의 편찬에 참여하였다. 당시의 사평史評에 의하면 학술보다는 정치적 수완
에 뛰어났다고 한다. 시호는 정성靖成.

윤인경尹仁鏡   1476(성종 7)~1548(명종 3). 본관은 파평坡平, 자는 경지鏡之.
1506년(중종 1) 문과에 급제하였고 삼정승을 두루 역임하였다. 을사사화가 일어나
자 소윤小尹에 가담해 1등 공신에 책록되고 파성부원군坡城府院君에 봉해졌다.
시호는 효성孝成.

윤증尹拯   1629(인조 7)~1714(숙종 40). 본관은 파평, 자는 자인子仁, 호는 명
재明齋. 성혼의 외증손이다. 송시열의 문인이었지만, 서인이 노론과 소론으로 분
리될 때 소론의 영수로 추대되어 송시열과 대립하였다. 효종과 현종 대에 여러 차
례 학행으로 천거되었으나 한 번도 벼슬하지 않았다. 저서로『명재유고』,『명재의
례문답』明齋疑禮問答 등이 있다. 시호는 문성文成.

윤휘尹暉   1571(선조 4)~1644(인조 22). 본관은 해평, 자는 정춘靜春, 호는 장
주長洲. 1594년(선조 27) 문과에 급제하였고 한성부판윤, 형조판서 등을 지냈다.
1618년 동지겸진주사冬至兼陳奏使로 명나라에 다녀왔다. 사후에 영의정으로 추
증되었다. 저서로『장주집』이 있다. 시호는 장익章翼.

윤훤尹暄   1573(선조 6)~1627(인조 5). 본관은 해평, 자는 차야次野, 호는 백
사白沙. 성혼의 문인으로 1597년(선조 30) 문과에 급제하여 경상도관찰사, 평안도
관찰사 등을 지냈다. 1627년(인조 5) 정묘호란 때 부체찰사를 겸직하여 적과 싸웠
으나, 제대로 싸우지 않고 후퇴하였다는 죄로 강화도에서 효수되었다.

음갱陰鏗   중국 남조 진陳나라의 시인으로, 자는 자견子堅. 원외랑員外郎, 산
기시랑散騎侍郎 등을 지냈다. 특히 오언시에 뛰어났다고 하며, 양나라 시인 하손

何遜과 함께 '음하'陰何로 병칭된다.

이개립李介立 1546(명종 1)~1625(인조 3). 본관은 경주慶州, 자는 대중大中, 호는 성오당省吾堂. 학봉鶴峯 김성일의 문인이다. 1567년(명종 22) 사마시에 합격하였고, 1586년(선조 19)에 효행으로 천거되어 참봉에 임명되었으나 나가지 않았다. 임진왜란이 일어나자 의병을 일으켜 활약하였는데 특히 군량 조달에 큰 공을 세웠다.

이경석李景奭 1595(선조 28)~1671(현종 12). 본관은 전주全州, 자는 상보尙輔, 호는 백헌白軒. 김장생의 문인으로, 1623년 문과에 급제하였고 영의정까지 올랐다. 문장과 글씨에 특히 뛰어났으며, 「삼전도비문」 등을 지었다. 저서로 『백헌집』이 있다. 시호는 문충文忠.

이경전李慶全 1567(명종 22)~1644(인조 22). 본관은 한산韓山, 자는 중집仲集, 호는 석루石樓. 이산해李山海의 아들. 1590년(선조 23) 문과에 급제하였고 좌참찬, 형조판서 등을 지냈다. 인조반정 이후 주청사奏請使로 명나라에 가서 인조의 책봉을 요청하였다. 저서로 『석루유고』가 있다.

이계경李季卿 중국 당나라 때의 문신이다. 약관에 명경과에 급제하여 어사대부御史大夫 등을 지냈다. 문사에 뛰어난 재주를 발휘하였고 학식이 풍부하며 사람들과 교제를 잘하였다고 한다. 사후에 예부상서로 추증되었다.

이관명李觀命 1661(현종 2)~1733(영조 9). 본관은 전주, 자는 자빈子賓, 호는 병산屛山. 1698년(숙종 24) 문과에 급제하였고 우의정, 좌의정을 지냈다. 문장에 뛰어나 응제문應製文, 반교문頒敎文, 시책문諡冊文 등을 많이 남겼다. 저서로 『병산집』이 있다. 시호는 문정文靖.

이광하李光夏　1643(인조 21)~1701(숙종 27). 본관은 덕수德水, 자는 계이啓以. 1687년(숙종 13) 문과에 급제하였고 병조참판과 형조참판, 한성부판윤을 지냈다. 1700년(숙종 26) 동지사의 정사로 임명되어 연경燕京에 갔다가 옥하관에서 죽었다. 시호는 정익貞翼.

이단상李端相　1628(인조 6)~1669(현종 10). 본관은 연안延安, 자는 유능幼能, 호는 정관재靜觀齋. 1649년(인조 27) 문과에 급제하였고 청풍부사, 인천부사 등을 지냈다. 사후 이조판서로 추증되었다. 그의 제자로 김창협, 김창흡 등이 있다. 저서로 『정관재집』, 『대학집람』大學集覽, 『사례비요』四禮備要 등이 있다. 시호는 문정文貞.

이단하李端夏　1625(인조 3)~1689(숙종 15). 본관은 덕수, 자는 계주季周, 호는 외재畏齋. 택당 이식의 아들이고 송시열의 문인이다. 1662년(현종 3) 문과에 급제하였고 우의정, 좌의정을 지냈다. 『현종개수실록』 편찬에 참여하였다. 저서로 『외재집』, 『선묘보감』宣廟寶鑑 등이 있다. 시호는 문충文忠.

이달李達　1539년(중종 34)~1612년(광해군 4). 본관은 신평新平, 자는 익지益之, 호는 손곡蓀谷. 서얼 출신으로 허균許筠이 그의 제자이다. 당시唐詩의 풍격을 잘 구현하여 최경창崔慶昌·백광훈과 함께 삼당시인三唐詩人으로 불린다. 저서로 『손곡집』이 있다.

이덕유李德裕　중국 당나라 때의 정승으로, 자는 문요文饒. 부친 이길보李吉甫와 함께 간신 우승유牛僧孺, 이종민李宗閔의 파당과 대립하였다. 그의 집 정원을 평천장平泉莊이라고 하는데 기화요초琪花瑤草가 즐비하였다고 한다.

이덕형李德馨　1561(명종 16)~1613(광해군 5). 본관은 광주廣州, 자는 명보明甫, 호는 한음漢陰. 1580년(선조 13) 문과에 급제하여 영의정까지 올랐다. 남인 출신으로 북인의 영수 이산해의 사위가 되어 남인과 북인의 중간노선을 지키다가 뒤에 남인에 가담하였다. 저서로『한음문고』가 있다. 시호는 문익文翼.

이만부李萬敷 1664(현종 5)~1732(영조 8). 본관은 연안, 자는 중서仲舒, 호는 식산息山. 어려서부터 가학을 전수받았고, 정주학程朱學에 심취하였다. 서울에서 살았으나 영남의 학자들과 친분이 있는 관계로 그곳으로 이거移居하여 후진 양성과 풍속 교화에 힘썼다. 저서로『식산집』,『역통』易統,『대상편람』大象便覽 등이 있다.

이명한李明漢 1595(선조 28)~1645(인조 23). 본관은 연안, 자는 천장天章, 호는 백주白洲. 이정귀의 아들이다. 1616년(광해군 8) 문과에 급제하였고 대사헌, 이조판서 등을 지냈다. 1643년(인조 21) 척화파로 지목되어 심양에 잡혀가 억류되었고, 이듬해 소현세자와 함께 귀국하였다. 심양에 잡혀갔던 의분을 노래한 시조 6수가 전한다. 저서로『백주집』이 있다. 시호는 문정文靖.

이민구李敏求 1589(선조 22)~1670(현종 11). 본관은 전주, 자는 자시子時, 호는 동주東洲. 이수광李睟光의 아들이다. 1612년(광해군 4) 문과에 급제하였고 대사성, 도승지 등을 지냈다. 문장에 뛰어나고 사부詞賦에 능하였으며 평생 쓴 책이 4,000권이 되었으나 병화에 거의 타 버렸다. 저서로『동주집』,『독사수필』讀史隨筆,『간언귀감』諫言龜鑑,『당률광선』唐律廣選 등이 있다.

이민성李民宬 1570년(선조 3)~1629년(인조 7). 본관은 영천永川, 자는 관보寬甫, 호는 경정敬亭. 김성일과 장현광의 문인이다. 1597년(선조 24) 문과에 급제하였고 사헌부장령, 좌승지 등을 지냈다. 1602년과 1623년 서장관으로 두 차례 명나라에 다녀왔다. 시문과 글씨에 뛰어났으며, 사행 당시 명나라 사람들이 재주를 높이 평가하여 이적선李謫仙이라 불렀다고 한다. 저서로『경정집』이 있다.

이산해李山海 1539(중종 34)~1609(광해군 1). 본관은 한산. 자는 여수汝受, 호는 아계鵝溪. 1561년(명종 16) 문과에 급제하였고 북인의 영수로 정권을 장악하

여 영의정까지 올랐다. 어려서부터 총명해 신동으로 불렸고, 문장에 능해 팔문장
八文章의 한 사람으로 일컬어졌다. 저서로『아계집』이 있다. 시호는 문충文忠.

이소한李昭漢   1598(선조 31)~1645(인조 23). 본관은 연안, 자는 도장道章,
호는 현주玄洲. 이정귀의 아들이다. 1621년(광해군 13) 문과에 급제하였고 동지중
추부사, 형조참판 등을 지냈다. 아버지 이정귀, 형 이명한과 함께 '삼소'三蘇라 일
컬어졌다. 뒤에 좌의정에 추증되었다. 저서로『현주집』이 있다.

이수광李睟光   1563년(명종 18)~1628년(인조 6). 본관은 전주, 자는 윤경潤
卿, 호는 지봉芝峯. 1585년(선조 18) 문과에 급제하였고 공조참판, 이조판서 등을
지냈다. 세 차례나 명나라에 사신을 다녀왔고, 어지러운 정치적 갈등 속에서도 당
쟁에 휩쓸리지 않았다. 조선 실학파의 선구적 인물로 평가받는다. 저서로『지봉
집』,『지봉유설』芝峯類說 등이 있다. 시호는 문간文簡.

이순신李舜臣   1545(인종 1)~1598(선조 31). 본관은 덕수, 자는 여해汝諧, 유
성룡의 천거로 전라좌도수군절도사가 되어 거북선을 제작하는 데 힘썼다. 그 후
삼군통제사를 지내며 임진왜란으로 나라가 위기에 처했을 때 여러 해전에서 맹활
약하였다. 노량 해전에서 적의 유탄에 맞고 전사하였다. 저술로는『난중일기』亂中
日記가 있다. 시호는 충무忠武.

이식李植   1584(선조 17)~1647(인조 25). 본관은 덕수, 자는 여고汝固, 호는
택당澤堂. 1610년(광해군 2) 문과에 급제하였고 대제학과 형조판서, 이조판서, 예
조판서를 지냈다. 문장이 뛰어나 신흠, 이정귀, 장유와 함께 한문사대가로 꼽힌다.
저서로『택당집』,『초학자훈증집』初學字訓增輯,『두시비해』杜詩批解 등이 있다.
시호는 문정文靖.

이안눌李安訥   1571(선조 4)~1637(인조 15). 본관은 덕수, 자는 자민子敏, 호
는 동악東岳. 1599년(선조 32) 문과에 급제하였고 예조판서, 예문관제학 등을 지

냈다. 4,379수라는 방대한 양의 시를 남겼고, 두보의 시를 만 번이나 읽었다고 한다. 저서로 『동악집』이 있다. 시호는 문혜文惠.

이안인李安仁   1553(명종 8)~1614(광해군 6). 본관은 덕수, 자는 자성子聲, 호는 주봉酒峰. 어려서부터 학업에 매진하며 이름난 사람과 교유하였고 임진왜란을 겪은 뒤 면천에 은둔해 살았다.

이은상李殷相   1617(광해군 9)~1678(숙종 4). 본관은 연안, 자는 열경說卿, 호는 동리東里. 이정귀의 손자이고, 김만중金萬重의 장인이다. 1651년(효종 2) 문과에 급제하였고 형조판서, 도승지를 지냈다. 저서로 『동리집』, 『동리소설』東里小說이 있다. 시호는 문량文良.

이응희李應禧   1579년(선조 12)~1651년(효종 2). 본관은 전주, 자는 자수子綏, 호는 옥담玉潭. 이이첨이 인목대비를 폐위하고자 할 때 백의항소白衣抗訴로 소장을 올렸으나 뜻을 이루지 못하고 경기도 과천 수리산 아래에 은거하였다. 저서로 『옥담유고』, 『옥담사집』玉潭私集이 있다.

이이李珥   1536(중종 31)~1584(선조 17). 본관은 덕수, 자는 숙헌叔獻, 호는 율곡栗谷·석담石潭. 1564년(명종 19)에 생원시와 문과에 모두 장원급제하였고 우참찬과 이조판서, 병조판서를 지냈다. 이황과 더불어 조선 시대 유학의 쌍벽을 이루는 학자로 기호학파畿湖學派의 연원을 열었다. 저서로 『성학집요』聖學輯要, 『격몽요결』擊蒙要訣, 『율곡전서』가 있다. 시호는 문성文成.

이인엽李寅燁   1656(효종 7)~1710(숙종 36). 본관은 경주, 자는 계장季章, 호는 회와晦窩. 1686년(숙종 12) 문과에 급제하였고 홍문관대제학 등을 지냈다. 강화유수로서 치적을 남겨 사당이 세워졌으며, 강화부 방비를 위한 진鎭의 설치에 관한 견해는 정조 대에 이르러 실제 시행에 옮겨지기도 하였다. 저서로 『회와시고』晦窩詩稿가 있다.

이일상李一相　　1612(광해군 4)~1666(현종 7). 본관은 연안, 자는 함경咸卿, 호는 청호青湖. 이정귀의 손자. 1628년(인조 6) 17세로 문과에 급제하였고 공조판서, 예조판서, 호조판서 등을 지냈다. 남인이 편찬한 『현종실록』에는 학술이나 재능도 없는 주정꾼으로 평가되었으나, 서인이 편찬한 『현종개수실록』에서는 할아버지·아버지와 함께 3대에 걸쳐 대제학을 지낸 것은 수백 년 동안 없었던 일이라고 평가하였다.

이재李栽　　1657(효종 8)~1730(영조 6). 본관은 재령載寧, 자는 유재幼材, 호는 밀암密菴. 부친이 함경도 종성으로 유배되었을 때 따라가서 시봉하였고 1700년(숙종 26) 해배되자 안동의 금수에서 살았다. 학문에 몰두하여 성리학의 대가가 되었고 주리론主理論으로 영남학파를 이끌었다. 저서로 『밀암집』, 『성유록』聖喩錄, 『주서강록간보』朱書講錄刊補 등이 있다.

이재영李再榮　　1553년(명종 8)~1623년(인조 1). 본관은 영천, 자는 여인汝仁. 서얼 출신으로 허통許通되어 1599년(선조 32) 문과에 장원급제하였다. 봉상시주부, 고양군수 등을 지냈다. 과거 때마다 남의 글을 대신 지어 주었고, 특히 이이첨의 아들들을 부정하게 합격시킨 것이 그의 소행이었다 하여, 인조반정 후 국문鞫問을 받다가 죽었다.

이정귀李廷龜　　1564~1635. 본관은 연안, 자는 성징聖徵, 호는 월사月沙·보만당保晩堂. 이석형李石亨의 현손이며 윤근수의 문인이다. 장유·이식·신흠과 함께 한문사대가로 불린다. 1590년 문과에 급제, 여러 차례 중국을 왕래하였으며, 벼슬은 병조판서, 예조판서와 우의정, 좌의정을 지냈다. 저서로 『월사집』, 『대학강어』大學講語 등이 있다.

이정암李廷馣　　1541(중종 36)~1600(선조 33). 본관은 경주, 자는 중훈仲薰, 호는 사류재四留齋. 1561년(명종 16) 문과에 급제하였고 지중추부사, 황해도관찰사 등을 지냈다. 월천부원군月川府院君에 추봉되고 좌의정에 추증되었다. 저서로

『사류재집』,『상례초』喪禮抄,『독역고』讀易攷 등이 있다. 시호는 충목忠穆.

이정李楨   1512(중종 7)~1571(선조 4). 본관은 사천泗川, 자는 강이剛而, 호는 구암龜巖. 1536년(중종 31) 문과에 장원급제하였고 대사간, 예조참의 등을 지냈다. 뒤에 순천부사로 나갔다가 귀향하지 않고 구암정사龜巖精舍를 지어 후진 양성에 힘썼다. 저서로『구암집』,『성리유편』性理遺編,『경현록』景賢錄 등이 있다.

이제현李齊賢   1287(충렬왕 13)~1367(공민왕 16). 본관은 경주, 자는 중사仲思, 호는 익재益齋·역옹櫟翁. 1301년 15세에 성균시에 장원, 이어 대과에 합격했다. 원나라에서 충선왕을 보필하였고 요수姚燧, 조맹부趙孟頫 등과 교유하였다. 1357년 문하시중에 올랐으나 사직하고 학문과 저술에 몰두하였다. 저서로『익재난고』益齋亂藁,『역옹패설』櫟翁稗說 등이 있다. 작품으로는 고려가요를 칠언절구로 한역한 소악부小樂府가 유명하다. 시호는 문충文忠.

이준李埈   1560(명종 15)~1635(인조 13). 본관은 흥양興陽, 자는 숙평叔平, 호는 창석蒼石. 유성룡의 문인으로, 1591년(선조 24) 문과에 급제하였고 대사간, 승지 등을 지냈다. 저서로『창석집』이 있다. 시호는 문간文簡.

이지완李志完   1575(선조 8)~1617(광해군 9). 본관은 여주驪州, 자는 양오養吾, 호는 두봉斗峯. 1597년(선조 30) 문과에 급제하여 형조판서, 지경연사 등을 지냈고 후에 영의정에 추증되었다. 시문에 능하여 주지번朱之蕃이 왔을 때 이호민李好閔·허균 등과 접반하였다. 시호는 정간貞簡.

이춘영李春英   1563(명종 18)~1606(선조 39). 본관은 전주, 자는 실지實之, 호는 체소재體素齋. 성혼의 문인으로, 1590년(선조 23) 문과에 급제하였고 예천군수, 공조정랑 등을 지냈다. 시문에 능하였으며『해동사부』海東辭賦에 작품이 실려 전한다. 저서로『체소집』이 있다. 시호는 문숙文肅.

이필李泌   중국 당나라 때 사람으로 자는 장원長源. 7세 때 문장을 잘하여 현종의 부름을 받고 대궐에 들어와서는 장열張說로부터 기동奇童이라는 칭찬을 받고 장구령의 소우小友가 되었다 한다. 장성한 뒤 신선술에 탐닉하였으며, 현종·숙종肅宗·대종代宗·덕종德宗 4대에 걸쳐 국가 대사에 막중한 영향력을 행사하였다. 저서로『백사집』,『사례훈몽』四禮訓蒙,『노사영언』魯史零言 등이 있다. 시호는 문충文忠.

이항복李恒福   1556(명종 11)~1618(광해군 10). 본관은 경주, 자는 자상子常, 호는 필운弼雲·백사白沙·동강東岡. 1580년(선조 13) 문과에 급제하였고 삼정승을 두루 역임하였으며, 오성부원군鰲城府院君에 봉해졌다. 인목대비 폐모론에 반대하다가 북청으로 유배되어 그곳에서 죽었다. 저서로『백사집』이 있다.

이현보李賢輔   1467(세조 13)~1555(명종 10). 본관은 영천, 자는 비중菲仲, 호는 농암聾巖. 1498년(연산군 4) 문과에 급제하였고 경상도관찰사, 형조참판 등을 지냈다. 1542년(중종 37) 지중추부사에 제수됐으나 병을 핑계로 벼슬을 그만두었다. 저서로『농암집』이 있으며, 대표 작품으로는「어부가」漁父歌가 유명하다. 시호는 효절孝節.

이현조李玄祚   1654(효종 5)~1710(숙종 36). 본관은 전주, 자는 계상啓商, 호는 경연당景淵堂. 1682년(숙종 8) 문과에 급제하였고 홍문관수찬, 이조좌랑 등을 지냈다. 1689년(숙종 15) 인현왕후의 폐출을 적극 반대하다가 파직되었다. 저서로『경연당집』이 있다.

이호민李好閔   1553(명종 8)~1634(인조 12). 본관은 연안, 자는 효언孝彦, 호는 오봉五峯. 1584년(선조 17) 문과에 급제하였고 좌찬성, 예조판서 등을 지냈다. 시문에 뛰어났고, 특히 임진왜란 때 지은 교서敎書는 명문으로 평가받는다. 저서로『오봉집』이 있다. 시호는 문희文僖.

이황李滉　　1501(연산군 7)~1570(선조 3). 본관은 진보眞寶, 자는 경호景浩, 호는 퇴계退溪·퇴도退陶·도수陶叟. 1534년(중종 29) 문과에 급제하였고 단양군수, 풍기군수 등을 지냈다. 1560년(명종 15) 도산서당陶山書堂을 짓고 학문에 전념하며 제자들을 훈도하였고 이기호발설理氣互發說 등 주리론적 사상을 형성하여 영남학파의 이론적 토대를 만들었다. 저서로 『퇴계집』, 『성학십도』聖學十圖가 있다. 시호는 문순文純.

이훤李藼　　1628(인조 6)~1679(숙종 5). 본관은 전주, 초명은 세창世昌, 자는 낙보樂甫, 호는 도촌道村. 1665년(현종 6) 문과에 급제하였고 홍문관교리, 사헌부사간 등을 지냈다. 숙종이 즉위하자 송시열을 비난하는 남인들을 죄줄 것을 청하였다가 도리어 파직되었다.

인오印悟　　조선 광해군 때의 고승으로, 호는 청매青梅. 휴정休靜의 제자이다. 지리산 연곡사鷰谷寺에 주로 주석駐錫하였다.

임방任堕　　1640(인조 18)~1724(경종 4). 본관은 풍천豊川, 자는 대중大仲, 호는 수촌水村. 송시열의 문인으로, 1702년(숙종 28) 문과에 급제하였고 장령, 승지, 공조판서 등을 지냈다. 신임사화 때 금천으로 유배되었다가 그곳에서 죽었다. 저서로 『수촌집』, 『사가할영』史家割榮 등이 있다. 시호는 문희文僖.

임상원任相元　　1638(인조 16)~1697(숙종 23). 본관은 풍천, 자는 공보公輔, 호는 염헌恬軒. 1665년(현종 6) 문과에 급제하였고 공조판서, 우참찬, 한성부판윤 등을 지냈다. 저서로 『염헌집』恬軒集, 『교거쇄편』郊居瑣篇 등이 있다. 시호는 효문孝文.

임서林瑞　　1546년(명종 1)~미상. 본관은 미상, 자는 응상應祥. 1591년(선조 24) 무과에 급제한 기록이 보인다.

임억령林億齡   1496(연산군 2)~1568(선조 1). 본관은 선산善山, 자는 대수大樹, 호는 석천石川. 1525년(중종 20) 문과에 급제하였고 병조참지, 담양부사 등을 지냈다. 도량이 넓고 청렴결백하며, 시문에 뛰어났다. 저서로『석천집』이 있다.

임제林悌   1549(명종 4)~1587(선조 20). 본관은 나주羅州, 자는 자순子順, 호는 백호白湖. 1577년(선조 10)에 문과에 급제하였고 예조정랑, 홍문관지제교 등을 지냈다. 성격이 호탕하여 관직에 얽매이지 않고 전국을 유랑하다가 고향에서 죽었다. 죽기 전 아들에게 "제왕이라 일컫지 못한 나라에서 죽는 것이 무어 애석하겠느냐? 곡을 하지 마라"라고 하였다. 저서로『임백호집』이 있으며『수성지』愁城誌,『화사』花史,『원생몽유록』元生夢遊錄 등 3편의 한문소설을 남겼다.

임형수林亨秀   1514(중종 9)~1547(명종 2). 본관은 평택平澤, 자는 사수士遂, 호는 금호錦湖. 1535년(중종 30) 문과에 급제하였고 부제학, 제주목사 등을 지냈다. 양재역 벽서사건에 연루되어 유배된 뒤 사사되었다가 뒤에 신원되었다. 저서로『금호유고』가 있다.

장영張詠   중국 송나라 때 사람으로, 자는 복지復之, 호는 괴애乖崖. 추밀원직학사樞密院直學士, 예부상서를 지냈다. 시문에 모두 뛰어났다. 당시의 은자인 진단陳搏과 화산을 반쪽씩 나누어 은거하려고 했다는 고사가 유명하다. 시호는 충정忠定.

장유張維   1587(선조 20)~1638(인조 16). 본관은 덕수德水, 자는 지국持國, 호는 계곡谿谷. 1609년(광해군 1) 문과에 급제하였고 우의정까지 올랐다. 천문, 지리, 의술, 병서 등 각종 학문에 능통하였고 서화와 특히 문장에 뛰어나 이정귀, 신흠, 이식 등과 더불어 한문사대가로 불렸다. 저서로『계곡집』,『계곡만필』谿谷漫筆,『음부경주해』陰符經注解 등이 있다. 시호는 문충文忠.

장일張鎰 중국 당나라 때의 경학가經學家로. 자는 계권季權. 봉상농우절도사鳳翔隴右節度使 등을 지냈으나, 반란이 일어나 죽음을 당했다. 저서로『삼례도』三禮圖,『오경미지』五經微旨 등이 있다.

장지화張志和 중국 당나라 때의 문신으로, 자는 자동子同, 초명은 구령龜齡, 호는 연파조도煙波釣徒. 16세에 명경과明經科에 발탁되어 좌금오위녹사참군左金吾衛錄事參軍을 지냈다. 저서로『현진자』玄眞子가 있다.

장창張敞 중국 한나라 선제宣帝 때의 문신으로, 자는 자고子高. 경조윤京兆尹, 광록대부光祿大夫를 지냈다.

장한張翰 중국 진晉나라 때의 문신으로, 자는 계응季鷹이다. 동조연東曹掾이라는 관직에 있다가 가을바람이 불어오자 고향인 오吳 땅의 순챗국과 농어회 생각이 나서 곧장 벼슬을 그만두고 귀향했다는 고사가 전한다.

정백창鄭百昌 1588(선조 21)~1635(인조 13). 본관은 진주晉州, 자는 덕여德餘, 호는 현곡玄谷. 1611년(광해군 3) 문과에 급제하여 이조참판, 도승지를 지냈다. 1635년(인조 13) 경기도관찰사에 재직 중 병으로 죽었다. 시문에 능하고 청렴하다는 칭찬을 들었다. 저서로『현곡집』이 있다.

정사룡鄭士龍 1491(성종 22)~1570(선조 3). 본관은 동래東萊, 자는 운경雲卿, 호는 호음湖陰. 1512년(중종 7) 문과에 급제하였고 공조판서, 판중추부사를 지냈다. 시문에 뛰어나 중국에 사신으로 가서 문명을 떨치기도 하였다. 저서로『호음잡고』가 있다.

정온鄭蘊 1569(선조 2)~1641(인조 19). 본관은 초계草溪, 자는 휘원輝遠, 호는 동계桐溪. 1610년(광해군 2) 문과에 급제하였고 대제학, 이조참판 등을 지냈다. 병자호란 때 인조의 항복이 결정되자 칼로 자결을 시도했으나 목숨이 끊어지지 않았으며 이후 은둔하였다. 저서로 『동계집』이 있다. 시호는 문간文簡.

정위丁謂　중국 송나라 때 사람으로 자는 위지謂之·공언公言. 진사에 급제하여 소문관대학사昭文館大學士에 이르고 진국공晉國公에 봉해졌다. 기민하고 지모가 있었으며, 시 짓기를 좋아하고 그림·바둑·음률에 통달했다. 복건조福建漕에 용봉단龍鳳團을 만들어 올렸다는 기록이 전한다.

정유길鄭惟吉　1515(중종 10)~1588(선조 21). 본관은 동래, 자는 길원吉元, 호는 임당林塘. 1538년(중종 33) 문과에 급제하였고 판돈녕부사, 우의정, 좌의정 등을 지냈다. 시문에 뛰어나고 글씨에도 능해 임당체林塘體라는 평을 받았다. 저서로 『임당유고』가 있다.

정철鄭澈　1536년(중종 31)~1593년(선조 26). 본관은 연일延日, 자는 계함季涵, 호는 송강松江·서하棲霞. 1562년(명종 17) 문과에 장원급제하였고 우의정, 좌의정을 지냈다. 서인의 영수로서 선조에게 광해군의 책봉을 건의했다가 강계로 유배되었으며, 임진왜란이 일어나자 해배되었다. 작품으로 「성산별곡」, 「관동별곡」, 「사미인곡」, 「속미인곡」 등 4편의 가사와 시조 107수가 전한다. 저서로 『송강집』, 『송강가사』가 있다. 시호는 문청文淸.

정태화鄭太和　1602(선조 35)~1673(현종 14). 본관은 동래, 자는 유춘囿春, 호는 양파陽坡. 1628년(인조 6) 문과에 급제하였고 삼정승을 두루 지냈다. 시조 1수가 전하며, 저서로 『양파유고』, 『양파일기』가 있다. 시호는 익헌翼憲.

정현鄭玄　중국 후한 때의 학자로, 자는 강성康成. 『십삼경주소』十三經注疏 속의 『모시』毛詩와 삼례三禮에서 모두 정현의 주를 받아들이고 있으며 『주역』周易, 『논어』論語, 『상서』尙書에 주석을 달아 한대 경학을 집대성함으로써 정학鄭學으로 불렸다.

정홍명鄭弘溟   1582(선조 25)~1650(효종 1). 본관은 연일, 자는 자용子容, 호는 기암畸庵. 정철의 아들이며, 송익필과 김장생의 문인이다. 1616년(광해군 8) 문과에 급제하였고 인조반정 이후 병조참지, 대사성 등을 역임하였다. 제자백가서에 두루 능통하였으며, 고문古文에도 밝았다. 저서로『기암집』, 『기옹만필』畸翁漫筆 등이 있다. 시호는 문정文貞.

조경趙絅   1586(선조 19)~1669(현종 10). 본관은 한양漢陽, 자는 일장日章, 호는 용주龍洲. 1626년(인조 4) 문과에 장원급제하였고 이조판서, 형조판서를 지냈다. 1650년(효종 1) 청나라가 척화신에 대한 처벌을 요구하여 의주의 백마산성에 안치되었다가 이듬해 풀려나왔다. 저서로『용주유고』가 있다. 시호는 문간文簡.

조맹부趙孟頫   중국 원나라 때의 화가이자 서예가. 자는 자앙子昻, 호는 송설도인松雪道人. 송나라의 종실宗室 출신이었으나 원나라 조정에 출사하여 비난을 받기도 하였다. 시·서·화에 모두 능하여 삼절三絶로 일컬어졌으며, 특히 글씨는 후대에 큰 영향을 주어 흔히 '송설체'松雪體로 불린다.

조박趙璞   1356년(공민왕 5)~1408년(태종 8). 본관은 평양平壤, 자는 안석安石, 호는 우정雨亭. 1382년(우왕 8) 문과에 급제하였다. 조선 개국에 참여하여 개국공신 1등이 되고 평원군平原君에 봉해졌으며, 태종을 옹립한 공로로 좌명공신佐命功臣 3등에 책록되었다. 1409년(태종 9) 불교를 신봉하였다는 탄핵을 받아 공신녹권이 추탈되었다. 시호는 문평文平.

조사수趙士秀   1502(연산군 8)~1558(명종 13). 본관은 한양, 자는 계임季任, 호는 송강松岡. 1531년(중종 26) 문과에 급제하였고 이조판서, 호조판서, 형조판서, 공조판서를 거쳐 지중추부사, 좌참찬에 이르렀다. 시호는 문정文貞.

조석윤趙錫胤   1606(선조 39)~1655(효종 6). 본관은 배천白川. 자는 윤지胤之, 호는 낙정재樂靜齋. 1626년(인종 4) 문과에 급제했다가 파방罷榜되고, 1628년 다시 장원으로 급제하였으며 대사헌, 이조참판 등을 지냈다. 저서로 『낙정집』이 있다. 시호는 문효文孝.

조성趙晟   1492(성종 23)~1555(명종 10). 본관은 평양平─, 자는 백양伯陽, 호는 양심당養心堂. 1513년(중종 8) 생원시에 급제하였고 부사과副司果, 의영고령義盈庫令을 지냈다. 율려律呂·의약·산수算數에 정통하여 군직軍職에 나가서는 의술을 가르친 바도 있다. 저서로 『양심당집』이 있다.

조성기趙聖期   1638(인조 16)~1689(숙종 15). 본관은 임천林川, 자는 성경成卿, 호는 졸수재拙修齋. 임영林泳과 학문적으로 교유하였고 성리학을 깊이 연구하였다. 이기理氣는 서로 혼합되어 분리할 수 없음을 주장하면서 이황과 이이의 학설을 논변하였다. 저서로 『졸수재집』과 한문소설 『창선감의록』彰善感義錄이 있다.

조욱趙昱   1498(연산군 4)~1557(명종 12). 본관은 평양, 자는 경양景陽, 호는 용문龍門·보진재葆眞齋. 1516년(중종 11) 생원시·진사시에 합격하였으나 벼슬을 단념하고, 조광조趙光祖를 사사하면서 학문연마에 힘썼다. 명종 때 성수침成守琛·조식曺植 등과 함께 천거되어 내섬시주부內贍寺主簿에 임명되었고, 장수현감을 지냈다. 저서로 『용문집』이 있다. 시호는 문강文康.

조위曺偉   1454(단종 2)~1503(연산군 9). 본관은 창녕昌寧, 자는 태허太虛, 호는 매계梅溪. 1474년(성종 5) 문과에 급제하였고 도승지, 동지중추부사 등을 지냈다. 무오사화 때 의주에 유배되었다가 순천으로 옮겨졌고, 우리나라 유배가사의 효시라고 일컬어지는 「만분가」萬憤歌를 지었으며 그곳에서 죽었다. 저서로 『매계집』이 있다. 시호는 문장文莊.

조태채趙泰采   1660(현종 1)~1722(경종 2). 본관은 양주楊州, 자는 유량幼亮, 호는 이우당二憂堂. 1686년(숙종 12) 문과에 급제하였고 평안감사, 좌의정 등을 지냈다. 노론 4대신의 한 사람으로 끝까지 대의를 따르려 하여 세인의 칭송을 얻었다. 저서로 『이우당집』이 있다. 시호는 충익忠翼.

조한영曺漢英　　1608(선조 41)~1670(현종 11). 본관은 창녕, 자는 수이守而, 호는 회곡晦谷. 이식과 김장생의 문인으로, 1637년(인조 15) 문과에 장원급제하였고 예조참판, 한성부우윤 등을 지냈다. 시조 2수가 전하며, 저서로 『회곡집』이 있다. 시호는 문충文忠.

조희일趙希逸　　1575(선조 8)~1638(인조 16). 본관은 임천, 자는 이숙怡叔, 호는 죽음竹陰. 1602년(선조 35) 문과에 급제하였고 예조참판, 형조참판, 경상감사 등을 지냈다. 명나라 사신 주지번이 왔을 때 예조좌랑으로 영접했는데, 그의 시문을 보고 모두 감탄했다 한다. 저서로 『죽음집』, 『경사질의』經史質疑 등이 있다.

종병宗炳　　중국 남조 송나라 때의 화가로, 자는 소문少文. 그림뿐만 글씨와 거문고에도 뛰어났다. 혜원 법사慧遠法師의 백련사白蓮社 창건에 참여하였다. 저서로 『화산수서』畵山水序가 있다.

주세붕周世鵬　　1495(연산군 1)~1554(명종 9). 본관은 상주尙州, 자는 경유景游, 호는 신재愼齋·무릉도인武陵道人. 1522년(중종 17) 문과에 급제하였고 풍기군수, 황해도관찰사 등을 지냈다. 풍기군수 시절 백운동서원白雲洞書院을 건립했는데, 뒤에 소수서원紹修書院이라는 사액을 받았다. 저서로 『무릉잡고』, 『죽계지』竹溪誌, 『해동명신언행록』海東名臣言行錄 등이 있다.

차천로車天輅　　1556(명종 11)~1615(광해군 7). 본관은 연안延安. 자는 복원復元, 호는 오산五山. 서경덕의 문인으로, 1577년(선조 10) 문과에 급제하였고 교리, 봉상시첨정 등을 지냈다. 한호韓濩의 글씨, 최립崔岦의 문장과 함께 '송도삼절'松都三絶로 일컬어졌다. 저서로 『오산집』, 『오산설림』五山說林 등이 있다.

찬贊   스님 중국 당나라 때의 고승으로 대운사大雲寺의 주지를 지냈으며, 두
보와 교유하였다.

채석주蔡錫疇   1619(광해군 11)~미상. 본관은 인천仁川, 자는 우서禹瑞.
1663년(현종 4) 진사시에 급제한 기록이 보인다.

채양蔡襄   중국 송나라 때 선유仙遊 사람으로, 자는 군모君謨. 시문을 잘 지
었고, 역사에 밝았으며 필법筆法이 뛰어났다. 개봉부開封府와 복주福州, 천주泉
州, 항주杭州 등을 맡아 다스렸다. 시호는 충혜忠惠. 저서로는 『다록』茶錄, 『여지
보』荔枝譜, 『채충혜집』 등이 있다.

채유후蔡裕後   1599(선조 32)~1660(현종 1). 본관은 평강平康, 자는 백창伯
昌, 호는 호주湖洲. 1623년(인조 1) 문과에 장원급제하였고 대제학, 예조판서 등을
지냈다. 『인조실록』, 『선조수정실록』, 『효종실록』 편찬에 참여하였다. 시조 2수가
전하며, 저서로 『호주집』이 있다. 시호는 문혜文惠.

최경창崔慶昌   1539년(중종 34)~1583년(선조 16). 본관은 해주海州, 자는 가
운嘉運, 호는 고죽孤竹. 1568년(선조 1) 문과에 급제하였고 사간원정언, 종성부사
등을 지냈다. 그의 시가 당시唐詩의 풍격을 잘 구현하였으므로 삼당시인三唐詩人
의 한 사람으로 불린다. 저서에 『고죽유고』가 있다.

최립崔岦   1539년(중종 34)~1612년(광해군 4). 본관은 통천通川, 자는 입지立
之, 호는 간이簡易. 1559년(명종 14) 문과에 장원급제하였고 재령군수, 형조참판
등을 지냈다. 뛰어난 문장력을 소유하여 중국과의 외교 문서를 많이 작성하였다.
글씨에도 뛰어나 송설체에 일가를 이루었다. 저서로 『간이집』, 『한사열전초』漢史
列傳抄 등이 있다.

최명길崔鳴吉 1586(선조 19)~1647(인조 25). 본관은 전주全州, 자는 자겸子謙, 호는 지천遲川. 1605년(선조 38) 문과에 급제하였고 영의정까지 올랐다. 병자호란 때 홀로 강화講和를 주장하여 비난을 받았다. 이후 청나라에 불려 가 김상헌 등과 함께 갇혀 있다가 1645년(인조 23) 귀국하였다. 성리학뿐만 아니라 양명학에도 조예가 깊은 것으로 알려졌다. 저서로『지천집』이 있다. 시호는 문충文忠.

최석정崔錫鼎 1646(인조 24)~1715(숙종 41). 본관은 전주, 자는 여시汝時, 호는 명곡明谷. 최명길의 손자이다. 1671년(현종 12) 문과에 급제하였고 영의정까지 올랐다. 양명학에 대한 관심으로 주자의 설에 구애받지 않는 자유로운 사고를 펼쳤으며, 음운학音韻學에도 정통하였다. 저서로『명곡집』이 있다. 시호는 문정文貞.

최석항崔錫恒 1654(효종 5)~1724(경종 4). 본관은 전주, 자는 여구汝久, 호는 손와損窩. 최명길의 손자이다. 1680년(숙종 6) 문과에 급제하였고 이조판서, 좌의정 등을 지냈다. 소론 4대신 가운데 한 사람으로 꼽혔다. 영조가 즉위한 뒤 관작이 추탈되었다가 복관되기도 하였다. 저서로『손와유고』가 있다.

최연崔演 1503(연산군 9)~1549(명종 1). 본관은 강릉江陵, 자는 연지演之, 호는 간재艮齋. 1525년(중종 20) 문과에 급제하였고 병조판서, 지중추부사 등을 지냈다. 시문에 능하여 교서敎書와 책문策文을 주로 담당하였다. 저서로『간재집』이 있다. 시호는 문양文襄.

최유해崔有海 1588(선조 21)~1641(인조 19). 본관은 해주, 자는 대용大容, 호는 묵수당默守堂. 1613년(광해군 5) 문과에 급제하였고 길주목사, 동부승지 등을 지냈다. 의약, 복서卜筮, 천문에 밝았으며, 지방관으로 재직 중 선정을 베풀어서 곳곳에 송덕비頌德碑가 세워졌다. 저서로『묵수당집』, 『서명천견록』西銘淺見錄 등이 있다.

최천건崔天健　　1568(선조 1)~1617(광해군 9). 본관은 전주, 자는 여이汝以, 호는 분음汾陰. 1588년(선조 21) 문과에 급제하였고 대사헌, 이조판서 등을 지냈다. 1612년(광해군 5) 김직재金直哉의 무고에 연루되어 파직되었으며, 1616년(광해군8) 김제남金悌男 일파로 몰려 온양에 안치되었다가 이듬해 죽었다.

최후상崔後尙　　1631(인조 9)~1680(숙종 6). 본관은 전주, 자는 주경周卿. 최명길의 아들이다. 1664년(현종 5) 문과에 급제하였고 함평현감, 예문관검열, 홍문관응교 등을 지냈다. 홍문관부제학에 추증되었다.

탁문군卓文君　　중국 한나라의 부호 탁왕손卓王孫의 딸. 사마상여가 유혹하는 거문고 소리에 반하여 밤중에 집을 빠져 나와 그의 아내가 되었는데, 사마상여의 집에 도착해 보니 네 벽만 덩그러니 있었다고 한다.

피광업皮光業　　중국 오대 시대 오월吳越의 시인으로 자는 문통文通. 피일휴皮日休의 아들이다. 훌륭한 외모에 담론을 잘했다고 한다. 비서랑秘書郎을 거쳐 재상까지 올랐다. 저서로『피씨견문록』皮氏見聞錄, 『요괴록』妖怪錄 등이 있다.

하경명何景明　　중국 명나라 때의 문인. 자는 중묵仲默, 호는 대복大復. 중서사인中書舍人, 이부원외랑吏部員外郎, 섬서제학부사陝西提學副使를 역임했다. 이몽양李夢陽 등과 함께 고문사古文辭의 대가로 불렸으며, 진秦·한漢의 문장과 성당盛唐의 시를 이상으로 하는 고전주의 문학운동을 제창했다. 저서로『하대복집』이 있다.

하손何遜　　중국 남조 양나라의 시인. 자는 중언仲言. 약관의 나이에 수재秀才로 천거되었고 상서수부랑尙書水部郞을 지냈다. 음갱과 시명詩名을 나란히 하여 '음하'陰何로 병칭된다. 경물시를 잘 지었고 글자 조탁에 뛰어났으며, 두보에게 인정을 받았다고 한다.

하역우何易于　중국 당나라 태종 때의 문신으로, 자는 가지可之. 익창현령益昌縣令, 중서사인中書舍人을 지냈고, 황소黃巢의 난 때 왕을 호종한 공으로 자금어대紫金魚袋를 하사받았다. 고문古文 창작에 힘을 쏟았고, 자칭 한유의 사전제자四傳弟子라고 하였다.

하진河溍　1597(선조 30)~1658(효종 9). 본관은 진주晉州, 자는 진백晉伯, 호는 태계台溪. 1633년(인조 11) 문과에 급제하였고 헌납, 지평 등을 지냈다. 효성이 지극하였고 관후한 성품으로 직언直言을 잘하였다. 저서로『태계집』이 있다.

한세능韓世能　중국 명나라 때의 관원으로, 자는 존량存良, 호는 경당敬堂. 명나라 목종穆宗이 죽고 신종神宗이 즉위하자, 한림원편수翰林院編修로서 조선에 사신 와 등극 조서를 반포하였다.

한유韓愈　중국 당나라 때의 문인. 창려昌黎 사람으로, 자는 퇴지退之. 당송팔대가의 한 사람이며 고문운동을 주도하였다. 벼슬은 이부시랑吏部侍郎에 이르렀다. 저서로『창려선생집』이 있다.

한주韓澍　생몰년 미상. 본관은 당진唐津, 자는 시중時仲. 1533년(중종 28) 문과에 급제하였고 사헌부집의, 홍문관응교 등을 지냈다. 을사사화에 연루되어 파직되었고, 1547년(명종 2) 정미사화로 태안에 유배되었다.

한진명韓振溟　생몰년 미상. 황해도 평산부사, 전남 장성군수 등을 지낸 것이 확인된다.

허균許筠　1569(선조 2)~1618(광해군 10). 본관은 양천陽川, 자는 단보端甫, 호는 교산蛟山·학산鶴山·성소惺所. 1594년(선조 27) 문과에 급제하였고 형조참의, 좌참찬 등을 지냈다. 두 차례의 사행에서 명나라 학자들과 사귀었으며 귀국할 때에 많은 책을 가지고 왔다. 역모죄로 처형당했다. 자유분방한 행동과 사상 때문에 상반된 평가가 내려지기도 하지만, 선각적 사고의 소유자로 평가받는다. 우리나라 최초의 소설『홍길동전』의 저자로 알려져 있고, 저서로『성소부부고』惺所覆瓿藁,『국조시산』國朝詩刪 등이 있다.

허난설헌許蘭雪軒　　1563(명종 18)~1589(선조 22). 본관은 양천, 본명은 초희楚姬. 자는 경번景樊, 난설헌은 호. 허균의 누이. 허균의 스승 이달에게 한시 수업을 받았다. 허균이 작품 일부를 명나라 시인 주지번에게 주었고, 1606년(선조 39) 중국에서『난설헌시집』으로 간행되었다.

허봉許篈　　1551(명종 6)~1588(선조 21). 본관은 양천, 자는 미숙美叔, 호는 하곡荷谷. 허균의 형이다. 1572년(선조 5) 문과에 급제하였고 이조좌랑, 창원부사 등을 지냈다. 1574년(선조 7) 성절사聖節使의 서장관으로 명나라에 다녀왔고, 1584년(선조 17) 이이의 직무상 과실을 들어 탄핵하다가 종성에 유배되었다. 저서로『하곡집』,『하곡수어』荷谷粹語 등이 있다.

허준許浚　　1539(명종 1)~1615(광해군 7). 본관은 양천, 자는 청원淸源, 호는 구암龜巖. 1574년(선조 7) 의과醫科에 급제하여 내의원에 봉직하면서 내의, 태의, 어의를 지냈다. 그가 지은『동의보감』東醫寶鑑은 조선의 의술을 중국, 일본 등에 드러나게 한 명저이며, 오늘날까지 중요한 한방임상의학서가 되었다. 또한 많은 의서를 증보·개편하거나 언해하여 출판하였으며,『동의보감』외에 주요 저술로『두창집요』痘瘡集要,『신찬벽온방』新纂辟瘟方,『벽역신방』辟疫神方 등이 있다.

혁서씨赫胥氏　　태곳적 태평 시대의 제왕으로 혁연赫然한 덕이 있어 백성으로 하여금 서로 따르게 했기 때문에 붙여진 이름이라고 한다.『장자』莊子에 따르면 이 당시에는 백성들이 배불리 먹고서 즐거워하고 배를 두드리며 놀았다고 한다.

혜능慧能　　중국 당나라의 승려. 선종禪宗 6대 조사祖師. 남종선南宗禪을 창시했다. 선종의 제5대 조사인 홍인弘忍의 문하에서 법맥을 이어받았다. 돈오頓悟

를 주장하며 전통적인 불교 개념, 경전, 수행법 등을 배척하였다. 저서에 『육조단경』六祖壇經이 있다.

혜원慧遠   중국 동진의 승려. 속성俗姓은 가씨賈氏. 여산廬山 동림사東林寺에 머물렀다. 영혼불멸설을 독실하게 믿고 염불삼매念佛三昧를 제창했다. 동림사에서 백련사라는 결사를 만들었으며, 정토종淨土宗의 초조初祖로 존중된다.

홍만선洪萬選   1643(인조 21)~1715(숙종 41). 본관은 풍산豊山. 자는 사중士中, 호는 유암流巖. 1666년(현종 7) 진사시에 합격하고, 1682년(숙종 8) 음보蔭補로 벼슬길에 올라 공조좌랑, 사복시정 등과 외직을 지냈다. 인망이 높고 문장이 뛰어났다. 저서로 농서農書인 『산림경제』山林經濟가 있다.

홍만적洪萬迪   생몰년 미상. 본관은 풍산, 자는 사길士吉, 호는 임호臨湖. 1705년(숙종 31) 문과에 급제하였고 지평, 정언 등을 지냈다. 홍문록弘文錄에 들었다. 저서로 『임호유고』가 있다.

홍명원洪命元   1573(선조 6)~1623(인조 1). 본관은 남양南陽, 자는 낙부樂夫, 호는 해봉海峯. 1597년(선조 30) 문과에 급제하였고 정주목사, 의주부윤 등을 지냈다. 문장과 시에 뛰어났다. 저서로 『해봉집』이 있다.

홍서봉洪瑞鳳   1572(선조 5)~1645(인조 23). 본관은 남양, 자는 휘세輝世, 호는 학곡鶴谷. 1594년(선조 27) 문과에 급제하였고 삼정승을 두루 지냈다. 병자호란 때 화의和議를 주장하였다. 『청구영언』靑丘永言에 시조 1수가 전한다. 시호는 문정文靖.

홍석기洪錫箕   1606(선조 39)~1680(숙종 6). 본관은 남양, 자는 원구元九, 호는 만주晩州. 1641년(인조 19) 문과에 장원급제하였고 영광군수, 남원목사 등을 지냈다. 만년에 청주의 후운정後雲亭에서 여생을 보냈다. 저서로는 『만주집』, 『존

주록』尊周錄 등이 있다. 시호는 효정孝定.

홍섬洪暹   1504(연산군 10)~1585(선조 18). 본관은 남양, 자는 퇴지退之, 호는 인재忍齋. 1531년(중종 26) 문과에 급제하였고 삼정승을 두루 지냈다. 문장에 능하고 경서에 밝았으며 검소하였다. 저서로『인재집』이 있다. 시호는 경헌景憲.

홍세태洪世泰   1653(효종 4)~1725(영조 1). 본관은 남양, 자는 도장道長, 호는 유하柳下. 중인 출신으로 1675년(숙종 1) 역과譯科에 급제하였고 통신사 윤지완尹趾完을 따라 일본에 다녀왔다. 시재詩才로 김창협과 김창흡 등 사대부와 교유하였다. 여항문학 발달에 중요한 구실을 하였는데, 중인층의 문학을 옹호하는 천기론天機論을 전개하였고 여항인들의 시선집인『해동유주』海東遺珠를 편찬하였다. 저서로『유하집』이 있다.

홍수주洪受疇   1642(인조 20)~1704(숙종 30). 본관은 남양, 자는 구언九言, 호는 호은壺隱. 1682년(숙종 8) 문과에 급제하였고 대사간, 예조참의 등을 지냈다. 화가로 이름을 떨쳤는데, 작품으로 〈묵매도〉墨梅圖, 〈묵포도도〉墨葡萄圖 등이 남아 있다. 저서로『호은집』이 있다.

홍우채洪禹采   1658년(효종 9)~미상. 본관은 남양, 자는 백량伯亮. 1691년(숙종 17) 진사시에 급제하였으며, 사옹원첨정 등을 지낸 기록이 남아 있다.

홍위洪葳   1620(광해군 12)~1660(현종 1). 본관은 남양, 자는 군실君實, 호는 청계淸溪. 1650년(효종 1) 문과에 급제하였고 동래부사, 동부승지 등을 지냈다. 언행이 반듯하였고 계주啓奏에 힘써 전후 장소章疏가 수만 언에 이르렀다 한다. 저서로『청계집』이 있다.

황석공黃石公   중국 한나라 유방劉邦을 보필하여 한나라를 건국하는 데 큰 공을 세운 장량張良에게『태공병법』太公兵法을 전해 주었다는 전설상의 신선이다. 적송자赤松子라고도 불린다.

황정욱黃廷彧　　1532(중종 27)~1607(선조 40). 본관은 장수長水, 자는 경문景文, 호는 지천芝川. 1558년(명종 13) 문과에 급제하였고 예조판서와 병조판서를 지냈다. 문장과 시, 글씨에 능하였고 송시宋詩의 풍격을 잘 구현하여 해동강서파海東江西派로 불린다. 저서로『지천집』이 있다. 시호는 문정文靖.

황준량黃俊良　　1517(중종 12)~1563(명종 18). 본관은 평해平海, 자는 중거仲擧, 호는 금계錦溪. 이황의 문인이다. 1540년(중종 35) 문과에 급제하였고 단양군수, 성주목사 등을 지냈다. 지방관 시절 교육 진흥에 힘써 많은 학자를 배출하였다. 저서로『금계집』이 있다.

황호黃㦿　　1604(선조 37)~1656(효종 7). 본관은 창원昌原, 자는 자유子由, 호는 만랑漫浪. 대사성, 대사간 등을 지냈고, 1636년(인조 14) 통신사의 종사관으로 일본에 다녀왔다. 저서로『만랑집』이 있다.

서명 사전

가례家禮　중국 송나라 주희朱熹가 지은 예서禮書. 5권과 부록 1권이다. 보통 『주자가례』朱子家禮라고 한다. 관冠·혼婚·상喪·제祭에 관한 예법이 기록되어 있다. 우리나라에는 고려 말 전해졌고, 조선조에 들어와 사례四禮의 기준으로 정착되었다. 조선의 현실과 맞지 않아 예송禮訟의 원인이 되기도 했지만, 예학禮學 발전에 기여하였다.

가례집람家禮輯覽　조선 중기 학자인 김장생金長生이 『가례』家禮를 증보 해설한 책. 11권 6책으로 구성되어 있으며, 목판본이다. 김장생이 생전에 『가례』에 관한 여러 사람들의 설을 엮어 놓았던 것을 1685년에 간행한 것이다.

간양록看羊錄　조선 선조 때의 문인 강항姜沆이 임진왜란 당시 왜군의 포로가 되어 3년 동안 일본에 있으면서 그곳의 풍속·지리·군사정세 등을 기록한 책. 1권 1책이며 목판본이다. 1668년 간행되었다. 일본에 잡혀간 포로들의 참상을 생생하게 기록했고, 전란에 대비할 국내 정책까지 기록하였다.

간이집簡易集　조선 선조 때의 문신 최립崔岦의 시문집. 9권 9책으로 구성되어 있으며, 목판본이다. 저자의 원시문집 자편고自編稿가 있었으나 자손들이 영락하여 간행되지 못하다가 이정귀李廷龜가 문집을 간행할 것을 주달하고 신료들이 도와 1631년 교서관校書館에서 목활자로 간행하였다. 서문은 장유張維가 썼다.

간재집艮齋集　조선 종종 때의 문신 최연崔演의 시문집. 원집原集 11권, 연보·연보보유年譜補遺·속집續集 1권 등 12권 6책으로 구성되어 있다. 원래 40책에 달하는 방대한 분량이었으나, 전란 등으로 인해 5책만 남게 되었고, 후손 최형길崔亨吉이 1928년 연보와 속집을 증보하여 간행하였다.

거가필용居家必用　　찬자 미상. 원제는 『거가필용사류전집』居家必用事類全集. 총 10권. 역대 명현들의 격언과 일상생활에 필요한 내용들이 기록되어 있다. 『영락대전』永樂大全에 여러 차례 인용된 것으로 보아 원대元代에 저술된 것으로 보인다.

경연당집景淵堂集　　조선 숙종 때의 문신 이현조李玄祚의 시문집. 원집 6권과 부록을 합해 총 3책으로 구성되어 있다. 원래의 유고가 화재로 소실되었는데, 저자의 증손인 이반李礬이 1788년 편찬하여 목활자로 간행한 것이다.

경정집敬亭集　　조선 광해군 때의 문신 이민성李民成의 시문집. 17권 8책으로 구성되어 있으며, 목판본이다. 1664년에 저자의 양자인 이정기李廷機가 처음 간행하였고, 1903년에 중간되었다.

계곡집谿谷集　　조선 중기 문신 장유張維의 시문집. 36권 18책으로 구성되어 있으며, 목판본이다. 저자의 자편고본自編稿本에 아들 장선징張善徵이 속고續稿를 더하고 만필漫筆 2권을 합하여 1635년에 간행하였다. 서문은 김상헌金尙憲이 썼다.

계암집溪巖集　　조선 중기 문신 김령金坽의 시문집. 총 6권 3책이며 목판본이다. 1772년에 저자의 현손 김굉金紘이 편집하여 도산서원陶山書院에서 간행하였다. 서문은 이상정李象靖이 썼다.

고봉집高峯集　　조선 명종 때의 학자 기대승奇大升의 시문집. 3권 3책으로 구성되어 있으며, 목판본이다. 저자의 손서孫壻인 조찬趙纘韓이 선산부사로 있던

1629년 간행하였다. 서문은 장유와 장현광張顯光이 썼다.

구당집久堂集　　조선 효종 때의 문신 박장원朴長遠의 시문집. 24권 18책으로 구성되어 있으며 목판본이다. 1730년 간행되었는데 서문과 발문은 없고 책 끝에 간행과 관련된 짧은 글이 수록되어 있다.

구봉집龜峯集　　조선 선조 때의 문인 송익필宋翼弼의 시문집. 11권 5책으로 구성되어 있으며, 목판본이다. 저자의 제자인 심종직沈宗直이 시집만 펴냈는데, 김상성金相聖이 전집을 합편하여 다시 간행하였다.

구암집龜巖集　　조선 명종 때의 문신 이정李楨의 시문집. 16권 6책으로 구성되어 있다. 원집은 저자의 서증손庶曾孫 이함일李涵一이 1641년 5월 구암서원龜巖書院에서 목판으로 간행하였고, 속집은 1749년 간행되었다. 1902년 원집과 속집을 중간하면서 합본하고 별집을 붙여 간행하였다.

금계집錦溪集　　조선 중기 문인 황준량黃俊良의 시문집. 목록과 내집內集·외집外集 등 총 5책 14권으로 구성되어 있다. 초간본의 간행 시기는 정확하지 않으며, 중간본은 저자의 종손 황윤덕黃潤德이 1755년 이광정李光庭의 교정을 거쳐 간행하였다.

금호유고錦湖遺稿　　조선 명종 때의 문신 임형수林亨秀의 시문집. 2권 1책으로 구성되어 있으며, 목판본이다. 1678년에 외현손 유응수柳應壽가 유문을 수습하고 이민서李敏敍 등이 간행했다. 서문은 이민서가 썼고, 발문은 송시열宋時烈과 김수항金壽恒이 썼다.

기암집畸菴集　　조선 인조 때의 문신 정홍명鄭弘溟의 시문집. 12권 4책으로 구성되어 있으며, 목판본이다. 초간본은 아들 정리鄭涖와 조카 정양鄭瀁이 1655년 무렵에 간행하였다. 1675년에 초간본을 증보하고 부록을 덧붙여 중간하였다.

낙전당집樂全堂集　　조선 인조 때의 문신 신익성申翊聖의 시문집. 15권 7책으로 구성되어 있다. 저자가 생존했을 당시 아들 신면申冕과 신최申最가 시 1,700여 수와 문 400여 편을 모아 10권으로 편집하였고, 1654년에 이민구李敏求 등이 다시 편집하여 간행하였다.

난설헌시집蘭雪軒詩集　　조선 선조 때의 여성 시인 허난설헌許蘭雪軒의 시집. 총 213편의 시가 수록되어 있는데, 초간본은 저자의 아우 허균許筠이 명나라 문신 주지번朱之蕃과 양유년梁有年의 제사題辭 등을 받아 1608년 간행하였다. 1692년 중간본이 간행되었다.

남화경南華經　　『장자』莊子의 별칭이다. 중국 당나라 현종玄宗이 『장자』를 높이 평가하여 하사한 이름이다. 『노자』와 더불어 도가道家의 대표적인 저술로 내편 7권, 외편 15권, 잡편 11권으로 되어 있다. 내편은 장자의 근본 사상을 기술했고, 외편 및 잡편은 내편의 뜻을 부연 설명했다.

노가재집老稼齋集　　조선 숙종 때의 문신 김창업金昌業의 시문집. 5권 3책으로 구성되어 있으며, 목활자본이다. 저자의 조카인 김시보金時保가 편집했고, 1820년 손자인 김조순金祖淳이 간행했다.

노자老子　　중국 춘추 시대 말기 노자老子가 지은 책으로 『노자도덕경』老子道德經이라고 한다. 실제로는 전국 시대의 도가 사상가들의 언설言說을 집성集成한 것으로 추측된다.

농암집農巖集　　조선 숙종 때의 문신 김창협金昌協의 시문집. 총 42권 15책으로 구성되어 있으며, 활자본이다. 원집 34권은 1710년 저자의 아우 김창흡金昌翕이 간행하였다. 부록 2권은 1754년 손자 김원행金元行이 편찬했고, 이를 원집과 합쳐 안동부사 조돈趙暾이 목판본으로 중간했다. 속집 2권은 1854년 간행되었고, 1868년 별집 4권까지 합본하여 간행하였다.

다경茶經　　중국 당나라 육우陸羽가 지은 다서茶書. 총 3권으로 760년경에 간행되었다. 상권은 차의 기원, 차를 만드는 법과 도구, 중권은 다기茶器, 하권은 차를 끓이는 법과 마시는 법, 생산지와 문헌 등이 기록되어 있다.

다록茶錄　　중국 송나라 채양蔡襄이 지은 다서. 상하 2편으로 구분되어 있다. 상편에는 주로 차의 품질과 끓여서 마시는 방법을 서술하였고, 하편에는 다구茶具에 대해 논하였다. 육우의 『다경』을 이은 전문 다서이다.

다보茶譜　　중국 당나라의 모문석毛文錫이 지은 다서. 차나무의 식물적 형태와 특징, 차의 명칭, 채다採茶·제다製茶·자다煮茶 방법 등이 소개되어 있다. 육우의 『다경』과 함께 다도茶道의 종합서로 불린다.

다산집茶山集　　조선 인조 때의 문신 목대흠睦大欽의 시문집. 2권 2책으로 구성되어 있으며, 목판본이다. 1685년 저자의 조카인 목존선睦存善이 편집하여 간행하였다. 서문은 권유權愈가 썼고, 2권에 모두 시 522수가 수록되어 있다.

대곡집大谷集　　조선 선조 때의 문신 성운成運의 시문집. 3권 1책으로 구성되어 있으며, 목판본이다. 저자의 제자인 김가기金可幾가 편집한 것을 1603년에 김가기의 아들 김덕민金德民이 유근柳根 등과 함께 간행했다.

동강유집東江遺集　　조선 인조 때의 문신 신익전申翊全의 시문집. 19권 3책으로 구성되어 있으며, 목활자본이다. 아들 신정申晸이 여러 차례의 병화로 흩어진 유문을 모아 1673년에 7권으로 간행했고, 그 뒤에 다시 수집된 유문을 보충하여 총 19권으로 증보하여 간행하였다.

동강집東岡集　　조선 선조 때의 문신 김우옹金宇顒의 시문집. 21권 10책으로 구성되어 있으며, 목판본이다. 1661년에 그의 문인들이 편집하여 간행하였고, 1846년에 중간되었다. 허목許穆의 서문과 이현일李玄逸의 발문이 있다.

동계집桐溪集   조선 인조 때의 문신 정온鄭蘊의 시문집. 9권 8책으로 구성되어 있으며, 목판본이다. 저자의 손자인 정기수鄭岐壽가 1660년 성현찰방으로 재직할 때 간행하였다. 서문은 조경趙絅이 썼고, 발문은 허목許穆이 썼다.

동리집東里集   조선 현종 때의 문신 이은상李殷相의 시문집. 16권 5책으로 구성되어 있으며, 목판본이다. 저자의 사위 김만중金萬重이 초고를 정리하였고, 김만중의 아들 김진화金鎭華가 1702년 간행하였다. 서문은 김창협이 썼다.

동명집東溟集   조선 인조 때의 문신 김세렴金世濂의 시문집. 10권 7책으로 구성되어 있으며, 활자본이다. 저자의 증손 김일기金一基가 1737년 간행하였다. 그의 문집에 수록된 『동명해사록』東溟海槎錄만 따로 2권 2책으로 전해지기도 한다. 서문은 허목許穆이 썼다.

동악집東岳集   조선 인조 때의 문신 이안눌李安訥의 시문집. 26권 12책으로 구성되어 있으며, 목판본이다. 1640년에 저자의 재종질인 이식李植이 구봉서具鳳瑞, 오단吳端, 한흥일韓興一 등과 함께 펴냈다. 서문은 신익성申翊聖이 썼고, 발문은 이식이 썼다.

동의보감東醫寶鑑   조선 선조 때의 명의名醫 허준許浚이 편찬한 한의학서. 25권 25책으로 구성되어 있으며, 고활자본이다. 1613년 훈련도감에서 간행되었다. 이 초판본 완질은 남아 있지 않고, 뒤에 전주와 대구에서 목판본으로 출판된 것이 완전하게 전승되고 있다. 일본과 중국 등에서도 출판되었다.

동주집東州集   조선 현종 때의 문신 이민구李敏求의 시문집. 43권 13책으로 구성되어 있으며, 목판본이다. 서문과 발문이 없어서 편자와 간행 연대는 알 수 없으나, 저자의 서문과 여타 기록을 참고할 때 1705년 이전에 간행된 것으로 보인다.

두창경험방痘瘡經驗方   천연두 치료의 명의였던 박진희朴震禧가 1663년에 천연두 치료에 대한 약방문藥方文을 모아 편집한 책이다. 1권 1책이며 목판본이다. 천연두 치료의 가장 대표적인 저서로서 여러 번 중간되었으며 한글 대역본도 널리 보급되었다.

만랑집漫浪集　　조선 인조 때의 문신 황호黃㦿의 시문집. 9권 4책으로 구성되어 있으며, 목활자본이다. 초판본은 1668년 경상도관찰사 심재沈梓의 주선으로 간행했다고 한다. 서문은 허목이 썼다. 현존본의 간행 연대는 미상으로 1765년에 쓴 윤신지尹新之의 서문이 있다.

만정당집晩靜堂集　　조선 중기 문인 서종태徐宗泰의 시문집. 18권 9책으로 구성되어 있으며, 목활자본이다. 서문과 발문이 없어 간행 연도는 알 수 없으나 책에 찍힌 인기印記를 참고하면 1762~1776년 사이에 간행된 것으로 보인다.

만취집晩翠集　　조선 숙종 때의 문신 오억령吳億齡의 시문집. 5권 1책으로 구성되어 있으며, 목판본이다. 1662년에 후손 오정위吳挺緯가 편찬하여 간행하였다. 서문은 이민구가 썼고, 발문은 오준吳竣이 썼다.

면앙집俛仰集　　조선 선조 때의 문신 송순宋純의 시문집. 7권 4책으로 구성되어 있으며, 활자본이다. 저자의 9세손인 송재열宋在悅이 유고를 수습하여 1827년 간행하였다. 서문은 조인영趙寅永이 썼고, 발문은 이회연李晦淵이 썼다.

명곡집明谷集　　조선 숙종 때의 문신 최석정崔錫鼎의 시문집. 34권 17책으로 구성되어 있으며, 목판본이다. 1721년에 저자의 문인 조태억趙泰億이 경상도관찰사로 재직하면서 간행하고 그 판본을 해인사에 보관하였다.

명재유고明齋遺稿　　조선 숙종 때의 문신 윤증尹拯의 시문집. 51권 26책으로 구성되어 있으며, 목활자본이다. 저자의 종손 윤동수尹東洙가 유고를 교정하여 자신이 직접 발문을 쓰고 1732년 간행하였다.

무릉잡고武陵雜稿　　조선 중종 때의 문신 주세붕周世鵬의 시문집. 20권 10책으로 구성되어 있으며, 목판본이다. 저자의 양자인 주박周博이 이황李滉의 교정을 받아 1581년 간행했다. 그 뒤 병란을 겪으면서 판본이 실종되었고, 1859년 후손 주병항周秉恒이 문중에 남아 있던 사본寫本을 바탕으로 정리하여 중간하였다.

문견별록聞見別錄　　조선 숙종 때의 문신 남용익南龍翼이 1655년 6월부터 이듬해 2월까지 9개월간 일본을 견문한 기록이다. 일본의 황족, 정치 제도, 산천, 풍속 등 10개 항목에 대하여 자세하게 기록한 것으로 사료적 가치가 크다.

미암일기眉岩日記　　조선 선조 때의 문신 유희춘柳希春의 친필일기. 1567년 10월부터 1577년 5월에 이르는 전후 10년간에 걸쳐 있다. 개인의 일상적인 일에서부터 국정의 대요, 인물의 진퇴 등 당시의 정치·경제·사회·풍속 등이 상세하게 기록되어 있다.

미암집眉嚴集　　조선 선조 때의 문신 유희춘의 시문집. 21권 10책으로 구성되어 있으며, 목판본이다. 저자의 9대손 유경심柳慶深이 1850년 초고를 편집하고 기정진奇正鎭의 교정을 거쳐, 1869년 사손祀孫 유정식柳廷植이 간행하였으며, 1897년 부록 1권을 추가하여 중간하였다.

밀암집密菴集　　조선 영조 때의 학자 이재李栽의 시문집. 25권 13책으로 구성되어 있으며, 목판본이다. 서문과 발문이 없어 정확한 간행 연도를 알 수 없지만, 1732년에 저자의 아들 이인환李寅煥이 편집한 것을 1787년에서 1810년 사이에 간행한 것으로 짐작된다.

백곡집柏谷集　　조선 숙종 때의 문신 김득신金得臣의 시문집. 불분권 7책으로 이루어진 필사본과 4권 1책의 필사본이 전하고 있으며, 1730년경 처음 간행된 것은 5권 1책의 목판본이다. 이후 저자의 9대손인 김상형金相馨이 가장家藏해 오던 7책의 필사본이 1985년 아세아문화사에서 출간되었다.

백담집栢潭集　　조선 선조 때의 문신 구봉령具鳳齡의 시문집. 14권 6책으로 구성되어 있으며, 목판본이다. 풍기군수 김계광金啓光이 경상도관찰사 민시중閔蓍重의 재정적 협조와 홍여하洪汝河의 서문을 받아 1670년 간행하였다.

백사집白沙集　　조선 선조 때의 문신 이항복李恒福의 시문집. 1629년 강릉에서 간행한 강릉본과 진주에서 정충신鄭忠信이 간행한 진주본, 1630년 장유가 편집한 중간본, 5대손인 이종성李宗城이 최종 정리한 판본 등이 있다. 모두 목판으로 인쇄되었으며, 최종본은 30권 15책이다.

백주집白洲集　　조선 인조 때의 문신 이명한李明漢의 시문집. 원집 20권 9책, 별고別稿 5권 1책으로 구성되어 있으며, 목판본이다. 저자의 아들 이일상李一相과 이단상李端相이 1646년 간행하였다. 서문은 김상헌이 썼다. 중간본은 효종과 현종 연간에 나온 것으로 보인다.

백헌집白軒集　　조선 인조 때의 문신 이경석李景奭의 시문집. 원집 56권 13책으로 구성되어 있으며, 활자본이다. 저자의 증손 이진양李眞養과 이진망李眞望이 1700년에 간행하였다. 서문은 최석정崔錫鼎이 썼고, 발문은 신완申琓이 썼다.

법원주림法苑珠林　　중국 당나라 초기의 승려 도세道世가 편찬한 불교 사전의 하나. 총 100권. 불·법·승佛法僧 즉 삼보三寶에 관한 여러 문제를 각종 전적을 인용하여 광범위하게 다루었다.

병산집屛山集　　조선 숙종 때의 문신 이관명李觀命의 시문집. 15권 8책으로 구성되어 있으며, 활자본이다. 서문과 발문이 없어 편찬 과정과 간행 경위를 알기 어렵다.

본초강목本草綱目　　중국 명나라의 이시진李時珍이 엮은 본초서. 총 52권으로 구성되어 있다. 약용으로 쓰이는 대부분의 약초를 자연 분류를 기준으로 하여 구분하였으며, 모두 1,892종의 약재가 망라되어 있다.

부사집浮査集 조선 인조 때의 문신 성여신成汝信의 시문집. 목판본이며 8권 4책으로 구성되어 있는데 권5와 권6은 현전하지 않는다. 저자의 후손 성동익成東益과 성사렴成師濂이 1785년 간행하였다.

부훤당유고負喧堂遺稿 조선 명종 때의 문신 오상吳祥의 시문집. 불분권 1책이며 목활자본이다. 저자의 7대손 오재신吳載伸이 유고를 수습한 뒤 직접 발문을 쓰고 1804년에 간행하였다. 그 뒤 저자의 12대손 오채섭吳采燮이 1883년 중간하였다.

북리지北里誌 중국 당나라의 손계孫棨가 지은 책으로, 천자天子와 사서인士庶人이 기생과 희롱하며 노닐던 일을 기록하였다. 북리北里는 당나라 장안의 기원 기루妓樓가 있던 곳이다.

북저집北渚集 조선 인조 때의 문신 김류金瑬의 시문집. 9권 3책으로 구성되어 있으며, 목활자본이다. 1658년에 최명길崔鳴吉이 편집하여 간행하였다. 서문은 정두경鄭斗卿과 이경석李景奭이 썼다.

분애유고汾厓遺稿 조선 숙종 때의 문신 신정申晸의 시문집. 14권 7책으로 구성되어 있다. 현전하는 저자의 문집은 『분애유집』, 『분애유고』, 『분애집』 등 3종으로 모두 필사본이며, 서문과 발문이 전혀 없어 편찬 과정을 알 수 없다.

사계전서沙溪全書 조선 인조 때의 학자 김장생金長生의 시문집. 51권 24책으로 구성되어 있다. 숙종이 김장생의 문집을 보기를 원하자, 송시열이 김장생의 문인·후손과 함께 유고를 정리해 『사계선생유고』沙溪先生遺稿를 편찬해 1685년 숙종에게 올렸고, 1687년 왕명으로 교서관校書館에서 간행했다. 이후 후손들이 『경서변의』經書辨疑, 『전례문답』典禮問答, 『가례집람』家禮輯覽, 『상례비요』喪禮

備要』,『의례문해』儀禮問解 등을 증보하여 1924년『사계전서』로 간행했다.

사류재집四留齋集   조선 선조 때의 문신 이정암李廷馣의 시문집. 12권 5책으로 구성되어 있으며, 목판본이다. 1623년 저자의 증손 이정李靖이 2권 1책으로 된『퇴우정집』退憂亭集을 펴냈고, 1736년 5대손 이성룡李聖龍이 누락된 부분을 보충하여 간행하였다. 1928년 11대손 이종학李種學이 중간하였다.

산림경제山林經濟   조선 숙종 때의 학자 홍만선洪萬選이 지은 농서農書. 4권 4책으로 구성되어 있으며, 필사본이다. 저자가 여러 곳의 지방관을 역임하면서 향촌 사회의 경제생활 지침서로서 이 책을 저술하였는데, 복거卜居·섭생攝生 등 총 16개 항목으로 나누어져 있다. 이후 농법이 발달함에 따라 농촌경제의 요구를 충족시키지 못하는 한계가 나타났고, 판본으로 간행되지 않아 보급에 문제가 있었으므로, 1766년 유중림柳重臨이『증보산림경제』를 간행하였다.

삼연집三淵集   조선 숙종 때의 학자 김창흡金昌翕의 시문집. 36권 18책으로 구성되어 있으며, 활자본이다. 저자의 문인 유척기兪拓基가 경상도관찰사로 재직할 당시인 1732년 간행하였다. 서문과 발문은 없고 각 권마다 목록이 수록되어 있다.

상촌고象村稿   조선 인조 때의 문신 신흠申欽의 시문집. 63권 20책으로 구성되어 있으며, 활자본이다. 1629년에 저자의 아들 신익성申翊聖이 간행하였는데, 시문과 더불어 독립적인 저술인『야언』野言,『청창연담』晴窓軟談,『산중독언』山中獨言,『선천규관』先天窺管 등이 합본되어 있다.

상학경相鶴經   중국 주나라 영왕靈王 때의 신선인 부구공浮丘公이 지은 선술仙術에 관한 책으로 1권이다. 왕자 진晉과 학을 타고 놀면서 그에게 가르쳤다고 전해지며『학경』이라고도 부른다.

서경집西坰集   조선 인조 때의 문신 유근柳根의 시문집. 8권 3책으로 구성되어 있으며, 목판본이다. 1662년 저자의 외손 오정위吳挺緯가 공주에서 초간하였고, 외증손인 삼척부사 김진표金震標가 1665년 삼척에서 중간하였다. 서문은 송시열이 썼다.

서석집瑞石集　조선 숙종 때의 문신 김만기金萬基의 시문집. 18권 9책으로 구성되어 있으며, 활자본이다. 저자의 손자 김춘택金春澤이 1701년에 편찬하여 간행하였다. 발문은 김만중이 썼다.

서애집西厓集　조선 선조 때의 문신 유성룡柳成龍의 시문집. 27권 14책으로 구성되어 있으며, 목판본이다. 1633년 합천군수로 있던 아들 유진柳袗이 해인사에서 판각하여 20권 10책으로 간행하였다. 이후 4권 2책의 별집이 간행되었고, 최종본은 연보 3권까지 합해진 것인데 편찬 경위는 알 수 없다. 초간본의 서문은 이민구가 썼고, 발문은 이준李埈과 장현광이 썼다.

서파집西坡集　조선 숙종 때의 학자 오도일吳道一의 시문집. 30권 15책으로 구성되어 있으며, 활자본이다. 영조 때 저자의 아들 오수엽吳遂燁이 영유현감으로 있을 때 편차하여 간행하였다.

석루유고石樓遺稿　조선 인조 때의 문신 이경전李慶全의 시문집. 4권 4책으로 구성되어 있으며, 목판본이다. 1659년 저자의 아들 이무李袤가 담양부사로 있을 때 간행하였다. 서문과 발문은 없다.

석주집石洲集　조선 선조 때의 문인 권필權韠의 시문집. 11권 4책으로 구성되어 있으며, 목판본이다. 1632년 전주부윤으로 있던 저자의 문하 홍보洪靌가 간행하였다. 서문은 이정귀, 홍보, 장유가 썼고, 발문은 송시열이 썼다.

석천시집石川詩集　조선 명종 때의 문신 임억령林億齡의 시집. 7권으로 구성되어 있으며, 목판본이다. 1572년에 제주목사 소흡蘇潝이 제주에서 간행하였고, 1678년에 김수항이 중간하였다.

선원유고仙源遺稿   조선 인조 때의 문신 김상용金尙容의 시문집. 6권 2책으로 구성되어 있으며, 목판본이다. 저자의 아우 김상헌이 유고를 모았고, 1640년 아들 이광환李光煥과 이광현李光炫이 간행하였다. 서문은 신익성申翊聖이 썼고, 발문은 김상헌이 썼다.

설봉유고雪峯遺稿   조선 숙종 때의 문신 강백년姜栢年의 시문집. 30권 8책으로 구성되어 있으며, 목판본이다. 서문과 발문이 없어 간행 경위를 알 수 없으나 저자의 문인 임상원任相元, 아들 강선姜銑과 강현姜鋧 등이 주관하여 1690년대에 간행된 것으로 추정된다.

성소부부고惺所覆瓿稿   조선 광해군 때의 문신 허균許筠의 시문집. 8권 1책으로 구성되어 있으며, 필사본이다. 저자가 가장 불우했던 시기에 쓴 시와 산문을 모아 엮은 것으로, 시부詩部·부부賦部·문부文部·설부說部 등 4부로 구성되어 있다.

세설신어世說新語   중국 남북조 시대 송나라의 문인 유의경劉義慶이 편찬한 일화집逸話集. 후한 말부터 동진까지의 명사名士들의 생활과 언행 등을 기록한 책으로, 총 36편篇 1,000여 항목으로 이루어져 있다.

소재집穌齋集   조선 선조 때의 문신 노수신盧守愼의 시문집. 12권 8책으로 구성되어 있다. 목판본이다. 초간본은 1602년 저자의 조카 노대하盧大河가 천안에서 간행했는데 1615년 소실되었다. 1624년 아들 노복성盧復城이 성주에서 중간했고, 1652년 증손 노준명盧峻命이 다시 개편한 것을 1665년 노경명盧景命이 봉화에서 3간하였다.

속수신기續搜神記   중국 남북조 시대 진晉나라의 도잠陶潛이 지은 것으로 알려진 지괴소설집志怪小說集이며,『수신후기』搜神后記라고도 한다. 내용 가운데 도잠이 죽은 뒤의 일이 기록된 것으로 보아 후대의 위작일 가능성이 높다. 동진 시대 문신 간보干寶가 지은 『수신기』의 체제를 모방하였는데, 총 10권 117조목으로 구성되어 있다.

손곡시집蓀谷詩集　조선 선조 때의 시인 이달李達의 시집. 6권 1책으로 구성되어 있으며, 활자본이다. 1618년에 저자의 제자인 허균이 직접 서문을 붙여 간행하였고, 그 뒤 허영許潁이 임상원의 서문을 받아 1693년에 중간하였다.

손와유고損窩遺稿　조선 인조 때의 문신 최석항崔錫恒의 시문집. 13권 6책으로 구성되어 있으며, 필사본이다. 서문과 발문이 없어 간행 경위를 알 수 없다.

송암집松巖集　조선 선조 때의 문인 권호문權好文의 시문집. 6권 2책으로 구성되어 있으며, 목판본이다. 1680년 청성서원青城書院의 산장山長 유원진柳元振과 김억기金億基, 이보李簠 등이 편집하여 간행하였다.

수은집睡隱集　조선 선조 때의 문신 강항姜沆의 시문집. 4권 4책으로 구성되어 있으며, 목판본이다. 1658년 금구현령으로 있던 저자의 문인 윤순거尹舜擧가 간행하였다. 서문은 송시열이 썼다.

수촌집水村集　조선 숙종 때의 문신 임방任埅의 시문집. 13권 6책으로 구성되어 있으며, 목활자본이다. 서문과 발문이 없어 간행 경위와 연도는 알 수 없으나, 부록을 쓴 사람들의 연대로 보아 1750년경에 간행된 것으로 추정된다.

습재집習齋集　조선 선조 때의 문신이자 시인인 권벽權擘의 시문집. 4권으로 구성되어 있으며, 목판본이다. 저자의 아들 권필權韠이 1608년 공주에서 간행하였다. 서문은 이정귀·최립이 썼다.

식물본초植物本草 음식물로 병을 예방하는 내용을 담은 전문 의학서적. 중종 21년에 중국 명나라 요문청姚文淸 등의 서문을 붙여 간행하였으며, 중종과 명종 연간에 다시 갑진자로 중간하였다. 수水·곡穀·채菜·과果·금禽·수獸·어魚·미味 등 8류類로 나누어져 있다.

식산집息山集 조선 영조 때의 학자 이만부李萬敷의 시문집. 36권 20책으로 구성되어 있으며, 목판본이다. 1798년 후손과 고을 사람들이 편집에 착수하여 1813년 정종로鄭宗魯 등이 교정하여 간행하였다.

신은지神隱志 중국 명나라 영왕寧王 권權이 지은 책으로, 2권이다. 신선의 은일隱逸이나 섭생에 관련된 내용이 많이 수록되어 있다.

신이기神異記 『신이경』神異經이라고도 한다. 중국 한나라 동방삭東方朔이 저술하고 진晉나라 장화張華가 주해했다. 1권이다.

십성당집十省堂集 조선 명종 때의 문신 엄흔嚴昕의 시문집. 2권 2책으로 구성되어 있고, 필사본이다. 1585년에 간행하였던 것을 후대에 필사한 것으로 추정된다. 일본의 내각문고장본內閣文庫藏本이 유일본이다.

아계유고鵝溪遺藁 조선 선조 때의 문신 이산해李山海의 시문집. 6권 3책으로 구성되어 있고, 목판본이다. 1594년에 편찬된「기성록시자발」箕城錄詩自跋 이외에는 서문과 발문이 전혀 없어 편찬 경위를 알 수 없다.

양심당집養心堂集 조선 명종 때의 음악이론가·학자·의원 조성趙晟의 시문집. 불분권 1책이며, 목판본이다. 1568년에 저자의 문인이자 조카사위인 박계현朴啓賢이 유고를 수집하고 편차하여 간행하였다. 일본 봉좌문고蓬左文庫에 유일본으로 소장되어 있다.

양파유고陽坡遺稿　　조선 현종 때의 문신 정태화鄭太和의 시문집. 15권 7책으로 구성되어 있으며, 필사본이다. 간행 경위를 알 수 있는 기록이 남아 있지 않지만, 철종 연간에 펴낸 것으로 보인다.

어우집於于集　　조선 인조 때의 문신 유몽인柳夢寅의 시문집. 12권 6책으로 구성되어 있으며, 목활자본이다. 초간본은 현재 전해지지 않고, 1832년에 저자의 후손 유금柳檠, 유영무柳榮茂 등이 유고를 수집하고 편차하여 중간하였다.

염헌집恬軒集　　조선 숙종 때의 문신 임상원任相元의 시문집. 35권 10책으로 구성되어 있으며, 목활자본이다. 서문과 발문이 없어 정확한 간행 경위를 알 수 없으며, 저자의 증손 임희성任希聖이 1761년부터 1765년 사이에 목활자로 간행한 것으로 추정된다.

예운림집倪雲林集　　중국 원나라의 화가인 예찬倪瓚의 시문집. 예찬의 자는 원진元眞, 운림은 그의 호이다.

오봉집五峯集　　조선 선조 때의 문신 이호민李好閔의 시문집. 15권 8책으로 구성되어 있으며, 목판본이다. 1636년에 저자의 아들 이경엄李景嚴과 조카 이경의李景義가 유문을 편집하여 간행하였다. 서문은 이민구가 썼다.

오산집五山集　　조선 광해군 때의 문신 차천로車天輅의 시문집. 6권 3책으로 구성되어 있고, 활자본이다. 평안도관찰사 홍양호洪良浩가 편차하고, 규장각의 교정을 거친 뒤 1791년에 간행하였다.

옥계집玉溪集　　조선 선조 때의 문신 노진盧禛의 시문집. 목판본. 7권 4책으로 구성되어 있으며, 목판본이다. 초간본은 문인 정염丁焰이 저자의 유고 가운데 약간을 초록하여 임진왜란 이전에 목판본으로 간행하였으나 남아 있지 않다. 손자 노척盧脊이 1632년에 중간하였다.

옥담사집玉潭私集   조선 인조 때 문인으로 왕실의 후손인 이응희李應禧의 시집. 현재 그의 저서는 『옥담유고』와 『옥담사집』이 남아 있는데, 『옥담사집』에는 40대 중반 이전의 시들이 수록되어 있다.

옥담유고玉潭遺稿   조선 인조 때 문인으로 왕실의 후손인 이응희李應禧의 시집. 현재 그의 저서는 『옥담유고』와 『옥담사집』이 남아 있는데, 『옥담유고』에는 40대 중반 이후의 시들이 수록되어 있다.

옥봉시집玉峯詩集   조선 선조 때의 문인 백광훈白光勳의 시문집. 4권 2책으로 구성되어 있으며, 목판본이다. 저자의 아들 백진남白振南이 전라감사 윤안성尹安性의 도움을 받아 1608년에 간행하였다. 1742년에 중간되었고, 1933년에 3간되었다.

외재집畏齋集   조선 현종·숙종 때의 문신 이단하李端夏의 시문집. 11권 6책으로 구성되어 있으며, 목판본이다. 서문과 발문이 없고 기타 간행과 관련된 기록이 없어 편차와 간행의 시기를 알 수 없으며, 1745년에서 1755년 사이에 간행된 것으로 추정된다.

용문집龍門集   조선 명종明宗 때의 문신 조욱趙昱의 시문집. 6권 3책으로 구성되어 있으며, 활자본이다. 저자가 직접 편집한 『보진암고』葆眞菴稿라는 문집이 있었으나 병화로 소실되었다. 1779년 후손 조시간趙時簡이 가장초본家藏草本을 증보하여 간행하였다.

용주유고龍洲遺稿   조선 현종 때의 문신 조경趙絅의 시문집. 23권 9책으로 구성되어 있으며, 목판본이다. 1674년에 저자의 아들 조위봉趙威鳳이 교정하고, 1703년에 손자 조구원趙九畹이 순천에서 간행하였다.

우계집牛溪集   조선 선조 때의 문신 성혼成渾의 시문집. 14권 8책으로 구성되어 있으며, 목판본이다. 원집은 저자의 아들 성문준成文濬과 문인 김집金集, 안방준安邦俊 등이 1621년 임실에서 간행했고, 속집은 외증손 윤증尹拯이 1682년경 공주감영에서 간행했으며, 연보와 연보부록은 윤선거尹宣擧가 1664년에 간행하였다.

우암유집寓庵遺集　　조선 명종 때의 문신 김주金澍의 시문집. 7권 1책으로 구성되어 있으며, 목판본이다. 1789년에 저자의 6대손 김래金崍에 의해 간행되었으며 서문은 이복원李福源, 발문은 김래가 썼다.

운천집雲川集　　조선 선조 때의 문신 김용金涌의 시문집. 10권 6책으로 구성되어 있으며, 목판본이다. 원집은 1694년 저자의 현손 김세흠金世欽이 간행했고, 1881년에 판각이 소실되자 1898년 중간했다. 속집은 1906년 10대손 김서락金瑞洛이 판각만 하고 간행하지 못했다가 1977년 원집·속집 등을 엮어 간행하였다.

월사집月沙集　　조선 인조 때의 문신 이정귀李廷龜의 시문집. 74권 22책으로 구성되어 있으며, 목판본이다. 1636년에 저자의 아들 이명한李明漢과 이소한李昭漢이 유고를 정리하고, 저자의 문인인 최유해崔有海가 교정하여 간행하였다. 1688년 후손 이익상李翊相, 이희조李喜朝 등이 중간했고, 1720년 이희조 등이 별집을 추가했다.

월정집月汀集　　조선 광해군 때의 문신 윤근수尹根壽의 시문집. 11권 7책으로 구성되어 있고, 목판본이다. 1648년에 저자의 손자 윤정지尹挺之가 편집·교정하여 윤복지尹履之와 나누어 간행하였고, 1773년에 교서관校書館에서 활자로 별집을 간행하였다.

유원총보類苑叢寶　　조선 인조 때의 문신 김육金堉이 엮은 유서類書. 46권 30책으로 구성되어 있으며, 목판본이다. 1643년에 남선南銑이 간행하였다. 저자가 중국의 여러 서적을 참고하여 편찬한 일종의 백과사전으로, 천도天道·천시天

時·지도地道·제왕帝王 등 25문門으로 나뉘어 있다.

유하집柳下集　조선 숙종 때의 문인 홍세태洪世泰의 시문집. 14권 7책으로 구성되어 있으며, 고활자본이다. 1731년 저자의 사위 조창회趙昌會와 문인 김정우金鼎禹가 간행하였다. 권두에 자서自序가 있다.

율곡전서栗谷全書　조선 선조 때의 학자 이이李珥의 시문집을 집대성한 책. 44권 23책으로 구성되어 있으며, 목판본이다. 1611년에 저자의 제자 박여룡朴汝龍 등에 의해 원집原集이 간행된 것을 시초로 하여, 그 후 여러 차례 증보·간행되다가 1814년에 완간되었다.

음부경陰符經　중국의 도교 경전으로 『황제음부경』黃帝陰符經이라고도 한다. 1권으로 이루어져 있다. 본래 황제가 지은 것으로 알려져 있으나 위작임이 분명하다. 도가 사상을 위주로 하면서도 종횡가縱橫家 및 병가兵家의 사상도 보인다. 역대로 주석본이 많은데, 당대 이전의 것과 장과로張果老의 주석이 가장 유명하다.

이아爾雅　중국 고대의 경전에 나오는 물명物名을 주해한 책. 13경의 하나. 천문·지리·음악·기재器材·초목·조수鳥獸 등의 낱말을 해석했다. 주공周公이 지은 것으로 전해져 왔으나, 주대周代에서 한대漢代까지의 여러 학자가 여러 경서의 주석들을 채록한 것이다.

이암유고頤庵遺稿　조선 선조 때의 문신 송인宋寅의 시문집. 12권 5책으로 구성되어 있으며, 목판본이다. 손자 송기宋圻가 산일되고 남은 약간 권의 시문을 모아 선조 말에서 광해군 초기에 순천에서 간행한 것으로 추측된다.

이우당집二憂堂集　조선 숙종 때의 문신 조태채趙泰采의 시문집. 6권 3책으로 구성되어 있으며, 활자본이다. 서문과 발문이 없어 구체적인 수습 경위를 알 수 없으며, 1759년 1월 이전에서 1758년 후반에 활자로 간행된 것으로 추정된다.

이원異苑 중국 육조 시대 송나라의 유경숙劉敬叔이 편찬한 설화집. 총 10권으로 이루어져 있다. 당시의 인물들에 관한 기괴한 이야기, 민간에 전해지는 초자연적인 설화 및 불교설화 등이 주된 내용이다.

이충무공전서李忠武公全書 조선 선조 때의 명장 이순신李舜臣의 시문집. 14권 8책으로 구성되어 있으며, 활자본이다. 1795년에 검서檢書 유득공柳得恭이 편집과 간행을 감독하여 교서관敎書館에서 간행하였다. 1918년에 최남선이 이 책에 구두점을 찍어 신문관新文館에서 2책으로 출간한 것과 1931년 서장석徐章錫 등이 6책으로 중간한 것이 전해진다.

인재집忍齋集 조선 선조 때의 문신 홍섬洪暹의 시문집. 초간본은 4권 4책으로 목판본이고, 중간본은 5권 3책으로 석인본이다. 1688년에 증손 홍석洪錫이 간행했고, 1935년에 11세손 홍병후洪昺厚 등이 다시 간행하였다.

일송집一松集 조선 선조 때의 문신 심희수沈喜壽의 시문집. 8권 5책으로 구성되어 있으며, 목판본이다. 1649년에 쓴 이민구의 서문이 있다. 그러나 정확한 간행 연도와 편찬 경위는 알 수 없다.

임당유고林塘遺稿 조선 선조 때의 문신 정유길鄭惟吉의 시문집. 2권 2책으로 구성되어 있으며, 목판본이다. 저자의 아들 정창연鄭昌衍이 수집한 유고를 증손 정태화鄭太和가 1638년에 간행하였다.

임백호집林白湖集 조선 선조 때의 시인이자 문신 임제林悌의 시문집. 4권 2책으로 구성되어 있으며, 목판본이다. 저자의 아우 임환林懽이 수집한 유고를 종제從弟 임서林㥠가 1617년에 간행하였다.

잠암일고潛庵逸稿   조선 명종 때의 문신 김의정金義貞의 시문집. 5권 2책으로 구성되어 있으며, 목판본이다. 저자의 후손 김종옥金宗鈺이 편집하여 1859년에 간행하였다. 서문은 이휘재李彙載가 썼다.

정관재집靜觀齋集   조선 현종과 숙종 때의 문인 이단상李端相의 시문집. 16권 6책으로 구성되어 있으며, 목판본이다. 1682년 저자의 아들 이희조李喜朝가 간행하였다. 서문은 송시열과 박세채朴世采가 썼다.

제봉집霽峯集   조선 선조 때의 문인 고경명高敬命의 시문집. 7권 6책으로 구성되어 있으며, 목판본이다. 1617년에 저자의 아들 고용후高用厚가 간행하였다. 서문은 이항복이 썼고, 발문은 고용후와 유근이 썼다.

제호집霽湖集   조선 선조 때의 문신 양경우梁慶遇의 시문집. 10권 4책으로 구성되어 있으며, 목활자본이다. 저자가 생전에 정리한 자편고自編稿를 바탕으로 수집하고 편차하여, 손자 양도梁燾가 부친인 양진핵梁振翮의 『이촌집』伊村集을 부집附集한 뒤 김상헌과 김류의 서문을 받아 1647년에 간행하였다.

졸수재집拙修齋集   조선 현종 때의 문인 조성기趙聖期의 시문집. 12권 6책으로 구성되어 있으며, 목판본이다. 1710년에 저자의 아들 조정례趙正禮와 조카 조정위趙正緯 등이 경상도 봉화현에서 간행하고, 책판은 태백산 각화사覺華寺에 보관하였다.

주역周易   삼역三易의 하나로 중국 상고 시대 복희씨伏羲氏가 그린 괘卦에 대해 주나라 문왕文王이 총설總說하여 괘사卦辭라 하고, 주공周公이 육효六爻에 대해 세설細說하여 효사爻辭라 했는데, 공자孔子가 여기에 심오한 원리를 붙여 십익十翼을 만들었다. 주나라 때 대성하였기 때문에 『주역』이라 하며, 모두 12편이다. 『역』易, 『역경』易經이라고도 한다.

죽남당고竹南堂稿　　조선 현종 때의 문신 오준吳竣의 시문집. 12권 3책으로 구성되어 있으며, 목판본이다. 1689년에 저자의 외손인 이봉조李鳳朝가 간행하였다. 서문은 없고 발문은 이봉조가 썼다.

죽음집竹陰集　　조선 인조 때의 문신 조희일趙希逸의 시문집. 16권 6책으로 구성되어 있으며, 목판본이다. 1684년 저자의 손자 조경망趙景望과 증손 조정만 趙正萬이 편집하여 1704년 간행하였다.

지봉유설芝峯類說　　조선 광해군 때의 문신 이수광李睟光이 편찬한 일종의 백과사전. 총 20권으로 이루어져 있다. 전체 3,435조목을 25부문 182항목으로 나누어 설명하고 출처를 밝혔다. 고증적이고 실용적 태도에 입각해 저술된 서책으로 평가된다.

지봉집芝峯集　　조선 광해군 때의 문신 이수광의 시문집. 34권 10책으로 구성되어 있으며, 목판본이다. 1633년 저자의 아들 이성구李聖求와 이민구가 의령에서 목판으로 간행하였다.

지천집遲川集　　조선 인조 때의 문신 최명길崔鳴吉 시문집. 19권 8책으로 구성되어 있으며, 목판본이다. 저자의 문인인 이민李憫이 나주목사로 재임했을 때인 1664년 4월부터 1665년 6월 사이에 간행된 것으로 보인다.

지천집芝川集　　조선 선조 때의 문신 황정욱黃廷彧의 시문집. 4권 3책으로 구성되어 있으며, 목판본이다. 1632년에 저자의 외손인 이후원李厚源이 단양군수를 지낼 때 간행하였다. 서문은 장유가 썼다.

창랑집滄浪集　　조선 인조 때의 문신·학자 성문준成文濬의 시문집. 4권 2책으로 구성되어 있으며, 목판본이다. 저자의 증손 성지선成至善이 전라도관찰사 신익상申翼相의 도움을 받아 1682년에 간행하였다.

창석집蒼石集　　조선 인조 때의 문신 이준李埈의 시문집. 28권 16책으로 구성되어 있으며, 목판본이다. 원집은 서문과 발문이 없어 간행자와 정확한 간행 연대를 알 수 없으며 1871년 간행된 것으로 추정된다. 속집은 10대손 이시건李時建이 1909년경에 간행했다.

창주유고滄洲遺稿　　조선 효종 때의 문신 김익희金益熙의 시문집. 18권 7책으로 구성되어 있으며, 목판본이다. 1708년에 저자의 손자인 김진옥金鎭玉이 간행하였다. 발문에 의하면 저자가 함부로 간행하지 말라고 유언했으나, 송시열의 권고로 이루어졌다고 한다.

청계집淸溪集　　조선 효종 때의 문신인 홍위洪葳의 시문집. 8권 3책으로 구성되어 있으며, 목판본이다. 1695년에 저자의 아들 홍천서洪天敍가 김창협에게 부탁하여 산정刪定을 받아 간행하였다.

청계집靑溪集　　조선 선조 때의 의병장인 양대박梁大樸의 시문집. 4권 2책으로 구성되어 있으며, 목판본이다. 저자의 아들 양경우楊慶遇와 양형우楊亨遇가 시詩만을 수집하고 편차하여 1618년 처음 간행한 다음 다시 시문을 수집하고 편차했다. 서문은 허균이 썼고, 발문은 양경우가 썼다.

청사집晴沙集　　조선 인조 때의 문신 고용후高用厚의 시문집. 2권 1책으로 구성되어 있으며, 목판본이다. 간행 연대는 정확히 알 수 없으며, 1759년 이전에 간행된 것으로 추정된다. 서문은 김수항이 썼다.

청음집淸陰集　　조선 인조 때의 문신 김상헌金尙憲의 시문집. 40권 16책으로 구성되어 있으며, 목판본이다. 저자가 생전에 편찬한 원고를 1654년 무렵 아들 김광찬金光燦이 안동에서 간행한 것으로 추측된다.

청이록淸異錄　　중국 송나라의 도곡陶穀이 지은 책. 2권으로 이루어져 있다.

중국 당나라 및 오대 때의 신기한 이야기를 수록하였다.

청천당시집聽天堂詩集　　조선 선조 때의 문신 심수경沈守慶의 시집. 불분권 1책이며, 필사본이다. 서문과 발문이 없어 편찬 경위는 알 수 없으며, 필사 경위도 분명하지 않다. 저자의 필사본으로 『청천당수고』聽天堂手藁 1책 18장이 따로 현존한다.

체소집體素集　　조선 선조 때의 문신 이춘영李春英의 시문집. 3권 3책으로 구성되어 있으며, 목판본이다. 초간본은 1638년에 저자의 외질外姪인 김육金堉이 간행했으나 전하지 않고, 1648년에 차남 이시해李時楷가 김상헌과 정홍명鄭弘溟의 발문, 신흠의 서문을 함께 실어 간행하였다.

취흘집醉吃集　　조선 인조 때의 문신 유숙柳潚의 시문집. 5권 2책으로 구성되어 있으며, 목활자본이다. 1839년에 신재식申在植의 서문까지 받았으나 간행되지 못했고, 1882년에 춘천 약계서당藥溪書堂에서 간행되었다.

태계집台溪集　　조선 효종 때의 문신 하진河溍의 시문집. 8권 2책으로 구성되어 있으며, 목판본이다. 1683년에 저자의 아들 하해우河海宇가 수집하고 정리하여 진주 응석사凝石寺에서 초간되었다. 서문은 강백년이 썼다. 9대손 하겸락河兼洛이 1900년에 증보하여 중간하였다.

택당집澤堂集　　조선 인조 때의 문신 이식李植의 시문집. 34권 16책으로 구성되어 있으며, 목판본이다. 송시열이 편집하여 1674년 전라도 남평에서 간행했고, 1747년 증손자인 이기진李箕鎭이 중간하였다. 그 후 여러 차례 더 간행되었다.

퇴계집退溪集　　조선 명종 때의 학자 이황李滉의 시문집. 원집 66권 27책, 속집 8권 3책, 별집 1권 1책, 외집 1권 1책, 유집 20권 7책으로 구성되어 있고, 목판본이다. 1600년에 처음 간행되었고, 1746년 후손 이수연李守淵이 속집을 간행했다. 1869년에 후손과 유생 들이 도산서원에서 그간에 간행된 문집·외집·별집 총 97권 75책의 필사본으로 편찬했다. 1915~1916년에 조선고서간행회에서 그동안의 간행본을 일괄하여 『퇴계전집』으로 출간했고, 1958년 성균관대학교 대동문화연구원에서 『퇴계전서』를 간행하였다.

팔곡집八谷集   조선 선조 때의 문신 구사맹具思孟의 시문집. 4권 3책으로 구성되어 있으며, 목판본이다. 저자의 아들 구성具宬이 정리한 『팔곡유고』八谷遺稿를 외손서外孫壻인 이식이 4권으로 편차하고, 1632년에 차남인 구굉具宏이 통영에서 간행하였다.

하곡집荷谷集   조선 선조 때의 문인 허봉許篈의 시문집. 3권 4책으로 구성되어 있으며, 목판본이다. 저자의 아우 허균이 유고를 수집하여, 황해도 수안군수로 있으면서 간행하였다.

하서전집河西全集   조선 명종 때의 학자 김인후金麟厚의 시문집. 16권 8책으로 구성되어 있으며, 목판본이다. 저자의 문인인 양자징梁子澂과 신각申覺이 편집하고 교정하여, 전라도 관찰사 송찬宋贊의 도움으로 1568년 간행하였다. 그 뒤 1686년 중간되었다.

학곡집鶴谷集   조선 인조 때의 문신 홍서봉洪瑞鳳의 시문집. 11권 4책으로 구성되어 있으며, 목판본이다. 효종 초년에 저자의 아들인 홍명일洪命一이 유집을 수집하여 정리하고 문인인 용안현감 박승건朴承健과 외손 박세주朴世柱가 1653년경 간행한 것으로 추정된다.

학봉집鶴峯集   조선 선조 때의 문신 김성일金誠一의 시문집. 16권 10책으로 구성되어 있고, 목판본이다. 저자의 후손 김시온金是榲과 이홍조李弘祚 등의 유림들이 간행하였다. 속집은 후손 김주국金柱國과 김숭묵金崇默 등이 이상정李象靖과 함께 교열하여 1782년에 간행하였다. 부록은 1851년에 임천서원臨川書院에서 간행했으며, 같은 해 본집·속집·부록과 그 밖의 간행되지 못한 글을 모아 목차와 각 권을 재조정하여 중간했다.

학사집鶴沙集   조선 현종 때의 문신 김응조金應祖의 시문집. 10권 6책으로 구성되어 있으며, 목판본이다. 저자의 증손 김개金价가 수집한 유고를 현손 김서필金瑞必이 의산서원義山書院 원유院儒들의 협조와 이상정의 도움을 받아 1776년경 간행하였다.

한수재집寒水齋集   조선 경종 때의 학자 권상하權尙夏의 시문집. 35권 16책으로 구성되어 있으며, 목판본이다. 저자의 손자 권정성權定性이 모은 유고를 제자인 한원진韓元震과 윤봉구尹鳳九가 편집했고, 1761년에 외증손인 황인검黃仁儉이 경상도관찰사로 있으면서 증손 권진응權震應과 함께 간행하였다. 서문은 윤봉구가 썼다.

한음문고漢陰文稿   조선 선조 때의 문신 이덕형李德馨의 시문지. 12권 6책으로 구성되어 있으며, 목판본이다. 1634년에 저자의 아들인 이여규李如圭가 초간하였다. 그 후 1668년 손자 이상정李象鼎이 다시 간행했다. 뒤에 7대손 이기양李基讓이 연보 2권을 편집했고, 9대손 이의익李宜翼이 증보하여 1869년에 간행하였다.

한정록閑情錄   조선 광해군 때의 문신 허균이 편찬한 사대부의 생활교양서. 17권 4책으로 구성되어 있으며, 필사본이다. 관직에서 물러난 뒤의 은거 생활을 노래한 시, 잡문, 농학에 이르기까지 다양한 내용을 싣고 있다. 1610년 중국 사신 주란우朱蘭堣에게서 받은 책을 저본으로 편찬했다.

해봉집海峯集   조선 광해군 때의 문신 홍명원洪命元의 시문집. 5권 2책으로 구성되어 있으며, 목판본이다. 1716년에 저자의 후손 홍우령洪禹寧 등이 간행하였고, 1910년에 홍순형洪淳馨이 다시 중간하였다.

행명재시집滓溟齋詩集　　조선 효종 때의 문신 윤순지尹順之의 시문집. 6권 3책으로 구성되어 있으며, 목판본이다. 1725년에 저자의 증손 윤항尹沆이 강서현령으로 나갔을 때 종증손從曾孫 윤순尹淳의 도움을 받아 강서에서 간행하였다.

현주집玄洲集　　조선 인조 때의 문신 이소한李昭漢의 시문집. 7권 2책으로 구성되어 있으며, 활자본이다. 저자의 아들 이은상李殷相이 유문을 모아 가장家藏해 오다가 1674년 간행하였다. 그 후 1912년 8대손 이의익李儀翼과 이환익李桓翼이 증보하여 옥천沃川에서 중간하였다.

호곡집壺谷集　　조선 숙종 때의 문신 남용익南龍翼의 시문집. 18권 9책으로 구성되어 있으며, 목판본이다. 서문과 발문이 없어 편간 연대를 알 수 없다. 상당히 방대한 양이지만 당대 널리 알려진 성리학에 대한 내용은 1편도 없고 한시가 압도적으로 많다.

호음잡고湖陰雜稿　　조선 선조 때의 문신 정사룡鄭士龍의 시문집. 8권 8책으로 구성되어 있으며, 목활자본이다. 저자의 시문은 1551년에 저자가 정리하여 직접 편집한 책이 남아 있었는데 이것을 증편하여 1573년경에 간행한 것으로 보인다.

화담집花潭集　　조선 명종 때의 학자 서경덕徐敬德의 시문집. 4권 2책으로 구성되어 있으며, 활자본이다. 초간본은 허엽許曄 등이 간행했으나, 임진왜란 때 분실되었다. 1605년 홍방洪滂이 중간하였고, 그 판본이 희미해지자 김용겸金用謙이 새로 편차를 정리하여 간행하였으며, 조유선趙有善, 마지광馬之光 등이 1786년 오간본五刊本을 간행했다.

화당집化堂集　　조선 인조 때의 문신 신민일申敏一의 시문집. 5권 3책으로 구성되어 있고, 목판본이다. 저자의 현손 신사철申思喆이 전라도관찰사로 재직할 때인 1720년에 전주의 위봉사威鳳寺에서 간행한 것으로 보인다.

황정경黃庭經　　중국 위진 시대의 도가道家들이 양생養生과 수련의 원리를 가르치고 기술하는 데 사용했던 도교 관계 서적이다. 『황정내경경』黃庭內景經, 『황정외경경』黃庭外景經, 『황정둔갑연신경』黃庭遁甲緣身經 등 3종이 있다.

회와시고晦窩詩稿　　조선 숙종 때의 문신 이인엽李寅燁의 시집. 불분권 1책이며, 필사본이다. 서문과 발문이 없어 편찬 정리한 주체나 시기를 짐작할 수 없다.

찾아보기

ㄱ

『가례』家禮 181, 182
가마하加麻河 56
가씨녀賈氏女 273
각다榷茶 347, 348
각다사榷茶使 347
감로수甘露水 157, 534, 535
감 스님〔鑑上人〕 88
감악산紺嶽山 131
강락康樂→사령운謝靈雲
강릉江陵 112, 401, 565, 566
강백년姜栢年 439~441
강숙강剛叔→김성원金成遠
강천천剛泉川 66
강항姜沆 260~262
개암開菴 99
개원사開元寺 195, 319, 320
건계建溪 417, 480
건계차建溪茶 72, 235, 305, 307~309, 460
게눈〔蟹眼〕 54, 101, 124, 181, 200, 255, 257, 296, 340, 455, 490
계곡谿谷→장유張維
고경명高敬命 120~127, 129, 134, 207, 330
고구사苦口師 349
고다苦茶 161
고용후高用厚 336
고저차顧渚茶 383, 500
고죽孤竹→최경창崔慶昌
곽재우郭再祐 327
관녕管寧 412, 416
관해觀海→이민구李敏求
구기차枸杞茶 510
구봉령具鳳齡 107
구사맹具思孟 110, 112

구양수歐陽脩 278, 344, 358
군망君望→신응시辛應時
권기權祺 37, 38, 157, 269, 276, 290, 519
권벽權擘 103, 105, 106
권상하權尙夏 508
권필權韠 246, 247, 253, 269, 295, 298~301, 303
권호문權好文 113~118
금고琴高 444
금몽암金夢菴 534, 535
「급강전다」汲江煎茶 156, 438
급암汲黯 378
기국차杞菊茶 510
기대승奇大升 109
기암자畸庵子→정홍명鄭弘溟
김득신金得臣 449~453
김령金坽 337
김류金瑬 310, 311, 321~323
김만기金萬基 487
김상용金尙容 220
김상헌金尙憲 310, 312, 315
김성원金成遠 121
김성일金誠一 118, 141. 142, 219
김세렴金世濂 407, 408, 443, 444, 448
김시습金時習 252, 254
김용金涌 207, 234
김우옹金宇顒 164
김육金堉 344
김응조金應祖 387
김익희金益熙 455, 457, 458, 460
김인후金麟厚 66, 67
김자징金子徵 263, 264
김장생金長生 181, 567
김주金澍 68
김창업金昌業 532, 551~553

김창협金昌協 526
김창흡金昌翕 529, 530, 533~540, 551
김천석金天錫 441, 442
김항金沆 500

ㄴ

남용익南龍翼 470, 478, 480~485
『남화경』南華經 244
납청정納淸亭 56~58
낭연朗然 465, 466
노동盧仝 54, 71, 73, 85, 103, 104, 171, 210, 229, 242, 243, 276, 306, 330, 341, 443, 546
노륜盧綸 77
노수신盧守愼 77, 79, 80
노수재盧秀才 114
『노자』老子 374, 375
노진盧禛 101
농암聾巖→이현보李賢輔
뇌명차雷鳴茶 351
눈 녹인 물 103, 104, 122, 155, 219, 220, 258, 276, 290, 303, 325, 330, 331, 437, 478
눌재訥齋 72
늦은 차〔晩茶〕 134

ㄷ

『다경』茶經 54, 107, 108, 263, 264, 344, 353, 356, 362, 396, 411, 416, 426, 498
다구茶具 149, 187, 345
『다록』茶錄 181
『다보』茶譜 185, 344, 356, 567
다시茶匙 174, 181
다시茶詩 71, 107, 119, 175, 247, 376
다신茶神 107, 129
다실茶室 261, 262
다옥茶屋 408, 481~483

다조茶竈 449, 540
다조茶漕 344, 554
다천茶川 151
다천茶泉 565
다천기茶川記 151
다품茶品 221
다호茶壺 173, 175
담란曇蘭 159
당 태위黨太尉 197, 258, 544
대동강大同江 65
대룡단大龍團 554
대총명大叢茗 345
덕장산인德莊山人 143
도곡陶穀 197, 258, 269, 276, 290, 291, 519, 544
도연명陶淵明→도잠陶潛
도잠陶潛 96, 98, 124, 246, 253, 285, 424, 477, 493
도 학사陶學士→도곡陶穀
돌솥〔石鼎〕 103, 148, 152, 220, 230, 260, 453, 508
동다시銅茶匙 173
동명東溟→김세렴金世濂
동백산차東白山茶 161
동파東坡→소식蘇軾
동파거사東坡居士→소식蘇軾
두 공부杜工部→두보杜甫
두류산頭流山 96, 97, 506
두목杜牧 39, 40, 292
두보杜甫 51, 124, 138, 139, 295, 304, 384
두창 경험방痘瘡經驗方 518

ㅁ

마하연摩訶衍 168
망룡교蟒龍橋 154
매월당梅月堂→김시습金時習
맥과麥顆 161
맥과차麥顆茶 344

맹호연孟浩然 268
명명茗 161, 344, 550
모과장木瓜漿 514
모형毛亨 292
목대흠睦大欽 327, 329
몽산차蒙山茶 161
무이武夷 554
문옥文玉 461
문원文園→사마상여司馬相如
물고기눈〔魚眼〕 54, 101, 240, 490, 498
민랍차閩臘茶 161
밀운룡密雲龍 276

ㅂ

박란朴蘭 46, 47
박미朴瀰 393
박서朴遾 383, 412, 413, 416
박안제朴安悌 417, 418
박장원朴長遠 451, 461, 462
박진희朴震禧 518
반악潘岳 493
방간方干 412
백광훈白光勳 135~137
백낙천白樂天 96, 283, 385
백록차白鹿茶 452
백사白沙→윤훤尹暄
백암사白巖寺 149
백운산白雲山 126
백운암白雲庵 126
백탕柏湯 514
법광사法廣寺 252
법심法心 449
변산邊山 294
보경차寶慶茶 161
복명하複茗瘕 347
『본초강목』本草綱目 160, 161
봉수탕鳳髓湯 513
봉은사奉恩寺 140, 381

『북리지』北里誌 292
북원차北苑茶 319, 320
북저北渚→김류金瑬
분음汾陰→최천건崔天健
빙지탕氷芝湯 512

ㅅ

사령운謝靈運 46, 72, 246, 253
사마상여司馬相如 60, 129, 134, 207, 240, 273, 284, 330, 366, 445, 481
사마천司馬遷 126
사순士純→김성일金誠一
사인청舍人廳 76
사조謝眺 380
사청다구四靑茶甌 173, 174
산해관山海關 231, 239
삼성산三聖山 149
『상학경』相鶴經 426
생황笙簧 152, 196, 198
서경덕徐敬德 27
서문중徐文重 528
서악徐樂 77
서울 30, 81, 82, 89, 90, 93, 105, 136, 140, 187, 206, 219, 316, 400, 420, 466, 502, 503, 524, 528
서종태徐宗泰 528
서회사西會寺 212, 213
서홍瑞興 273, 274
석천石川→임억령林億齡
석헌石軒→유옥柳沃
선익蟬翼 344
선장仙掌 374
설능薛能 352
설두雪竇 85, 185, 385
설수雪水 202
설차雪茶 522
성문준成文濬 214, 215
성순成錞 435

성여신成汝信 176, 177
성운成運 45
성헌省軒→권기權祺
성혼成渾 131
성휘性輝 126
세다 細茶 518
세다시細茶匙 173
세다아細茶芽 160
『세설신어』世說新語 346
소광진蘇光震 310
소룡단小龍團 214, 231, 333, 337, 344, 483, 554
소룡단차小龍團茶→소룡단小龍團
소룡차小龍茶→소룡단小龍團
소무蘇武 268
소식蘇軾 68, 104, 122, 152, 156, 157, 190, 191, 252, 268, 282, 306, 308, 352, 437, 438, 455, 511
소정방蘇定方 564
『소학』小學 74
『속수신기』續搜神記 345, 347
솔바람 소리 85, 101, 133, 181, 196, 220, 229, 242, 260, 470, 505, 510, 530
송강松江→정철鄭澈
송강松岡→조사수趙士秀
송라차松蘿茶 240, 241
송순宋純 36
송시열宋時烈 470
송익필宋翼弼 130
송인宋寅 89, 91, 93
수문탕須問湯 511
수성관隋城館 89, 90
수이守而→조한영曺漢英
수종사水鐘寺 134
순경봉唇慶峯 66
습조탕濕棗湯 511
『시경』詩經 292, 296, 383
『식물본초』食物本草 162
신광한申光漢 64

신담申湛 79
신득홍申得洪 450
신령한 차 146
신륵사神勒寺 170
신민일申敏一 334, 335
신 선위申宣慰→신광한申光漢
신응시辛應時 122, 123
『신이기』神異記 346, 354
신익성申翊聖 389, 390, 392~397, 399~401, 411
신익전申翊全 454
신정申晸 471~473
신화산차神華山茶 161
신흠申欽 255, 257~259, 293, 395
심수경沈守慶 94
심엄沈㤿 298, 299
심희수沈喜壽 178, 180
쌍계사雙溪寺 177
쌍기雙旗 500, 502

ㅇ

아계鵝溪→이산해李山海
안세安世→유시정柳時定
안정관安定館 59
양경우梁慶遇 268, 269~272
양대박梁大樸 168~171
양선陽羨 554
양차兩茶 173, 175
양홍梁鴻 460
어안魚眼→물고기눈
엄흔嚴昕 64, 65
여산운무차廬山雲霧茶 161
연정蓮亭 74
영지影池 462, 463
오도일吳道一 519~522
오미갈수五味渴水 515
오산五山→차천로車天輅
오상吳祥 70

오억령吳億齡 195
오준吳竣 380~385
옥계수玉溪水 534, 535
『옥령시권』玉玲詩卷 110
옥류천玉溜泉 85, 171, 172, 185, 368, 369, 423
옥빛 우유차 107, 108
옥순玉筍 365
옥유玉乳 171, 368
옥천玉川→노동盧仝
옥천자玉川子→노동盧仝
옥하관玉河館 240, 241
완함阮咸 530
왕몽王濛 346
왕손번王孫蕃 242, 243
왕자유王子猷→왕휘지王徽之
왕휘지王徽之 268, 358, 536, 537
용단龍團→용단차龍團茶
용단차龍團茶 43, 171, 212, 220, 240, 242, 273, 274, 276, 277, 282, 283, 325, 337, 380, 382, 384, 404, 464, 480, 484, 542, 557
용만龍灣 208
용문거사龍門居士→조욱趙昱
용봉단龍鳳團 43, 344, 456, 554
용봉차龍鳳茶 43, 88, 490, 491
용아龍牙 181, 182
용정차龍井茶 161
용차龍茶 43, 141
우가장牛家莊 155, 156
우사牛師→개암開菴
우전차雨前茶 198, 232, 251, 419, 493, 504, 552
우지宇治 485
우탁禹鐸 127
우통수于筒水 281, 401, 402, 486, 534, 535
운계사雲溪寺 131
운편雲片 370
원안袁安 257, 269

원앙袁盎 124
원헌原憲 285, 416
월단月團 370, 374
유근柳根 183~186
유마維摩→유마힐維摩詰
유마거사維摩居士→유마힐維摩詰
유마힐維摩詰 131, 208, 279, 392, 530
유몽인柳夢寅 208, 210, 212
유성룡柳成龍 166
유숙柳潚 248, 251, 252, 254
유시정柳時定 312, 313
유안劉安 29, 412, 416, 540
유옥柳沃 66
유운柳惲 199, 350
유자직柳子直 387, 388
유종원柳宗元 120
유희춘柳希春 74, 76
육안차六安茶 76, 161, 570
육안차陸安茶 74
육우陸羽 54, 63, 96, 107, 108, 136, 141, 171, 219, 344, 345, 348, 349, 362, 396, 534, 536, 537, 540
육유陸游 38, 552
육지陸贄 348
윤근수尹根壽 138, 140
윤순지尹順之 404, 406
윤증尹拯 486
윤훤尹暄 310
윤휘尹暉 318
음갱陰鏗 384
『음부경』陰符經 427
『의림시권』義林詩卷 178
의엄義嚴 119
의정부議政府 74, 76
『의학입문』醫學入門 161
의흥차宜興茶 161
이경석李景奭 423, 424, 426~429, 431
이경전李慶全 263, 265~267
이계경李季卿 344, 345

이관명李觀命 561
이광하李光夏 502
이단상李端相 474, 475, 477
이단하李端夏 467~470
이달李達 163
이덕유李德裕 350
이덕형李德馨 221
이만부李萬敷 562~565, 567
이명한李明漢 400, 410~412, 414~417, 419~422, 475
이민구李敏求 294, 395, 402, 403, 546
이민성李民宬 305, 307~309
이산해李山海 140, 143~149, 151
이소한李昭漢 436
이수광李睟光 222~232, 255, 256
이순신李舜臣 173~175
이식李植 362~366, 469
『이아』爾雅 344
이안인李安仁 204
이언환李彦煥 550
이여인李汝仁→이재영李再榮
『이원』異苑 345
이은상李殷相 464
이응희李應禧 338~341, 343
이이李珥 132~134
이인엽李寅燁 548, 549
이일상李一相 458~460, 475
이재李栽 550
이재영李再榮 290~293
이정李楨 71~73
이정귀李廷龜 236~238, 240, 242, 244~247, 253, 475
이정암李廷馣 165
이제현李齊賢 232
이준李埈 216, 217, 219
이춘영李春英 233, 234
이항복李恒福 205, 221, 420
이현보李賢輔 48, 49
이현조李玄祚 545, 546

이호민李好閔 196~198
이황李滉 48, 181, 207
이휘李徽 465, 466
인삼차人參茶 570
인오印悟 315, 316
일곱 사발 차 210, 546
일기일창一旗一槍 305, 308
일본차〔倭茶〕 490, 491
일창일기一槍一旗 352
임방任埅 506, 507
임상원任相元 490~500, 502, 504, 505
임서林瑞 419
임억령林億齡 42~44, 121, 133, 329
임제林悌 187~190, 192, 193
임형수林亨秀 56, 58, 59, 64

ㅈ

자미紫薇→두목杜牧
자상子常→이항복李恒福
자소탕紫蘇湯 514
자은사慈恩寺 210, 211
작설雀舌→작설차雀舌茶
작설차雀舌茶 160~162, 183, 184, 200, 294, 343, 344, 366, 367, 441, 485, 509, 518, 567, 570
장구령張龜齡 295, 427
장유張維 358, 359, 360, 376~378, 411, 415
장일張鎰 348
장창張敞 63
장한張翰 378
전다박사煎茶博士 345
절다浙茶 174, 175, 562~564
점點→점다點茶
점다點茶 181, 182, 567
정백창鄭百昌 362, 363
정사룡鄭士龍 28~33, 36, 48
정온鄭蘊 304
정위丁謂 344, 554

정유길鄭惟吉 81, 83, 85~88, 171, 185, 368, 423
정철鄭澈 121, 124, 125
정태화鄭太和 437
정현鄭玄 292
정홍명鄭弘溟 358, 360, 361, 376
제천堤川 72, 494
제호탕醍醐湯 513
조강祖江 68
조경趙絅 372, 374
조계曹溪→혜능惠能
조맹부趙孟頫 248, 249
조박趙璞 378
조사수趙士秀 33, 36
조석윤趙錫胤 457
조성趙晟 34
조성기趙聖期 489
조욱趙昱 46, 47
조위趙偉 79
조취차鳥嘴茶 344
조태채趙泰采 554, 557~560
조태허공曺太虛公→조위趙偉
조한영曺漢英 427, 428
조희일趙希逸 330~333
종병宗炳 246, 385, 386
종영鍾英 314
종의鍾儀 304
주봉처사酒峯處士→이안인李安仁
주세붕周世鵬 39~41
『주역』周易 155, 199, 301, 349, 355, 374
죽엽차竹葉茶 536, 537
지리산 97, 177, 232, 364, 564
지봉芝峯→이수광李睟光
지은智訔 317
진가유陳嘉猷 58
진다眞茶 346, 509
진일 스님〔眞一上人〕319
진평왕眞平王 252, 254

ㅊ

차꽃 71
차밭 253, 254, 336
차솥茶筅 181, 567
차솥 28, 63, 65, 70, 117, 119, 124, 133, 135, 143, 166, 202, 260, 272, 279, 303, 318, 327, 340, 397, 406, 429, 432, 456, 458, 487, 521
차의 공덕 555
차천로車天輅 141, 142, 199, 202~204, 269
찬 스님〔贊上人〕138, 139
찻사발 64, 121, 127, 145, 170, 177, 195, 280, 304, 306, 308, 317, 324, 325, 327, 335, 365, 376, 394, 423, 467, 468, 483, 492
찻잎 46, 54, 59, 65, 122, 173, 175, 181, 198, 214, 251, 277, 308, 325, 347, 352, 364, 365, 415, 417, 456, 458, 468, 480, 490, 502
찻잎 따는 법 251
채군모蔡君謨 344
채석주蔡錫疇 507
채양蔡襄 181, 344, 554
채유후蔡裕後 324
천주봉차天柱峰茶 350
천지차天池茶 441
청계수淸溪水 534, 535
『청이록』淸異錄 348, 349, 355
청천백석다淸泉白石茶 515
청호靑湖→이일상李一相
초강焦坑 282
촉고차蜀苦茶 161
총명수聰明水 534, 535
총수산蔥秀山 85, 171, 185, 368, 369
최경창崔慶昌 136
최대용崔大容 377
최립崔岦 152, 154~157, 159
최명길崔鳴吉 368~371, 415

찾아보기 661

최석정崔錫鼎 523~525
최석항崔錫恒 547
최연崔演 50~55, 101, 103, 182, 210, 229, 240, 276, 330, 340
최천건崔天健 289
최후상崔後尙 493
추경추卿→이훤李蕙
추해樞解 431
춘명春茗 173, 175

ㅌ·ㅍ

탁문군卓文君 273, 284
퇴계退溪→이황李滉
팔선암八仙巖 149
팔영루八詠樓 177
피광업皮光業 349

ㅎ

하손何遜 384
하수오차[二朮飮] 305, 308
하진河溍 432, 434, 435
학곡鶴谷→홍서봉洪瑞鳳
한 정사韓正使→한세능韓世能
한세능韓世能 85, 86, 171, 185, 368, 423
한송정寒松亭 565, 566
한주韓澍 81
한진명韓振溟 366
합문천閤門泉 364
해림사海臨寺 135
해봉海峰→홍명원洪命元
해안蟹眼→게눈
해양海陽 275
해어蟹魚 490
햇차 51, 57, 65, 73, 89, 101, 102, 110, 168, 190, 191, 221, 227, 242, 243, 270, 275, 276, 288, 296, 312, 313, 321, 322, 330, 349, 352, 364, 365, 372, 374, 375, 389,

418, 420, 439, 440, 443, 471, 472, 506, 523, 547
행락탕杏酪湯 513
향다香茶 568, 569
향림사香林寺 60, 61
향소탕香蘇湯 511
허균許筠 186, 273~280, 282~284, 288, 290~294, 416
허난설헌許蘭雪軒 235
허봉許篈 194
허준許浚 160, 161
현옹玄翁 292
혜능惠能 185, 190
혜산의 샘물→혜산천惠山泉
혜산천惠山泉 141, 185, 219, 308
혜원慧遠 98, 246, 421
혜원 법사慧遠法師→혜원慧遠
호계虎溪 98, 246
홍만선洪萬選 509, 510, 518
홍만적洪萬迪 549
홍명원洪命元 310, 325, 326, 331
홍서봉洪瑞鳳 310, 311, 324
홍석기洪錫箕 450
홍섬洪暹 60, 61, 63
홍세태洪世泰 542, 544
홍수주洪受疇 524
홍우채洪禹采 489
홍위洪葳 465
홍점鴻漸→육우陸羽
화로[爐] 53, 55, 103, 163, 255, 256, 265, 321, 323, 325, 327, 330, 332, 364, 365, 376, 397, 406, 407, 415, 419, 420, 436, 454, 477, 492, 547, 559
화유花乳 308
화장사華藏寺 87
화차花茶 173, 175
황석공黃石公 327
『황정경』黃庭經 199
황정욱黃廷彧 119

황준량黃俊良 96~99
황차黃茶 344
황호黃㦿 443~448
회곡灰谷 199, 201
회향탕茴香湯 513
후천后泉→소광진蘇光震
희안 스님〔希安上人〕 98
흰 거품 105, 197, 444